디자인 시간을 아껴 주는
인디자인 필수 단축키 모음!

복사하기	Ctrl + C
붙이기	Ctrl + V
개체 바로 복사하기	Alt 를 누른 채로 드래그
동일한 선상으로 개체 바로 복사하기	Shift + Alt 를 누른 채로 드래그
화면 이동하기	Spacebar 를 누른 채로 드래그
화면 확대/축소	Ctrl + Spacebar | Ctrl + Alt + Spacebar
개체 비율 1%씩 확대/축소	Ctrl + . | Ctrl + ,
개체 비율 5%씩 확대/축소	Ctrl + Alt + . | Ctrl + Alt + ,
텍스트 확대/축소	Ctrl + Shift + . | Ctrl + Shift + ,
문장 부호 보기	Ctrl + Alt + I

능력과 가치를
높이고 싶다면
된다!

**책 기획부터 디자인, 인쇄 주문과
전자책 출간까지 책 제작의 모든 것!**

에세이, 소설, 실용서, 여행기,
그림책, 캘린더, 작가 명함 다 된다!

된다! 책 만들기
with 인디자인

9가지 예제로 배우는 편집 디자인

예비 작가를 위한 한 쪽 만들기부터 돈 벌기까지!

9가지
디자인 템플릿
무료 제공!

글, 이미지
인공지능으로
만들기 수록!

Id 인디자인
모든 버전
사용 가능!

김혜린 지음

이지스퍼블리싱

능력과 가치를 높이고 싶다면
된다! 시리즈를 만나 보세요.
성장하려는 당신을 돕겠습니다.

9가지 예제로 배우는 편집디자인
된다! 책 만들기 with 인디자인
Gotcha! Make a Book for Yourself Using Indesign

초판 발행 • 2023년 9월 25일
초판 3쇄 • 2025년 5월 26일

지은이 • 김혜린
펴낸이 • 이지연
펴낸곳 • 이지스퍼블리싱(주)
출판사 등록번호 • 제313-2010-123호
주소 • 서울특별시 마포구 잔다리로 109 이지스빌딩 3층(우편번호 04003)
대표전화 • 02-325-1722 | **팩스** • 02-326-1723
홈페이지 • www.easyspub.co.kr | **Do it! 스터디룸 카페** • cafe.naver.com/doitstudyroom
인스타그램 • instagram.com/easyspub_it | **엑스(구 트위터)** • x.com/easys_IT
페이스북 • facebook.com/easyspub

총괄 • 최윤미 | **기획** • 이수진 | **책임편집** • 이수경 | **기획편집 1팀** • 임승빈, 이수경, 지수민
교정교열 • 박희정 | **표지 디자인** • 박세진 | **본문 디자인** • 트인글터 | **인쇄** • 보광문화사
마케팅 • 권정하 | **독자지원** • 박애림, 이세진, 김수경 | **영업 및 교재 문의** • 이주동, 김요한(support@easyspub.co.kr)

• 잘못된 책은 구입한 서점에서 바꿔 드립니다.
• 이 책에 실린 모든 내용, 디자인, 이미지, 편집 구성의 저작권은 이지스퍼블리싱(주)와 지은이에게 있습니다.

 이 책을 저작권자의 허락 없이 무단 복제 및 전재(복사, 스캔, PDF 파일 공유)하는 행위는 모두 저작권법 위반입니다.
저작권법 제136조에 따라 **5년** 이하의 징역 또는 **5천만 원** 이하의 벌금을 부과할 수 있습니다.
무단 게재나 불법 스캔본 등을 발견하면 출판사나 한국저작권보호원에 신고해 주십시오.
(**불법 복제 신고** https://www.copy112.or.kr)

ISBN 979-11-6303-508-4 13000
가격 22,000원

"애정을 담아
책을 만들다 보니
편집 디자이너가
되었어요."

저자 **김혜린**

머리말

"여러분의 이야기를 직접 디자인해서
책으로 만들어 보세요"

안녕하세요, 여러분! 디자이너 기메입니다. 저는 편집 디자인을 잘하는 브랜딩 디자이너로, 온라인 플랫폼 클래스101에서 편집 디자인 강의를 하고 있습니다. 편집 디자인을 주제로 강의를 생각한 건 소규모 출판을 하시는 작가님들의 독립 출판물, 개인 창작물을 디자인하면서부터였어요. 인쇄량이 적은 작업물을 디자이너에게 의뢰하려니 가격을 낮춰 달라 할 수도 없고, 직접 제작하려니 품질 차이가 많이 나서 고민이라 하시더라고요. 그 이야기를 듣고 원고를 직접 편집하고자 하는 작가, 자신의 글을 책으로 만들고 싶어 하는 비디자이너 분들에게 도움이 되는 강의를 제공하게 되었고, 바로 이 책이 그 강의의 업그레이드 버전입니다.

 **감각적인 책 표지 디자인부터 명함까지!
인디자인이 낯선 여러분도 혼자서 전부 만들 수 있어요!**

'적혀 있는 대로 했는데 내 컴퓨터에는 왜 저 창이 뜨지 않을까?', '하라는 대로 했는데 왜 내 것은 다른 느낌이 들지?'라고 생각해 본 적 있으신가요? 그 이유는 디자인 초보는 상급자가 생각하는 것 이상으로 디자인 프로그램이 낯설기 때문이에요. 이 책은 초보자도 **혼자서 책을 만들 수 있도록 필요한 인디자인 기능을 모두 담았습니다.** 또한 **신입 디자이너 시절에 경험했던 고민과 실수까지 노하우로 녹여 냈습니다.** 어떻게 디자인해야 할지 길을 잃을 때마다 이 책이 도움이 되면 좋겠습니다.

무엇보다 이 책을 통해서 많은 분들이 자신의 이야기를 담은 책을 직접 디자인할 수 있기를 바랍니다. 요즘 자주 볼 수 있는 트렌디한 스타일의 예제로 책을 구성한 것도 이런 이유 때문입니다. 책을 처음 디자인하는 분들에게는 당장 응용할 수 있는 레퍼런스가 있어야 한다고 생각했거든요. 책에서 만드는 예제를 취향껏 이리저리 바꾸다 보면 각자 개성이 담긴 디자인을 할 수 있을 거예요. 물론 내용이 단순하다는 의미는 절대 아닙니다. '예제는 예제고 내 실력은 별개구나!'라는 생각이 들지 않도록, 즉 **주체적으로 디자인할 수 있도록 도와 드릴게요!**

 **판형, 서체, 배색 등
편집 디자인의 기초 지식 완전 정복!**

"국판, 46배판, … 책의 크기를 나타내는 **판형은 어떻게 정하나요?**", "촌스럽지 않으려면 **어떤 서체와 배색으로 책을 꾸려야 하나요?**", "PDF로 만들긴 했는데 **인쇄소에 어떻게 연락해야 할까요?**"

책을 만들 때는 편집 디자인의 원리와 인쇄 기본 지식을 알고 시작해야 헤매지 않을 수 있어요. 편집 디자인을 막 시작한 디자이너도 이 책을 통해 디자인의 기초를 다지고 이후 실무에서도 적용할 수 있었으면 해요. 예제를 따라 하며 **필수 편집 디자인 이론**을 배우고, 그 **이론을 실제로 어떻게 적용해야 하는지** 모두 알려 드릴게요. 1장에서는 편집 디자인을 어려워하는 분을 위해 반드시 알아야 하는 필수 용어와 배색 방법 등을 배웁니다.

글 중심의 에세이, 소설은 물론 이미지 중심의 실용서, 여행기, 그림책도 OK!
하루 만에 뚝딱 만들 수 있어요!

2장에서는 인디자인의 기본 기능과 해두면 편리한 설정 등을 학습합니다. 생성 AI로 글과 이미지를 만드는 방법도 알려 드리니 연습해 본 원고가 없다면 활용해 보세요. 기초 작업을 마치고 나면 둘째마당부터 본격적으로 디자인 수업을 시작합니다. 3장에서는 **에세이와 소설에 많이 사용하는 텍스트 중심의 내지 디자인**을 해보고, 4장에서는 **실용서, 여행기, 그림책과 같이 이미지를 많이 사용하는 내지 디자인과 먼슬리 캘린더 디자인**을 해볼 거예요. 여러분이 만들고 싶은 책에 맞춰 골라 봐도 좋아요. 글과 이미지가 준비되어 있다면 하루 안에도 충분히 책을 완성할 수 있습니다. 5장에서는 간단한 그래픽을 그려 만드는 **심플한 스타일의 표지**와 명화를 활용한 **클래식한 스타일의 표지**, 직접 찍어 둔 **사진을 활용하는 표지**를 디자인하는 방법을 배울 것이니 다양하게 연습하는 시간을 가져 보세요!

PDF 파일을 실물 책으로!
인쇄소에 연락하는 방법과 서점 입점, 마케팅까지!

여러분의 자전적 이야기를 담은 에세이를 주변 지인에게 건네거나 귀여운 그림이 들어 있는 동화책을 아이에게 선물해 준다면 좋은 추억이 될 겁니다. 그뿐만 아니라 여러분이 쓴 소설을 출간해서 더 많은 사람들이 봐준다면 더할 나위 없이 좋겠죠? 6장에서는 공들여 디자인한 문서를 인쇄 공정으로 넘길 때 어렵지 않도록 **인쇄 사고를 방지하기 위한 유의 사항과 표지 등에 쓰이는 후가공 방식**을 안내하고 **인쇄소와 소통하는 방법**도 소개할 거예요. 전자책을 만들고 싶다면 양식에 맞춰 디자인한 후 인터넷으로 출간해도 좋아요.

책을 만들었다고 다가 아니죠. 실물로 만든 책을 서점에 입점하거나 펀딩할 수도 있고, 그 외에 SNS로 마케팅을 해서 판매할 수도 있어요. 7장에서 알려 드리는 **마케팅, 입점, 펀딩 방법**을 숙지해서 여러분의 이야기를 세상에 공개해 보세요!

처음 강의를 시작할 때는 책을 쓸 기회가 올 거라고 상상도 하지 못했습니다. 제 강의를 듣고 성장하고 계신 수강생 분들, 저를 발견하고 여기까지 이끌어 주신 이지스퍼블리싱에 감사의 인사를 전합니다.

편집 디자이너 김혜린 드림

이 책에서 만드는 책 디자인

03 • 텍스트 중심의 내지 디자인

간단한 그래픽을 넣어 디자인해요!

▲ 에세이 디자인

소설 디자인 ▼

04 • 이미지 중심의 내지 디자인

이미지를 판면에 가득 채우거나 모듈로 배치해요!

▲ 실용서 디자인

캘린더 디자인 ▼

표 기능을 활용해요!

▲ 그림책 디자인

여행기 디자인 ▼

05 • 시선을 사로잡는 표지 디자인

> 책을 잘 보여주는 표지 디자인을 해보세요!

▲ 심플한 스타일의 디자인

▲ 명화를 활용한 디자인

▲ 사진을 그래픽화한 디자인

차례

첫째 마당 ─ 시작! 편집 디자인의 기초

01 ★ 어떤 책을 만들고 싶나요? ··· 14
- 01-1 책 디자인 기획하기 ··· 15
- 01-2 책의 판형 고르기 ··· 24
- 01-3 책을 이루는 다양한 요소들 ··· 29
- 01-4 타이포그래피의 기초 ··· 39
- 01-5 색상을 선택하는 방법 ··· 50
- 보너스 01 책을 기획할 때 반드시 고려할 점 4가지 ··· 59

02 ★ 책을 만드는 도구, 인디자인 ··· 63
- 02-1 인디자인 시작하기 ··· 64
- 02-2 인디자인 맞춤 설정하기 ··· 71
- 02-3 원고, 이미지 불러오기 ··· 79
- 보너스 02 감성을 살리는 무료 이미지 사이트 ··· 92
- 보너스 03 챗GPT와 파이어플라이로 원고와 삽화 생성하기 ··· 94

둘째 마당 ─ 실전! 책 만들기

03 ★ 텍스트 중심의 내지 디자인 ··· 101
- 03-1 여백의 미학! 에세이 디자인 ··· 102
- 03-2 클래식한 감성의 소설 디자인 ··· 122
- 03-3 책을 소개하는 앞부속 만들기 ··· 134
- 03-4 GREP 스타일 적용하기 ··· 145

04 ★ 이미지 중심의 내지 디자인 ··· 153
- 04-1 정보를 전달하는 실용서 디자인 ··· 154
- 04-2 추억을 남기는 여행기 디자인 ··· 170

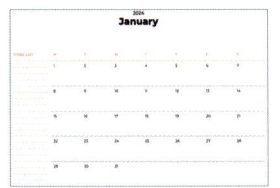

  04-3 아이를 위한 그림책 디자인 — 190

  04-4 1년을 위한 캘린더 디자인 — 206

  보너스 04   표를 자유자재로 다루는 방법 — 216

05 ★ 시선을 사로잡는 표지 디자인 — 219

  05-1 심플한 스타일의 표지 디자인 — 220

  05-2 명화를 활용한 표지 디자인 — 236

  보너스 05   배경 투명하게 누끼 따는 방법 — 258

  05-3 직접 찍은 사진을 이용한 표지 디자인 — 262

셋째마당 완성! 책 출간하기

06 ★ 인쇄용 파일로 제작하기 — 271

  06-1 인쇄용 파일 내보내기 — 272

  06-2 인쇄 사고를 막기 위한 유의 사항 11가지 — 282

  06-3 인쇄 용지와 후가공 — 289

  06-4 인터넷으로 소량 주문하기 — 299

  보너스 06   PDF 전자책 만들기 — 303

07 ★ 책 마케팅하기 — 309

  07-1 SNS에 홍보하기 — 310

  07-2 독립서점에 입점 문의하기 — 316

  07-3 출판의 또 다른 방법, 펀딩! — 318

  07-4 명함 만들기 — 325

찾아보기 — 337

이 책을 보는 방법

한눈에 보는 출판 과정

인디자인으로 책을 처음 만들어 본다면 01장, 02장을 꼭 보세요. 어떤 장르의 책을 만들지 기획을 마쳤다면 03장과 04장에서 해당하는 부분을 골라 봐도 됩니다. 표지 디자인은 05장에서 다룹니다. 작업을 완료했다면 06장과 07장을 학습하며 책을 출간하고 판매까지 도전해 보세요!

속성 7일 완성 진도표

이 책을 7회 안에 배우고 싶다면 다음 안내를 따라 학습하세요.

구분	주제	학습 목표	쪽수	학습일
1일 차	책 기획	• 책 방향 기획하기 • 편집 디자인 기초 학습	14~62쪽	___월 ___일
2일 차	인디자인 기초	• 인디자인 기능 익히기	63~99쪽	___월 ___일
3일 차	내지 디자인	• 장르에 맞춰 레이아웃 잡고 원고 앉히기	101~121쪽 153~218쪽	___월 ___일
4일 차		• 판권, 목차 페이지 만들기 • GREP 스타일 적용하기	134~152쪽	___월 ___일
5일 차	표지 디자인	• 표지 디자인하기	219~269쪽	___월 ___일
6일 차	인쇄	• 후가공 파일 만들기 • 인쇄 주문하기	271~308쪽	___월 ___일
7일 차	출간	• SNS 광고 집행하기 • 독립서점 입점 문의하기	309~336쪽	___월 ___일

인쇄 기간이 오래 걸릴 수 있어요!

예제 파일 내려받기

책을 처음부터 만들어 보는 게 아직 어렵다면 이지스퍼블리싱 홈페이지의 [자료실]에서 예제 파일을 내려받아 활용해 보세요!

• 이지스퍼블리싱 홈페이지(easyspub.co.kr) → [자료실] → 책 만들기로 검색

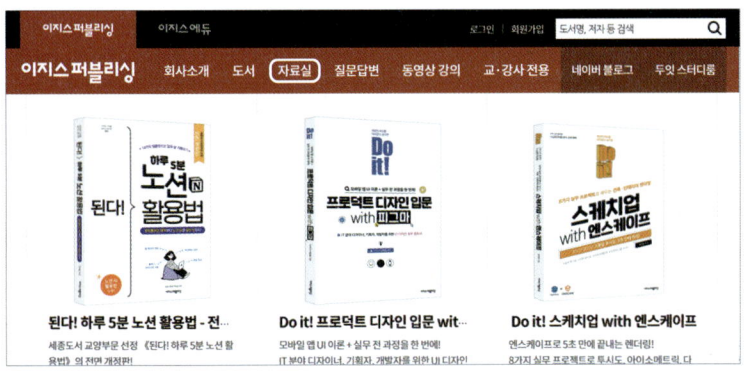

이 책을 보는 방법

'Do it! 스터디룸'을 소개합니다!

'Do it! 스터디룸'에서 이 책으로 공부하는 독자들을 만나 보세요. 혼자 시작해도 함께 끝낼 수 있어요. '두 잇 공부단'에 참여해 책을 완독하고 인증하면 책을 선물로 받을 수 있답니다!

- **Do it! 스터디룸**: cafe.naver.com/doitstudyroom

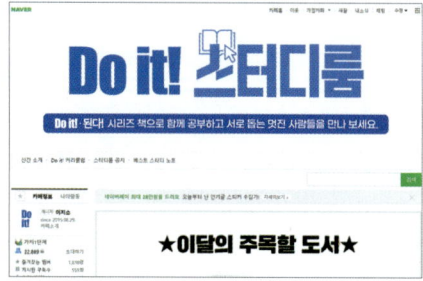

이지스퍼블리싱 IT 블로그에서 정보를 얻어 가세요!

이지스퍼블리싱 블로그에서 책과 관련된 다양한 이야기를 만나 보세요! 실무에 도움되는 내용은 물론 실생활에 필요한 정보까지 모두 얻어 갈 수 있습니다.

- **블로그**: blog.naver.com/easyspub_it

온라인 독자 설문 — 보내 주신 의견을 소중하게 반영하겠습니다!

QR코드를 스캔하여 이 책에 대한 의견을 보내 주세요. 더 좋은 책을 만들도록 노력하겠습니다. 의견을 남겨 주신 분께는 보답하는 마음으로 다음 6가지 혜택을 드립니다.

1. 추첨을 통해 소정의 선물 증정
2. 이 책의 업데이트 정보 및 개정 안내
3. 저자가 보내는 새로운 소식
4. 출간될 도서의 베타테스트 참여 기회
5. 출판사 이벤트 소식
6. 이지스 소식지 구독 기회

첫째마당

시작! 편집 디자인의 기초

많은 사람들이 버킷 리스트로 '나만의 책 만들기'를
꼽습니다. 가볍게 책 한 권 만들어 보려고 하는데
당장 어디서부터 시작해야 할지 막막한가요?
편집 디자인 지식을 다 알아야 하는지,
어떤 프로그램을 사용해야 하는지 등
이제 막 책을 만들기 시작한다면 모든 것이 낯설 거예요.
첫째마당에서는 여러분이 어떤 책을 만들고 싶은지
구상해 보고 책을 만드는 데 필요한 기초 지식과
도구인 인디자인을 알아보겠습니다.

01   어떤 책을 만들고 싶나요?
02   책을 만드는 도구, 인디자인

01
어떤 책을 만들고 싶나요?

편집 디자인이란 글에 딱 맞는 디자인을 찾는 과정이라고 할 수 있습니다. 이때 가장 중요한 것은 자신이 '무엇'을 디자인해야 하는지 정확히 파악하는 것입니다. 기껏 판형에 맞춰 디자인했는데 막상 출력하고 보니 요소들이 부담스러울 정도로 크거나, 워드 프로그램에서 사용하듯 12pt로 본문을 작성했다가 한 페이지에 몇 글자 들어가지도 못한다면 곤란하니까요.

따라서 편집 디자인에서는 책의 크기를 어느 정도로 할지(판형), 본문 페이지는 어떻게 구성할지(레이아웃) 등을 먼저 정해야 합니다. 이번 장에서는 디자인 기획에서부터 장르에 따라 어울리는 서체의 종류와 세련된 디자인을 위한 배색 노하우까지 살펴보겠습니다.

01-1 책 디자인 기획하기
01-2 책의 판형 고르기
01-3 책을 이루는 다양한 요소들
01-4 타이포그래피의 기초
01-5 색상을 선택하는 방법
[보너스 01] 책을 기획할 때 반드시 고려할 점 4가지

01-1
책 디자인 기획하기

책 디자인의 시작

글이 전달하는 바를 가장 잘 표현할 수 있는 디자인은 무엇일까요? 바로 글의 분위기를 잘 담아 내는 디자인이에요. 성인을 대상으로 하는 공포 소설이라면 섬뜩하고 잔인한 느낌이 나는 디자인으로, 감성적인 여행기라면 여행지의 분위기와 계절감이 드러나는 디자인으로, 육아 일기라면 아기자기하고 사랑스러운 디자인으로 만들어야 책을 대충 훑어보더라도 장르를 쉽게 유추할 수 있어요.

책 디자인은 **내용 분석 → 레퍼런스 조사 → 기획 → 이용 자료 수집 → 디자인** 순으로 진행합니다. 따라서 책이 돋보이도록 멋지게 디자인하려면 가장 먼저 원고의 내용을 정확히 분석해서 디자인을 기획해야 합니다.

본격적으로 디자인 작업에 들어가기 전에 다음 체크리스트를 확인하고 넘어가길 권장합니다.

> **디자인 작업 전 체크리스트**
> ☐ 책의 분위기를 드러내는 키워드 작성하기(브레인스토밍)
> ☐ 핵심 키워드 3개 살려 두기
> ☐ 키워드 3개에 집중해서 디자인 레퍼런스 찾기
> ☐ 디자인 시안 구상해서 무드보드 만들기

레퍼런스를 왜 꼭 조사해야 할까?

레퍼런스 조사는 내 작업의 방향을 정하기 위해 참고 자료를 찾아보는 것을 말합니다. 레퍼런스를 조사하면 시장 트렌드와 고객(독자)의 선호를 파악할 수 있어 책의 주제와 목적에 맞게 디자인할 수 있습니다. 그럼 레퍼런스를 조사해야 하는 이유를 하나하나 알아보겠습니다.

첫째, 다양한 인사이트를 얻을 수 있다
디자인을 구현하는 데 어려움을 겪는다면 레퍼런스 조사를 통해 영감을 얻어 아이디어를 발전시킬 수 있습니다. 디자인 경험이 적다면 시야가 좁을 수밖에 없는데요. 그래서 많은 디자이너가 날마다 새로운 레퍼런스를 수집해 자신의 디자인에 적용해 봅니다. 모방과 창작을 적절히 섞어 나만의 작품을 만드는 것이죠. 여러분도 이런 방식으로 디자인을 시작해 보세요. 단, 똑같이 베끼는 것은 절대 금물입니다!

둘째, 수준 높은 해결책을 찾을 수 있다
레퍼런스 조사는 단순히 아이디어만 참고할 목적으로 하지 않습니다. '나는 제목을 강조하고 싶은데 다른 사람들은 어떤 방법을 썼을까?' 하는 질문이 생겼을 때 '제목을 강조하는 방법'을 검색하기보다 다른 사람들의 작품을 살펴봄으로써 더 다채롭고 수준 높은 해결책을 찾을 수 있습니다. 분석력과 이해력이 필요한 부분이라 당장은 적용하기 어렵겠지만, 레퍼런스를 여러 차례 조사하다 보면 해결책을 빠르게 추출하는 감각을 기를 수 있습니다.

셋째, 안목을 키울 수 있다
수많은 디자인을 접하다 보면 여러분의 안목도 꽤나 높아질 거예요. 좋은 레퍼런스를 찾아보면서 꾸준히 훈련하는 것이 중요합니다. 장르별 독자의 선호도나 시기에 따른 트렌드를 조사할 수도 있고, 자신의 취향을 더 견고히 세울 수도 있습니다. 이런 경험이 쌓이다 보면 어떤 디자인을 봤을 때 '어? 저 디자이너는 왜 저렇게 했지? 나라면 이렇게 할 텐데!'라며 스스로 해결책을 내놓을 수 있을 것입니다.

넷째, 목적에 맞는 디자인을 할 수 있다
여러분이 교사이고 초등학생을 대상으로 과학 관련 원고를 썼다고 가정해 볼게요. 아이들이 과학을 쉽고 재밌게 접하길 원할 거예요. 이럴 때는 목적이나 타깃이 같은 책을 예시로 삼는 것을 추천합니다. 교과서도 좋은 예시가 될 수 있겠죠? 그 나이대의 아이들이 읽기 편한 자간과 행간도 참고해 보세요. '아이들은 몸집이 작으니까 너무 큰 판형은 잘 사용하지 않는구나!', '서체 크기가 14pt 정도이면 아이들이 가장 편하게 읽는구나!' 같은 인사이트를 얻을 수 있습니다.

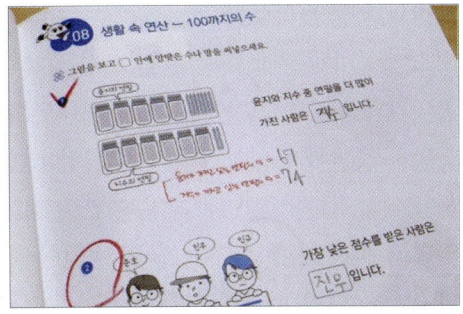

《초등학교 국어 1-1 나》(미래엔) 《바쁜 1학년을 위한 빠른 교과서 연산 1-2》(이지스에듀)

레퍼런스를 구하는 2가지 방법

그렇다면 레퍼런스는 어떻게 구할 수 있을까요? 디자이너들이 레퍼런스를 구하는 방법을 알아보겠습니다.

이미지 사이트 서칭

디자이너들이 가장 많이 사용하는 방법은 핀터레스트(Pinterest), 비핸스(Behance) 같은 이미지 사이트를 둘러보는 것입니다. 정보가 계속해서 업데이트되고 자신이 좋아하는 스타일의 콘텐츠를 추천해 주기 때문에 레퍼런스를 찾을 때 아주 유용합니다. 실력 있는 디자이너들의 작품을 쉽게 수집할 수 있으면서도 디자인 트렌드를 파악하는 데도 유리하죠. 단, 서지 정보를 어떻게 담아냈는지, 어떤 종이를 사용했는지 등 디테일한 부분은 파악하기 어렵다는 아쉬움이 있습니다. 보통 핀터레스트나 비핸스는 작품에서 가장 보여 주고 싶은 부분만 올리는 경우가 많기 때문입니다.

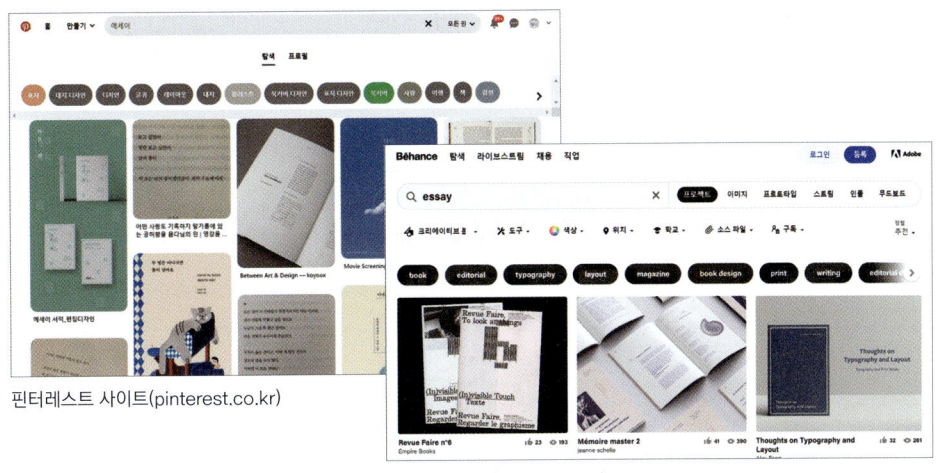

핀터레스트 사이트(pinterest.co.kr)

비핸스 사이트(behance.net)

책장과 서점 둘러보기

평소에 좋아하는 책 또는 만들고 싶은 책의 장르나 분위기가 비슷한 책을 책장에서 꺼내 살펴보세요. 유난히 불편하게 읽었던 책의 디자인 특징을 체크해 봅니다. 예를 들어 '이 책은 자간이 너무 좁아서 읽기에 불편했어!'라거나 '글의 정렬이 좌우로 왔다 갔다 섞여 있는 책은 너무 정신이 없어!' 등 책의
레이아웃에 대한 짧은 감상평을 정리해 보는 거죠. 레이아웃 외에 내지 색상에 대한 감상평을 정리해 보는 것도 좋습니다. 예를 들어 본문 글자에 색이 들어간 책의 경우 누군가는 신선하다고 느낄 수도 있지만, 또 다른 누군가는 글자 색이 연해서 읽기 불편할 수도 있습니다.

종이책을 산 지 오래 됐거나 참고할 책이 부족하다면 서점이나 도서관에 가서 책의 디자인을 살펴보세요. 이왕이면 요즘 인기 있는 문학책의 디자인과 표지 트렌드 등을 확인할 수 있는 서점을 추천합니다. 서점의 체계적인 분류 시스템을 활용해 베스트셀러의 공통점 또는 장르별 공통점이나 차이점을 한눈에 파악할 수도 있습니다. 벤치마킹하고 싶은 책을 한두 권 구입해서 책을 만드는 과정 내내 참고하면 더 좋겠죠?

책의 질감까지 느껴 볼 수 있어요!

책 기획해 보기

만들 책을 생각하며 다음 표에 직접 적어 보세요! 예상 독자층이 그려질 것입니다.

주제 찾기	
떠오르는 단어 10개(자유)	
위 단어 중 핵심 단어 3가지	
글의 소재	
책의 주제를 한 줄로 정리하자면	
예상 독자 찾기	
내가 글을 쓴 이유	
이 책으로 전하고자 하는 것	
이 책을 읽을 독자의 예상 연령대	
예상 독자의 라이프 스타일	
최종 예상 독자층	
레퍼런스 찾기	
내 책과 내용이 비슷한 책	
내 책과 독자층이 비슷한 책	
디자인을 참고할 만한 책	

디자인 콘셉트 정하기

책의 디자인은 콘셉트에 따라 천차만별로 달라집니다. 따라서 디자인을 구상하기 전 책의 목적에 맞게 콘셉트를 명확하게 정하는 것이 중요합니다. 다음 3개 문항에 답해 보며 만들고 싶은 책의 목적과 콘셉트를 고민해 보세요.

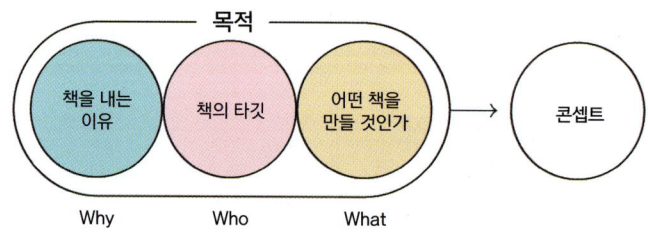

책 디자인은 단순 예술 작품이 아닌 '독자의 관심을 끄는 수단'입니다. 예상 독자가 선호하는 분위기나 이미지를 표지에 담아내 흥미를 유발해야 합니다. 수많은 책 중에 내 책을 펼쳐 볼 마음이 들도록 말이죠. 책의 분위기는 단순히 디자이너의 취향을 담는 게 아니라, 독자가 디자인을 보고 내용을 가볍게 유추할 수 있게 잡아야 합니다. 물론 반대로 내용과 상반되는 분위기의 표지 디자인으로 반전을 꾀할 수도 있습니다.

그럼 분위기는 어떻게 정할 수 있을까요? 몇 가지 예를 들어 볼게요. 따뜻한/차가운, 젊은/성숙한, 현대적인/고전적인, 단순한/복잡한, 동화적인/현실적인 등 양 극단의 스펙트럼을 설정하고 자신이 원하는 느낌이 어디에 더 가까운지 체크해 보세요. 그리고 그 외의 형용사들도 써 내려가 보세요. 콘셉트 키워드를 10~20개 정도 도출했다고 가정했을 때 그 안에서 가장 중요한 키워드 1개와 서브 키워드 2개만 남겨 봅니다. 이 3개 키워드를 중심으로 디자인을 진행하면 명확한 콘셉트를 지키며 디자인할 수 있습니다. 디자인 감각이 부족하더라도 기획만 잘 되어 있다면 예상 독자를 실제 독자로 전환할 수 있습니다. 이렇게 된다면 여러분은 좋은 디자인을 해냈다고 할 수 있어요!

알아 두면 좋아요!

만약 디자인을 의뢰받은 상황이라면?

다른 사람의 작품을 디자인할 때는 의뢰인, 즉 저자의 의도를 제대로 이해했는지 반드시 확인해야 합니다. '저자의 의도가 이런 것이겠지?' 하고 혼자 판단한 후 디자인을 진행하면 의뢰인이 생각했던 것과 전혀 다른 결과물이 나와 작업을 다시 해야 할 수도 있습니다. 의뢰인과 작업자의 사전 지식, 인사이트가 다를 수 있으므로 초기 단계에서 의논하고 방향을 잘 잡아야 합니다.

콘셉트 키워드 추출하기

내가 만들 책이 어떤 콘셉트에 가까운지 체크해 보세요. 자신만의 기준을 설정해도 좋습니다!

따뜻한 ←--→ 차가운
| 0 | 1 | 2 | 3 | 4 | 5 | 6 | 7 | 8 | 9 | 10 |

젊은 ←--→ 성숙한
| 0 | 1 | 2 | 3 | 4 | 5 | 6 | 7 | 8 | 9 | 10 |

현대적인 ←--→ 고전적인
| 0 | 1 | 2 | 3 | 4 | 5 | 6 | 7 | 8 | 9 | 10 |

단순한 ←--→ 복잡한
| 0 | 1 | 2 | 3 | 4 | 5 | 6 | 7 | 8 | 9 | 10 |

동화적인 ←--→ 현실적인
| 0 | 1 | 2 | 3 | 4 | 5 | 6 | 7 | 8 | 9 | 10 |

발랄한 ←--→ 우아한
| 0 | 1 | 2 | 3 | 4 | 5 | 6 | 7 | 8 | 9 | 10 |

자연스러운 ←--→ 절제된
| 0 | 1 | 2 | 3 | 4 | 5 | 6 | 7 | 8 | 9 | 10 |

여유로운 ←--→ 다이내믹한
| 0 | 1 | 2 | 3 | 4 | 5 | 6 | 7 | 8 | 9 | 10 |

디자인 시안과 무드보드 만들기

디자인 시안과 무드보드는 복잡하게 생각할 필요가 없습니다. 디자인 시안은 책 모양인 직사각형을 그리고 그 안에 어떤 요소가 어떻게 들어갈지 메모해 보는 것으로도 충분합니다. 물론 전문 디자이너라면 이보다는 자세히 그려 보는 것이 좋습니다.

디자인 시안 예시

무드보드는 말 그대로 분위기를 보여 주는 한 장의 이미지입니다. 자신이 원하는 이미지에 맞는 사진을 이것저것 모아 콜라주를 해보세요. 반드시 책 표지나 책과 관련된 사진이 아니어도 괜찮습니다. 인테리어 사진, 패션 화보, 일러스트, 심지어 자신이 직접 찍은 사진까지 다양한 자료를 자유롭게 활용해도 좋아요. 추가로 여러분이 알아볼 수 있을 정도의 간단한 메모를 함께 남겨 보세요. 그림판이나 포토샵 등을 사용해도 되고, 직접 인쇄해서 붙여 가며 제작해도 좋습니다.

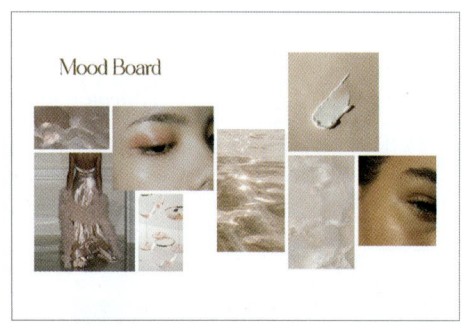

우아하고 부드러운 느낌의 무드보드

자연과의 조화를 보여 주는 무드보드

저작권을 반드시 확인하세요!

디자인 기획이 끝났다면 표지에 사용할 이미지 자료가 필요하겠죠? 책에 사용하는 이미지는 인터넷에서 무작정 가져와서는 안 됩니다! 다른 창작자의 저작권을 침해할 수도 있기 때문입니다.

저작권이란 시, 소설, 음악, 미술, 그 외 모든 창작물, 즉 '저작물'에 대해 창작자가 가지는 권리를 말해요. 예를 들어 여러분이 책을 창작했다면 원고 그대로 출판·배포할 수 있는 복제·배포권과 함께, 그 소설을 영화나 웹툰같이 다른 형태로 저작할 수 있는 2차 저작물 작성권 등 여러 가지 권리를 갖게 됩니다. 다른 사람들의 이미지 자료도 마찬가지입니다. 그럼 사진을 찍거나 그림을 그리는 사람이 아니면 이미지 자료를 구할 수 없는 걸까요? 아닙니다! 2장의 [보너스 02]에서 디자이너들이 애용하는 이미지 사이트 몇 곳을 알려 드릴 테니 참고하세요!

01-2
책의 판형 고르기

흔히 말하는 책의 크기, 판형

판형이란 책이 인쇄되는 크기를 말합니다. 디자인할 책의 판형을 정해야 작업 대지를 만들 수 있기 때문에 기획 단계에서 미리 결정해야 하는 중요한 요소입니다.

국제 표준 규격, A전지와 B전지

우리가 일상에서 흔히 쓰는 A4 같은 용지의 이름은 어떻게 붙여진 걸까요? 그림을 보며 함께 알아볼게요. 1189×841mm 크기인 A전지(A0)를 반으로 접으면 A1이 되고, 이걸 한 번 더 접으면(총 2번 접으면) A2가 되는 식입니다. 이렇게 종이를 재단하는 횟수에 따라 용지의 이름이 정해집니다. B전지도 같은 방식으로 생각하면 됩니다.

```
A1(594×841mm)    A2(594×420mm)

                 A3            A4
                 (297×420mm)   (297×210mm)

A5(148×210mm)                        A5
A6(148×105mm)                  A6
```
A전지(1189×841mm)

```
B1(728×1030mm)   B2(728×515mm)

                 B3            B3
                 (364×515mm)   (364×257mm)

                               B5    B5
B5(182×257mm)
B6(182×128mm)
```
B전지(1456×1030mm)

국전지와 46전지

그럼 국전지와 46전지는 어떤 규격일까요? 우리나라 인쇄는 일본의 영향을 많이 받았습니다. 그러다 보니 용어와 규격 또한 일본에서 유래된 것이 많은데요. 두 전지 모두 일본에서 넘어온 용지 규격입니다. 국전지(936×636mm)는 국판형 책 제작에 주로 사용됩니다. 국판은 가장 일반적인 책의 규격으로, 국전지를 $\frac{1}{16}$로 나눈 16절(148×210mm)을 사용해 만듭니다. 또 다른 많이 사용되는 종이 규격으로 46전지(1091×788mm)가 있는데, 46배판과 46판을 만드는 데 사용합니다. 46배판은 교과서나 참고서, 46판은 작은 단행본과 같은 서적을 제작할 때 사용됩니다.

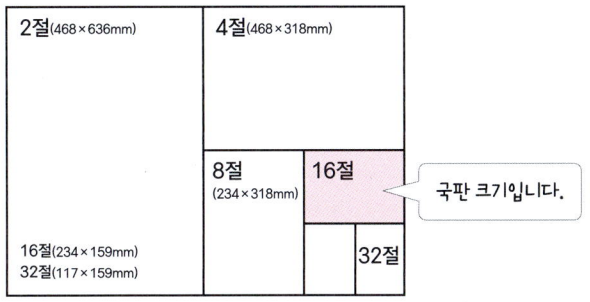

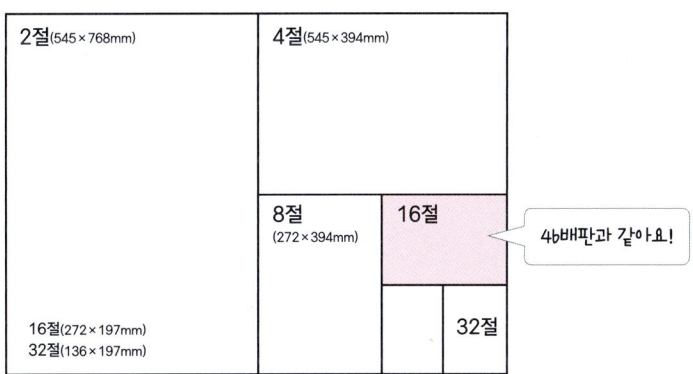

책에 자주 사용하는 판형

판형의 개념은 알겠는데, 내가 만들 책은 어떤 판형이 적당한지 잘 모르겠다고요? 책을 인쇄해 본 경험이 한번도 없다면 판형표를 봐도 바로 결정하기 어려울 수 있습니다. 이럴 때는 서점의 책을 떠올려 보세요. 장르마다 유독 자주 사용하는 판형이 있을 거예요. 소설이나 에세이 서적은 크기가 작은 반면, 문제집이나 전문 서적은 큰 판형을 사용하는 경우가 많습니다. 책의 장르에 따라 선호하는 판형을 알아보겠습니다.

A4(210×297mm)	A5(148×210mm)	A5 변형(152×225mm)
잡지나 디자인 서적에 주로 사용합니다. 개인 전자책 제작에도 추천합니다. 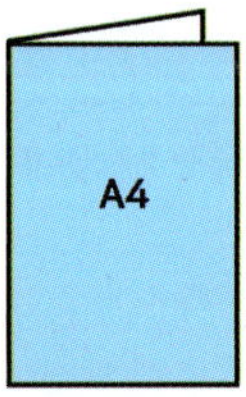	'국판'이라고도 합니다. 일반적인 책 사이즈입니다. 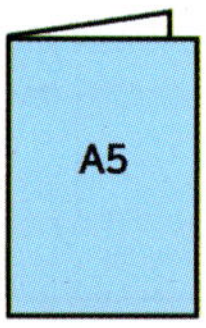	'신국판'이라고도 합니다. 두께가 있는 일반 서적에 추천합니다. 자기계발서나 전문 서적에서 많이 볼 수 있습니다. 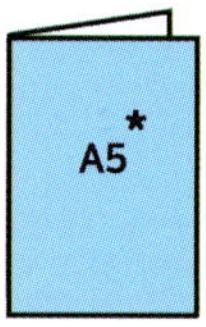

46배판(188×257mm)	46판(127×188mm)
교과서, 참고서 등에 많이 사용합니다. 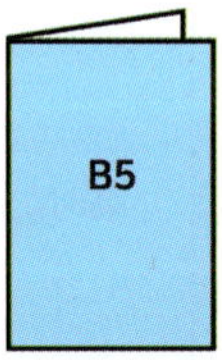	두께가 얇은 독립 서적이나 작은 단행본에 주로 사용합니다. 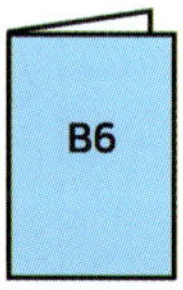

▶ '독립 서적'이란 소규모 출판사 또는 개인이 출판하는 책을 말합니다.

책에 사용하는 판형은 왜 정해져 있을까?

큰 판형일수록 종이를 많이 사용하기 때문에 인쇄 단가가 올라가는 것은 당연합니다. 그렇다면 작은 판형은 무조건 저렴할까요? 꼭 그렇지만은 않습니다. 다음 왼쪽 그림과 같이 큰 종이를 남김 없이 사용한다면 괜찮지만, 오른쪽 그림과 같이 기존 비율을 벗어난 판형을 사용하면 잉여 종이가 생기기 때문이에요. 따라서 판형은 기획 단계부터 금전적·시간적 비용을 파악한 후 결정해야 합니다.

'사용하는 종이' 대비 '버려지는 종이'가 많으면 손실률이 높다고 말합니다. 이렇게 종이 손실률이 높을수록 그에 따른 추가 비용도 늘어납니다. 종이 비용이 부담스럽다면 손실률이 낮은 기본 판형을 선택하는 것을 추천합니다. 정사각형이나 긴 직사각형 같은 독특한 형태가 아니더라도 2~3mm 차이로 종이가 낭비되기도 하니 유의하세요.

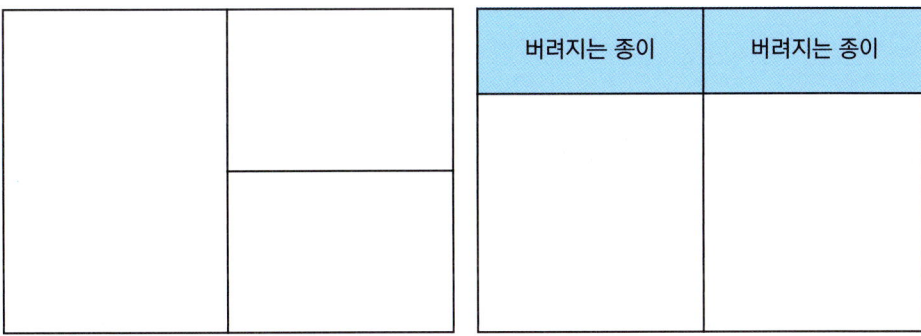

잉여 종이가 생기지 않는 판형   기존 비율 외 변형 판형

다음과 같이 근소한 차이로 더 큰 판형의 종이를 잘라 사용해야 한다면 상당히 비효율적이겠죠? A4⁺ 한 장을 인쇄하기 위해 종이를 두 장이나 사용해야 하는 격입니다. 이럴 때는 만들고 싶은 책에 이 판형이 꼭 필요한지 다시 한번 고민해 보고 가능한 한 기존 비율 판형을 선택하는 것이 좋습니다.

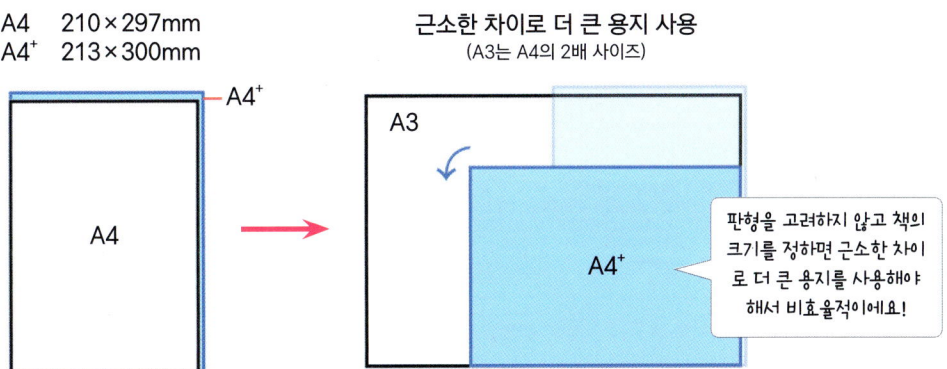

판형에 따라 비용이 달라져요!

인쇄소 사이트에서 기본 판형과 변형 판형을 선택해 보며 가견적을 비교해 보세요. 관련 항목을 정확하게 입력할수록 금액도 확실하게 알 수 있습니다. 제가 주로 사용하는 사이트 두 곳을 소개할게요.

1. 소다 프린트

회원 가입만 하면 바로 가견적을 내볼 수 있습니다. 그대로 주문하면 가격 변동도 거의 없는 편입니다. 대중적인 종이와 판형으로 견적 낼 때 유용한 사이트입니다.

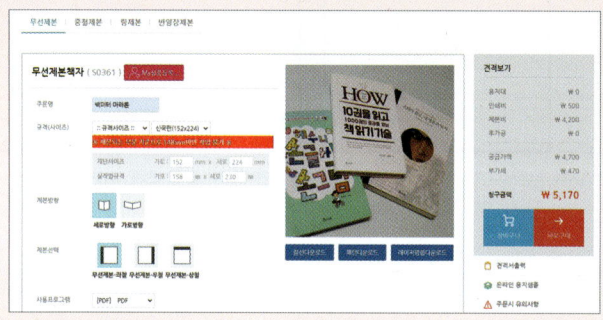

소다 프린트 사이트(sodaprint.kr)

2. 북메이크

소다 프린트와 같이 항목을 하나하나 선택할 수 있다는 장점이 있습니다. 흑백 인쇄는 물론 일부 컬러까지 지정할 수 있는 등 디테일한 항목을 체크하면 견적을 더 정확하게 낼 수 있습니다.

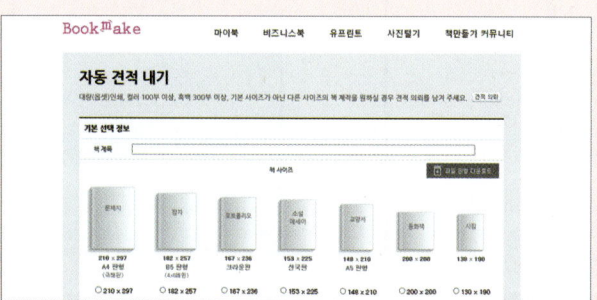

북메이크 사이트(bookmake.co.kr)

앞서 말했던 것처럼 일반 용지 규격 외 판형으로 제작한다면 대개 종이의 손실률에 따라 인쇄 단가가 올라갈 수 있습니다.

▶ 견적을 낼 때 체크해야 하는 사항은 06-4절에서 자세히 다룹니다.

01-3
책을 이루는 다양한 요소들

책은 다양한 요소로 구성됩니다. 이때 반드시 포함해야 하는 요소와 선택적으로 넣을 수 있는 요소를 구분해야 하는데요. 각 요소를 원하는 콘셉트에 맞춰 적절하게 활용해 보세요.

겉으로 보이는 책의 요소

책을 구성하는 요소 중 책등, 책배, 책날개 등 책의 겉면에 보이는 요소를 먼저 알아보겠습니다.

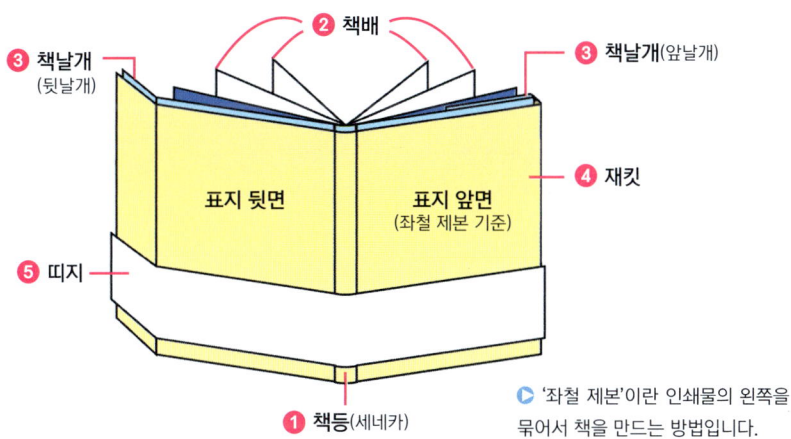

▶ '좌철 제본'이란 인쇄물의 왼쪽을 묶어서 책을 만드는 방법입니다.

❶ **책등:** 내지를 제본한 쪽 커버를 말합니다. 우리나라 인쇄업계에서는 아직 일본 용어를 많이 사용하므로 '세네카'라는 명칭도 알아 두세요. 세네카는 '등'을 뜻하는 일본어 '세나카(せなか)'의 잘못된 표기입니다.

❷ **책배:** 책등과 반대 방향으로 종이가 촘촘하게 모여 있는 면을 가리킵니다. 책배에 색을 입히는 후가공을 디자인 요소로 사용하기도 합니다.

❸ **책날개:** 책의 앞뒤 표지 일부를 안으로 접은 부분을 말합니다. 앞날개에는 저자의 말이나 저자·역자 프로필을 넣고, 뒷날개에는 저자의 다른 책이나 출판사의 유사 서적을 홍보하기도 합니다. 책에 따라 날개 없이 만들 수도 있습니다.

❹ **재킷:** 책 표지를 보호하기 위해 책을 한 번 더 감싸는 종이입니다. 표지가 천으로 된 양장본이라면 유통 과정에서 오염물이 묻지 않도록 반드시 추가합니다.

❺ **띠지:** 책 표지 하단에 두르는 종이입니다. 책을 보호할 뿐만 아니라 홍보 문구를 넣을 때 유용합니다.

디테일을 잡는 팁! 책등의 두께는 어떻게 구할까요?

인디자인에서 책을 만들 때는 책등의 두께를 고려해 디자인해야 합니다. 공식은 다음과 같습니다.

> (쪽수÷2) × 내지 1장의 두께 + 오차 1mm

▶ '내지'란 책의 본문을 가리킵니다.

예를 들어 500쪽 분량의 책을 0.09mm 두께의 종이(내지)로 만든다면 다음과 같이 계산할 수 있습니다.

(500÷2) × 0.09 + 1 = 23.5mm

종이 한 장의 두께는 인쇄소에서 제공하는 자료를 참고하거나 종이 제조사 사이트에서 확인할 수 있습니다. 내지에 흔히 사용하는 종이의 두께는 다음과 같습니다.

종류	특징	무게(g)	한 장의 두께(mm)
모조지	소설책, 수필집 등에 두루 사용되는 가장 익숙한 종이입니다. 백색과 미색 2가지로 나뉘며, 저렴한 가격과 적당한 두께가 특징입니다.	80	0.09
		100	0.12
아트지	광택이 돌고 두께감이 있습니다. 정확한 색을 표현해야 할 때 적합하며, 전시 도록이나 사진집 등에 많이 사용합니다.	100	0.08
		250	0.22
스노우지	차분한 느낌이 나는 무광택지이지만, 인쇄된 후에는 은은한 광이 돕니다. 아트지와 같이 컬러 인쇄에 주로 사용합니다. 인쇄 후 건조 속도가 빠르다는 장점이 있습니다.	100	0.09
이라이트	두께에 비해 가벼운 친환경 재생 용지입니다. 종이 특유의 거친 느낌이 강하고 눈의 피로도가 덜하다는 장점이 있습니다.	80	0.12

책등 두께를 계산해 주는 앱 — Paperman

책등 두께를 구하는 게 어렵다면 앱을 이용해 보는 것도 좋아요. 페이퍼맨(Paperman)은 제지사별로 종이 두께가 미리 입력되어 있어서 편리합니다.

펼치면 보이는 책의 요소

이번에는 책을 펼쳤을 때 접할 수 있는 요소를 살펴보겠습니다. 본문 내용이 들어 있는 페이지 외에도 다양한 것들이 보이죠? 각 요소의 역할을 알아볼게요.

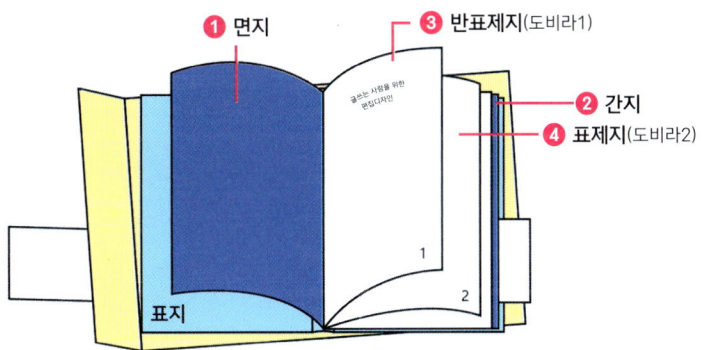

❶ **면지**: 책의 맨 앞과 맨 뒤에 넣는 색지를 말합니다. 두 장을 넣어서 면지끼리 서로 마주보게 하는 것이 보편적이지만, 취향에 따라 한 장만 넣기도 하고 양장본을 제작할 때는 표지에 붙이는 방식으로 가공하기도 합니다.

❷ **간지**: 책의 내용을 구분하기 위해 중간중간에 넣는 색지입니다.

❸ **반표제지**: 표지에 사용한 책 제목을 작게 넣습니다. 우리나라 인쇄업계에서는 반표제지, 표제지 대신 흔히 일본어로 '문'을 뜻하는 '도비라(とびら)'라는 용어를 사용합니다.

❹ **표제지**: 일반적으로 표지를 그대로 넣습니다.

책의 요소는 필요에 따라 자유롭게 선택할 수 있습니다. 책장의 책을 살펴보면 모두 제각기 다르게 생겼을 거예요. 시리즈물인데도 책마다 크기가 다른 경우도 있고요. 내용이 많아 두꺼운데도 무거운 종이를 사용한 책도 있습니다. 일반적이지 않은 책을 제작할 때 예산과 제작 기간에 여유를 두고 진행한다면 그만큼 개성 넘치는 결과물을 만들어 낼 수 있습니다.

레이아웃을 구성할 때 고려할 점 4가지

레이아웃(layout)이란 글 또는 그림을 면에 배치하는 것을 말합니다. 레이아웃을 잘 구성하면 읽기 편한 책을 만들 수 있습니다. 그렇다면 레이아웃에서는 어떤 점을 고려해야 할지 4가지로 나누어 알아봅시다.

첫째, 자료를 중요도에 따라 배치한다

레이아웃을 할 때는 본문에서 어떤 것을 강조할지 우선순위를 정해야 합니다. 중요한 정보는 크게, 나머지는 작게 배치하는 것이 좋습니다. 주로 제목과 사진이 큰 면적을 차지하고, 각주나 페이지 번호는 본문의 흐름을 해치지 않게 작게 표기합니다.

둘째, 그리드에 맞춰 구조를 만든다

그리드(grid)란 디자인을 위한 기준선을 말합니다. 그래픽 디자인의 기본 구조인 그리드를 이용해 내용을 조직화하고 질서를 부여합니다.

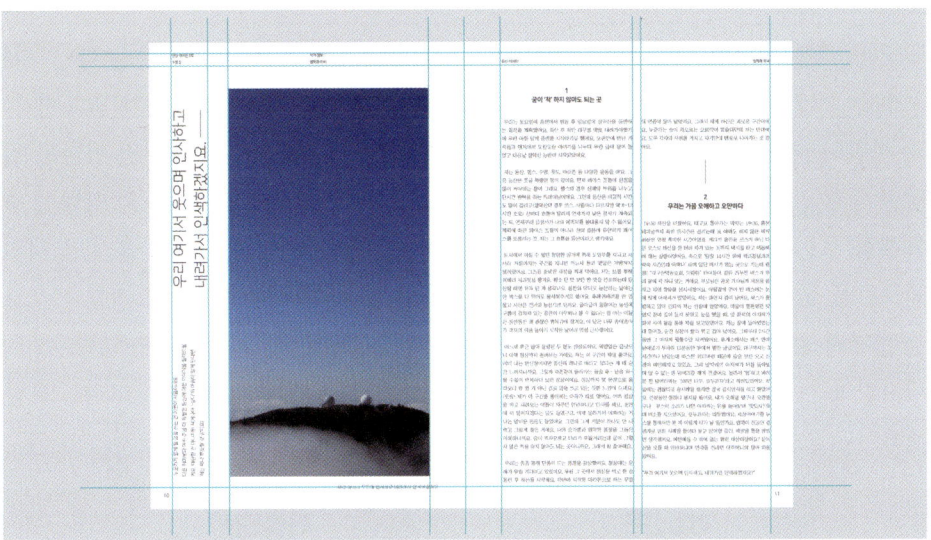

다음 그림에서 노란색 부분은 판면, 즉 본문이 들어가는 영역이며, 판면 바깥의 흰 부분은 **마진**(margin), 곧 바깥 여백입니다. 세로선은 단을 나누는 역할을 하는데, '단'이란 한 페이지 안에서 본문을 세로로 나누어 구분한 면을 말합니다. 가로선은 세로선과 만나 **모듈**이라는 작은 면을 만들어 냅니다.

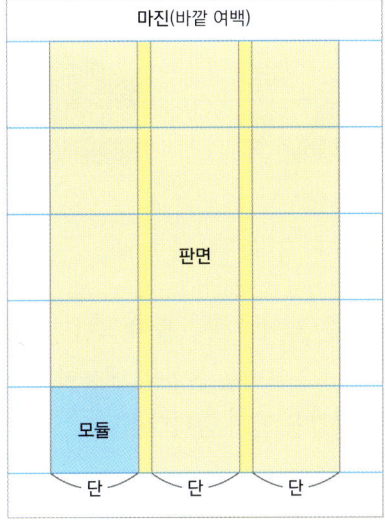

가로선이 만들어 내는 모듈은 디자이너가 더 빠르고 효율적으로 작업할 수 있도록 도와줍니다. 글이 길게 이어지는 소설책은 촘촘한 모듈을 만들 필요가 없지만, 그 외 대부분의 책은 모듈을 만들어 두고 디자인하는 것이 훨씬 편리합니다.

'그리드'라는 개념이 낯설 때는 불편할 수도 있지만, 그리드를 '레이아웃을 다양하게 구성할 수 있도록 도와주는 친절한 가이드'라고 생각해 보세요. 그리드가 없으면 글과 사진의 균형을 맞추기 위해 긴 시간을 들여야 하지만, 이 가이드 라인만 있다면 적당한 규칙 안에서 자유롭게 배치할 수 있습니다. 정보가 많을수록 그리드의 역할이 중요해집니다. 또한 판형이 커질수록 단을 나누고 여백을 두어야 독자가 글을 읽을 때의 피로감을 줄일 수 있습니다. 신문 기사가 가로로 길게 이어져 있다면 고개를 좌우로 돌려 가며 읽어야 해서 불편할 거예요.

디자인이 처음이라면 가로 그리드까지는 만들지 않아도 괜찮습니다. 세로 그리드도 불필요하다면 '단'의 개수에 맞게만 배치하는 것도 좋은 방법입니다.

셋째, 최적의 여백을 남긴다

글이나 사진이 들어가는 면적을 제외한 공간을 **여백**이라고 합니다. 책 본문을 보면 상하좌우로 비어 있는 공간이 있죠? 여백은 본문의 내용이 잘리지 않도록 보호하고 독자들이 글을 읽을 때 느끼는 피로감을 덜어 줍니다.

최근 실험적인 디자인의 편집물이 많아지면서 판면과 여백에 대한 엄격한 기준이 사라졌습니다. 다만 책은 실제 종이에 인쇄하고 재단한 뒤 제본하기 때문에 미세한 오차가 생길 수 있습니다. 따라서 바깥 여백이 최소 10mm 정도 필요하며, 통상 여백을 20~30mm 줍니다. 이때 책의 두께나 본문 내용에 따라 각각 최적의 여백을 적용하는데요. 하단 여백이 다른 여백보다 넓은 책을 가장 쉽게 찾아볼 수 있습니다. 왜 그런 걸까요?

보통 사람들의 시선은 판면의 ¼ 지점부터 시작되므로 시선의 무게가 상단에 몰려 있습니다. 따라서 상단보다 하단에 여백을 조금 더 넓게 주었을 때 독자의 시선이 효율적으로 움직일 수 있습니다. 그리고 만약 작업할 책이 100쪽이 넘는다면 안쪽 여백을 바깥쪽 여백보다 3~5mm 더 넓게 설정해 주세요. 책을 펼쳤을 때 안쪽 여백이 서로 겹치는 부분을 **접지**(gutter)라고 하는데, 책이 두꺼울수록 접지 영역이 넓어지면서 안쪽 여백이 더 좁게 느껴지기 때문입니다. 내가 구상하는 책과 비슷한 책을 찾아서 여백을 어떻게 설정했는지 직접 체크해 보면 도움이 될 거예요.

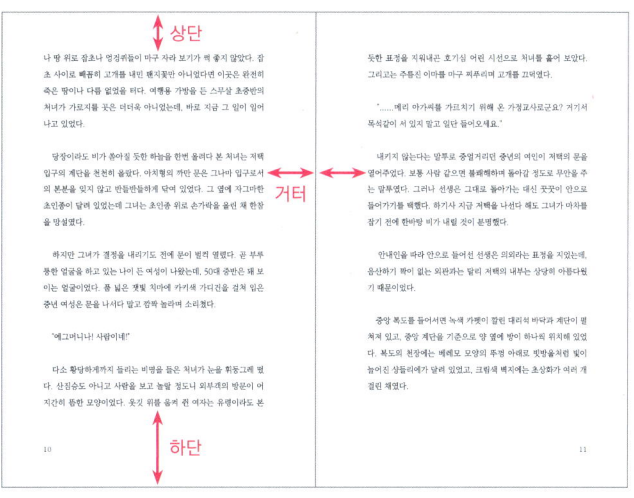

이번에는 본문 사이의 여백에 대해 알아보겠습니다. 본문 사이의 여백은 같은 공간에 위치한 개체를 구분하는 역할을 합니다. 여백의 크기가 크면 두 개체 간의 연결성이 약해지거든요. 따라서 제목과 본문을 가깝게 배치하면서 다른 글과의 간격을 더 넓게 설정하면, 다음과 같이 각각의 개체가 서로 다른 내용임을 명확히 나타낼 수 있습니다.

또, 여백은 독자의 시선을 본문으로 유도하기도 하는데, 빈 공간이 본문과 대비감을 만들어 내기 때문입니다. 빈 공간이 있기에 채워진 부분이 더욱 눈에 띄는 것이죠.

 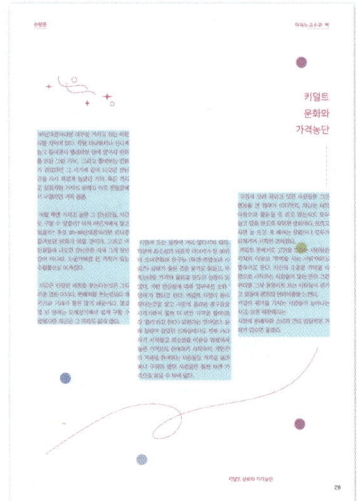

여백을 다르게 하여 글을 덩어리 지은 모습

넷째, 사진 배치에 율동감을 준다

사진을 배치할 때는 반복, 대비, 강조 등의 방법을 활용해 보세요. 유사한 이미지나 순서가 있는 이미지를 일렬로 배열할 수도 있고, 넓은 여백을 넣어 다음에 올 이미지를 강조할 수도 있습니다.

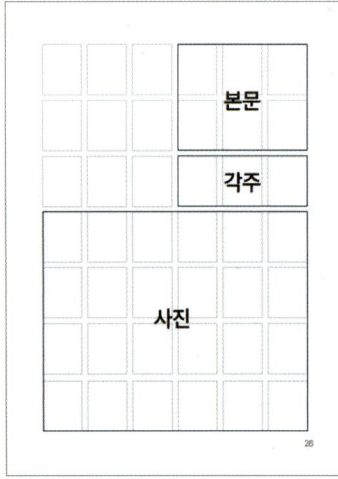 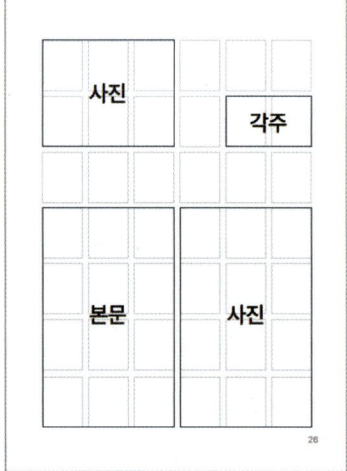

율동감 있게 사진을 배치한 예시

디테일을 잡는 팁! 그리드에 꼭 맞출 필요는 없어요!

다음 왼쪽 그림을 보세요. 도형을 그리드에 딱 맞춰 배치했는데 사각형보다 원이 훨씬 작아 보이죠? 도형이 그리드에 정확하게 맞춰져 있어도 2% 부족한 느낌이 들 수 있는데, 바로 각 요소의 무게 중심 때문입니다. 정가운데에 배치했지만 요소가 차지하는 면적 때문에 중심이 안 맞아 보이는 경우 시각적인 기준에 맞춰 다시 재배치할 필요가 있는데, 이를 '면적 정렬' 또는 '시각 정렬'이라고 합니다.

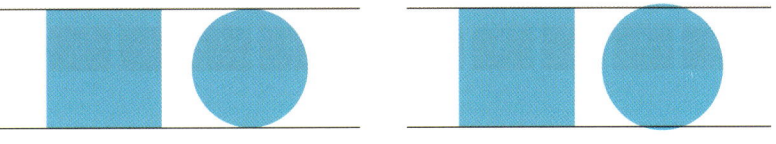

원이 더 작아 보임 실제로는 원이 더 크지만 같아 보임

픽토그램으로 다시 한번 볼까요? 단순하고 대칭적인 개체는 한쪽 모서리만 맞춰도 중심이 정확하게 맞습니다. 하지만 복잡하게 생기거나 서로 모양이 다른 개체는 면적을 고려해서 배치해야 균형을 맞출 수 있습니다. 이런 부분까지 고려한다면 여러분도 서점에서 파는 책같이 완성도가 높은 레이아웃을 만들 수 있습니다.

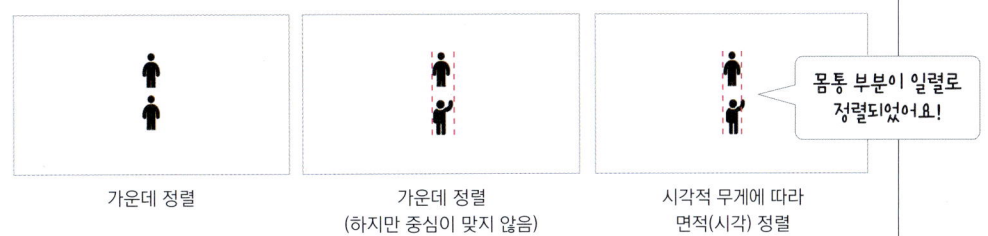

가운데 정렬   가운데 정렬
(하지만 중심이 맞지 않음)   시각적 무게에 따라
면적(시각) 정렬

몸통 부분이 일렬로 정렬되었어요!

 **레이아웃 짜보기**

다음 3단계를 생각하며 레이아웃을 어떻게 잡을지 고민해 보세요.

[1단계] 판면과 여백 설정하기

상하좌우 여백 동일   좌우 여백과 하단 여백 늘림(소설 등)   접지 부분과 하단 여백 늘림 (잡지, 에세이 등)

[2단계] 그리드 그리기

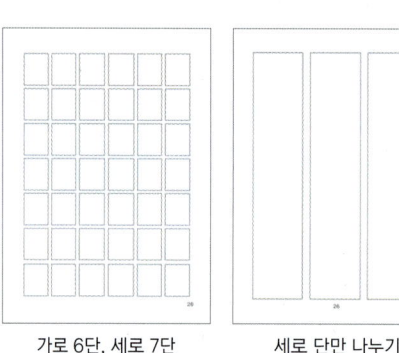

가로 6단, 세로 7단   세로 단만 나누기   가로세로 크게 나누기

> 공간 제약이 큰 매거진은 그리드를 촘촘하게 나누기도 해요!

[3단계] 각 요소 배치할 영역 정하기

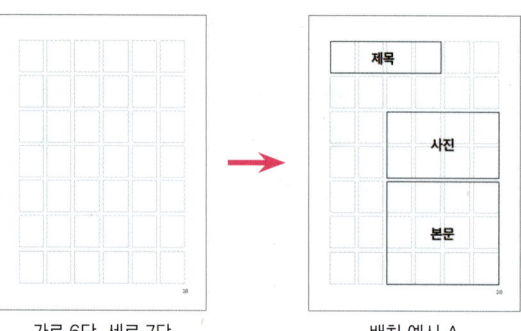

가로 6단, 세로 7단   배치 예시 A   배치 예시 B

01-4
타이포그래피의 기초

진지하게 연설하는 사람에게서 장난스러운 목소리가 나온다면 어떨까요? 또 아이들을 가르치는 유치원 선생님의 목소리가 거칠고 딱딱하다면 어떨까요? 아마 괴리감이 들어 집중하기 어려울 거예요. 책에서는 서체와 색상이 목소리 역할을 하는데요. 이 2가지만 잘 활용한다면 디자인을 복잡하게 하지 않아도 만들고 싶은 책의 분위기를 효과적으로 전달할 수 있습니다.

이미지가 주를 이루는 사진집이나 삽화집이 아니라면 책에서 가장 많은 부분을 차지하는 것은 단연코 '서체'입니다. 여러분은 이미 서체에 대한 감각을 가지고 있습니다. 지금까지 읽어 온 수많은 글에서 꾸준히 다양한 서체를 접해 왔거든요. 이번에는 편집 디자인에서 서체가 주는 특징과 느낌을 알아보고, 사용하는 매체에 따라 어떤 서체를 사용하는 것이 적합한지 살펴보겠습니다. 내 책에 딱 맞는 서체를 찾아보세요!

타이포를 나누는 기준, 명조와 고딕

서체는 크게 명조와 고딕으로 구분할 수 있습니다. 명조체는 '세리프체'라고도 하며, 세리프(serif)는 '부리'를 뜻합니다. 즉, 글자의 획 끝이 뾰족하게 나온 서체를 세리프체 또는 명조체라고 합니다. 반면, 부리가 없이 획이 직선으로 뻗은 서체는 '산세리프(san serif)'라고 하며, 우리말로는 고딕체라고 합니다.

명조체는 고급스러움, 섬세함, 클래식함, 미학적인 느낌을 주고, 고딕체는 대중적이면서도 과감하고 깔끔하며 모던한 느낌을 줍니다. 작품의 분위기에 맞는 서체를 선택하면 독자의 몰입도를 더욱 높일 수 있습니다.

▶ 한글글꼴개발원에서는 '바탕'과 '돋움'을 공식 서체 이름으로 채택하고 있습니다.

Serif San Serif
명조체 고딕체

보통 인쇄물에는 명조체를 사용합니다. 사람들이 명조체를 더 편하게 읽는다는 연구 결과가 있기도 하고요. 그러나 경우에 따라 명조체보다 고딕체가 더 높은 가독성과 가시성을 보이기도 합니다. 제한된 픽셀로 화면을 표현하는 모바일이나 웹이 이에 해당하는데, 명조체와 같이 개성이 강한 세리프를 사용하면 세리프의 얇은 부분이 글자를 인식하는 데 방해가 될 수 있기 때문입니다.

이 외에도 고딕체의 사용 범위가 넓어지면서 일부 매거진이나 일반 서적에서도 고딕체를 줄곧 사용하는 모습을 볼 수 있습니다. 여러분도 상황을 고려하여 다양한 서체를 사용해 보세요!

디테일을 잡는 팁! 명조체와 고딕체를 섞어서 사용하면 어떨까요?

특별한 의도가 있는 것이 아니라면 서체는 한 종류로 통일하는 것이 효율적입니다. 그러나 구분, 강조 등의 이유로 두 서체를 섞어서 사용해야 할 때가 있는데요. 이때 유의해야 할 것이 있습니다. 고딕체는 획의 끝이 가득 차 있지만 명조체는 끝에서 얇아지기 때문에 같은 크기일 때 명조체가 더 작아 보인다는 것입니다. 차이가 눈에 띌 정도라면 시각 보정을 살짝 해줘야 안정감이 듭니다.

세리프가 더 작아보여요   **산세리프가 더 작아보여요**

스타일을 만드는 폰트 패밀리

다음의 예시를 함께 볼까요? 두꺼운 글자도 큰 글자만큼이나 시선을 잡아끈다는 것을 알 수 있습니다. 이렇게 연출하기 위해서는 다양한 두께가 세트로 들어 있는 서체를 선택해야 합니다. 이처럼 같은 서체에서 두께를 다르게 하거나 기울기 등 서식을 추가한 것을 '폰트 패밀리' 또는 '타입 패밀리'라고 합니다.

서체의 두께	서체의 두께	서체의 두께
본문에서 서체를 강조하고 싶을 때 사용할 수 있는 또 다른 방법은 서체를 더 두껍게 만드는 것입니다.	본문에서 서체를 강조하고 싶을 때 사용할 수 있는 또 다른 방법은 서체를 더 두껍게 만드는 것입니다.	본문에서 서체를 강조하고 싶을 때 사용할 수 있는 또 다른 방법은 서체를 더 두껍게 만드는 것입니다.
기본 서체 스타일	서체의 크기를 키운 경우	'Bold' 폰트 패밀리를 적용한 경우

폰트 패밀리는 보통 Regular를 중심으로 Light와 Bold로 나뉩니다. 흔치 않지만 아주 가는 Thin, Hairline부터 Bold보다 두꺼운 Black도 있습니다. 이 외에 Italic이라는 기울어진 모양도 있는데, 보통 긴장감과 속도감을 표현하며 텍스트를 강조할 때 주로 사용합니다.

Thin　　Light　　Regular　　**Bold**　　**Black**

앞서 명조체와 고딕체가 주는 인상이 다르다고 했죠? 그런데 같은 부류라 하더라도 굵기에 따라 완전히 다른 인상을 연출할 수 있습니다. 두꺼운 고딕체는 튼튼하고 강력한 인상을 주는 반면, 가는 고딕체는 밝고 경쾌하며 모던한 느낌을 줍니다. 한편 두꺼운 명조체는 엄격하고 클래식하지만, 가는 명조체는 고급스럽고 도시적이며 유연한 느낌을 줍니다.

Morning　　Morning
Morning　　Morning

글의 호흡, 글자에 간격 불어넣기

책에 사용할 서체를 찾았다면 이제 '어떻게' 담아낼지 고민해야 합니다. 책을 읽을 때 유독 답답한 느낌이 들었던 적이 있나요? 책 내용 때문이 아니라면 그건 분명 너무 좁은 행간과 자간 때문일 겁니다. 문자 사이에 적용되는 여백의 종류에 관해 자세히 살펴보겠습니다.

자간이란?

자간은 글자 사이의 간격입니다. 텍스트의 양이 많은 본문에는 약간 좁은 자간을 사용하는 것을 권장합니다. 어절을 덩어리로 한번에 읽느냐 글자마다 따로 읽느냐에 따라 가독성이 크게 차이 나기 때문입니다. 자간을 너무 넓게 설정하면 한 글자씩 끊어 읽게 되고, 반대로 자간을 지나치게 좁게 설정하면 글자를 식별하기 어려워집니다. 따라서 글자가 겹치지 않되 끊어지는 느낌이 들지 않도록 직접 적용해 보며 감각을 익히는 것이 중요합니다.

글자가 주는 인상　　**글자 가 주 는 인 상**

행간이란?

노트 필기할 때를 한번 생각해 볼까요? 줄 노트 칸 위아래에 글자를 빼곡하게 쓰면 내용의 중요도를 구분하기가 힘들어지죠. 이때 노트의 줄과 줄 사이 공간을 **행간**이라 합니다. 행간은 위아래 줄글을 구분하고 글을 읽는 속도를 조절하는 역할을 합니다. 일반적으로 인쇄물 본문의 서체 크기가 8~11pt라면 행간은 6~8pt를 더한 14~19pt를 추천합니다. 그보다 큰 서체라면 서체 크기에 1.5를 곱해 보세요. 서체에 따라 다를 수 있지만 대체로 적절한 행간 값을 구할 수 있습니다.

선거와 국민투표의 공정한 관리 및 정당에 관한 사
선거관리위원회를 둔다. 비상계엄이 선포된 때에는
법률이 정하는 바에 의하여 영장제도

글의 템포가 느리다면 행간을 여유롭게 설정해서 독자가 글을 읽는 속도를 늦출 수 있습니다. 수필이나 시에 적용하기 좋겠죠? 반면 정보성 글이나 소설 등에 행간을 글자 크기의 2배 이상으로 설정하면 읽는 속도가 너무 느려져 오히려 정보를 효율적으로 얻을 수 없게 됩니다. 따라서 글의 양이나 의도한 속도에 따라 행간을 적절히 조절해 주는 것이 중요합니다.

시의 행간으로 적당한 예   소설의 행간으로 적당하지 않은 예

자간과 행간의 비율을 적절하게 잡아 주는 작업도 필요합니다. 예를 들어 띄어쓰기 간격보다 행간이 좁으면 가로로 읽어야 하는 문장인데도 가로세로를 왔다 갔다 하며 읽게 됩니다. 행간을 설정할 때 '글자 크기의 2배를 넘지 않기', '띄어쓰기보다 넓게 설정하기' 등 기준을 만드는 것도 좋습니다.

글 쓰는 사람을 위한 편집 디자인	글 쓰는 사람을 위한 편집 디자인
행간을 띄어쓰기보다 좁게 설정한 경우	행간을 적절하게 설정한 경우

자폭이란?

자폭은 글자 하나의 면적을 말합니다. 자폭을 수정하는 일은 거의 없지만, 좁은 면적에 많은 정보를 넣어야 한다면 95% 정도로만 수정하는 것이 좋아요. 서체마다 다르지만 자폭 변경은 마지막 수단으로 생각해 주세요. 타이포 전문 지식이 없으면 자칫했다가 서체의 가독성과 심미성을 모두 해칠 수 있으므로 자폭은 신중하게 수정해야 합니다.

어간이란?

어간은 단어 사이의 너비를 말합니다. 자간을 줄이다 보면 어간도 함께 줄어드는데, 이런 경우 띄어쓰기를 하지 않은 것처럼 보이면서 가독성이 크게 떨어집니다. 하지만 인디자인의 [단락 스타일] 기능으로 어간을 따로 설정할 수 있으니 걱정할 필요는 없습니다.

맛있는 사과

주제별 추천 서체

서체를 선택할 때는 글의 장르와 가독성, 인쇄 매체를 고려해야 합니다. 여기서 소개하는 서체들은 퀄리티도 좋고 무료여서 언제든지 사용할 수 있습니다(일부 유료 서체 별도 표기). 다음 체크리스트를 확인하며 서체를 선택해 보세요.

> **서체 사용하기 전 체크리스트**
> ☐ 서체는 2~3개만 사용하기
> ☐ 지나치게 화려하거나 장식이 많은 서체는 본문에 사용하지 않기
> ☐ 자간과 행간은 반드시 조절하기
> ☐ 타이틀은 반드시 커닝(문자 사이 간격)을 세부적으로 조절하기
> ☐ 영어는 가능한 한 영문 서체를 따로 선택해서 사용하기

어떤 주제든 사용하기 좋은 서체

두께, 스타일 등 폰트 패밀리가 다양하고 완성도가 높은 서체가 좋습니다. 제목부터 본문, 각주까지 같은 느낌이 나는 서체로 통일할 수 있다는 것이 아주 큰 장점입니다.

- 나눔 명조 **나눔 명조**
- Kopub 명조 **Kopub 명조**
- Kopub 돋움 **Kopub 돋움**
- 아리따 부리 **아리따 부리**
- 노토 산스(본고딕) **노토 산스**
- 노토 세리프(본명조) **노토 세리프**

시, 단편 문학에 사용하기 좋은 서체

본문용 서체는 꾸밈이 많은 것보다 잔잔한 느낌이 나는 것을 추천합니다. 본문 내용을 잘 읽히게 해야 하기 때문이에요. 문학 작품에서는 앞서 소개한 서체뿐 아니라 다음 서체를 사용해 보는 것도 좋아요.

- 을유 1945 **을유 1945**
- 단편선 바탕 **단편선 바탕** ◀ 유료
- 산돌 정체 **산돌 정체**
- 순바탕 **순바탕**
- 제주 명조
- 고운 바탕 **고운 바탕** 고운 돋움

전자책에 사용하기 좋은 서체

전자책은 종이 인쇄물과 달리 글자가 디지털 화면에 표현되기 때문에 획의 굵기가 불규칙하거나 장식 요소가 많으면 가독성이 떨어질 수 있습니다.

- 리디 바탕 (두께 1종)
- Kopub 명조   **Kopub 명조**
- Kopub 돋움   **Kopub 돋움**

텍스트의 양이 많고 한정된 영역에 입력해야 할 때 사용하기 좋은 서체

본문용 서체 크기가 9pt보다 작아야 한다면 일반적으로 고딕체를 권장합니다. 하지만 연령대가 높거나 보수적인 매체의 독자들은 명조체를 더 선호할 수 있습니다. 이럴 때는 언론사에서 제작한 서체를 사용하면 좋습니다.

- 한겨레 결체
- 조선일보명조체

독특한 느낌이 중요한 제목에 사용하면 좋은 서체

특정 분위기를 연출해야 하는 장르 소설을 만들거나 제목을 눈에 띄게 하고 싶을 때는 다음과 같이 개성이 강한 서체를 추천합니다.

- J 송명
- **함박눈체** 〈유료〉
- **봄바람체**
- 빛의 계승자체
- **블랙한산스**
- G 마켓　G 마켓　**G 마켓산스**

알아 두면 좋아요!

폰트 패밀리가 없는 서체는 어떻게 차이를 줄 수 있을까요?

'노토 산스'처럼 두께가 다양한 서체가 있는 반면, 두께 종류가 부족해 제목과 본문에 모두 사용하기에는 적당하지 않은 서체도 있습니다. 만약 폰트 패밀리가 없는 서체를 사용해야 한다면 폰트 페어링을 해보세요. 서체를 2개 이상 조합해 사용하는 것을 '폰트 페어링'이라고 하는데, 페어링에는 정답이 없습니다. 서체의 특징이 서로 부딪히지 않고 조화롭다면 좋은 페어링이라고 할 수 있습니다. 가장 좋은 방법은 서체 하나를 중심으로 다양한 서체를 조합해 어울리는 것을 찾아보는 것입니다.

무료 서체 사이트

서체를 무료로 제공하는 사이트를 소개합니다. 한글은 물론 영문 서체 사이트까지 자유롭게 활용할 수 있습니다. 따로 설치하지 않고 클라우드 서비스를 이용할 수도 있습니다. 하나하나 살펴보겠습니다.

무료 한글 서체 사이트

눈누 사이트를 이용하면 무료 한글 서체를 편리하게 내려받을 수 있습니다. 서체를 선택하면 무료 서체 배포처로 연결해 줍니다. 또한 **카페24** 무료 폰트 사이트에서도 서체를 내려받을 수 있습니다. 문체부에서 제공하는 **안심 글꼴파일 서비스** 페이지에서는 무료 서체를 내려받을 수 있는 다양한 사이트 링크를 제공합니다.

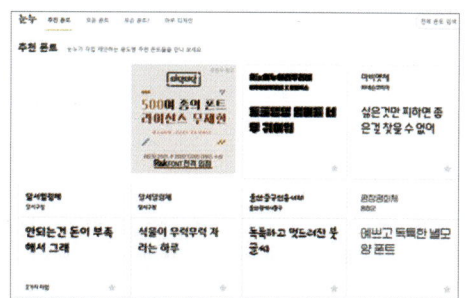

눈누 사이트(noonnu.cc)

카페24 무료 폰트 사이트(fonts.cafe24.com)

문체부 안심 글꼴파일 서비스
(mcst.go.kr/kor/s_policy/subPolicy/contents/contents09.jsp)

무료 영문 서체 사이트

영문 서체는 **마이폰트**나 **구글 폰트, 다폰트, 폰트 스퀴럴**에서 내려받을 수 있습니다. 모두 무료 서체를 공유하지만, 상업용 여부에 따라 허용 범위가 달라지므로 라이선스 범위를 확인해야 합니다. 다폰트는 검색할 때부터 100% 무료 서체만 볼 수 있도록 필터를 설정할 수 있습니다.

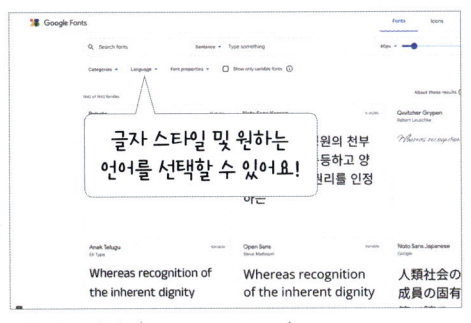

구글 폰트 사이트(fonts.google.com)

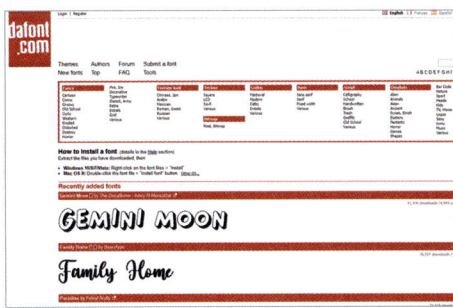

다폰트 사이트(dafont.com)

폰트 클라우드 서비스

어도비 폰트는 어도비 구독자에게 제공되는 폰트 클라우드 서비스입니다. 프로그램을 낱개로 구입하면 일부 서체는 무료로 사용할 수 없으니 어도비 구독자라면 꼭 확인해 보세요. 왼쪽 메뉴에서 [글꼴 관리]에 들어가면 활성화된 서체를 확인할 수 있습니다. **산돌 구름다리**는 월 구독제, 패키지 상품, 기획 상품, 개별 상품, 작가별 서체 모음 등 다양한 서비스를 제공하는 서체 전문 플랫폼으로, 회원 가입 후 프로그램만 설치하면 무료 서체를 자유롭게 사용할 수 있습니다. 더 다양한 서체를 원한다면 사이트에서 요금제를 결제하는 것을 추천합니다.

클라우드 서비스는 서체를 내려받지 않아도 간편하게 껐다 켰다 할 수 있어서 컴퓨터 용량을 많이 차지하지 않습니다. 다만 인디자인 파일에 서체가 임베딩(포함)되지 않기 때문에 인디자인 파일을 외부와 공유할 때 서체가 깨질 수 있으니 주의해야 합니다. 클라우드 서비스를 사용할 때 서체를 그래픽화해서 PDF로 저장하는 방법은 06-1절에서 자세히 소개합니다.

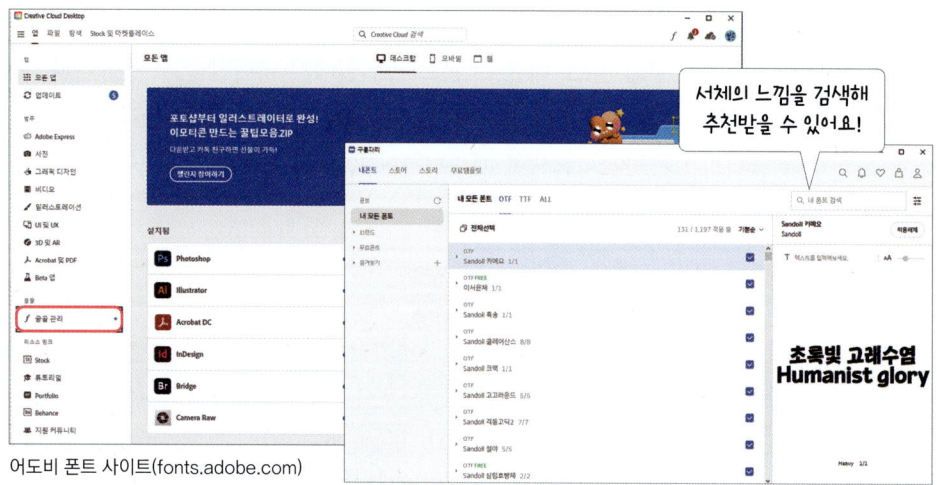

어도비 폰트 사이트(fonts.adobe.com)

산돌 구름다리 사이트(sandollcloud.com)

디테일을 잡는 팁! OTF와 TTF는 어떤 차이가 있나요?

서체를 내려받다 보면 OTF와 TTF를 볼 수 있습니다. OTF는 오픈타입 폰트(OpenType Font)라는 뜻으로 맥 이용자거나 고화질 대형 그래픽 작업을 하는 경우 적합합니다. TTF는 마이크로소프트에서 개발한 트루타입 폰트(TrueType Font)로 오픈타입보다 사양이 낮아 오피스 프로그램에 적합합니다.

크게 출력해야 한다면 OTF를 사용하는 것이 좋지만, 본문에는 TTF로도 충분히 좋은 결과물을 얻을 수 있습니다. 개발사 차이 때문에 오픈타입이 윈도우에서 오류를 일으키기도 하고 맥에서 트루타입이 오류가 나기도 하므로 작업 환경과 작업물에 따라 적절하게 선택해 사용하면 됩니다.

하면 된다! } 네이버 '나눔 글꼴' 서체 설치하기

실습할 때 사용할 무료 서체인 네이버 '나눔 글꼴'을 설치해 보겠습니다.

01 네이버 나눔 글꼴 사이트(hangeul.naver.com/font)에 접속한 후 [나눔 글꼴 전체 내려받기]를 눌러 글꼴 파일을 설치합니다.

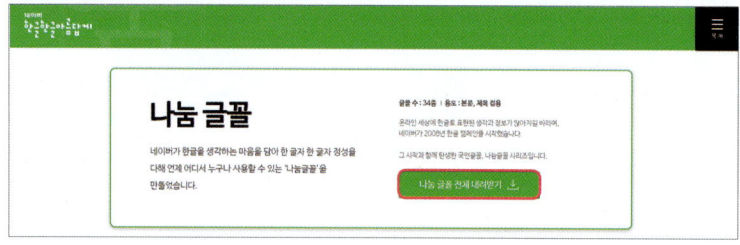

02 내려받은 서체 위에서 마우스 오른쪽 버튼을 누른 후 [설치] 또는 [모든 사용자용으로 설치]를 선택합니다. 글꼴 설치가 완료됩니다.

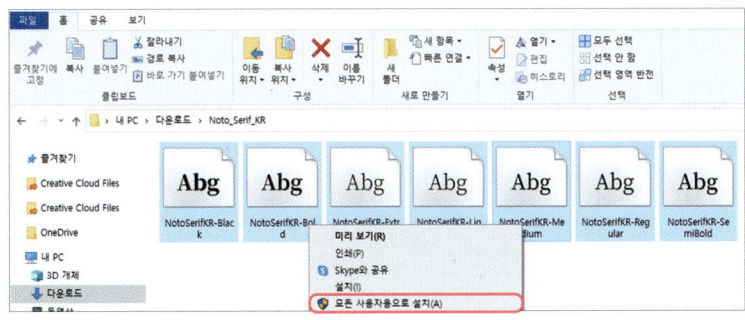

▶ 맥을 사용한다면 내려받은 서체 파일을 열고 오른쪽 하단에 있는 [서체 설치]를 누르면 됩니다.

알아 두면 좋아요!

괜찮은 서체를 발견했는데 이름을 모르겠어요!

마음에 드는 서체를 발견했나요? 해당 서체를 사용한 이미지를 검색하면 서체를 알아낼 수 있습니다. 단, 유명한 서체가 아니거나 이미지가 흐릿하면 원하는 결과를 얻지 못할 수도 있으니 가능하면 뚜렷한 고화질 이미지를 사용해 검색하세요.

- **한글 서체**: 폰트 박스(fontbox.kr), 산돌 구름다리(sandollcloud.com)
- **영문 서체**: 마이폰트(myfonts.com)

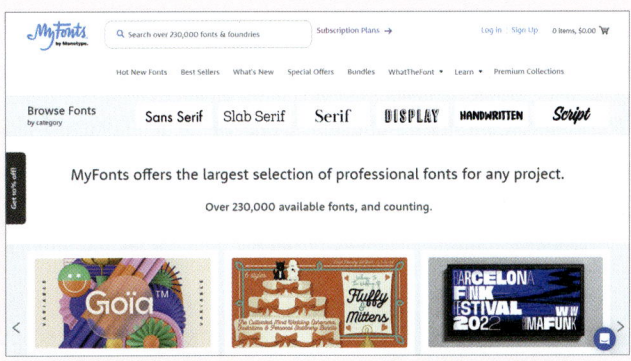

마이폰트 사이트(myfonts.com)

01-5
색상을 선택하는 방법

시각적인 자극 중 가장 먼저 눈에 들어오는 것은 '색'입니다. 그래서 경계와 금지를 알리는 안내 표지판은 빨간색을 사용하죠. 사람들이 특정 색에서 받는 인상은 대체로 비슷합니다. 주변 환경이나 사회 통념으로 인해 우리는 색마다 특정 인식을 갖고 있기 때문인데요. 이러한 인식을 잘 활용하면 전달하고자 하는 의미를 더욱 직관적으로 표현할 수 있습니다. 이번에는 색을 느끼고 표현하는 방법을 알아보겠습니다.

색은 무엇으로 이루어졌을까? — 색의 3요소와 톤

색에는 번호를 매길 수 없습니다. 색은 하나하나 따로 존재하는 것이 아니라 3개의 축을 기준으로 펼쳐 둔 큰 스펙트럼 속 점 하나가 별개의 색으로 불리는 것입니다. 조금 어렵죠? 색의 개념을 알면 금방 이해할 수 있습니다. 먼저 색을 이루는 3가지 요소를 알아보겠습니다.

색상

색상(hue)은 그 색만이 지닌 고유한 특성을 말합니다. 쉽게 표현하자면 무지개색(빨강, 주황, 노랑, 초록 등)처럼 다른 색과 확실히 구분되는 빛깔이라고 할 수 있어요. 그리고 색상을 둥글게 배열한 것을 **색상환**이라고 합니다.

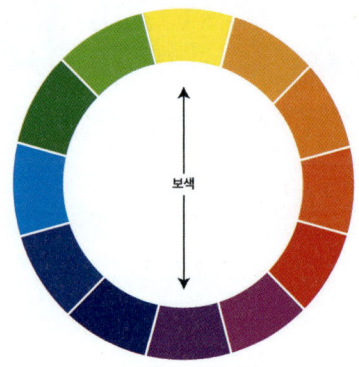

색상마다 느낌이나 인상이 다르기 때문에 적절하게 사용하면 분위기와 의도를 쉽게 전달할 수 있습니다.

색상		특징
빨강		정열, 사랑, 용기, 피, 위험, 분노, 뜨거움, 불, 혁명 등을 상징합니다. 눈에 띄고 시각적인 자극이 커 경고 표지판 등에 주로 사용됩니다.
주황		따뜻함, 태양, 기쁨, 즐거움, 노을, 식욕 증진, 활력 등을 상징합니다. 따뜻하고 온화한 색으로 고급스럽기보다 친근한 인상을 줍니다.
노랑		빛, 화사함, 귀여움, 따뜻함, 즐거움, 기쁨, 유아, 황금, 부와 권력 등을 표현할 때 자주 사용합니다. 일부 서양권에서는 죽음, 비겁함 등을 의미하기도 합니다.
연두		싱그러움, 순수함, 생명력, 풀과 나뭇잎, 여름, 평화, 생동감 등을 나타내며 긍정적이고 산뜻한 인상을 줍니다.
초록		편안함, 휴식, 신선함, 행운, 자연, 나무, 친근함, 평화, 안정, 초원 등을 상징합니다. 하지만 이슬람 국가와 전쟁을 치렀던 기독교 국가에서는 악과 죽음을 상징하고, '셸레 그린'이라는 염료 때문에 많은 사람들이 비소 중독으로 사망하면서 부정적인 이미지를 나타내기도 했습니다.
하늘		시원함, 바람, 하늘, 자유로움, 해방감, 젊음 등을 상징하는 밝고 상쾌한 색입니다. 파랑보다는 가볍고 친근한 색상이지만 얼음, 차가움 등을 나타내기도 합니다.
파랑		자유, 젊음, 이성, 신뢰, 바다, 물, 우울, 차분함, 추위 등을 상징합니다. 세계적으로 가장 사랑받는 색으로 코발트블루, 세룰리안블루, 울트라마린 등 다양한 종류가 있습니다.
남색		신중함, 신뢰, 이성, 차분함, 지적임, 중후함 등을 나타내는 색으로 '인디고'라고도 합니다. 무게감 있지만 검정보다는 부드러워 다른 색상과 배색했을 때 독특한 인상을 연출할 수 있습니다.
보라		고귀함, 황제, 고급스러움, 신비로움, 마법, 화려함, 위엄 등을 나타내며 권위 있고 성숙한 이미지를 표현합니다. 반대로 흰색을 섞은 연보라색은 신비롭고 부드러우며 젊은 인상을 줍니다.
분홍		부드러움, 사랑스러움, 꽃, 화사함, 애정 등을 상징합니다. 현대에는 여성들이 선호하는 색으로 분류되지만, 과거에는 빨강이 남성성을 나타냈기 때문에 그보다 부드러운 분홍은 어린 남자아이를 상징했습니다.
갈색		자연, 대지, 나무, 오래됨, 신뢰감, 역사적임, 겸손, 부드러움, 청빈함 등을 상징합니다. 따뜻하고 무게감 있는 색으로 성숙한 인상을 줍니다.
회색		평범, 겸손, 고급스러움, 금속, 은색, 무기력함, 진지함, 성숙함 등의 이미지를 나타내며, 명도와 색 배합에 따라 다양한 이미지를 연출할 수 있습니다.

검정	■	어둠, 밤하늘, 죽음, 두려움, 무거움, 현대적임, 세련된, 우아함 등의 이미지를 나타냅니다.
흰색	□	고급스러움, 순수, 깨끗함, 의료, 눈, 겨울, 빛, 신성함, 완벽함 등의 의미를 나타냅니다.

채도

채도(saturation)는 색의 선명도를 나타냅니다. 물감에 흰색, 검은색, 회색을 얼마나 섞는지에 따라 색이 달라지는 것과 같은 원리입니다. 채도가 높을수록 맑고 강렬한 인상을 주고, 채도가 낮을수록 흐리고 부드러운 인상을 줍니다. 가장 높은 채도의 색을 '순색', 가장 낮은 채도의 색을 '무채색'이라고 합니다.

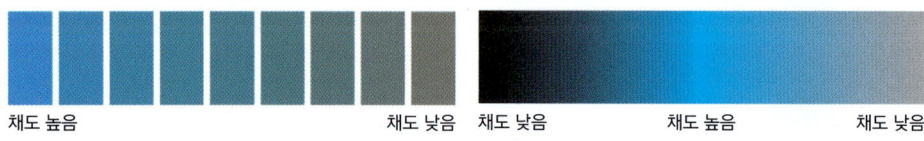

채도 높음　　　　　　　　　채도 낮음　　채도 낮음　　　　　　채도 높음　　　　　　채도 낮음

명도

색의 밝고 어두운 정도를 **명도**(value)라고 합니다. 색이 밝으면 명도가 높다고 표현하고, 어두우면 명도가 낮다고 표현합니다. 명도는 주변 색상과 비교했을 때의 느낌이 색 조합에 더 큰 영향을 미칩니다. 같은 하늘색이라도 검은색과 사용하면 밝게 느껴지고, 흰색과 사용하면 상대적으로 어둡게 느껴집니다.

명도 높음　　　　　　　　　명도 낮음

톤

색의 3요소를 조합하면 **톤**(tone)을 만들 수 있습니다. 채도가 높은 톤부터 알아볼게요. 밝고 환한 느낌을 주는 페일 톤(pale tone)과 라이트 톤(light tone)은 흔히 파스텔 톤이라고 합니다. 브라이트 톤(bright tone)은 순색에 흰색을 아주 조금 섞은 색으로 경쾌하고 밝은 인상을 줍니다. 스트롱 톤(strong tone)은 힘 있고 선명하지만 브라이트 톤보다 탁한 느낌이고, 딥 톤(deep tone)은 무게감 있고 적극적이며 클래식한 느낌을 주죠. 비비드 톤(vivid tone)은 가장 역동적이고 화려한데, 앞서 말한 순색과 같습니다.

반대로 채도가 낮아지면 같은 명도라도 이미지가 완전히 달라집니다. 그레이시 톤(greyish tone), 소프트 톤(soft tone), 덜 톤(dull tone)은 차분하고 어른스러운 이미지를 연출할 때, 다크 톤(dark tone)과 다크 그레이시 톤(dark greyish tone)은 강하고 무게감 있는 이미지를 연출할 때 사용하면 좋습니다.

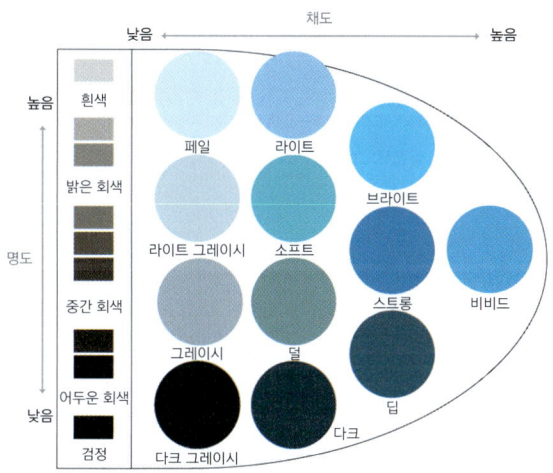

색을 조합하는 방법, 배색

지금까지 색이 각각 어떻게 이루어지는지 알아봤습니다. 이번에는 색을 2개 이상 함께 사용하는 법을 배워 볼까요? 다양한 색을 조합해서 원하는 이미지를 표현하는 것을 **배색**이라고 합니다. 같은 빨간색도 검은색과 배색하면 강렬하고 어두운 인상을 주지만, 밝은 색상과 배색하면 통통 튀는 분위기를 연출할 수 있습니다.

배색 방법은 너무 방대하기 때문에 그중에서도 디자이너들이 자주 사용하는 배색법 몇 가지와 색상을 고를 때 반드시 지키는 법칙, 그리고 실제 배색할 때 참고할 만한 팁을 중심으로 소개하겠습니다.

배색 조합 3요소

배색을 이루는 색상 요소에는 크게 주조색, 보조색, 강조색이 있습니다.

- **주조색:** 가장 넓은 영역에 사용해서 바탕색 역할을 하거나 자주 사용하는 색입니다. 전체 톤에 크게 영향을 미치므로 다른 색과 무난하게 어울리는 색을 선택하는 것이 좋습니다.
- **보조색:** 주조색과 강조색을 보조하는 색으로 색상을 연결하는 역할을 합니다. 일반적으로 주조색과 유사하거나 반대로 대비되는 색을 선택합니다.
- **강조색:** 가장 눈에 띄는 색으로 시선을 집중시키는 역할을 합니다. 가장 작은 면적에 사용하며, 같은 색이라도 주조색과 보조색에 따라 다른 인상을 줄 수 있습니다.

디테일을 잡는 팁! 세련된 배색의 비밀

'스타벅스' 하면 어떤 색이 떠오르나요? 아마도 짙은 초록색을 떠올릴 텐데요. 하지만 여기에는 놀라운 반전이 있습니다. 스타벅스의 대표 색상인 초록색은 단 5%밖에 사용되지 않았다는 것! 다시 한번 생각해 볼까요? 스타벅스의 인테리어에는 주로 크림색, 검은색, 갈색을 사용합니다. 초록색은 옥외 간판이나 메뉴판에 포인트로만 조금 사용하죠. 최근에는 간판도 검은색 바탕에 흰색 글자로 바꾸는 추세입니다.

이처럼 가장 강조하고 싶은 색의 면적을 가장 적게 구성하면 조화로우면서 세련된 배색을 손쉽게 할 수 있습니다. 배색을 하다 막히면 **주조색 70%, 보조색 25%, 강조색 5%**라는 마법의 비율로 조합해 보세요!

자주 사용하는 배색법 5가지

디자이너들이 주로 사용하는 대표적인 배색법으로 그러데이션(gradation) 배색, 세퍼레이션(separation) 배색, 악센트(accent) 배색, 톤 온 톤(tone on tone) 배색, 톤 인 톤(tone in tone) 배색이 있습니다.

- **그러데이션 배색:** 3개 이상의 색이 점진적으로 변하는 배색법입니다. 색에 따라 다르지만 대체로 부드럽고 자연스러운 인상을 줍니다.

- **세퍼레이션 배색:** 색의 경계가 모호하거나 반대로 대비가 지나치게 강하면 오히려 어색한 느낌을 줄 수 있습니다. 이때 두 색 사이에 다른 색상을 끼워 넣어 분리하면 어울리지 않는 색을 조화롭게 연결할 수 있습니다.

- **악센트 배색:** 대비가 강하지 않은 색 사이에 보색을 추가해 생동감을 주는 배색법입니다. 중간에 들어간 보색이 대비를 만들어 시선을 끄는 효과가 있습니다.

- **톤 온 톤 배색**: 색상은 같지만 명도가 다른 색을 함께 배치합니다. 회색과 검은색, 베이지색과 갈색을 생각하면 이해하기 쉽습니다. 색을 조화롭게 연출할 수 있는 배색법입니다.

- **톤 인 톤 배색**: 색상이 비슷하면서 명도가 같은 색을 함께 배치합니다. 부드럽고 우아한 느낌을 줄 수 있습니다. 특히 어두운 덜 톤의 색을 톤 인 톤으로 배색하는 것을 토널(tonal) 배색이라고 합니다.

배색 참고 사이트

배색을 할 때 가장 좋은 방법은 사진에서 색을 추출하는 것입니다. 하지만 이 작업도 익숙하지 않으면 어렵게 느껴질 수 있어요. 마음에 드는 사진이 없을 수도 있고요. 그럴 때 참고하면 좋은 사이트를 소개합니다.

어도비 컬러(Adobe Color)

어도비에서 지원하는 색상 추출 사이트입니다. 유사색, 단색, 혼합색, 보색 등 다양한 배색 법칙을 기반으로 자신이 선택한 주조색에 맞는 보조색을 추천해 줍니다. [탐색] 탭에서는 테마를 검색해서 다른 이용자들이 만들어 둔 컬러 맵을 참고할 수 있습니다.

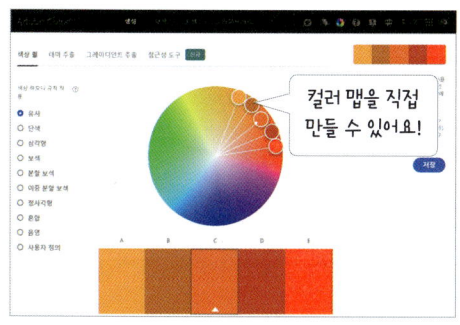 

어도비 컬러 사이트(color.adobe.com/ko/create/color-wheel)

엘오엘 컬러(LOL Color)

매일매일 다양하고 트렌디한 컬러칩이 업데이트되는 사이트입니다. 익숙한 색 조합부터 생소하지만 매력적인 색 조합까지 제공해서 안목을 넓히기 좋습니다. 사람들의 선호도도 확인할 수 있습니다.

엘오엘 컬러 사이트(webdesignrankings.com/resources/lolcolors)

컬러 헌터(Color Hunter)

사진을 업로드하면 색을 추출해 주는 사이트입니다. 컴퓨터에서 이미지를 가져와 5개로 구성된 컬러칩을 생성할 수 있습니다. 추출한 컬러칩을 바로 핀터레스트로 저장할 수도 있습니다.

컬러 헌터 사이트(colorhunter.com)

디자인 시드(Design Seeds)

풍경 사진, 감성 이미지 등에서 색상을 추출해 조화로운 컬러칩을 선보입니다. 자신이 원하는 색을 선택하면 해당 색이 들어가는 컬러칩을 보여 주는 기능이 있어 빠르면서도 품질 좋은 배색을 찾아야 할 때 유용합니다.

디자인 시드 사이트(design-seeds.com)

색상 모드 — RGB와 CMYK

화면에서는 선명하고 밝았던 색이 출력했을 때는 탁하게 나와서 당황했던 적이 있나요? 색의 3요소도 배우고 배색법을 익혀 열심히 만든 결과물을 인쇄했는데 예상과 전혀 다른 색으로 나온다면 너무 속상하겠죠. 게다가 시간과 비용을 두 배로 들여야 하니 무척이나 비효율적입니다. 이런 일을 방지하려면 먼저 색상 모드를 이해해야 합니다.

색상 모드는 색을 빛으로 표현하는지, 잉크로 표현하는지에 따라 RGB와 CMYK로 나뉘는데요. 각 모드에서 흰색을 만드는 방법을 기준으로 '가산 혼합법', '감산 혼합법'이라고도 합니다.

빛으로 색을 표현하는 RGB는 가산 혼합법을 사용합니다. 가산 혼합법이라 하니 벌써 어렵고 복잡하게 느껴지죠? 무대 조명을 떠올려 볼게요. 조명을 켜면 켤수록 무대가 환해집니다. 각기 다른 색의 조명이더라도 한곳을 비추면 새하얀 빛이 되죠. 이처럼 색(빛)이 추가될수록 흰색에 가까워지기 때문에 가산 혼합법이라고 하는 것입니다. RGB는 Red(빨강), Green(초록), Blue(파랑)의 앞 글자를 딴 이름인데요. 휴대폰 액정에 물 한 방울을 떨어뜨려 보면 액정 위로 아주 선명하고 진한 빨간색, 초록색, 파란색이 보일 것입니다. 이 3가지 빛이 모여 모니터에 보이는 모든 색을 만들 수 있습니다.

그럼 CMYK는 무엇일까요? Cyan(녹청), Magenta(자홍), Yellow(노랑), Black(검정)의 앞 글자를 딴 이름으로, 잉크 4가지로 색을 표현하기 때문에 RGB와 달리 색이 섞일수록 어두워집니다. 물감이 묻은 붓을 씻었을 때 물이 점점 어두워지는 것처럼 CMYK도 잉크로 색을 만들어 내기 때문에 색이 섞일수록 어두워지고 탁해지는 것이죠. 그래서 CMYK를 감산 혼합법이라고 합니다. CMYK 중 아무 잉크도 사용하지 않아야 흰색을 표현할 수 있으니까요!

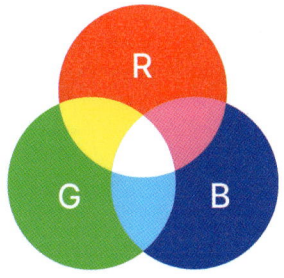 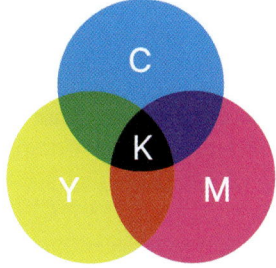

만약 색상 모드를 고려하지 않고 작업한다면 어떻게 될까요? 허용 가능한 오차 범위를 넘어서는 인쇄 사고가 일어날 수도 있습니다. 모니터에서 봤을 땐 깊고 선명했던 바다 사진이 캄캄하고 어두운 바다로 출력되어 책의 분위기를 완전 바꿔 버릴 수도 있어요. 특히 파란색은 인쇄 사고가 가장 많이 나는 것으로 유명한데요. 코발트블루와 같은 쨍하고 인공적인 색상은 CMYK로 만들어 낼 수 없습니다. CMYK는 RGB와 달리 표현하는 데 한계가 있어서 이런 색을 표현하고 싶다면 '별색' 잉크를 따로 사용해야 합니다. 별색을 사용하면 단가가 올라가고 소량 제작이 어렵지만, 목적이 분명하다면 투자할 만한 가치가 있습니다.

RGB 색상이 적용된 바다 사진

CMYK 색상이 적용된 바다 사진

디테일을 잡는 팁! 검정이 검정이 아니라고요?

CMYK에서 K값(Black)을 100%로 인쇄해도 흐릿한 인상을 줄 수 있습니다. Black 잉크만으로는 완전한 검정을 표현하기 어렵기 때문인데요. 이럴 때는 모든 색상값을 100%로 올리기보다 Black 100%에 Cyan 또는 Magenta를 20~30% 정도 추가해 짙은 검은색을 만드는 것을 추천합니다.

Black 90%   Black 100%   Black 100%, Cyan 20%

책을 기획할 때 반드시 고려할 점 4가지

첫째, 책의 주제는 명확하게!

책의 주제를 정하는 것은 아주 중요합니다. 주제가 명확하면 글의 방향성은 물론, 타깃 독자층, 디자인, 홍보 전략까지 결정할 수 있습니다. 예를 들어, '제주도에서의 여행 이야기'와 같은 단순한 사실 나열보다는 '제주도에서 1년 동안 살면서 휴식에 대한 관점이 바뀐 이유'와 같이 주제를 구체적으로 설정하는 것이 좋습니다. 짧은 글을 모아서 출간하는 책이라도, 모든 내용을 아우르는 주제를 정해 독자에게 전달해야 합니다. 책을 만들면서 여러 가지 주제를 동시에 다루고 싶은 유혹이 생길 수 있지만, 너무 많은 것을 한 번에 전달하려다가는 어느 것 하나 제대로 전달되지 않을 수 있으니 유의해야 합니다. 즉, 책을 쓰는 목적을 다시 한번 생각하고, 전하고 싶은 메시지를 한 문장으로 정리해 보는 과정이 필요합니다.

둘째, 예상 독자 미리 선정하기

책을 기획할 때는 예상 독자를 어느 정도 추리는 것이 좋습니다. 책 디자인의 방향을 정하는 데 유용할 뿐만 아니라 글을 쓸 때도 도움이 됩니다. 예상 독자층은 글을 되새겨 보며 정할 수 있는데, 이때 타깃의 취향, 연령, 직업, 상황 등 다양한 요소를 고려해야 합니다.

예를 들어 서울 도심에 살다가 바닷가 작은 마을로 이주한 후 그곳에서의 삶을 담백하게 담아낸 《바닷가 에세이》라는 책이 있다고 가정해 볼게요. 이런 책을 읽고 싶어 하는 사람은 '도회적인', '세련된', '차가운'이라는 키워드보다 '조용한', '자유로운', '친근한'과 같은 키워드를 더 매력적으로 느낄 것입니다.

그럼 이 책은 주로 누가 읽을까요? 도시에서 바쁘게 살아가며 언젠가는 도시 외곽 지역이나 타지로 떠나 여유로운 일상을 즐기고 싶은 사람들이겠죠? 이런 식으로 예상 독자의 캐릭터를 만들어 보면 '도시의 삶에 지친 30대 직장인 김OO 씨' 또는 '휴가 때마다 바다를 찾는 30대 박OO 대리' 정도로 정리할 수 있습니다.

이런 독자들의 눈길을 끌기 위해 직접 찍은 국내 바다 사진을 표지에 활용해 보았습니다. 오른쪽 표지 디자인은 모던하고 깔끔해 보이지만 이 책의 분위기와 어울리지 않고 본문 내용과도 다소 동떨어져 보이죠. 무엇보다 독자들이 이 책을 읽고 싶어 하는 이유를 이해하고 그에 맞게 디자인하는 것이 우선입니다!

예상 독자층의 눈길을 끄는 표지 디자인

본문 내용과 동떨어져 보이는 표지 디자인

셋째, 책 제목은 글의 내용을 짐작할 수 있게!
내용을 쉽게 유추할 수 있도록 책 제목을 정하면 그것만으로도 마케팅 효과가 있습니다. 책은 표지와 제목으로 독자의 관심을 끌어야 하기 때문에 독자의 흥미를 유발하는 것이 아주 중요하거든요.

다음은 좋은 제목을 선정하는 3가지 팁입니다.

① **본문에서 좋은 문장을 찾아보자!**
본문에서 뽑아낸 제목은 책 내용과 일관성이 있는 것은 물론, 독자가 책을 읽다가 '아! 이 문장(제목)이 이래서 나온 거구나!' 하고 책의 주제를 다시 환기해 주는 효과가 있습니다. 이 방법은 간단하면서도 좋은 제목의 요건을 모두 충족합니다. 글에서 마음에 드는 문장을 몇 가지 뽑아 보고 그 중에서 주제를 가장 잘 나타내는 문장을 선택합니다.

② **어울리지 않는 단어를 함께 사용해 매력적인 제목을 만들자!**
따뜻한 얼음, 철면피 신입사원 등 일반적으로 함께 사용하지 않는 모순되는 단어로 제목을 만들면 흥미를 유발할 수 있습니다. 이런 재미있는 제목이 독자의 관심을 끄는 것은 당연하겠죠? 단, 내용과 연관성이 있어야 합니다. 이런 제목은 추상적인 느낌을 주기 때문에 글과 연관이 있는지 재고해 보고 신중하게 사용하는 것이 좋습니다.

③ **너무 긴 문장보다는 짧고 간결하게!**
짧은 제목이 기억에 더 오래 남는 것은 너무나 당연한 이야기죠. 게다가 책 표지를 디자인할 때 너무 긴 제목은 배치 난이도가 다소 높은 편입니다. 가능하면 한 줄 안에 들어오는 제목이 읽기에도 디자인하기에도 좋고, 온라인 서점에서 책 제목이 잘리는 불상사도 방지할 수 있습니다.

넷째, 책의 흐름을 만드는 소제목 정하기

독자들은 차례에 나와 있는 소제목을 통해 책의 흐름과 내용을 예측합니다. 따라서 소제목은 책을 읽을지 말지 결정하는 데 큰 영향을 미칩니다. 그만큼 소제목은 중요한 요소이므로 퇴고한 후에도 다시 확인해 보는 것이 좋습니다. 소제목은 글의 장르와 성격에 따라 유연하게 적용하는 것을 추천합니다.

다음은 소제목을 정할 때 알아 두면 좋은 5가지 팁입니다.

① 내용을 유추할 수 있어야 한다!
소제목은 책의 내용을 요약한 것입니다. 소제목을 잡기 전 글을 요약해 보고 책 내용과 이질감이 들지 않는지 반드시 확인합니다. 이렇게 작성한 소제목은 책의 흐름을 보여 줄 수 있어서 더욱 좋습니다. 추리 소설의 결말을 밝혀 버리는 것만 아니라면요!
- **예시:** [1. 마틸다, 학교에 가다!] → [2. 학교는 역시 위험해!] → [3. 돌아온 마틸다]

② 책 제목과 이어지는지 확인하자!
책 제목이 주제이고 소제목이 내용이라면 2가지가 이어지는 것은 당연한 거죠. 책 제목과 소제목을 함께 두고 봤을 때 부자연스럽다면 소제목을 과감하게 바꿔 보세요!

③ 일관성이 있어야 한다!
소제목끼리도 서로 유기적인지 확인해 봐야 합니다. 내용, 형태, 말투 등을 활용해 통일감을 줄 수 있습니다. 다음은 이해를 돕기 위한 다소 극단적인 예시이니 참고용으로 봐주세요.
- **좋은 예시:** 오늘도 힘내자! → 바다로 가자! → 나를 돌아보자!
- **나쁜 예시:** OO의 일기 → 일기 속 진심 → 그때 제임스 말을 들을걸

④ 소제목 사이의 간격을 조정하자!
글의 내용보다 디자인의 구조를 살피는 작업에 가깝습니다. 소제목 간의 거리가 너무 들쭉날쭉하다거나 소제목이 지나치게 많은 건 아닌지 등을 살펴보며 글의 구조를 다듬어 보세요.

⑤ 호기심을 불러일으키자!

독자들은 책을 선택할 때 차례를 참고하는 경우가 많습니다. 차례만 잘 짜도 독자들에게 내 책을 효과적으로 어필할 수 있습니다. 차례가 지루해 보여 손에 잡았던 책을 도로 내려놓는다면 정말 아쉽겠죠? 소제목이 조금 심심한 것 같다면 광고 문구처럼 사람들의 마음을 사로잡을 수 있는 소제목을 써보는 것도 좋습니다. 단, 너무 멋을 부리다 책의 분위기를 해치거나 불쾌함을 주지 않도록 주의하세요.

- 예시: [선사시대의 생활] → [선사시대에는 돌을 칼로 썼다고?]

디테일을 잡는 팁! 글과 디자인 수준을 높이고 싶어요!

1. 쉼표를 지나치게 많이 사용했는지 확인해 보세요. 긴 문장은 한 번씩 끊어 주는 게 좋지만 문장이 짧은데 쉼표를 많이 사용하면 시각적으로 지저분한 인상을 주고 디자인 작업에서 손도 더 많이 갑니다.
2. 문장을 리듬감 있게 쓰세요. 긴 문장과 짧은 문장이 적절히 번갈아가며 나오도록 하면 글을 지루하지 않게 해주면서 두 문장 사이에 마침표와 여백이 적절하게 배치되어 미묘하게 리듬감을 살릴 수 있습니다.
3. 핵심 단어의 정확한 뜻을 파악합니다. 책 제목이나 주제에 사용한 '핵심 단어'의 뜻을 검색해 보세요. 좋은 제목을 뽑을 수 있는 것은 물론, 디자인에 활용할 아이디어가 떠오를 수 있습니다. 핵심 단어와 연결된 디자인은 독자에게 책의 내용과 분위기를 유추할 수 있도록 합니다.

02
책을 만드는 도구, 인디자인

포토샵은 들어 봤어도 인디자인(Indesign)은 처음 접해 보는 분이 많을 것입니다. 포토샵이나 일러스트레이터와 달리 인디자인은 이름만으로 어떤 기능을 하는지 유추하기도 어렵죠. 인디자인은 어도비에서 제공하는 '편집 디자인'에 최적화된 디자인 도구입니다.

매번 다른 구도를 사용하는 여타 디자인과 달리 편집 디자인은 책 안에서 같은 레이아웃이 반복되는 경우가 많습니다. 인디자인에서는 매번 앞 장과 똑같이 맞추려고 애쓰지 않아도 스타일을 지정하고 자동으로 배치하는 기능을 활용해 작업 효율을 높일 수 있습니다. 단순한 소설은 원고를 불러오기만 해도 그럴싸한 책 한 권이 뚝딱 완성될 정도입니다. 그럼 지금부터 인디자인을 천천히 알아볼까요?

02-1 인디자인 시작하기
02-2 인디자인 맞춤 설정하기
02-3 원고, 이미지 불러오기
[보너스 02] 감성을 살리는 무료 이미지 사이트
[보너스 03] AI로 원고와 삽화 생성하기

02-1
인디자인 시작하기

다른 어도비 프로그램을 사용해 본 적이 있다면 인디자인도 쉽게 설치할 수 있습니다. 어도비 프로그램을 처음 접한다 해도 괜찮으니 하나하나 따라 해주세요. 인디자인의 업데이트 시기에 따라 여러분이 사용하는 화면과 약간 다를 수 있습니다. 버전이 업데이트되더라도 정식 어도비 요금제를 사용한다면 같은 방법으로 설치할 수 있어요.

설치 전 확인해 주세요!
인디자인을 설치하기 전에 다음 항목을 확인해 주세요.

인디자인 설치는 한글판으로!
인디자인은 한글판으로 설치하는 것을 권장합니다. 영문판과 달리 한글판에서만 지원하는 기능이 있기 때문입니다. 한자 문화권에서 주로 사용하는 세로쓰기, 권점, 합성 글꼴 등 말이죠. 더군다나 요즘에는 국내 어도비 커뮤니티가 탄탄해서 굳이 영문판을 사용할 필요가 없습니다. 이 책은 물론 유튜브에서도 한글판으로 강의하는 비율이 높습니다. 인디자인을 처음 접한다면 무엇보다도 한글판을 사용하는 것이 도구의 이름을 직관적으로 이해할 수 있어서 좋습니다.

▶ 권점(圈點)은 강조할 부분에 표시하는 점을 말해요. (예) 인디자인에서 권점 찍기

컴퓨터 용량을 고려해 설치 경로 정하기
C 드라이브는 처리 속도가 빨라 주로 프로그램을 돌리는 데 사용하고, D 드라이브는 파일을 안전하게 저장하는 데 사용합니다. 프로그램은 보통 C 드라이브에 설치하지만 해당 드라이브의 용량이 부족하다면 '저장 공간'과 '작업 처리에 필요한 공간'이 합쳐지면서 용량이 초과될 수 있습니다. 이런 부득이한 경우에는 D 드라이브에 프로그램을 설치해도 됩니다.

D 드라이브가 따로 없다면 D 드라이브 영역을 임의로 나눌 수 있습니다. 다만 용량이 더 커지는 것이 아니라 기존 C 드라이브의 용량을 나눠 사용하는 것이므로 C 드라이브가 꽉 차서 옮길 곳이 없다면 정리한 후 분리해야 합니다. 그러나 이 방법은 권장하지 않습니다.

하면 된다! } 인디자인 설치하기

어도비 프로그램을 처음 사용한다면 다음과 같이 설치해 보세요.

01 어도비 클라우드 사이트(adobe.com/kr/creativecloud)에 접속한 후 로그인을 합니다.

02 원하는 플랜을 선택한 후 [구매하기]를 누릅니다. 분야에 따라 패키지로 묶어 판매하므로 자신에게 맞는 플랜을 선택하면 됩니다.

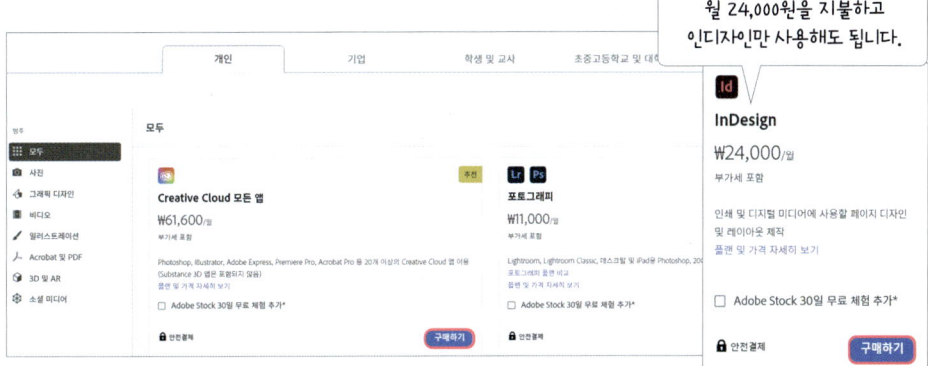

▶ 학생이나 교사라면 모든 앱 플랜을 매월 23,100원에 구독할 수 있습니다.

03 플랜을 선택했다면 구독 페이지로 넘어갑니다. 각 단계에서 안내하는 내용을 따라 정보를 입력해 주세요.

04 크리에이티브 클라우드 앱을 내려받아 설치합니다. 실행한 후 [그래픽 디자인]을 선택하면 오른쪽 그림과 같이 창이 나타납니다.

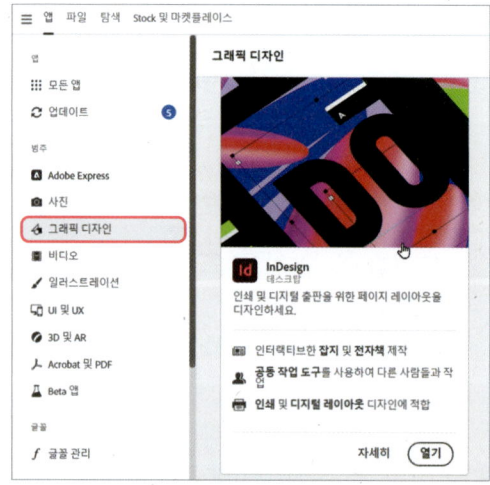

05 설치 경로를 변경하기 위해 [☰ → 파일 → 환경 설정]을 선택합니다.

06 [앱]을 선택하면 설치 경로를 변경할 수 있는 페이지가 나타납니다. 연필 아이콘 을 클릭해 [Select Folder] 창이 나타나면 원하는 드라이브 폴더를 열고 Adobe라는 이름의 새 폴더를 만든 다음 [폴더 선택]을 누릅니다.

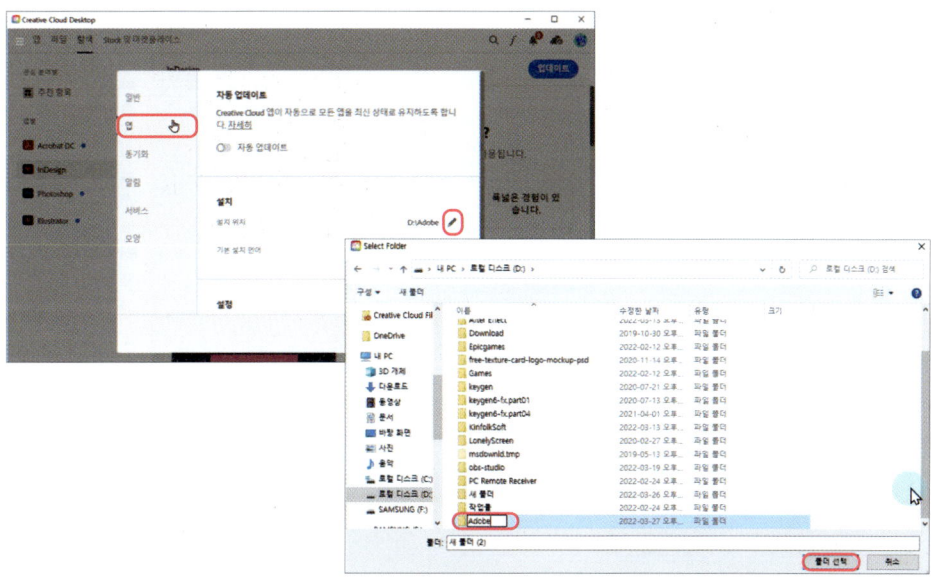

07 인디자인이 설치되면 마우스 오른쪽 버튼을 눌러 [속성]을 선택합니다. [호환성] 탭에서 [이 프로그램을 실행할 호환 모드]에 체크 표시를 하고 호환 모드가 [Windows 8]로 되어 있는지 확인한 후 [확인]을 누릅니다.

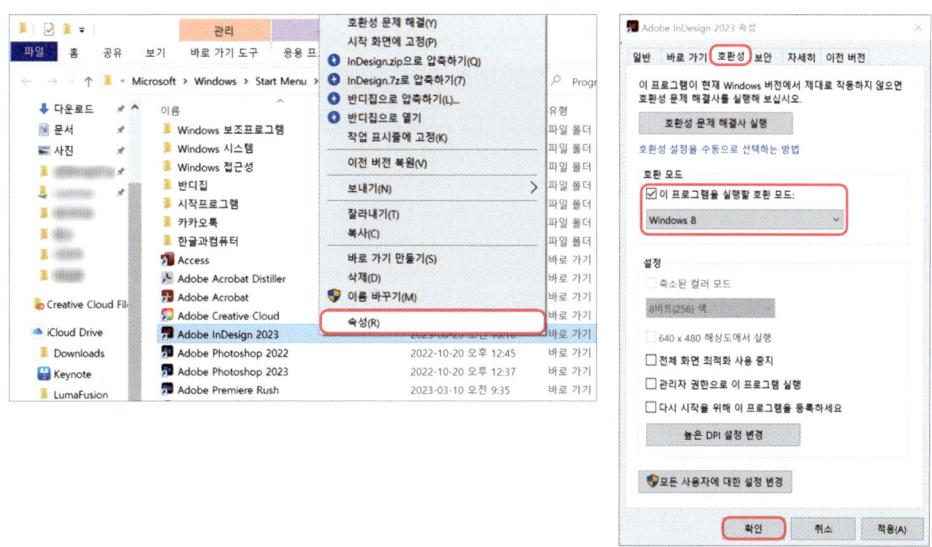

인디자인 작업 화면 둘러보기

다음으로 인디자인을 실행하면 나타나는 작업 화면을 살펴봅시다.

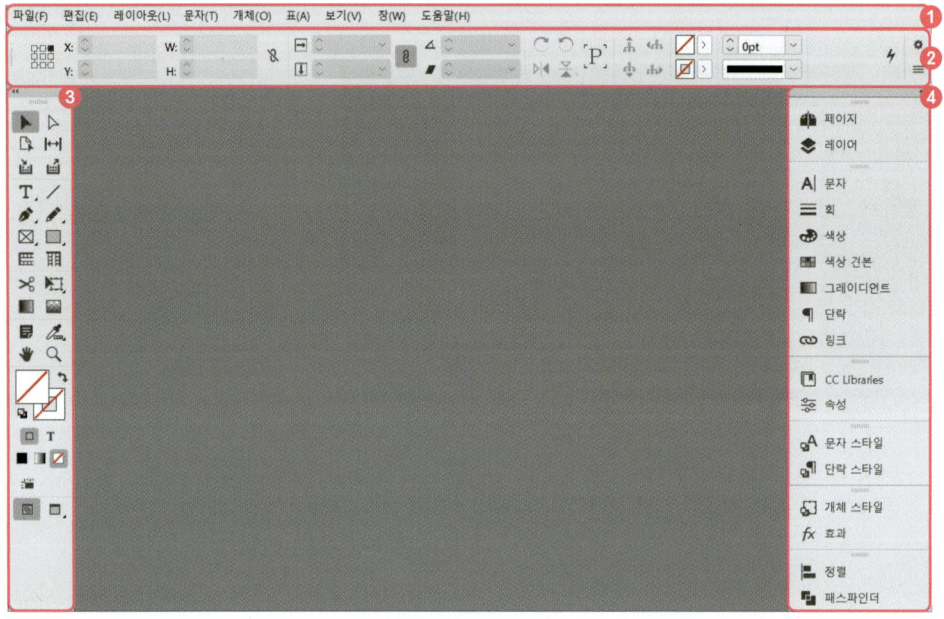

❶ **메뉴**: 메뉴 패널은 가장 기본적인 작업 영역으로 어떤 작업 모드로 설정하더라도 사라지지 않습니다. 특정 패널이 없을 때도 이 메뉴 패널에서 해결할 수 있습니다. 메뉴는 직접 클릭하거나 괄호 안에 있는 알파벳과 [Alt]를 함께 눌러 열 수 있습니다.

- **파일(F)**: 가장 기본적인 메뉴입니다. 주로 작업을 시작할 때와 끝낼 때 사용하며, 파일 열기, 저장하기, 내보내기 등의 기능이 있습니다.
- **편집(E)**: 주로 붙이기, 찾기 등 편집 관련 기능이 있고, 환경 설정도 할 수 있습니다.
- **레이아웃(L)**: 격자, 기준선, 여백 및 단을 설정할 수 있는 메뉴로, 작업을 시작할 때는 물론 중간에도 자주 사용합니다.
- **문자(T)**: 특수 문자나 사전 설정, 합성 글꼴 등 특수한 문자 작업을 할 때 사용하며, 주로 패널에서 작업합니다.
- **개체(O)**: [문자] 메뉴와 마찬가지로 패널에서 작업하는 경우가 더 많습니다. 전자책을 만들 때 인디자인으로 작업한 파일을 PDF로 추출하는데, 이때 링크나 QR코드를 삽입하는 작업도 이 메뉴에서 할 수 있습니다.
- **표(A)**: 표를 만들 때 사용하는 메뉴입니다.
- **보기(V)**: 인쇄되는 부분이 아닌 현재 프로그램에서 보고 있는 환경을 설정할 수 있습니다. 화면 품질은 이미지를 고화질로 볼지 또는 저화질로 대략적인 느낌만 볼지 설정하는데, 고화질로 보면 결과물을 정확히 예측할 수 있지만 CPU에 부담을 줄 수 있습니다. 따라서 평소에는 중간 화질로 설정하고 확인 작업을 할 때만 고화질로 설정하는 것을 추천합니다.

- **창(W)**: 오른쪽에 있는 작업 컨트롤 패널 창을 꺼낼 수 있는 메뉴입니다. 기본 환경 설정을 사용하더라도 작업물에 따라 자주 꺼내 쓰는 패널이 다른데 이때 필요한 창을 꺼낼 수 있습니다.
- **도움말(H)**: 도움말을 볼 수 있을 뿐만 아니라 로그아웃이나 업데이트를 할 수 있습니다. 요즘은 인디자인 강의도 잘 되어 있고 업데이트도 어도비 크리에이티브 센터에서 할 수 있으므로 자주 사용하지는 않습니다.

❷ **옵션 바**: 도구 바에서 선택한 도구의 옵션을 설정할 수 있는 곳으로, 선택한 도구마다 다르게 구성됩니다.

❸ **도구 바**: 작업할 때 자주 사용하는 도구를 모아 둔 곳입니다. 도구 바의 위치는 자유롭게 이동할 수 있습니다.

❹ **컨트롤 바**: 필요에 따라 패널을 모아 두고 사용하는 곳입니다. 자신에게 편한 방법을 찾아 조정해 보는 것도 좋습니다.

인디자인 도구 알아보기

편집 디자인을 할 때 실제로 자주 사용하는 도구 위주로 살펴보겠습니다. 도구 바에 있는 모든 도구를 달달 외우기보다 필요할 때마다 이 페이지를 펼쳐 보세요. 자주 사용하다 보면 자연스레 손에 익으니까요. 인디자인은 포토샵이나 일러스트레이터와 달리 반드시 '프레임'을 먼저 생성해야 그 안에 글이나 사진 등의 개체를 넣을 수 있습니다. 이런 특성을 기억하면 도구를 좀 더 쉽게 사용할 수 있을 거예요.

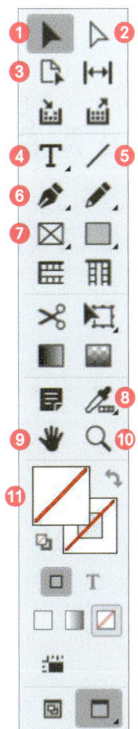

❶ **선택 도구** ▶: 도구 바에 기본으로 선택되어 있으며 작업할 때 가장 자주 사용합니다. 개체를 선택하거나 크기를 변형할 때 사용합니다. 다른 도구를 사용하다가도 다시 [선택 도구]로 돌아갈 때가 많으므로 단축키 ⓥ를 사용하는 것을 추천합니다.

▶ ⓥ를 눌러도 도구 전환이 되지 않는다면 [한/영]을 눌러 영어 키보드로 설정해 주세요. 한글 키보드에서는 단일 단축키가 적용되지 않습니다.

❷ **직접 선택 도구** ▷: 프레임 안의 콘텐츠를 선택하고 변형할 때 사용합니다. [선택 도구]를 사용하다가 이 도구로 넘어가고 싶다면 개체를 빠르게 3번 클릭해 주세요. 프레임 안의 이미지를 이동, 배치할 수도 있습니다.

❸ **페이지 도구** ▣: 한 작업물 안에서 페이지의 크기를 각기 다르게 설정할 때 사용합니다. 책등과 책날개의 크기를 앞뒤 표지와 다르게 적용할 때 사용하면 페이지의 크기를 쉽게 수정할 수 있습니다.

❹ **문자 도구** T: 문자 프레임을 만든 후 글을 작성할 때 사용합니다. [문자 도구]를 길게 누르면 세로로 입력, 패스에 입력, 세로로 패스에 입력 등의 옵션을 볼 수 있습니다. 컨트롤 바 패널에서 문자를 디테일하게 설정할 수 있습니다.

❺ **선 도구** ╱: 선을 그리고 색을 입힐 때 사용합니다. 옵션에서 선의 종류와 두께를 수정할 수 있습니다.

❻ **펜 도구** : 점을 찍고 서로 연결해서 도형을 만들 때 사용합니다. 직선과 곡선 모두 가능하며 익숙해질 때까지 꾸준히 연습해야 합니다. 실습 예제를 따라 하며 패스 그리는 법을 익혀 보세요.

❼ **사각형 프레임 도구** : [사각형 프레임 도구]를 길게 누르면 다양한 모양의 프레임을 만들 수 있습니다. Shift를 누른 상태로 드래그하면 정사각형, 원 등 정비례로 프레임을 만들 수 있고, Alt를 누른 상태에서 드래그하면 누른 점을 중심으로 하는 도형을 만들 수 있습니다.

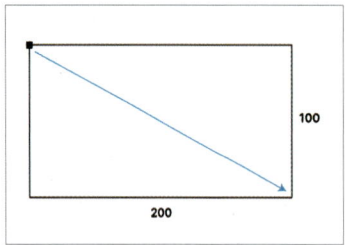
클릭 + 드래그

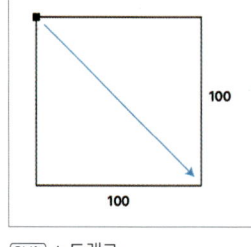
Shift + 드래그

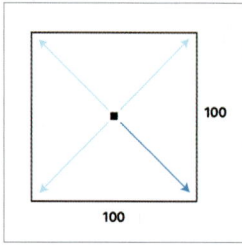
Alt + 드래그

❽ **스포이드 도구** : 다른 개체의 색이나 설정을 그대로 가져오는 도구입니다.

❾ **손 도구** : 화면을 이동할 때 사용합니다. 아이콘을 클릭해서 사용하기보다 키보드의 Spacebar를 누른 상태에서 드래그해 이동하는 것이 더 편리하니 꼭 기억해 두세요!

❿ **확대/축소 도구** : 화면을 확대 및 축소할 수 있는 도구입니다. [손 도구]와 마찬가지로 아이콘을 클릭해서 사용하기보다 Ctrl + Spacebar를 눌러 확대하고, Ctrl + Alt + Spacebar를 눌러 축소하는 것이 더 편리합니다. 단축키를 누른 상태에서 클릭하면 일정 배율로 확대되고, 단축키를 누른 상태로 원하는 영역을 드래그하면 그 영역이 화면에 가득 차도록 확대됩니다.

⓫ **칠/획** : 개체의 면과 획의 색상을 설정할 수 있습니다. 아이콘은 색이 없는 투명한 상태를 나타냅니다. 그 아래에 있는 아이콘은 클릭한 후 색을 설정하면 도형 개체의 색상을 변경할 수 있고, 오른쪽의 T 아이콘은 클릭한 후 색을 설정하면 텍스트의 색상을 변경할 수 있습니다. 어떤 개체에 서식이 적용되는지 확인하지 않으면 엉뚱한 결과물이 나올 수 있습니다. 이럴 때는 당황하지 말고 어떤 개체의 서식을 수정했는지 확인해 보세요.

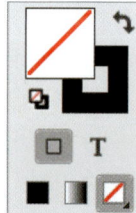

02-2
인디자인 맞춤 설정하기

작업 영역 설정하기

우선 인디자인을 열어 줍니다. 'OO 님, InDesign을(를) 시작합니다.'라는 문구가 보이나요? 이 상태에서는 메뉴와 도구, 패널 등을 사용할 수 없습니다.

메뉴를 불러오는 방법은 2가지입니다. 첫 번째는 새 파일을 만드는 것입니다. 하지만 문서를 연 상태에서 지정한 설정은 해당 파일에만 한정해서 적용되며, 문서를 열지 않은 상태에서 설정해야 앞으로 작업할 때도 이를 기본으로 설정하도록 저장할 수 있습니다. 항상 동일한 설정을 사용하려면 다음 방법을 따라 해보세요. 먼저 메뉴에서 [창 → 작업 영역 → 필수 클래식]을 선택해 메뉴와 패널을 불러옵니다.

도구 설명을 참고해 나에게 필요하거나 자주 사용하는 기능을 불러옵니다. [창]에 나오지 않는 메뉴가 있다면 화살표 표시 > 위에 마우스 커서를 가져다 대보세요. 더 다양한 패널을 볼 수 있습니다.

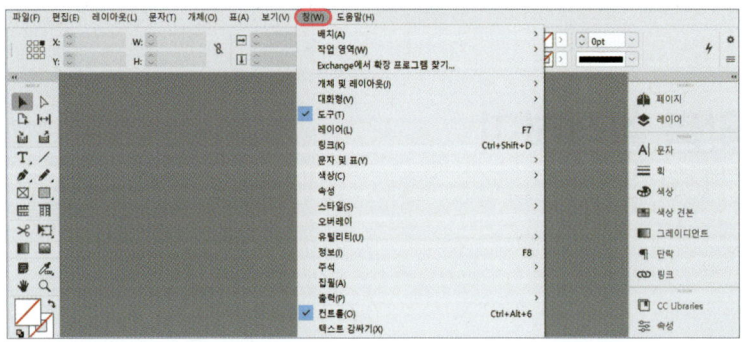

설정을 마쳤다면 메뉴에서 [창 → 작업 영역 → 새 작업 영역]을 선택하세요. 작업 영역의 이름을 입력하고 [확인]을 눌러 저장합니다. 이렇게 작업 영역을 저장해 두면 필요에 따라 다른 환경 설정을 사용하다가도 바로 기존 설정으로 돌아올 수 있습니다.

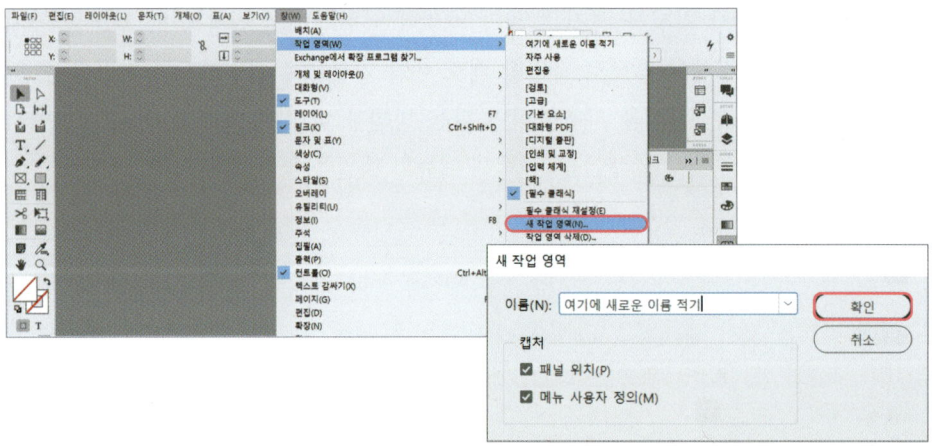

인디자인 환경 설정하기

인디자인을 사용하다가 뜨는 오류는 대부분 환경 설정을 하지 않았을 때 생깁니다. 인디자인을 처음 사용한다면 환경 설정을 꼭 해야 하는 것은 아닙니다. 다만 미리 해두면 작업 능률을 올릴 수 있으므로 보너스 단계라고 생각하면 좋아요.

메뉴에서 [편집 → 환경 설정 → 일반]을 선택하세요. 단축키 Ctrl + K 를 눌러도 같은 [환경 설정] 창이 나타납니다. 환경 설정에 있는 모든 카테고리를 다루기보다 초기 설정에 필요한 부분만 먼저 알아보겠습니다.

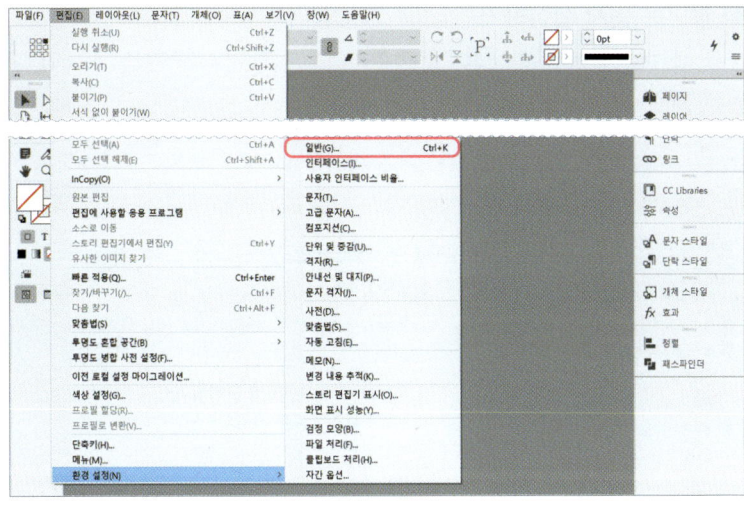

[인터페이스] 탭 — 작업 환경 설정하기

[인터페이스] 탭에서는 작업 환경의 색상을 선택할 수 있습니다. 마우스 커서를 가져다 대면 잠깐 뜨는 도구 설명도 [커서 및 제스처 옵션]에서 설정을 변경할 수 있습니다.

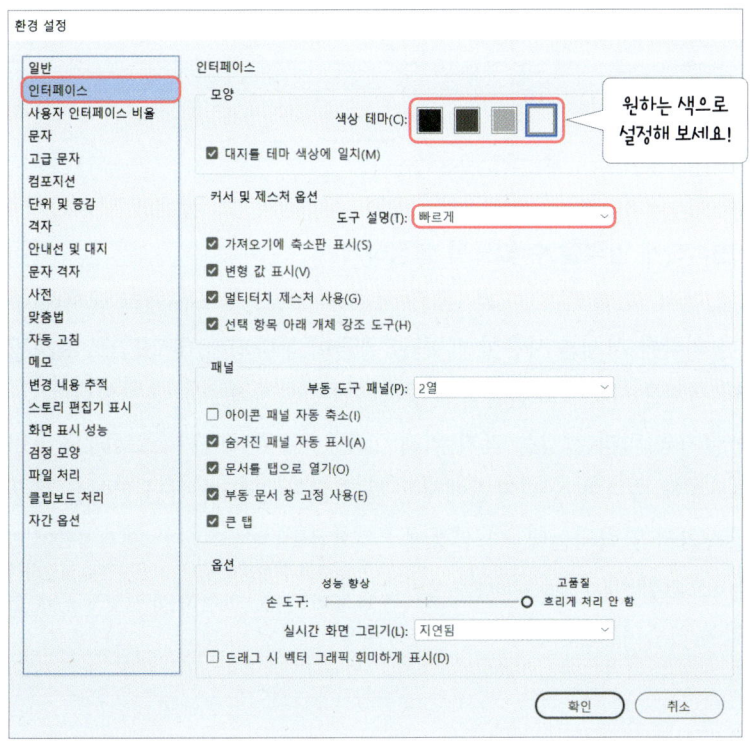

[문자] 탭 — 가독성 높이는 문자 설정하기

[문자] 탭에서 반드시 체크해야 하는 항목은 [굽은 따옴표 사용], [단어 자르고 붙일 때 자동으로 간격 조정], [레이아웃 보기에서 사용]입니다.

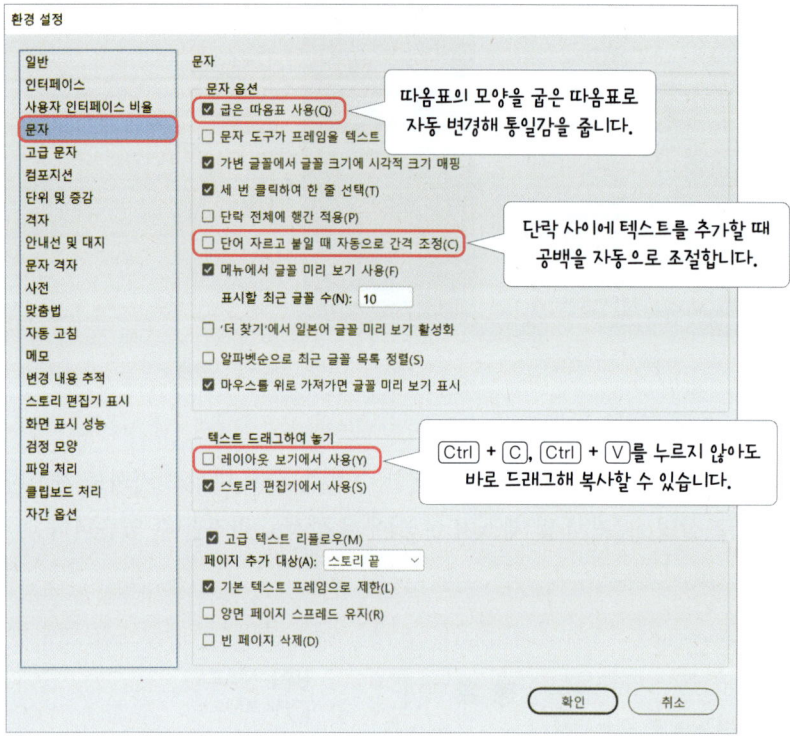

[고급 문자] 탭 — 편리하게 입력할 수 있도록 설정하기

[누락된 글리프 보호]에서 [입력 중 보호]와 [글꼴 적용 시 보호]에 모두 체크 표시해 주세요. 영어를 비롯한 외국어 서체를 사용할 때 한글 글꼴이 누락되어 네모(□)로 표시될 때가 있는데요. 영어 서체를 사용해도 한글을 작성하려면 반드시 필요한 옵션입니다.

또 타이핑할 때 한 글자씩 밀리는 것을 막기 위해 [라틴 문자가 아닌 텍스트에 인라인 입력 사용]에 체크 표시해 줍니다. 인디자인에서는 라틴 문자(영어)가 아닌 언어를 사용할 때 한 글자씩 밀리면서 입력되는데, 이 설정에 체크 표시하면 띄어쓰기할 때 Spacebar 를 2번 눌러야 한다는 단점이 있습니다.

💡 한 글자씩 늦게 표시되는 것이 더 불편하다면 이 옵션을 항상 켜두세요. 사용하면서 불편하다면 체크 표시를 해제해 자신에게 맞게 바꿔도 좋아요!

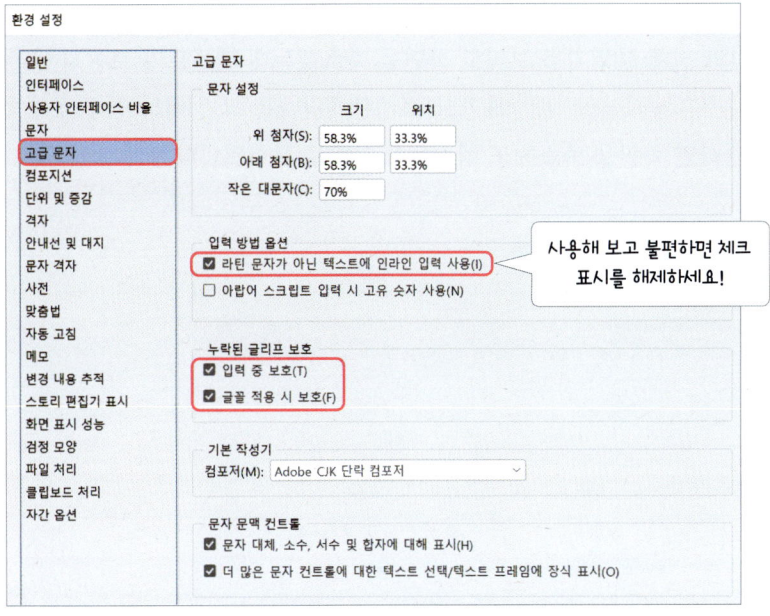

[단위 및 증감] 탭 — 작업 창 단위 설정하기

[눈금자 단위]가 [밀리미터]인지 확인하고 [기타 단위]는 [포인트]로 설정합니다. 그리고 방향키로 도형을 이동할 때 한 번에 얼마나 이동할지를 설정할 수 있습니다. [원점]은 프로그램 화면에서 자(ruler)가 시작되는 지점을 말합니다. 전체 화면을 기준으로 잡을지 페이지를 기준으로 잡을지 등을 선택할 수 있습니다.

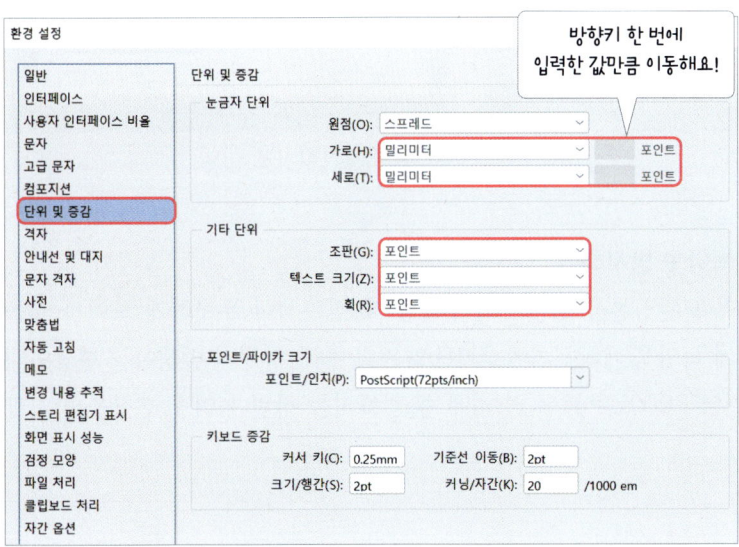

[화면 표시 성능] 탭 — 글자 명확하게 보기

작업하면서 디자인의 전체 분위기를 보려고 화면을 축소했는데 텍스트가 보이지 않는 경우가 있습니다. [앤티 앨리어스 사용]에 체크 표시한 후 [다음 크기 이하일 때 흐리게 처리]를 0pt로 변경하면 화면을 축소해도 텍스트가 그대로 표시됩니다.

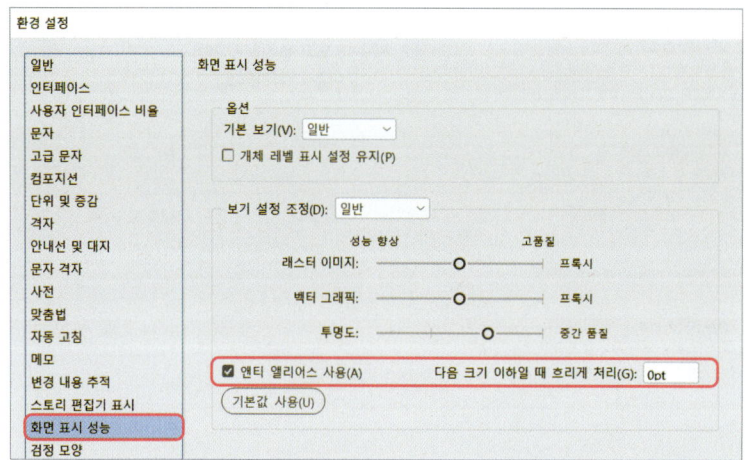

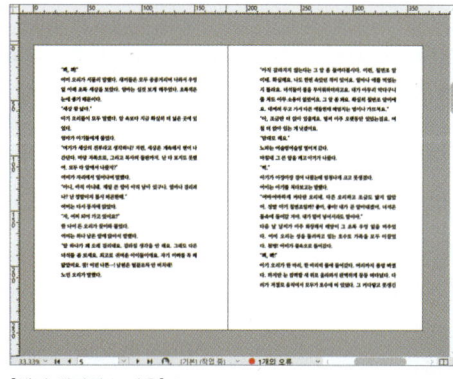

[앤티 앨리어스 사용] 0pt

[앤티 앨리어스 사용] 15pt

[검정 모양] 탭 — 녹아웃 방지하기

나중에 인쇄를 하거나 완성본을 이미지로 추출할 때 검은색이 뚜렷하게 보이지 않을 수 있습니다. 블랙에 녹아웃(개체 근처에 생기는 얇은 흰 여백)이 생겨 발생하는 현상인데요. [[검정] 색상 견본 100%로 중복 인쇄]에 체크 표시를 하면 녹아웃 현상을 방지할 수 있습니다.

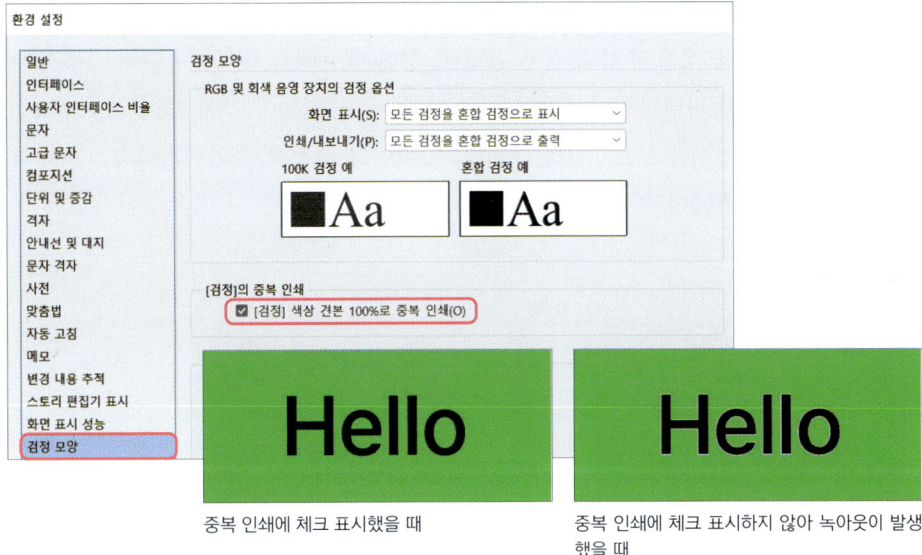

중복 인쇄에 체크 표시했을 때   중복 인쇄에 체크 표시하지 않아 녹아웃이 발생했을 때

주요 단축키 알아보기

앞으로 디자인 작업을 더 효율적으로 하고 싶을 때 알아 둬야 할 주요 단축키를 소개합니다. 바로 외우지 않아도 되니 차근차근 연습하며 익혀 보세요. 메모지에 적어서 모니터에 붙여 놓는 것도 좋은 방법입니다.

> 억지로 외우기보다 사용하면서 익히세요!

기능	단축키	기능	단축키
복사하기	Ctrl + C	화면 확대/축소	Ctrl + Spacebar Ctrl + Alt + Spacebar
붙이기	Ctrl + V	개체 비율 1%씩 확대/축소	Ctrl + . Ctrl + ,
개체 바로 복사하기	Alt + 드래그	개체 비율 5%씩 확대/축소	Ctrl + Alt + . Ctrl + Alt + ,
동일한 선상으로 개체 바로 복제하기	Shift + Alt + 드래그	텍스트 확대/축소	Ctrl + Shift + . Ctrl + Shift + ,
화면 이동하기	Spacebar + 드래그	문장 부호 보기	Ctrl + Alt + I

자주 사용하는 [현재 위치에 붙이기] 기능을 단축키로 추가해 볼까요? 기본 붙이기 기능이 아니기 때문에 직접 추가해 줘야 합니다. 상단 메뉴에서 [편집 → 단축키]를 선택하면 [단축키] 창이 나타나는데, [편집 메뉴]에 들어가 [현재 위치에 붙이기]를 선택한 후 Shift + Ctrl + V 를 누르면 [새 단축키] 입력란에 자동으로 입력됩니다. [확인]을 눌러 설정을 마무리합니다.

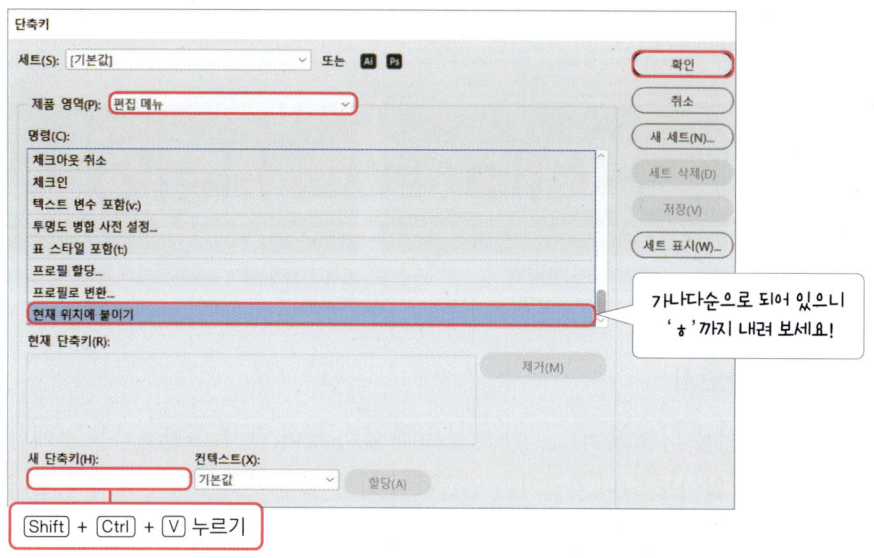

02-3
원고, 이미지 불러오기

지금까지 인디자인의 작업 영역과 기본 도구, 효율을 높여 주는 단축키를 알아봤습니다. 이번에는 글과 이미지를 가져오는 방법을 따라 하며 인디자인의 기본 기능을 간단하게 익혀 보겠습니다.

하면 된다! } 새 문서 만들기

원고와 이미지를 불러오기에 앞서 책을 만들 새 문서를 만들어 보겠습니다. 판형과 여백을 설정하는 기초 단계입니다.

01 새 문서 만들기

인디자인을 열고 [파일 → 새로 만들기 → 문서]를 선택합니다. 단축키는 Ctrl + N 입니다.

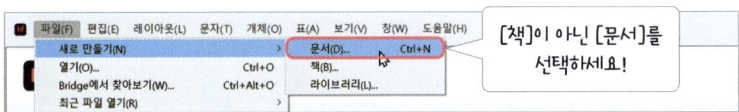

02 판형, 여백 설정하기

[새로운 문서 만들기] 창이 나타나면 [인쇄] 탭에서 책의 판형을 선택해 주세요. 여기서는 [B5]를 선택했습니다. [페이지 마주보기]에 체크 표시가 되어 있는지 확인하고 [여백 및 단]을 누릅니다.

[새 여백 및 단] 창이 나타나면 [여백]의 🔗 아이콘을 한 번 클릭해 설정을 해제(🔗)합니다. 위쪽 20mm, 아래쪽 30mm, 안쪽 30mm, 바깥쪽 25mm로 여백을 입력하고 [확인]을 누릅니다.

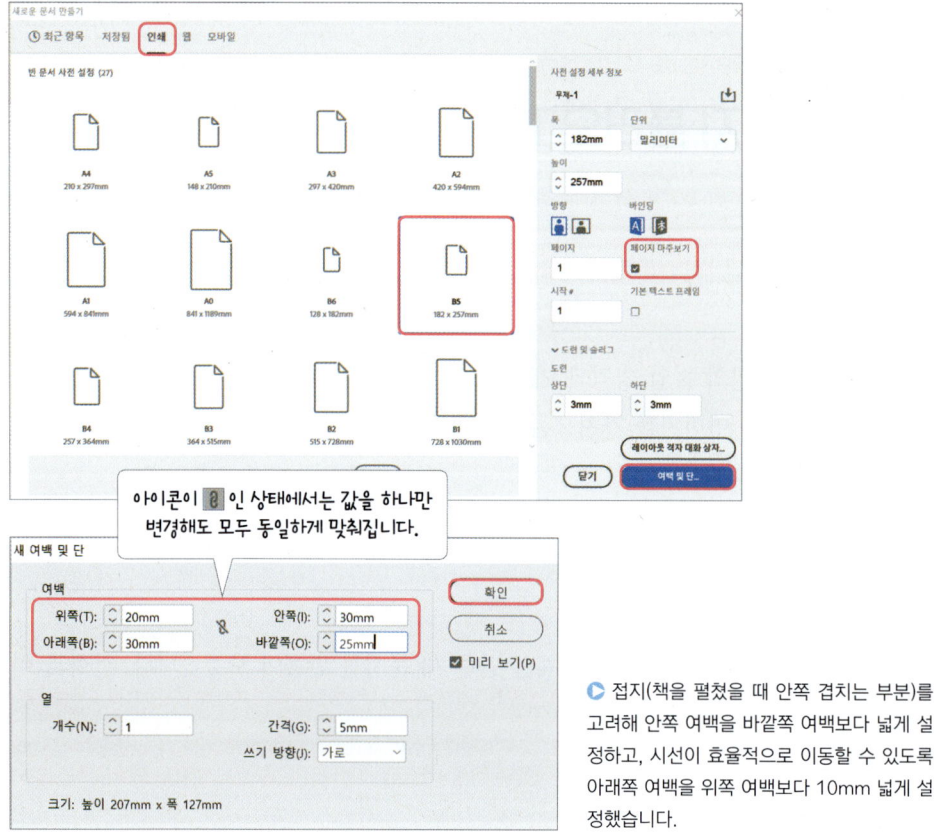

> 접지(책을 펼쳤을 때 안쪽 겹치는 부분)를 고려해 안쪽 여백을 바깥쪽 여백보다 넓게 설정하고, 시선이 효율적으로 이동할 수 있도록 아래쪽 여백을 위쪽 여백보다 10mm 넓게 설정했습니다.

03 다음과 같이 나타난다면 새 문서 만들기에 성공한 것입니다!

하면 된다! } 글 가져오기

새 문서에 글을 가져와 보겠습니다. 써둔 글이 있다면 메모장이나 워드 프로그램으로 옮겨 담아 저장합니다. TXT 파일보다는 오류가 적은 DOCX 파일을 권장합니다.

01 화면 오른쪽의 [페이지] 패널을 열고 ⊞ 아이콘을 클릭해 페이지를 추가합니다.

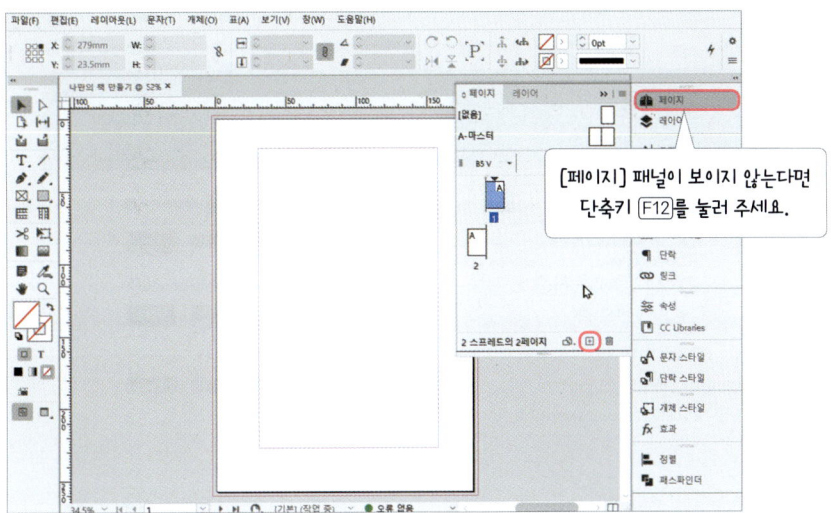

02 Ctrl + D 를 눌러 [가져오기] 창을 엽니다. 가져올 워드 파일을 선택한 후 [가져오기 옵션 표시]와 [선택한 항목 바꾸기]에 체크 표시를 하고 나머지는 해제해 주세요. 항목을 확인했으면 [열기]를 누릅니다.

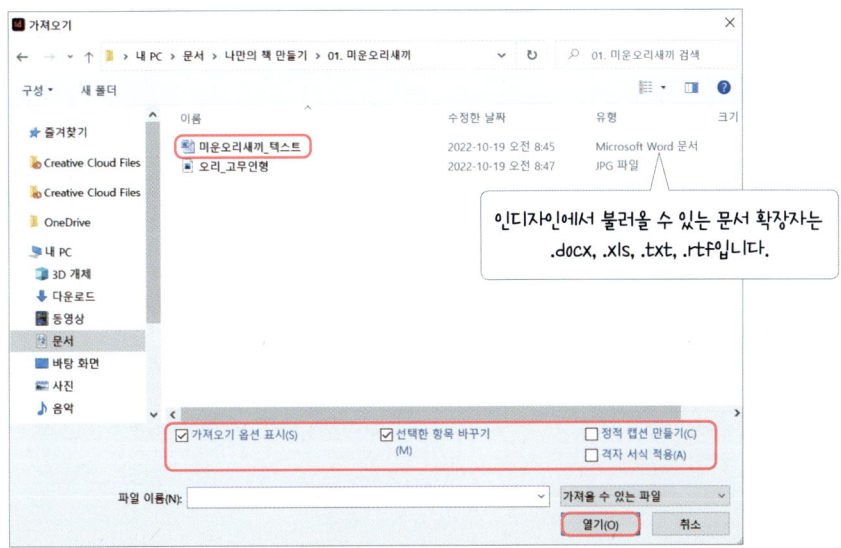

임의의 텍스트 파일로 연습해 보세요!

글을 따로 준비하지 않았다면 공유마당 사이트에 접속해 보세요. [어문] 카테고리로 들어가 '자유이용'이라는 표시가 있는 글의 [원문보기]를 누르면 다양한 글을 볼 수 있습니다. 원하는 글을 선택한 뒤 글 하단에 있는 [공유저작물 다운로드]를 클릭해 글을 내려받아 보세요.

공유마당 사이트(gongu.copyright.or.kr/gongu)

03 02 에서 [가져오기 옵션 표시]에 체크 표시하면 [가져오기 옵션] 창이 나타나는데, 기존 서식을 유지할지 또는 서식을 무시하고 가져올지 설정할 수 있습니다. 여기서는 바로 [확인]을 누릅니다.

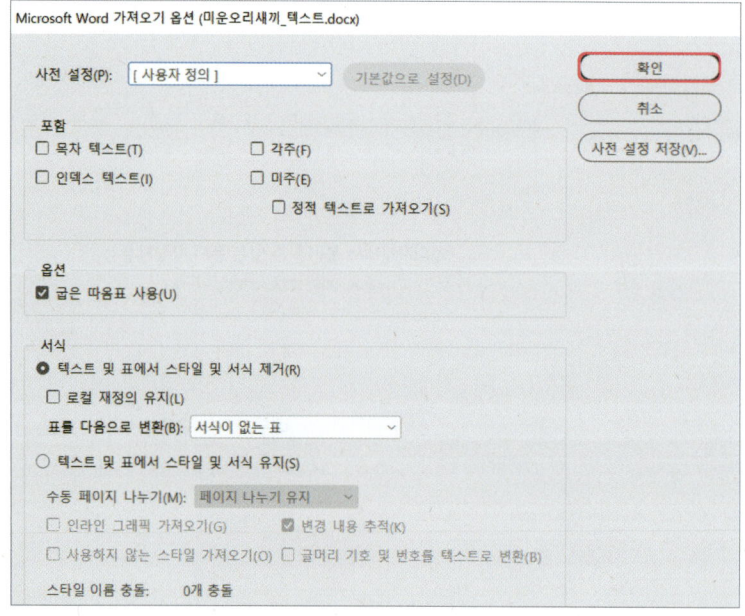

82 첫째마당 • 시작! 편집 디자인의 기초

04 텍스트 흘리기

작업 대지로 돌아오면 마우스 커서에 텍스트가 나타납니다. 글이 배치될 첫 페이지 여백의 왼쪽 상단 꼭짓점에 마우스 커서를 가져간 후 Shift 를 누른 상태로 클릭해 텍스트를 흘려줍니다.

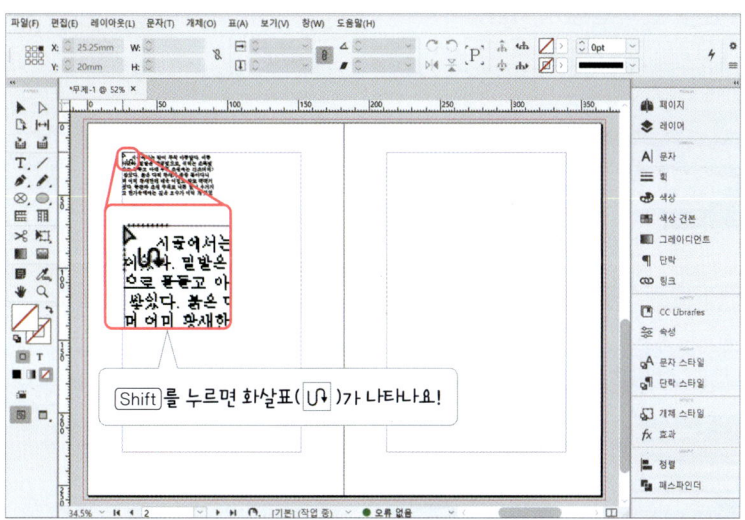

05 다음과 같이 텍스트가 배치됩니다.

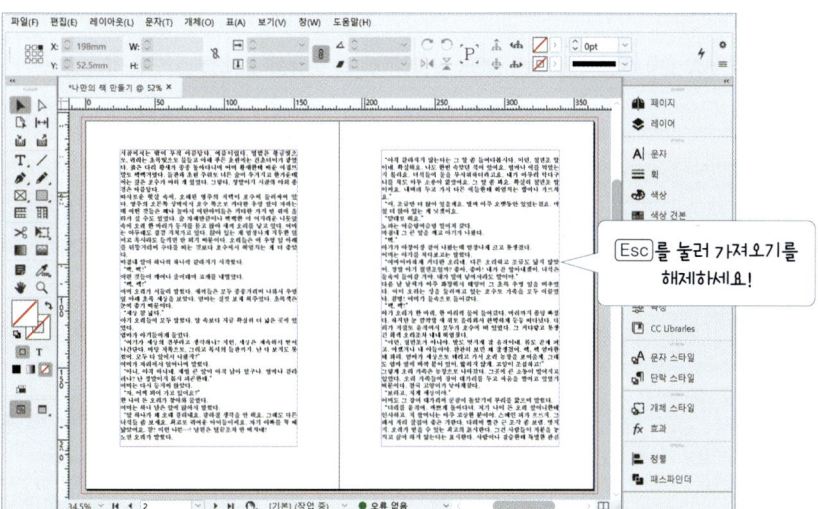

▶ 모든 텍스트가 입력될 때까지 페이지와 프레임이 자동으로 추가됩니다.

문자 설정하기

기본 문자 설정은 가독성이 떨어지므로 서체, 크기 등을 변경해야 합니다. 먼저 텍스트 전체를 선택해 보겠습니다. [문자 도구 T.]를 선택한 후 본문 아무 곳이나 클릭해 커서를 위치시키고 단축키 Ctrl + A를 누릅니다. 이 상태에서 [문자] 패널을 열어 글꼴, 글꼴 크기, 행간, 자간 등을 조절해 줍니다.

[문자] 패널 알아보기

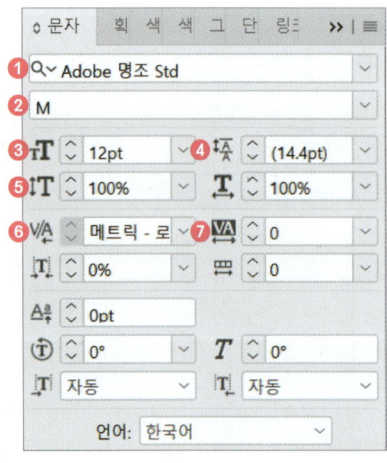

❶ **글꼴:** 글꼴(폰트)의 종류를 선택할 수 있습니다.

❷ **폰트 패밀리:** 글꼴의 두께나 스타일을 설정할 수 있습니다(다양한 옵션이 있는 글꼴만 해당).

❸ **글꼴 크기:** 글꼴의 크기를 설정할 수 있습니다. 본문은 10~13pt로 설정하고, 제목은 그보다 크거나 진하게 설정하면 좋습니다.

❹ **행간:** 줄 간격을 조절할 수 있습니다. 보통 글꼴 크기의 1.5~2배로 설정합니다.

❺ **세로/가로 비율:** 글자의 세로/가로 비율을 변경할 수 있습니다. 웬만해서는 수정하지 않습니다.

❻ **커닝:** 글자 사이의 간격을 미세하게 조절해 시각적으로 안정감을 줍니다. 이때 글자 사이는 드래그할 수 없습니다. 예) W A V E → WAVE

❼ **자간:** 글자 사이의 간격을 전체적으로 동일하게 조절할 수 있습니다. 글자가 겹치지 않으면서도 너무 떨어지지 않도록 조절할 때 사용합니다.

문자 스타일 지정하기

문자 설정을 마쳤다면 [문자 스타일] 패널을 열어 스타일을 지정합니다. 자간 등의 옵션 설정을 완료한 텍스트를 일부 드래그해 선택합니다. [문자 스타일] 패널을 열고 ⊞ 아이콘을 클릭하면 문자 스타일이 추가되는데, 해당 스타일을 어디에 적용하는지, 크기는 어느 정도인지 이름으로 적어 두면 나중에 알아보기 쉽습니다.

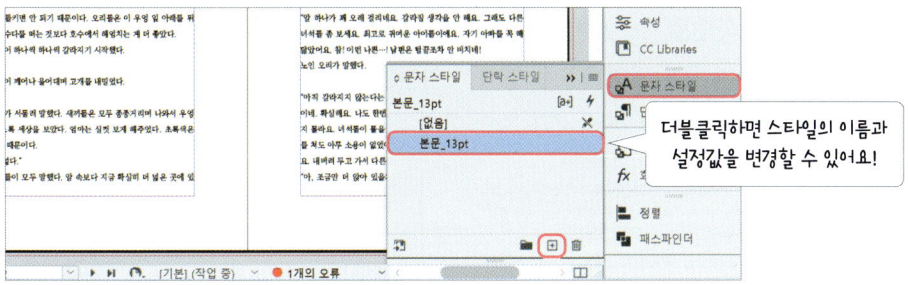

문자 스타일을 지정해 두면 본문 텍스트를 입력할 때마다 옵션을 일일이 설정할 필요가 없습니다. 텍스트를 선택하고 스타일을 클릭하면 이전에 지정해 둔 설정이 자동으로 적용되기 때문이죠. 문자 스타일 기능은 인디자인에서 기본 중 기본입니다. 처음에는 낯설어도 문자 스타일을 지정하는 습관을 들이는 것이 좋습니다.

소제목 넣기

소제목을 넣는 방법은 아주 간단합니다. [문자 도구 T.]로 원하는 크기의 프레임을 드래그해 그리고 그 안에 내용을 적은 다음 문자 스타일을 지정해 주면 됩니다. 단, 소제목 자리를 위해 본문 프레임 크기를 줄여야 하고, 소제목을 넣느라 내용이 뒤로 밀리는 것도 해결해야 합니다. 앞쪽 프레임을 삭제하거나 축소하면 앞쪽 내용이 사라지는 것이 아니라 연결된 프레임 안에서 텍스트가 뒤로 밀리기 때문입니다.

오른쪽 화면은 소제목을 추가하기 위해 프레임 크기를 수정한 상태를 보여 준 것입니다.

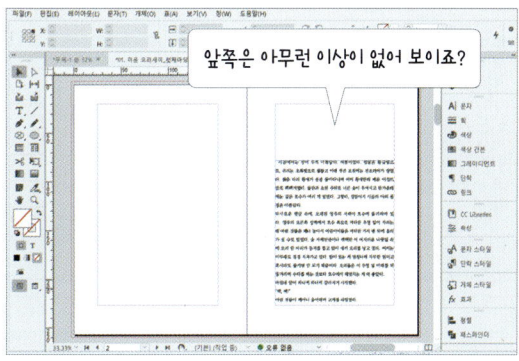

하면 된다! } 밀린 텍스트 해결하기

텍스트가 뒤로 밀리는 문제를 해결하려면 어떻게 해야 할까요? 간단하니 바로 따라 해 보세요!

01 Ctrl + Shift + PgDn 을 눌러 맨 마지막 페이지로 이동하면 오른쪽 하단에 ⊞ 표시가 생긴 것을 확인할 수 있습니다. 또 하단 영역에 빨간 동그라미와 함께 '1개의 오류'라는 안내 문구가 표시되었죠? 이 영역은 인디자인에서 알림 창 역할을 하는 '프리플라이트'인데, 여기에 오류 메시지가 뜨면 어떤 내용인지 반드시 확인해야 합니다.

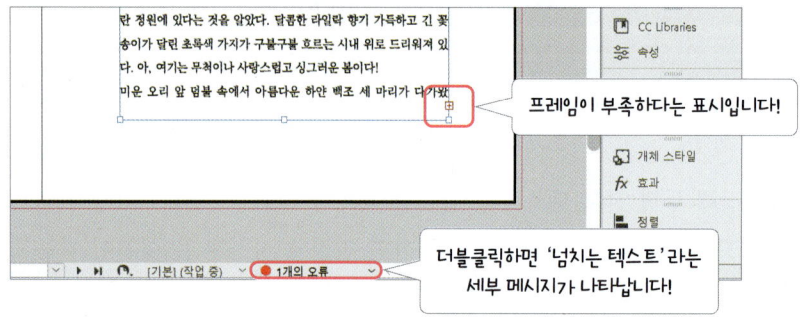

프레임이 부족하다는 표시입니다!

더블클릭하면 '넘치는 텍스트'라는 세부 메시지가 나타납니다!

02 Ctrl + Shift + P 를 눌러 페이지를 하나 더 추가합니다.

03 다시 앞 페이지로 돌아와 표시를 한 번 클릭합니다. 커서에 텍스트가 표시되는 것을 볼 수 있습니다.

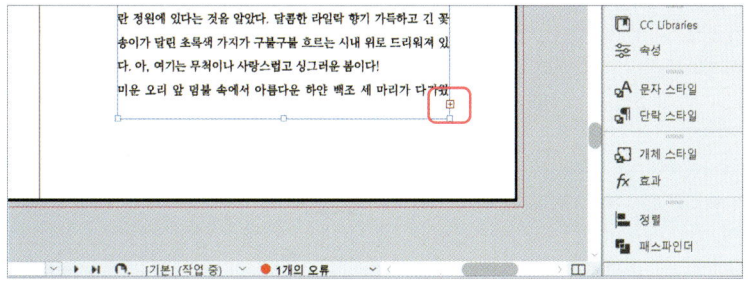

04 새 페이지로 넘어와 Shift를 누른 상태에서 왼쪽 상단 꼭짓점을 클릭합니다. 페이지가 필요한 만큼 자동으로 추가됩니다. 프리플라이트에 초록색 동그라미와 함께 '오류 없음'이라는 메시지가 뜨면 문제가 해결된 것입니다!

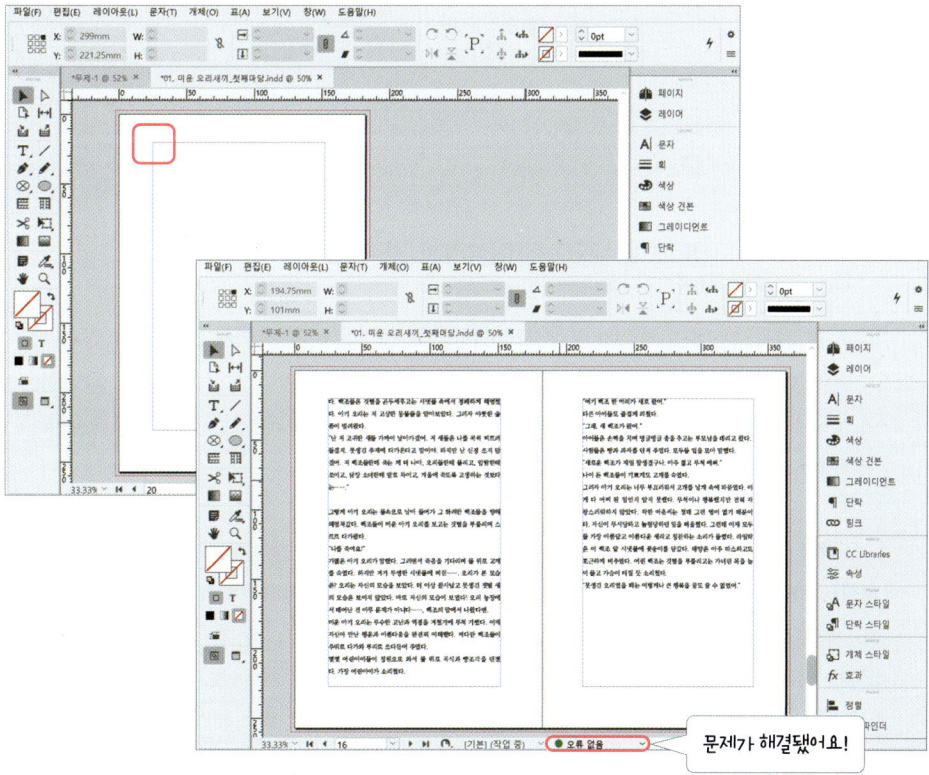

이미지 가져오기

이미지도 텍스트와 같이 [Ctrl]+[D]를 눌러 불러올 수 있습니다. 먼저 도구 바의 [사각형 프레임 도구 ⊠]를 길게 클릭하면 원형, 사각형 등의 옵션을 확인할 수 있는데요. 여기서는 원형 프레임을 만들어 보겠습니다. 도구 바에서 [사각형 프레임 도구 ⊠]를 길게 눌러 [타원 프레임 도구 ⊘]를 선택하고 드래그해 프레임을 생성합니다.

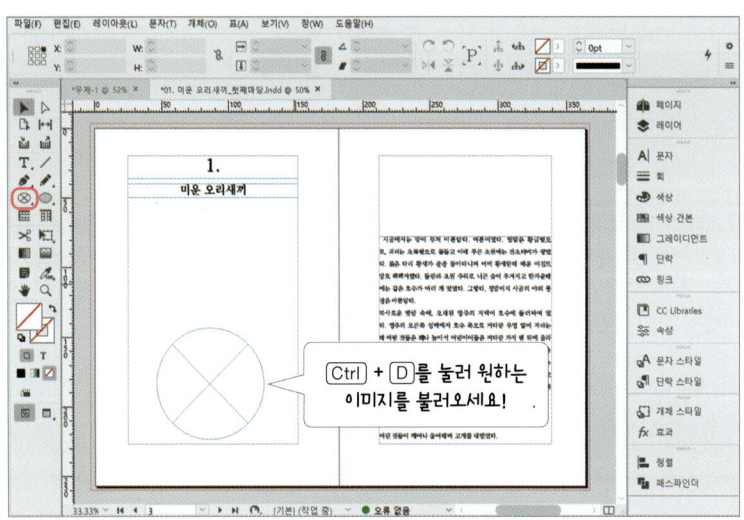

디테일을 잡는 팁! 이미지를 넣었는데 이상하게 나타나요!

이미지를 가져왔는데 프레임에 이상하게 배치되어 있거나 아예 보이지 않을 때가 있습니다. 이미지보다 우리가 만든 프레임의 크기가 작기 때문에 일어나는 현상인데요. 그림이 A4 용지만한데 액자가 메모지 크기라면 당연히 그림의 일부만 보이겠죠? 이럴 때는 이미지 크기를 프레임에 맞춰 주는 작업이 필요합니다.

1. 프레임 맞추기
[속성] 패널에서 [프레임 맞춤] 기능을 사용하면 이미지를 프레임 속에 적절하게 배치하는 것이 쉬워집니다. 개체를 선택하고 [비율에 맞게 프레임 채우기 ▨]를 클릭하면 이미지 비율을 유지하면서 프레임에 딱 맞게 배치됩니다([Ctrl]+[Alt]+[Shift]+[C]). 이때 이미지와 프레임의 비율이 다르면 이미지가 잘릴 수 있는데요. 이럴 때는 [비율에 맞게 내용 맞추기 ▨]를 클릭한 후 세부 조절을 해줍니다([Ctrl]+[Alt]+[Shift]+[E]).

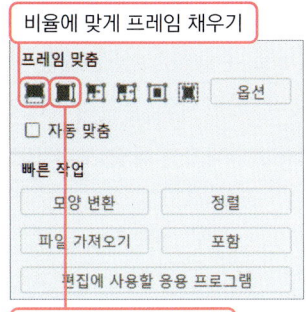  

[비율에 맞게 프레임 채우기 ▣]　　[비율에 맞게 내용 맞추기 ▣]

[비율에 맞게 내용 맞추기 ▣]를 클릭했을 때 여백이 남는 다면 조절점을 더블클릭해 사진에 딱 맞는 비율로 수정해 보세요.

조절점을 더블클릭하세요!

2. 프레임 키우기

이미지 규격을 맞춘 후에 프레임 자체의 크기를 변경하고 싶다면 어떻게 해야 할까요? 다른 프로그램과 달리 인디자인에서는 Ctrl + Alt + Shift 를 누른 상태로 조절점을 드래그 해야 합니다. 단축키를 누르지 않은 상태에서 드래그하면 프레임의 크기만 수정되고 안에 있는 이미지는 잘릴 수 있답니다.

Ctrl + Alt + Shift 를 누른　　그냥 드래그했을 때
상태로 드래그했을 때

저장하기

메뉴에서 [파일 → 저장]을 선택하면 프로젝트 파일을 저장할 수 있습니다. 저장 단축키 Ctrl + S 는 필수 중 필수! 작업할 때 중간중간 눌러 주어 갑자기 생기는 사고에 대비하세요.

하지만 일반 [저장]은 프로젝트 파일을 저장하는 것으로 인디자인이 설치되지 않은 컴퓨터에서는 파일을 열 수 없습니다. 이미지 파일이나 PDF로 추출하고 싶을 때는 [내보내기]를 선택해 주세요. 파일을 내보낼 때 가장 중요한 것은 이미지와 글꼴이 누락되지 않는 것입니다. 그런 이유로 명함 파일을 내보낼 때는 indd(인디자인 파일)보다 PDF를 활용하는 경우가 더 많습니다.

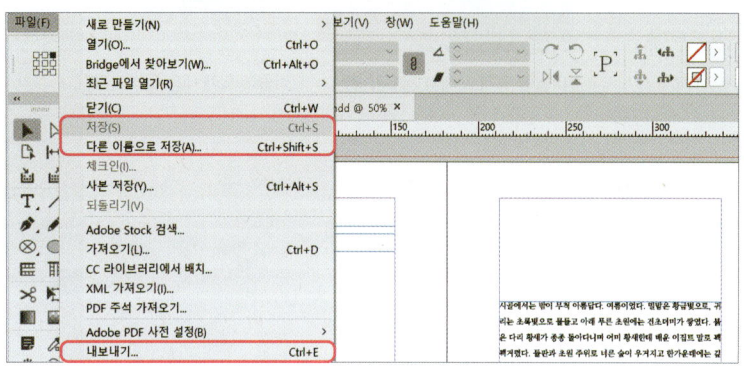

[내보내기] 창에서 [Adobe PDF(대화형)]를 선택하면 [대화형 PDF로 내보내기] 창이 나타납니다. 각각의 옵션은 인디자인에 익숙해지고 복잡한 작업을 하게 되었을 때 사용하는 것이 좋습니다. 대부분 수정하지 않고 [내보내기]를 눌러 PDF로 저장합니다.

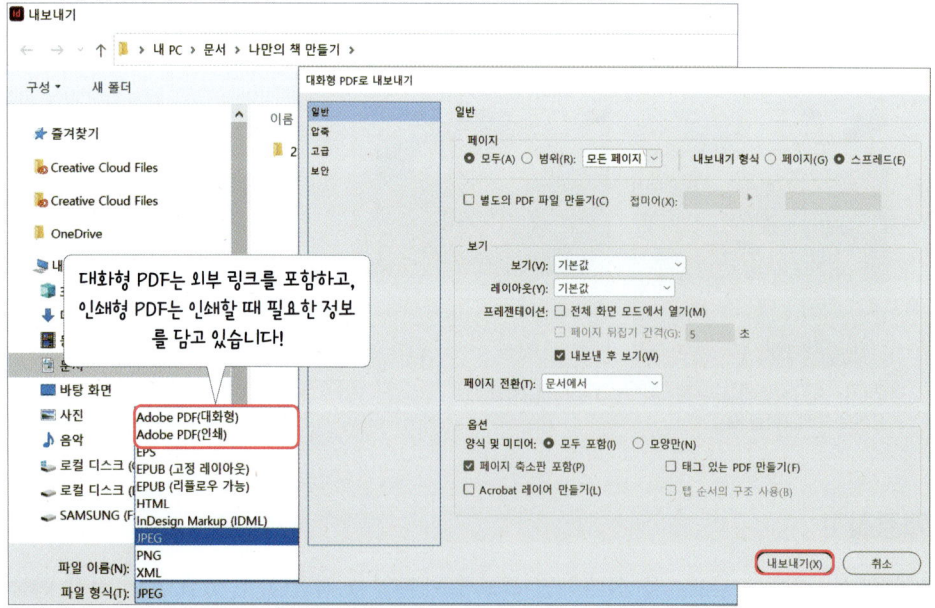

▶ [내보내기] 창의 옵션은 06-1절에서 자세히 다룹니다.

[PDF 생성 중] 창이 나타나면 작업이 완료될 때까지 기다립니다. 파일이 저장되면 PDF 파일이 정상으로 열리는지 확인해 보세요!

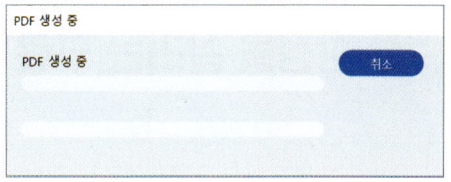

감성을 살리는 무료 이미지 사이트

책에서 사용할 이미지를 직접 찍은 사진만으로 채워 넣을 수는 없겠죠? 글에 적합한 감성이 느껴지는 이미지를 내려받을 수 있는 사이트를 소개합니다.

1. 언스플래시(Unsplash)

고화질·고퀄리티 감성 이미지를 상업적으로도 무료로 이용할 수 있는 가장 좋은 사이트입니다. 트렌디한 이미지가 많은 것이 강점이죠. 사진을 선택하면 창 왼쪽 하단에 라이선스 표시가 나타나는데, 대부분 무료로 사용할 수 있지만 정확한 저작권 범위를 체크해 보는 것이 좋습니다.

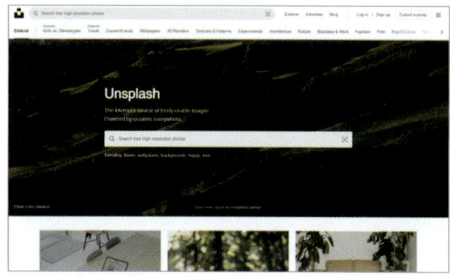
언스플래시 사이트(unsplash.com)

2. 픽사베이(Pixabay)

사진이 어마어마하게 많다는 것이 장점인 사이트입니다. 종종 비상업적 목적만 허용되는 이미지도 있으니 내려받기 전에 꼭 확인하세요. 벡터 이미지 또는 영상 등을 원한다면 검색 창에서 카테고리를 정해 검색할 수 있습니다. 상업적으로도 무료로 이용할 수 있는 배경이 투명한 이미지도 찾을 수 있습니다.

픽사베이 사이트(pixabay.com/ko)

3. 스톡스냅(StockSnap)

기본 스톡이나 보정하지 않은 느낌이 나는 사진이 많은 사이트입니다. 다른 사이트와 마찬가지로 사진 하단에서 저작권을 확인할 수 있는데, 'CC0'라고 적혀 있다면 자유롭게 이용할 수 있습니다. 평범하고 일상적인 느낌의 사진을 찾을 때 종종 사용합니다.

스톡스냅 사이트(stocksnap.io)

4. 스톡업(Stockup)

다른 무료 이미지 사이트의 사진을 수집해 한눈에 보여 주는 사이트입니다. 사진 페이지 왼쪽 하단에서 라이선스를 확인할 수 있습니다. '버스트 라이선스'는 상업적으로 자유롭게 이용할 수 있다는 뜻입니다.

스톡업 사이트(stockup.sitebuilderreport.com)

5. 아트비(Artvee)

저작권이 만료된 고전 명화를 고화질로 내려받을 수 있는 사이트입니다. 사진을 선택하면 화면 오른쪽에서 저작권 라이선스를 확인할 수 있습니다. 스케치나 삽화 같은 근대 미술 작품도 있어 디자인 활용 폭이 넓습니다.

아트비 사이트(artvee.com)

6. 제이맨트리(Jaymantri)

사진작가가 자신이 직접 찍은 사진을 무료로 사용할 수 있도록 제공하는 사이트입니다. 분위기 있는 고퀄리티 사진이 많습니다.

제이맨트리 사이트(jaymantri.com)

챗GPT와 파이어플라이로 원고와 삽화 생성하기

포트폴리오를 만들어 본 디자이너라면 로렘 입숨(Lorem Ipsum, 무작위 텍스트)으로 작업한 결과물보다 실제 원고로 디자인한 결과물이 완성도가 높아 보인다는 것에 공감할 거예요. 디자인 연습을 해보고 싶은데 원고가 없다면 생성형 AI 기능을 활용해 보세요. 챗GPT, 뤼튼(wrtn) 등 생성형 AI는 사용자가 질문 또는 요청을 하면 요구에 맞춰 글 또는 그림을 만들어 줍니다. 시대 배경, 콘셉트 등을 바탕으로 글을 써달라고 요청하면 임의의 원고를 대신해서 작성해 주는 것이죠.

또, 삽화로 사용할 사진이나 그림도 생성형 AI를 활용하면 저작권에 위배되지 않아 매우 유용합니다. 어도비에서는 파이어플라이(firefly)라는 자체적인 이미지 생성 기능을 출시해서 인디자인 내에서도 사용할 수 있도록 탑재했습니다.

그렇다면 생성형 AI에게 어떻게 질문해야 표현하고자 하는 것을 정확하게 이해시킬 수 있을까요? 바로 '프롬프트(prompt)'를 잘 작성하는 것입니다. 프롬프트란 쉽게 말해 AI가 어떤 결과를 내놓을지를 결정하는 질문 또는 요청으로, 'OO한 글을 써줘'라고 입력하면 AI가 그 요청을 들어 주는 것이죠. 여기서는 챗GPT를 활용하여 가상의 원고를 만들고 인디자인의 파이어플라이 기능으로 삽화를 만들어 보겠습니다.

원고 결과물

> 비가 왔다. 학교 운동장은 물바다였고, 급식실 유리창엔 빗물이 길게 흘러내렸다. 핸드폰이 진동했다.
> 단톡방 이름은 [5인의 비밀].
> 서린이 만든 방이었다. 지우, 나윤, 하람, 도윤, 그리고 나. 그날 오후 4시 26분, 도윤이 한 장의 사진을 올렸다.
> [사진: 서린의 책상이 비어 있음. 그의 노트만 덩그러니 놓여 있다.]
> 도윤: 얘들아, 서린이 사라졌어.
> 처음엔 농담인 줄 알았다. 서린은 늘 튀고 싶어 했으니까. 하지만 그날 밤까지도 연락이 닿지 않았고, 다음 날 서린의 엄마가 학교에 찾아왔을 땐 아무도 웃지 않았다.
> 서린은 우리 중 가장 말이 많았고, 가장 감정을 숨기지 못했다. 하지만 그 감정들은 자주 이상했다. 가끔 혼자 벽을 보며 웃고, 가끔 수업 도중 갑자기 울었다. 우리 중 아무도 그 이유를 몰랐다. 아니, 알고 싶어 하지 않았던 걸지도. 그 아이가 사라진 후, 우리는 서로의 시선을 피했다.
> (… 생략 …)

삽화 결과물

챗GPT에게 글쓰기 요청하기

사전에 기획해 둔 내용을 활용해서 챗GPT에게 원고를 써달라고 요청해 볼게요. 장르와 예상 독자층, 글의 분위기, 대략적인 내용 등을 프롬프트 입력 창에 입력해 주세요. AI에게 무에서 유를 창조하라고 요청할 수도 있지만, 이런 경우 원하는 방향의 답을 얻기 오래 걸릴 수 있습니다. 다시 말해 AI에게 사전 정보를 충분히 제공하면 주어진 정보 안에서 답변을 만들어 내므로 적은 횟수의 질문으로 원하는 답을 쉽게 얻을 수 있습니다.

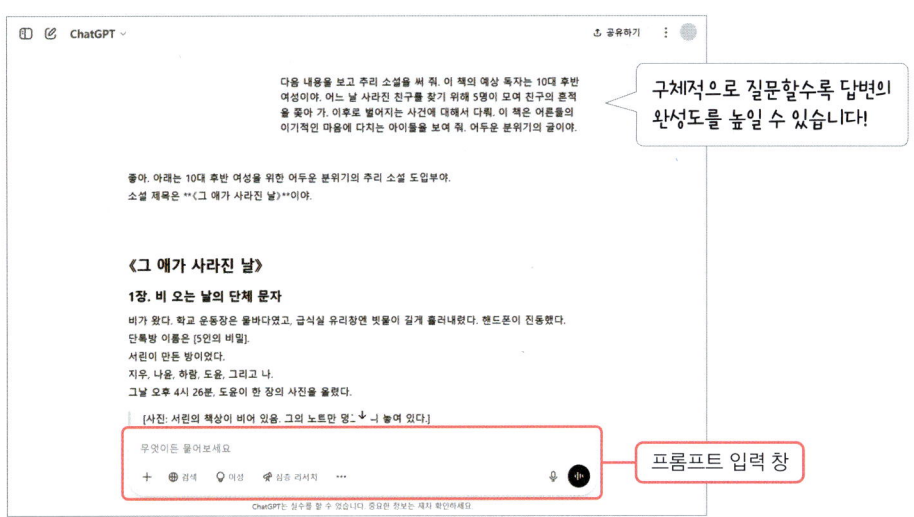

▶ 챗GPT에서도 이미지를 만들 수 있지만 무료 사용자에게는 생성 횟수에 제한이 있습니다.

파이어플라이 기능으로 인디자인에서 삽화 만들기

챗GPT로 글을 작성할 때와 마찬가지로 인디자인에서 삽화를 만들 때도 프롬프트를 자세하게 입력해야 원하는 이미지를 생성할 수 있습니다. 이미지를 바로 삽입할 수 있어서 중간 단계가 줄어들 뿐만 아니라 이미지 비율과 스타일도 직접 지정할 수 있어 편리한 기능입니다.

1. 사진이 들어갈 개체 만들기

[사각형 프레임 도구 ⊠]를 선택한 후 드래그하여 개체를 만듭니다. 개체 위에 나타나는 [텍스트를 이미지로]를 클릭하여 파이어플라이를 실행합니다.

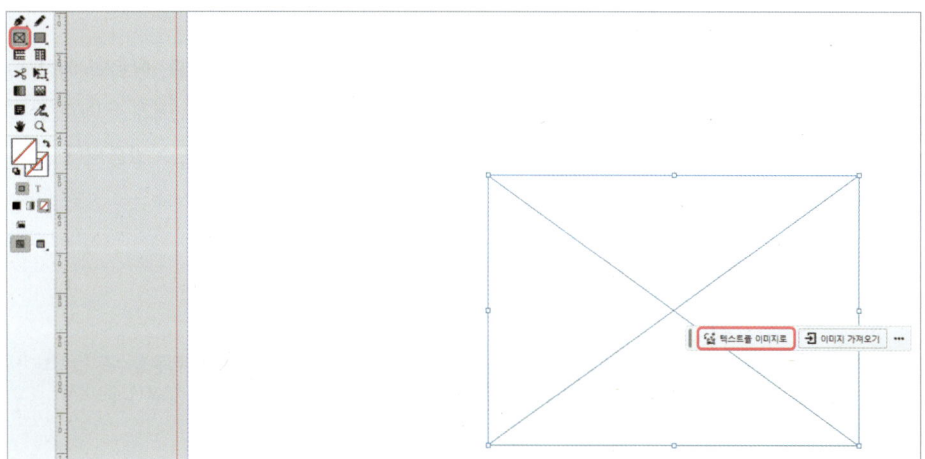

2. 이미지 내용과 비율 설정하기

상단에 있는 프롬프트 입력 창에 원하는 이미지를 설명하는 내용을 입력합니다. 상황, 인물이 입고 있는 의상, 성별, 취하고 있는 행동, 바라보는 각도, 스타일 등 요청사항을 가능한 한 상세하게 작성합니다. 여기서는 횡단보도를 건너며 위를 올려다보는 사람, 개를 산책시키는 사람, 리트리버, 비니를 쓴 남성, 탑뷰, 물감으로 그린 듯한 이미지, 유화 스타일이라고 입력했습니다. 이어서 [종횡비] 항목에서 생성할 이미지의 비율을 조절할 수 있습니다. 여기서는 [가로(4:3)]을 선택하겠습니다.

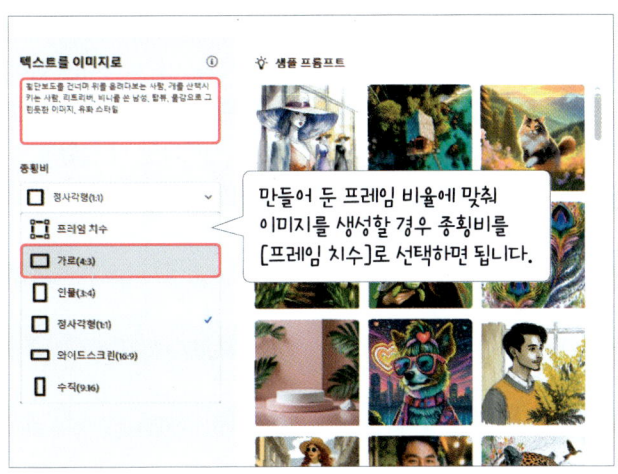

3. 스타일 지정하기

이어서 [콘텐츠 유형]으로 [사진]과 [아트] 중에 선택합니다. 일러스트를 생성하고 싶다면 [아트]를, 그 외에는 [사진]을 선택하면 됩니다.

4. 스타일 효과 설정하기

이미지 스타일을 더 상세하게 지정하려면 [스타일 효과]를 클릭합니다. 목록으로 나타나는 이미지를 확인하고 원하는 스타일을 선택합니다. 사진을 생성할 경우 [극사실주의]나 [미니멀리즘]을 선택하고, 일러스트를 생성할 경우 [기법] 카테고리에서 원하는 스타일을 선택하면 더 정확한 결과물을 얻을 수 있어서 추천합니다. 원하는 스타일을 선택했다면 하단에 있는 [생성]을 누릅니다.

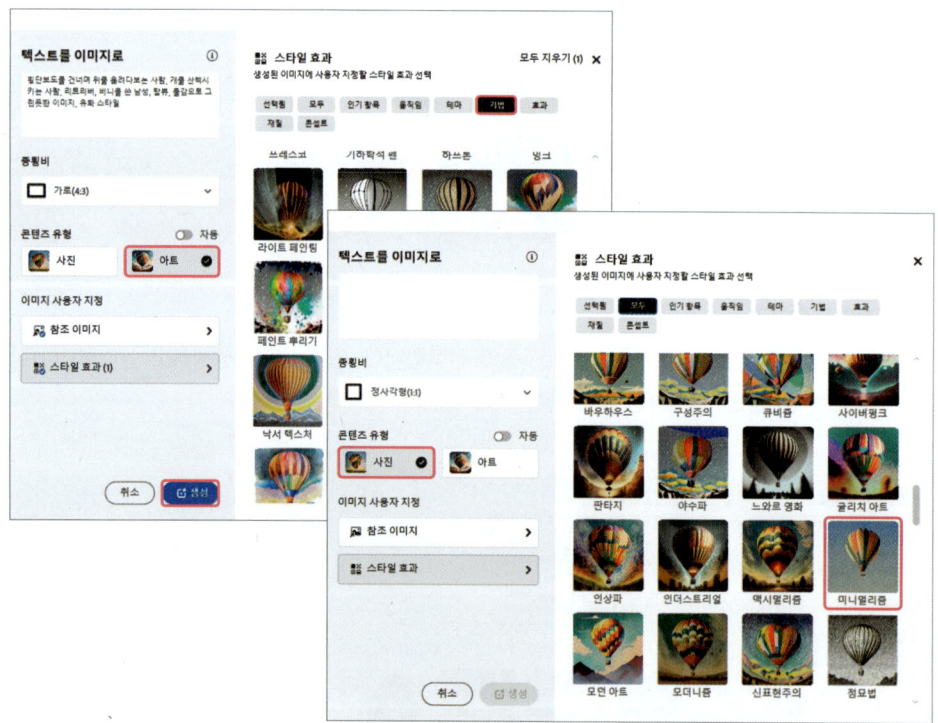

5. 생성된 이미지 확인하기

파이어플라이로 이미지를 생성하면 총 3개의 이미지를 확인할 수 있습니다. 스타일은 원하는 대로 나왔으나 인물이 위를 올려다보고 있지 않습니다.

6. 이미지 수정하기

프롬프트를 수정해서 이미지를 다시 만들어 보겠습니다. 횡단보도를 건너며 위를 올려다보는 사람, 카메라 렌즈를 쳐다보듯 고개를 든 사람, 개를 산책시키는 사람, 리트리버, 비니를 쓴 남성, 탑 뷰, 물감으로 그린듯한 이미지, 유화 스타일이라고 수정한 뒤 다시 [생성]을 클릭합니다.

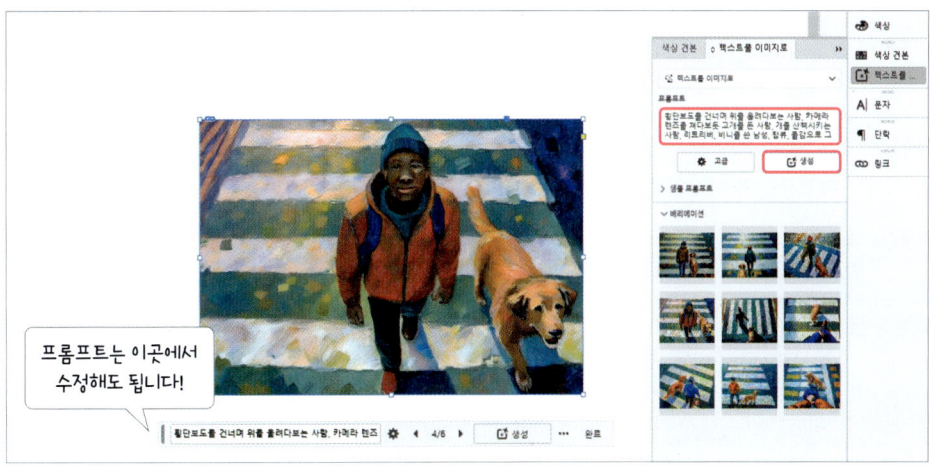

프롬프트는 이곳에서 수정해도 됩니다!

이렇게 인디자인에서 제공하는 AI 기능만 활용해도 원하는 이미지를 자유롭게 생성할 수 있습니다. 챗GPT와 파이어플라이로 생성한 글과 이미지를 활용해 내 출판물을 더욱 풍부하게 채워 보세요!

둘째마당

실전!
책 만들기

둘째마당에서는 인디자인으로 다양한 내지 디자인,
표지 디자인을 만들어 보겠습니다.
글의 장르에 맞게 디자인해 보며
각 디자인에 숨어 있는 디자인 원리를 익히고
여러분만의 디자인을 완성해 보세요.

03 텍스트 중심의 내지 디자인

04 이미지 중심의 디자인

05 시선을 사로잡는 표지 디자인

03
텍스트 중심의 내지 디자인

이번 장에서는 텍스트를 중심으로 하는 에세이와 소설 예제를 따라 하며 내지 디자인하는 방법을 익혀 보겠습니다. 이미지 자료 없이 본문 텍스트로만 디자인하는 경우 서체의 종류와 글자의 크기, 여백 등이 책 분위기에 큰 영향을 미치는데요. 이러한 요소를 잘 활용하면 이미지 자료가 없어도 멋진 내지 디자인을 할 수 있습니다.

03-1 여백의 미학! 에세이 디자인
03-2 클래식한 감성의 소설 디자인
03-3 책을 소개하는 앞부속 만들기
03-4 GREP 스타일 적용하기

03-1
여백의 미학! 에세이 디자인

준비 파일 에세이.indd **완성 파일** 에세이_완성.indd

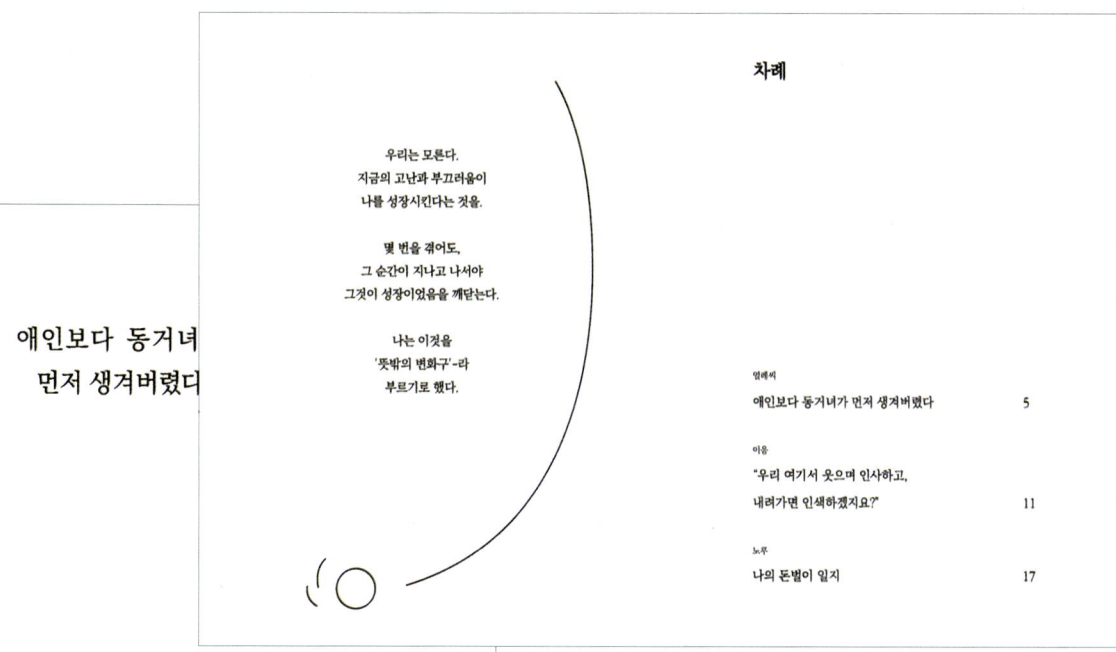

디자인 수업 노트

- 여백 효과 이해하기
- 문자 스타일 서식으로 저장하기
- 획 유형 적용하여 장 도입 페이지 꾸미기
- 격자 설정하기
- 여백 설정 수정하기
- 페이지 번호 한 번에 추가하기

에세이에 호흡을 불어넣는 여백

에세이(essay)는 형식에 구애받지 않고 경험, 생각 등을 글로 풀어낸 문학 장르입니다. 글에 담긴 의미가 중요한 만큼 색이나 이미지 요소 대신 글과 여백을 적극적으로 활용해서 디자인할 거예요.

여백은 단순한 빈 공간이 아니라 시선이 '본문(콘텐츠)'에 집중되도록 도와주는 요소입니다. 레이아웃을 균형 있게 유지하면서 다음 글로 넘어가는 순간을 암시하기도 하죠. 페이지 바깥 여백, 제목과 본문 사이의 여백, 글 줄 사이의 행간도 모두 여백입니다. 여백을 이해하기 위한 예시로 신문과 에세이를 비교해 볼게요. 정보를 얻기 위한 목적의 신문은 상대적으로 읽는 속도가 빠르기 때문에 행간이 조금 좁아도 괜찮습니다. 반면 에세이는 독자들이 글을 천천히 음미하며 읽을 수 있도록 행간을 여유롭게 잡아 호흡을 조절하는 것이 중요합니다. 예제를 따라 하며 여백이 디자이너의 의도가 들어간 공간이라는 것을 이해하고 직접 여백을 연출하는 방법을 익혀 보세요.

새 문서를 만들고 여백을 입력합니다. 처음 문서를 생성할 때는 페이지를 많이 추가할 필요가 없습니다. 판권(1p)과 표제지(1p), 목차 페이지(2p)와 본문 첫 페이지(1p)로 총 5페이지를 먼저 생성합니다.

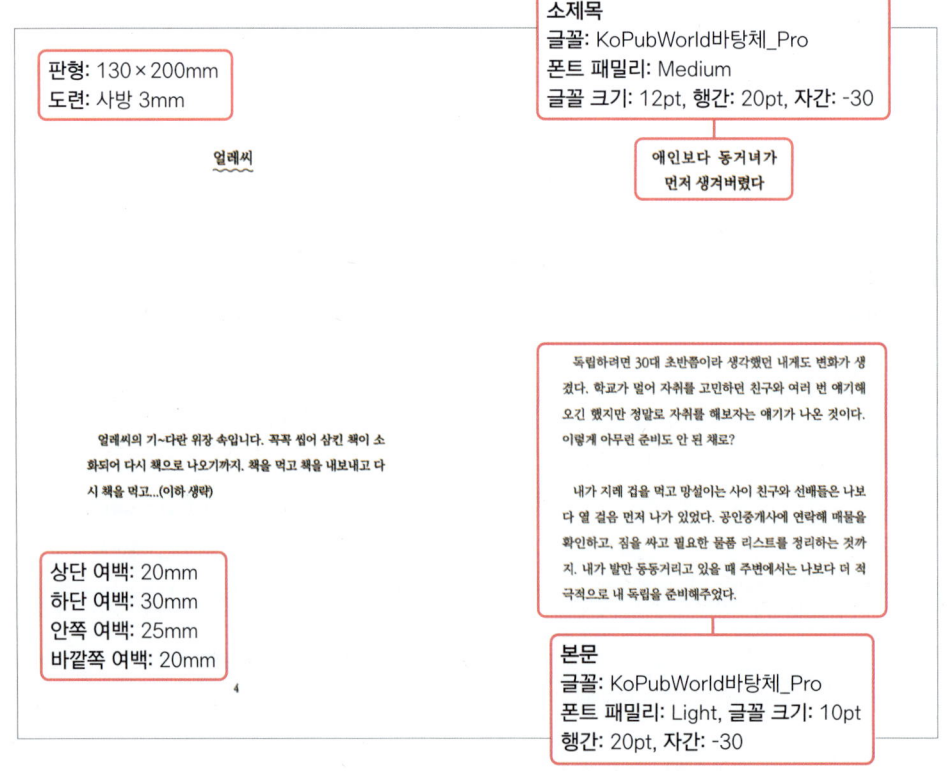

하면 된다! } 도입부 꾸미기

에세이 도입부에 저자의 정보를 제공하는 페이지를 만들어 보겠습니다. 왼쪽 페이지에 저자 이름과 저자의 한마디를 넣고, 오른쪽 페이지에 소제목과 본문을 배치해 보겠습니다.

01 도구 바에서 [문자 도구 T.]를 선택해 문자 프레임을 생성하고 저자 이름을 입력합니다. [선택 도구 ▶]를 선택한 후 문자 프레임을 드래그해 이동합니다. 걸리는 듯한 느낌이 들면 드래그를 해제합니다.

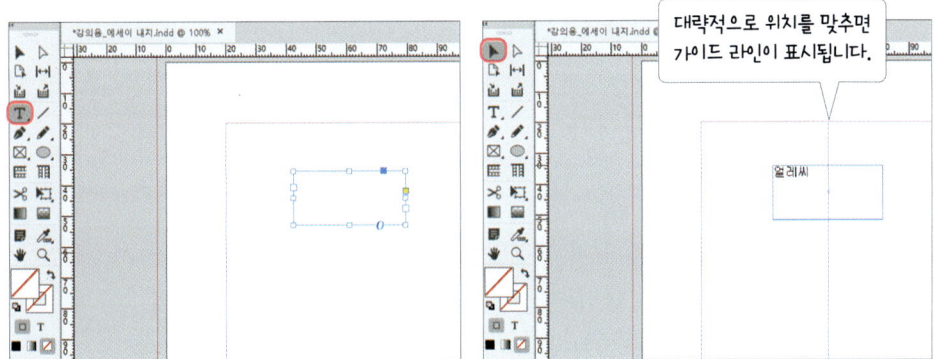

▶ [속성] 패널에서 [여백에 정렬 → 수평 가운데 정렬]을 선택해도 됩니다.

02 서식 적용하기

텍스트를 드래그한 후 오른쪽 [문자] 패널에서 글꼴, 글꼴 크기, 자간 등을 설정합니다.

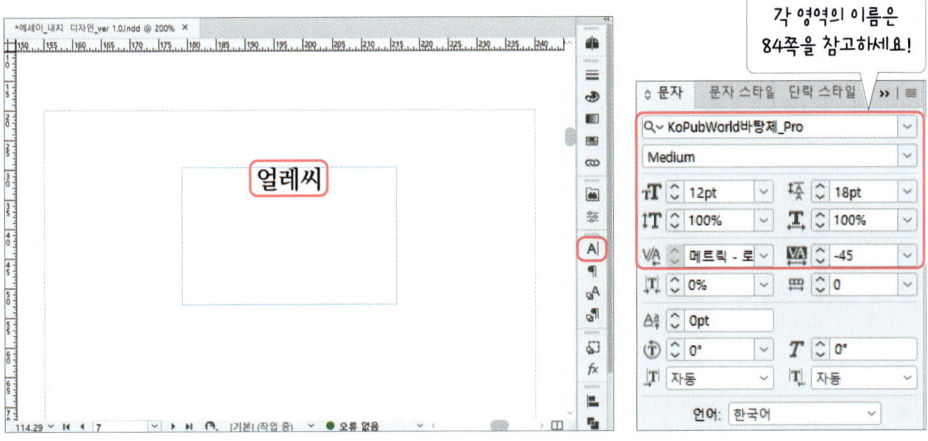

문자 스타일을 서식으로 저장해 두세요!

메뉴에서 [창 → 스타일 → 문자 스타일]을 선택해 [문자 스타일] 패널을 연 후 ⊞ 아이콘을 클릭해 [문자 스타일 옵션] 창을 열어 보세요. [기본 문자 서식] 탭에서 스타일을 저장해 두면 같은 요소끼리 같은 스타일을 쉽게 적용할 수 있습니다.

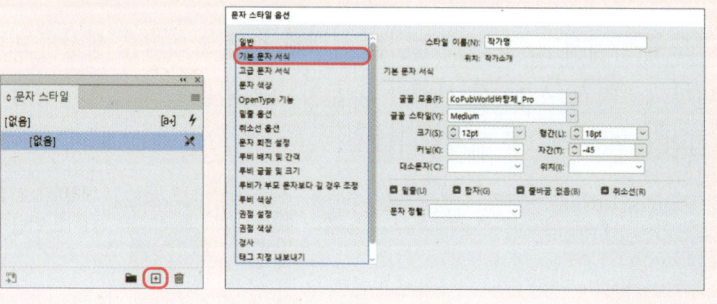

03 문자 설정을 마쳤다면 문자 프레임 하단의 중심 조절점을 더블클릭합니다. 문자 크기에 맞춰 프레임의 높이가 자동으로 조절됩니다.

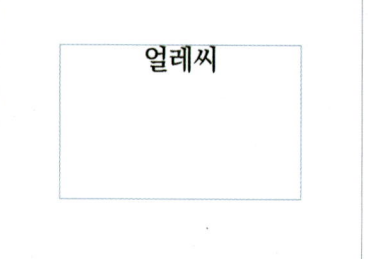

04 꾸밈 추가하기

약간의 장식을 추가하겠습니다. 도구 바에서 [선 도구 ✏]를 선택한 후 선이 시작되는 위치를 한 번 클릭하고 마우스를 떼지 않은 상태에서 [Shift]를 누른 상태로 수평하게 드래그해 선분을 만듭니다.

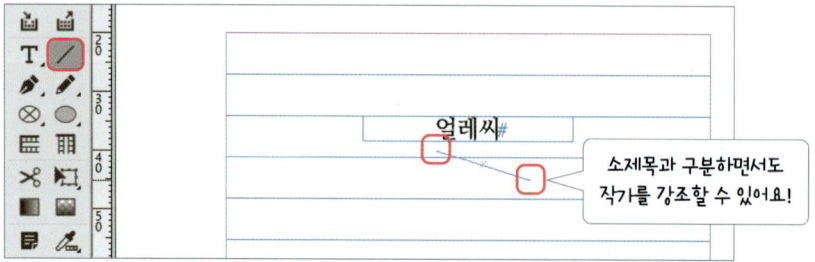

05 [획] 패널을 연 후 [두께]를 2pt, [끝모양]을 [절단형 ▣]으로 설정하고, [유형]을 [물결]로 변경합니다.

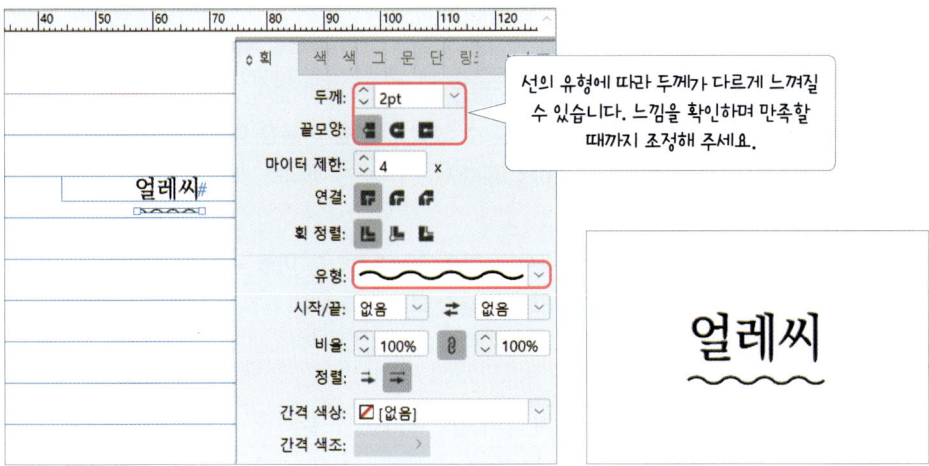

선의 유형에 따라 두께가 다르게 느껴질 수 있습니다. 느낌을 확인하며 만족할 때까지 조정해 주세요.

06 저자의 말 삽입하기

저자 이름 아래쪽에 문자 프레임을 만든 후 저자의 말을 입력합니다. [선택 도구 ▶]로 문자 프레임을 선택한 후 문자 서식을 다음과 같이 변경해 보세요.

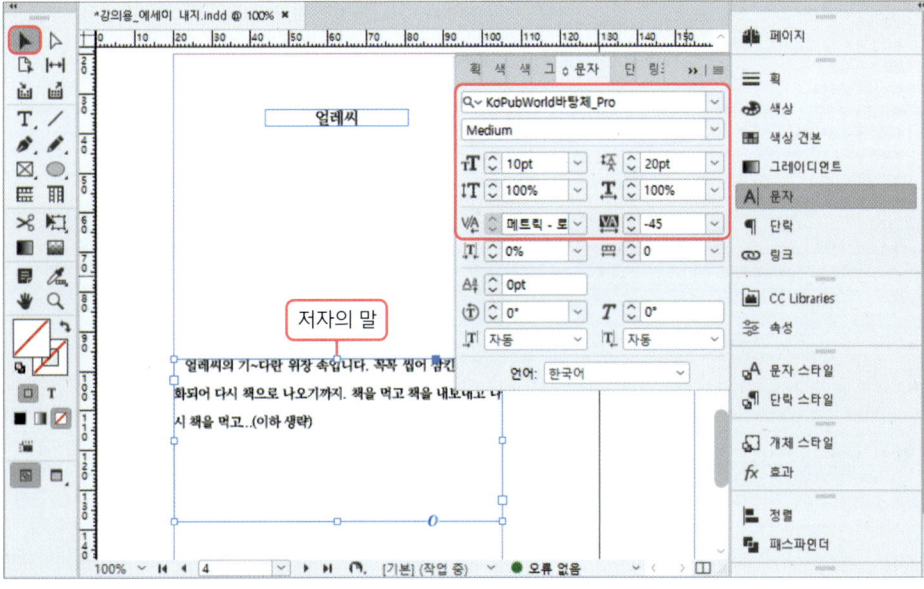

> **디테일을 잡는 팁!** 본문 글자 크기를 어느 정도로 설정해야 하나요?
>
> 우리가 접하는 종이책의 본문 글자는 대부분 9~11pt를 적용합니다. 그러나 이 공식을 모든 책에 똑같이 적용하기보다는 독자와 글의 종류를 고려해 변형했을 때 더욱 완성도 있는 인쇄물을 만들 수 있습니다. 젊은 독자층은 5~7pt도 무리 없이 읽을 수 있지만, 돋보기를 쓰는 중장년층은 9pt도 작다고 느낄 수 있겠죠. 또한 아동을 대상으로 하는 동화책의 경우 글자가 작다면 아이들이 흥미를 느끼지 못할 뿐만 아니라, 색색의 삽화에 텍스트가 묻혀 읽히지 않을 수도 있습니다.
>
> 중장년층을 대상으로 하는 안내문이라면 최소 10~13pt로, 아동 대상의 동화책이라면 14pt 이상으로 설정하는 등 독자를 고려해 글자 크기를 조절합니다.

07 [문자 스타일] 패널을 열고 하단의 ⊞ 아이콘을 클릭해 스타일을 생성합니다. 추가한 문자 스타일을 더블클릭해 [문자 스타일 옵션] 창을 열고 스타일 이름만 따로 지정한 후 [확인]을 눌러 저장합니다.

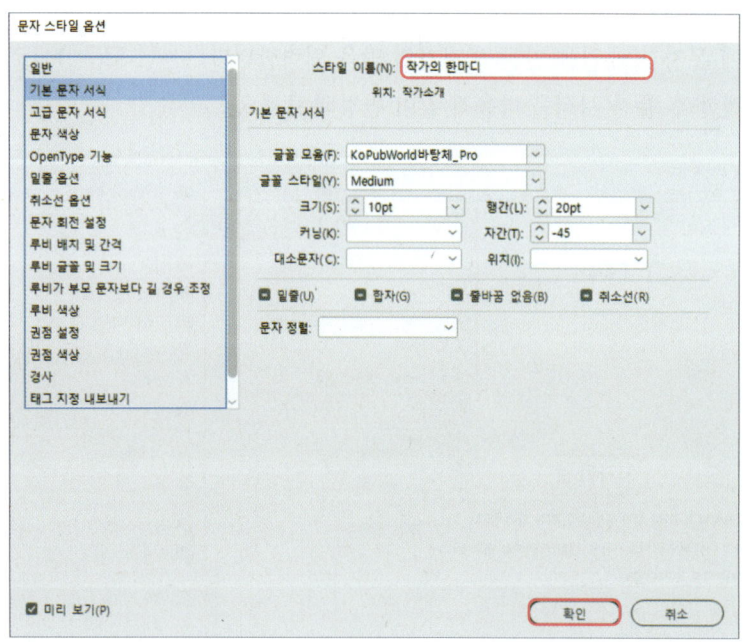

하면 된다! } 격자 설정하기

책에 사용한 종이의 두께에 따라 뒷면이 살짝 비칠 수 있습니다. 이때 양면의 텍스트가 같은 선상에 인쇄되지 않고 교차하거나 어긋난다면 글자가 겹쳐 보여 가독성이 떨어질 수 있습니다. 이러한 현상을 방지하기 위해 격자를 켜두는 것이 좋은데요. 처음에는 격자가 어색할 수 있지만, 깔끔한 내지 디자인을 위한 필수 요소이니 꼭 설정해 두기 바랍니다.

01 메뉴에서 [편집 → 환경 설정 → 격자]를 선택합니다.

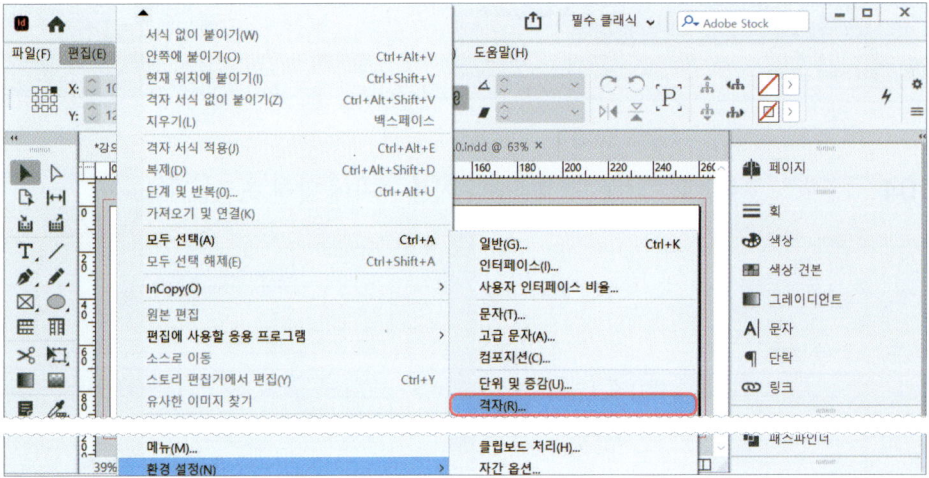

02 [시작]과 [간격]에는 현재 본문 문자 스타일에 적용한 행간값인 20pt를 입력합니다. 격자가 시작되는 [기준]은 [위쪽 여백]으로 설정한 후 [보기 한계값]을 5%로 줄입니다. [확인]을 눌러 저장합니다.

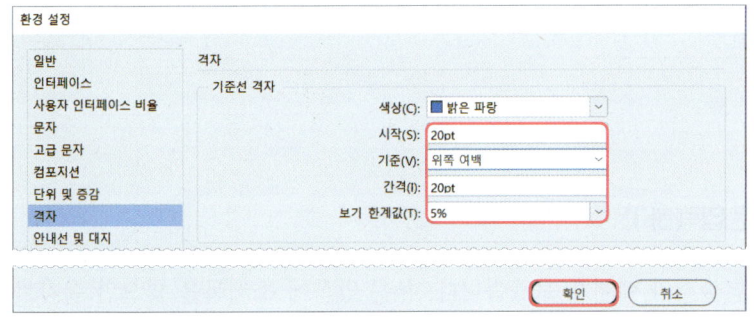

03 설정을 완료했는데도 가로 격자가 보이지 않는다면 메뉴에서 [보기 → 격자 및 안내선 → 기준선 격자 표시]를 선택합니다. 단축키는 Ctrl + Alt + ' 입니다.

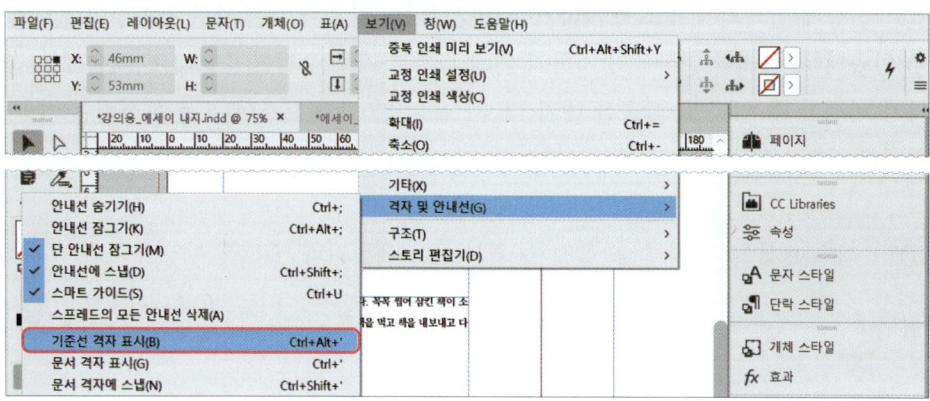

04 [선택 도구 ▶]로 텍스트 프레임의 위치를 격자에 맞춰 조절합니다.

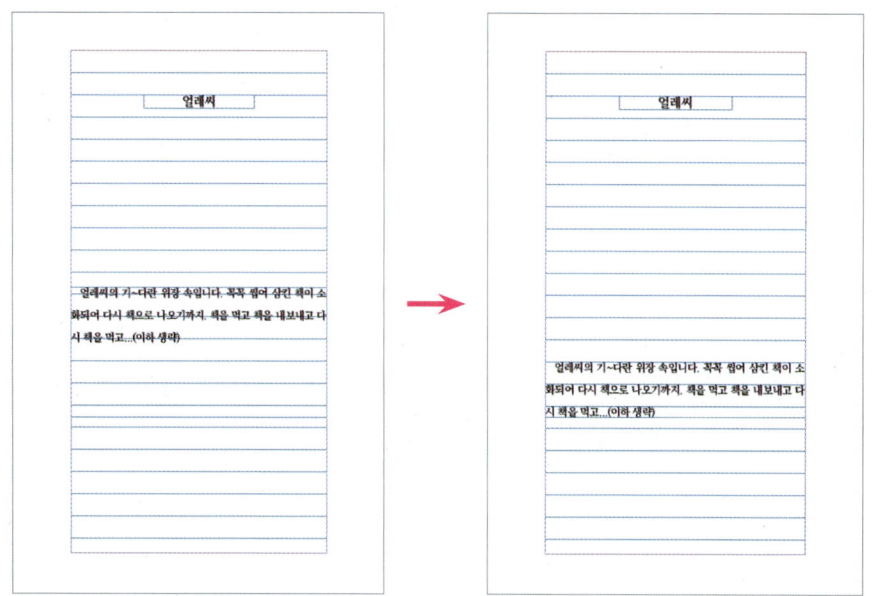

하면 된다! } 본문 입력하기

본격적으로 원고를 불러와 배치해 보겠습니다. 본문 앞쪽에 소제목을 넣으면 독자가 글의 전체적인 내용을 쉽게 가늠할 수 있어요.

01 소제목 입력하기

글의 소제목에 [작가명] 문자 스타일을 선택해 적용한 후 패널 하단의 아이콘을 클릭합니다.

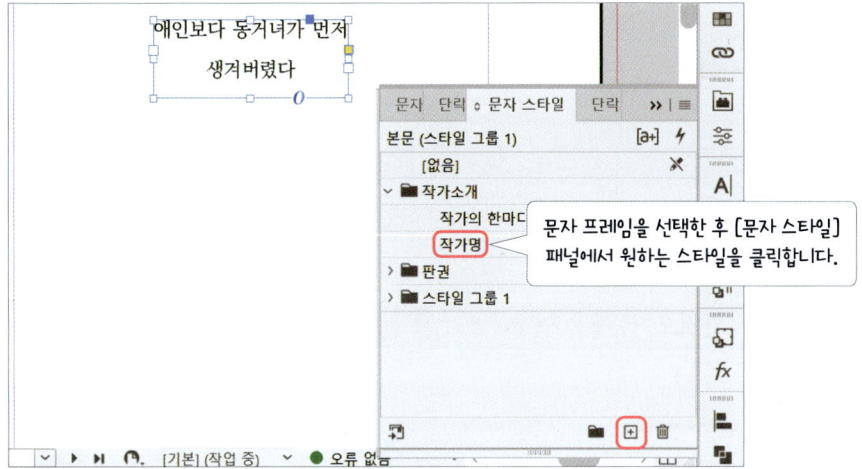

02 제목이라는 이름으로 스타일을 하나 더 생성하고 자간을 -30pt로 수정한 후 [확인]을 누릅니다.

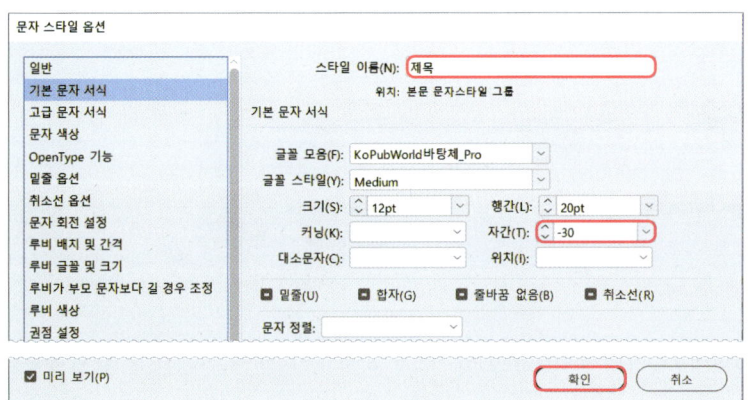

03 문자 프레임의 오른쪽 하단 조절점을 더블클릭해 프레임 크기를 조절합니다.

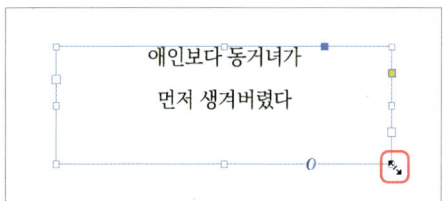

04 [선택 도구 ▶]로 소제목을 정가운데에 맞춰 배치합니다. 빨간색 가이드 라인은 대지 기준, 파란색 가이드 라인은 여백 기준 중심선입니다.

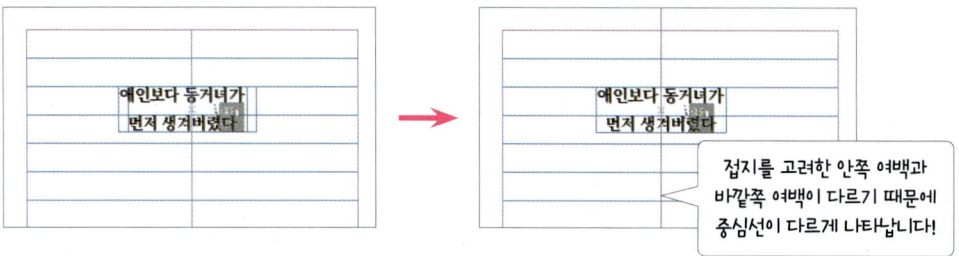

접지를 고려한 안쪽 여백과 바깥쪽 여백이 다르기 때문에 중심선이 다르게 나타납니다!

05 본문 가져오기

[Ctrl] + [D]를 눌러 [가져오기] 창을 열고 [열기]를 눌러 파일을 가져옵니다.

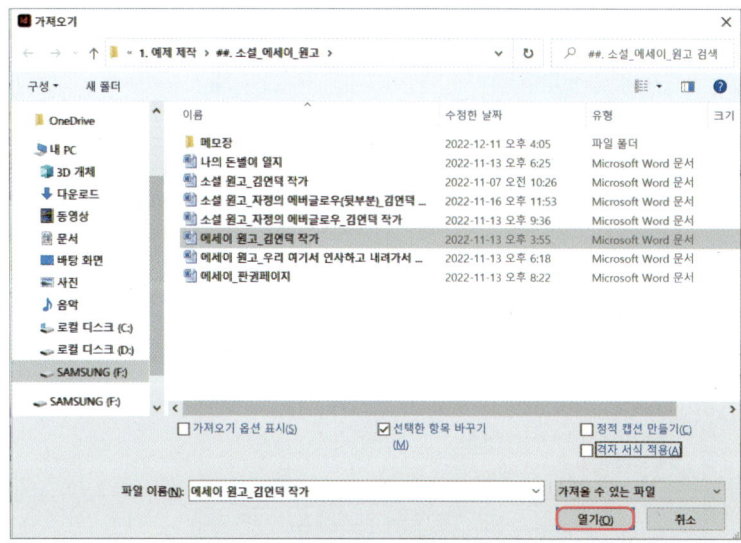

06 텍스트 커서( )가 나타나면 [Shift]를 누른 상태에서 여백 모서리를 클릭해 텍스트를 흘립니다.

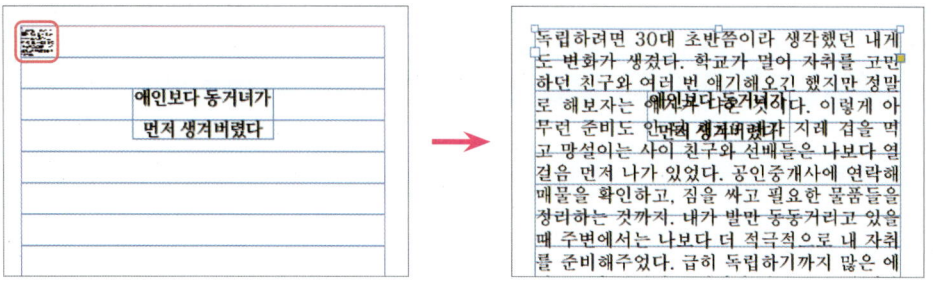

07 Ctrl + A 를 눌러 텍스트 전체를 선택한 후 [문자 스타일] 패널에서 [작가의 한마디] 문자 스타일을 적용합니다. 이어서 ⊞ 아이콘을 클릭해 새 스타일을 추가합니다.

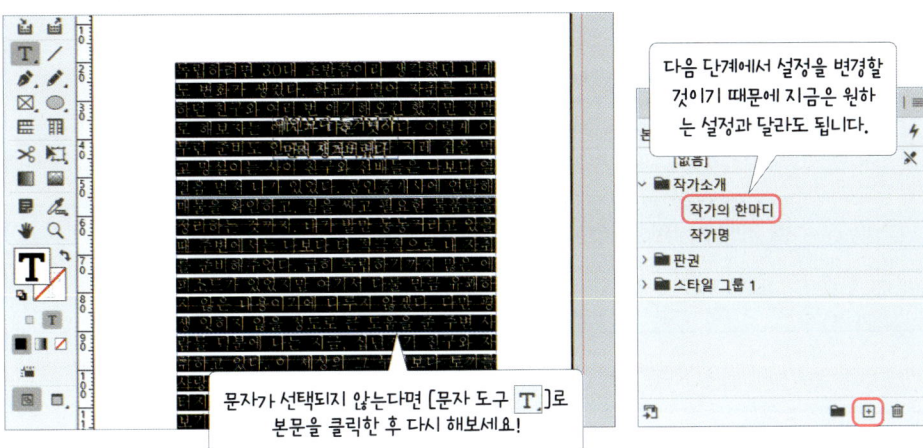

08 자간을 -30pt로 수정하고 본문이라는 이름으로 스타일을 하나 더 생성한 다음 [확인]을 눌러 저장합니다.

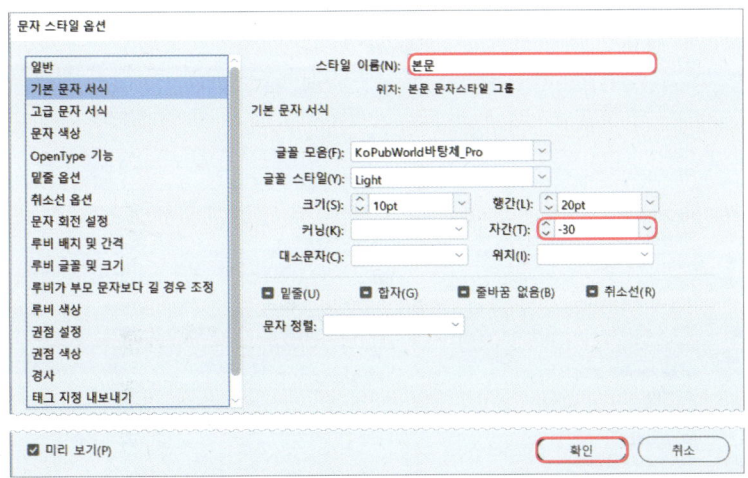

09 문자 프레임을 원하는 위치의 격자에 맞춰 재배치합니다. 필요에 따라 이 단계에서 단락을 조절하기도 합니다.

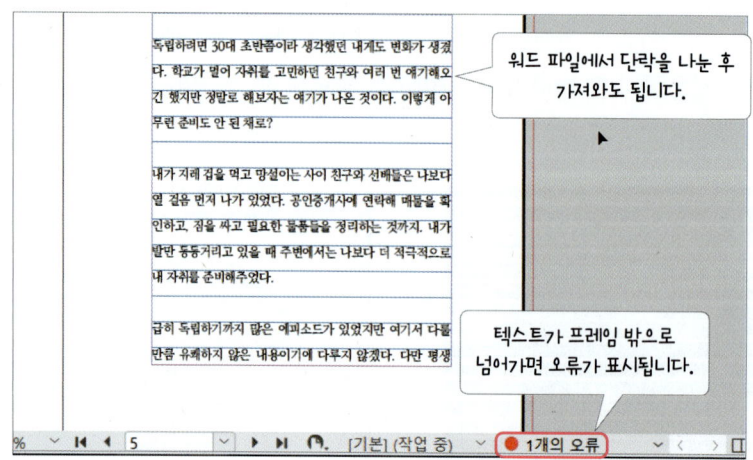

 **작업 도중에 여백 설정을 수정하고 싶어요**

작업을 하다 보면 처음 생각한 것보다 여백이 부족하거나 반대로 넓다고 느낄 수 있어요. 이럴 때는 메뉴에서 [파일 → 문서 설정]을 선택해 [문서 설정] 창을 열고 여백을 수정하면 됩니다.

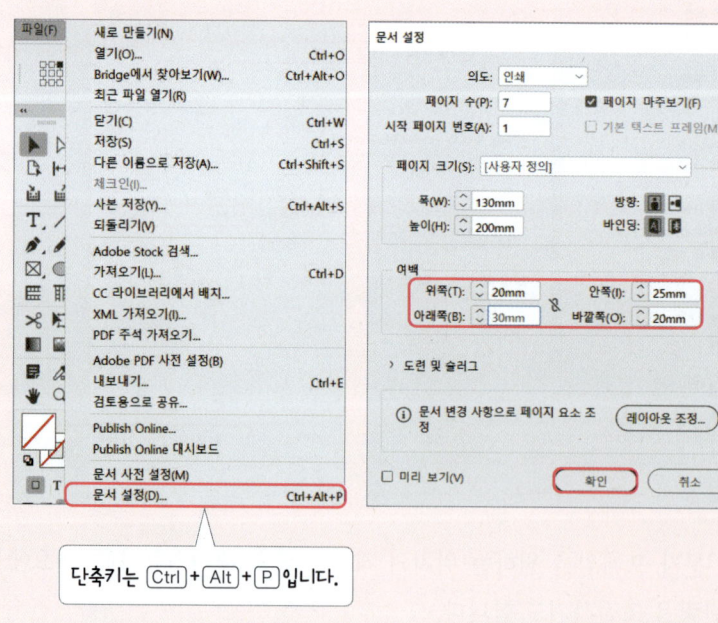

10 단락을 구분하기 위해 단락 첫 줄에만 들여쓰기를 적용해 보겠습니다. [단락] 패널을 연 후 첫 번째 줄에 커서를 두고 [첫 줄 왼쪽 들여쓰기]에 3mm를 입력합니다.

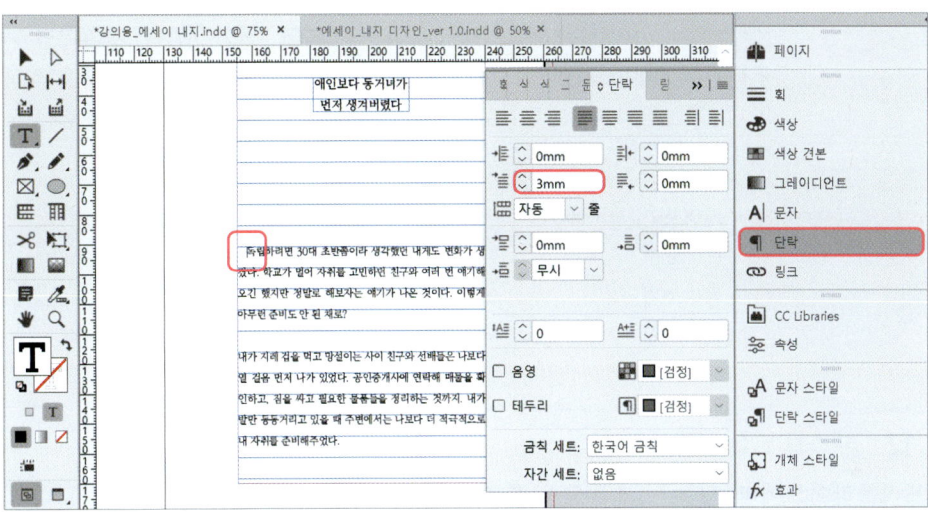

11 들여쓰기를 적용한 단락에 커서를 두고 [단락 스타일] 패널을 열어 새 스타일로 저장합니다. 모든 본문 단락에 적용하기 위해 Ctrl + A를 누른 후 방금 생성한 [본문] 스타일을 클릭합니다.

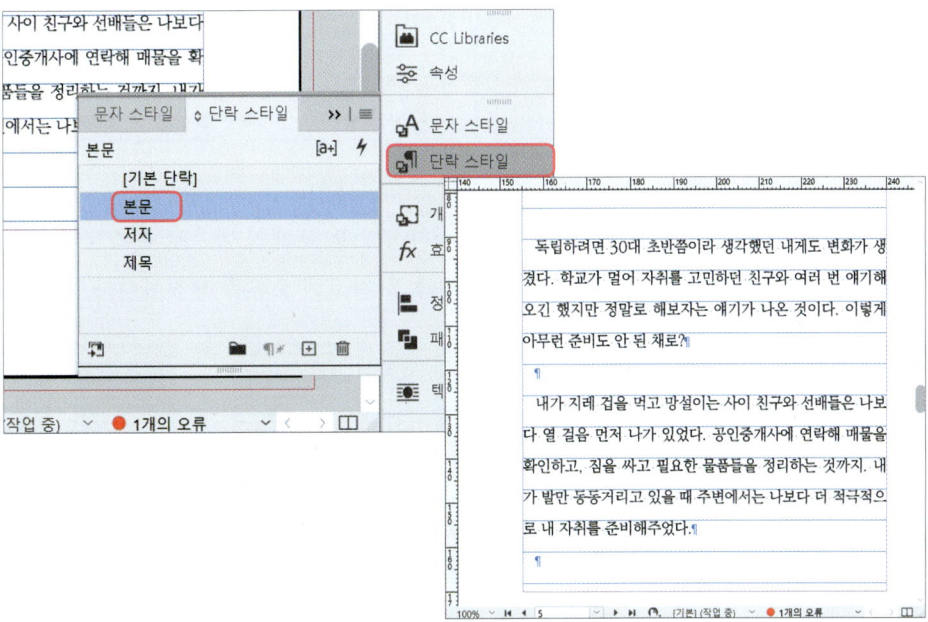

자주 볼 수 있는 인디자인 문장 부호

인디자인에 보이는 파란색 기호는 출력되지는 않지만 가이드 역할을 합니다. 메뉴에서 [문자 → 숨겨진 문자 표시]를 선택하거나 단축키 Ctrl + Alt + I 를 누르면 표시됩니다. 띄어쓰기를 2번 했거나 줄 바꿈 타이밍이 아닌데 Enter 를 눌러 문단이 나눠지는 등의 사고를 막기 위해 최종 검수 과정에서 한 번쯤 체크해 봐야 합니다. 다음은 인디자인에서 가장 자주 볼 수 있는 문장 부호 6가지입니다.

❶ · 띄어쓰기(Spacebar)   ❷ ¶ 단락 끝(Enter)
❸ » 탭(Tab)   ❹ ¬ 줄 바꿈, 소프트 리턴(Shift + Enter)
❺ ↑ 들여쓰기   ❻ # 스토리 끝

12 텍스트 넘침 해결하기

프리플라이트에 떠 있는 [1개의 오류]를 더블클릭해 오류가 있는 위치로 이동합니다.

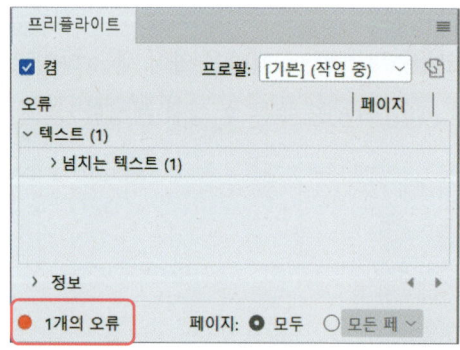 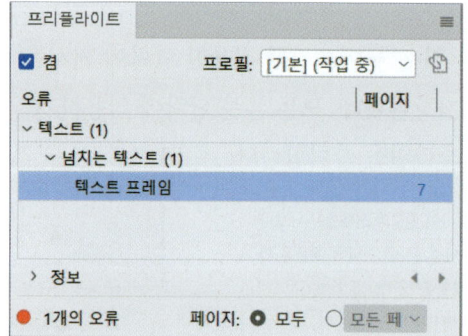

13

단락을 나누고 추가하면서 처음에 생성한 텍스트 프레임 밖으로 텍스트가 넘쳐 오류가 났네요. 페이지를 하나 추가한 후 02-3절을 참고해 오류를 해결합니다.

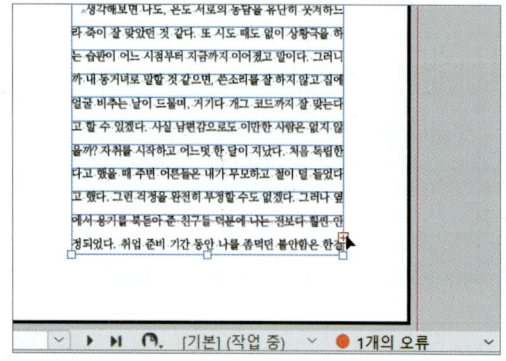 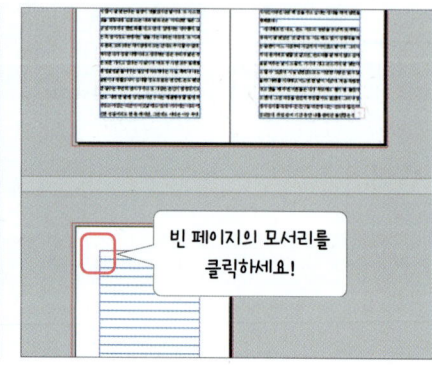

빈 페이지의 모서리를 클릭하세요!

14 글 마침을 알려 주는 '끝' 표시 만들기

[사각형 프레임 도구 ⊠]를 길게 눌러 [타원 프레임 도구 ⊗]를 선택한 후 Shift 를 누른 상태로 드래그해 원을 그립니다. 문자 프레임을 추가해 끝이라고 입력합니다. [본문] 문자 스타일을 적용한 후 원의 중심에 위치하도록 조정합니다.

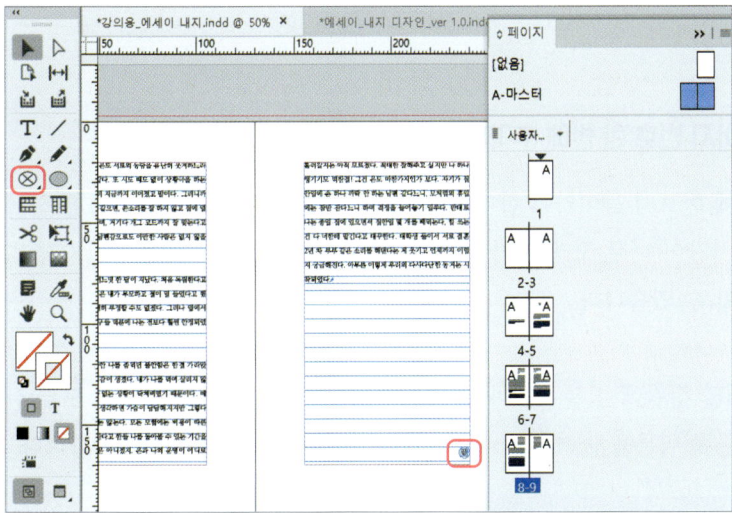

디테일을 잡는 팁! 단어 사이의 간격이 너무 줄어들었어요!

자간을 줄이다 보면 단어 사이의 간격이 지나치게 좁아질 수 있습니다. 이 간격을 조정해 보겠습니다.

1. [단락] 패널 오른쪽 상단의 [보조 메뉴 ≡]를 클릭한 후 [로마자 균등 배치]를 선택합니다. [균등 배치] 창이 나타나면 [단어 간격]의 최소값을 100%, 권장값을 100%, 최대값을 133%로 입력하고 [확인]을 누릅니다.

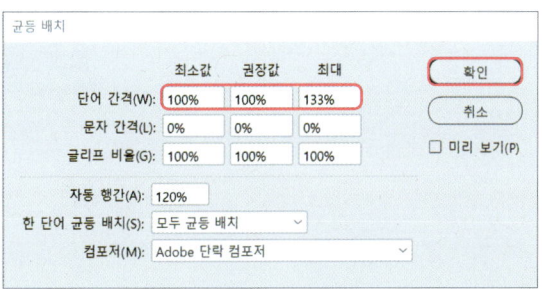

2. 다음과 같이 어간이 변경됩니다.

[단어 간격] 최소값 70%   [단어 간격] 최소값 100%

하면 된다! } 페이지 번호 한 번에 추가하기

페이지 번호는 책에 반드시 들어가야 합니다. 100쪽이 넘어가는데 페이지 번호를 하나하나 입력한다면 시간이 너무 오래 걸리겠죠? 마스터 페이지를 이용하면 페이지 번호를 자동으로 입력할 수 있습니다.

01 [페이지] 패널 상단에 있는 [A-마스터] 페이지를 Shift를 누른 상태로 모두 선택하고 마우스 오른쪽 버튼을 눌러 [마스터 스프레드 "A-마스터" 복제]를 선택합니다.

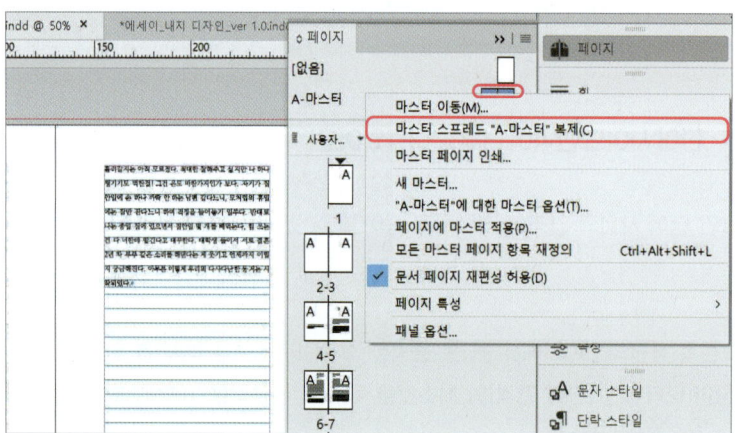

02 [B-마스터]를 더블클릭해 마스터로 이동한 후 작업창 하단에 페이지 번호를 넣을 문자 프레임을 생성합니다.

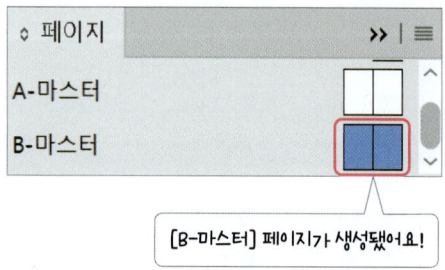

[B-마스터] 페이지가 생성됐어요!

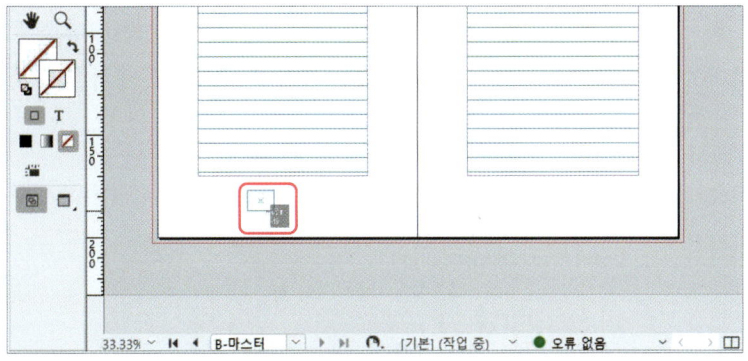

03 프레임 안에 마우스 커서를 두고 메뉴에서 [문자 → 특수 문자 삽입 → 표시자 → 현재 페이지 번호]를 선택합니다.

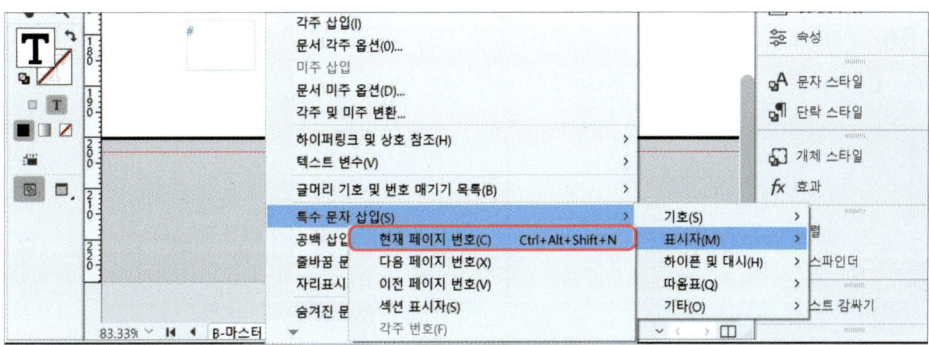

04 'B'라고 적힌 글자를 드래그해 문자와 단락 서식을 설정합니다. 여기서는 [가운데 정렬]을 선택했습니다.

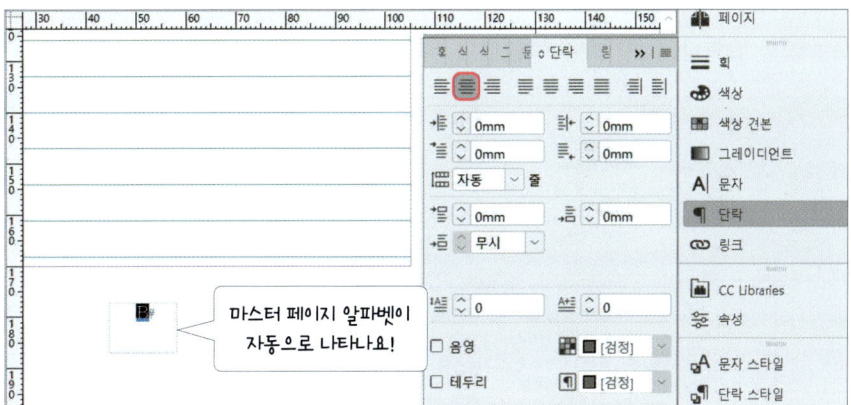

05 [선택 도구 ▶]로 문자 프레임을 선택한 후 [정렬] 패널에서 [맞춤 대상]으로 [여백에 정렬]을 선택하고 [수평 가운데 정렬 ♣]을 눌러 페이지 가운데로 배치합니다.

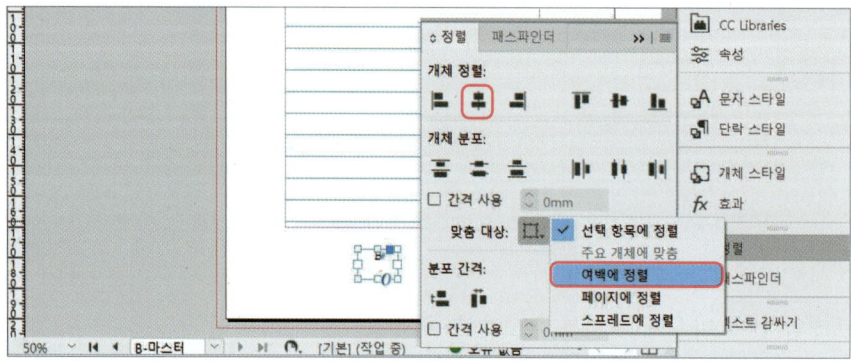

06 [Alt] + [Shift]를 누른 상태에서 해당 프레임을 드래그해 옆 페이지로 복사합니다. **05** 와 같은 방법으로 가운데 정렬 해주세요.

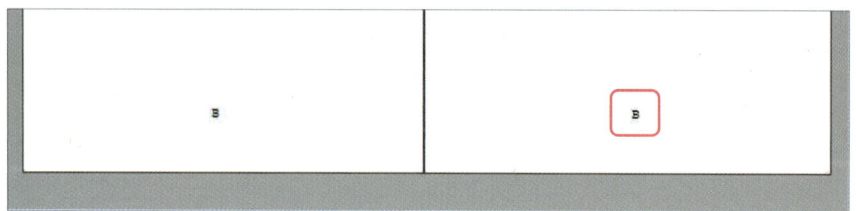

07 1~9페이지 중 임의의 페이지를 더블클릭해 일반 작업창으로 돌아오세요. 페이지 아이콘을 마우스 오른쪽 버튼으로 눌러 [페이지에 마스터 적용]을 선택합니다.
[마스터 적용] 창이 나타나면 어떤 마스터를 적용할지 선택한 후 페이지 번호를 적용할 페이지로 4-9를 입력하고 [확인]을 누릅니다.

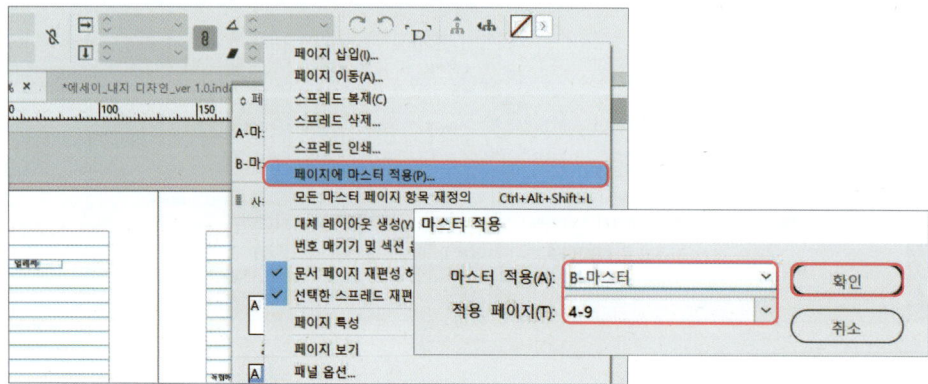

08 각 페이지에 페이지 번호가 생성되었습니다.

03-2
클래식한 감성의 소설 디자인

디자인 수업 노트

- 색상 견본 만들기
- 단락 들여쓰기 적용하기
- 단락 스타일 지정하기
- 펜 도구로 장식 요소 그리기
- 개체 회전 및 복제하기
- 속표제지에 배경색 입히기

준비 파일 소설.indd　　**완성 파일** 소설_완성.indd

강 건너 저택

저택은 과연 사람들이 저주 들린 곳이라고 수군댈만한 조건을 세 가지 이상 갖추고 있었다. 당장이라도 비를 쏟을 것처럼 뭉친 먹구름 아래서 회색 벽돌은 한층 음울한 분위기를 자아내고, 벽 위를 가시덩굴이 마구 기어가고 있었다. 마치 사신의 안식처 같은 분위기를 풍기는 것은 저택의 대문 또한 마찬가지였다. 검은 창살 사이로 난 대문은 온갖 식물들로 뒤덮여 있어 유심히 살펴보지 않으면 지나칠 만큼 꽁꽁 숨겨져 있었다. 게다가 손으로 밀기만 하면 맥 없이 열린다는 점에서 제 역할을 다하지도 못하는 상태였다.

대문과 저택 사이로는 넓은 정원이 펼쳐져 있었는데, 말이 정원이지 사람의 손을 잠시 거쳐 간 야생의 들판이나 다름없었다. 더군다

소설 본문 디자인 준비하기

좌철 신국판 판형으로 폭 152mm, 높이 225mm의 11쪽짜리 새 문서를 만들고 여백을 설정합니다.

하면 된다! } 색상 견본 만들기

예제에서 사용할 색상 견본을 미리 만들어 두면 과정을 편하게 따라갈 수 있습니다. 금색, 은색, 검은색 견본을 미리 만들어 보겠습니다.

01 [색상 견본] 패널을 연 후 아이콘을 클릭해 색상 견본을 추가합니다.

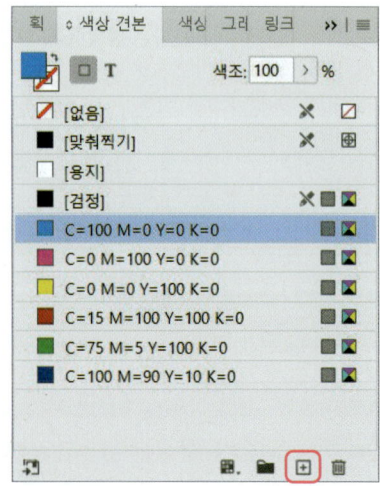

02 새로 만든 견본을 더블클릭하면 [색상 견본 옵션] 창이 나타납니다. 색상 견본 이름에 Gold라고 입력하고 녹청(C), 자홍(M), 노랑(Y), 검정(K)에 각각 수치를 입력합니다. 정확한 수치를 모른다면 조절 바를 드래그해도 됩니다. 설정을 완료했다면 [확인]을 눌러 저장합니다.

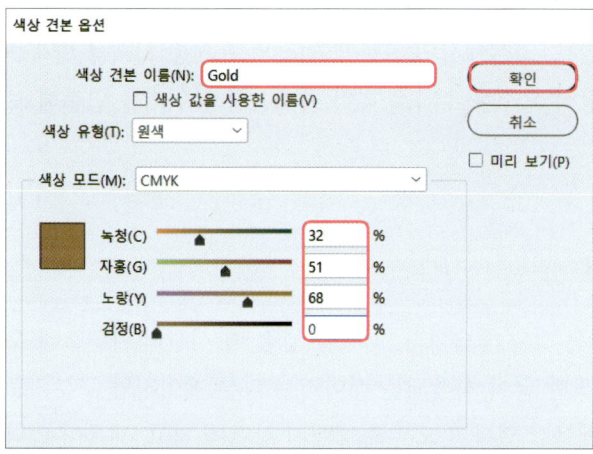

03 은색과 검은색도 추가해 다음과 같이 [색상 견본] 패널을 완성합니다.

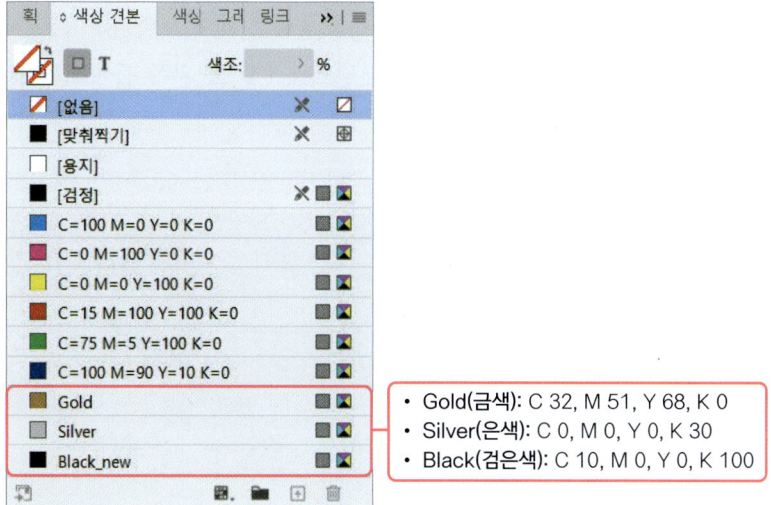

- Gold(금색): C 32, M 51, Y 68, K 0
- Silver(은색): C 0, M 0, Y 0, K 30
- Black(검은색): C 10, M 0, Y 0, K 100

소설 내지 디자인의 특징

소설은 에세이에 비해 본문이 길고 장식 요소가 많이 들어가는 경향이 있습니다. 비유(metaphor)나 각 내용에 맞는 삽화를 넣기 때문이죠. 여기서는 간단한 장식 요소를 응용해 본문의 분위기를 살리는 내지 디자인을 해보겠습니다.

글의 세부 장르에 따라 디자인에 들어가는 시각 요소가 달라집니다. 예제는 빅토리아 시대를 배경으로 하는 추리 소설로, 소설에서 중요하게 언급되는 괘종 시계를 반복해서 넣을 거예요. 또한 몇 가지 장식 요소를 추가로 넣어 클래식한 분위기를 연출해 보겠습니다.

하면 된다! } 본문 내지 만들기

글은 오른쪽 페이지부터 시작하는 것이 좋습니다. 책장을 넘길 때 시선이 자연스레 오른쪽 위로 향하기 때문입니다. 또한 글이 시작되는 페이지는 다른 페이지와 구분되도록 조금 아래에서 시작합니다. 제목이 있다면 오른쪽 페이지 상단에 넣고, 제목이 없더라도 여백을 이용해 시작점을 암시할 수 있습니다. 왼쪽의 빈 페이지가 신경 쓰인다면 발문(요약글)을 넣어 보세요. 여백을 채우면서도 독자의 흥미를 유도할 수 있습니다.

01 Ctrl + D를 눌러 본문을 불러온 후 Ctrl + A를 눌러 전체 선택합니다. [문자] 패널에서 글꼴, 글꼴 크기 등을 설정하고, [단락] 패널에서 [첫 줄 왼쪽 들여쓰기]로 **3mm**를 입력합니다.

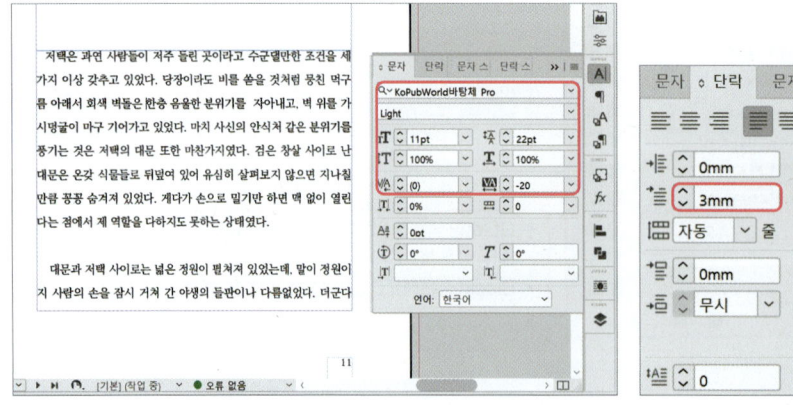
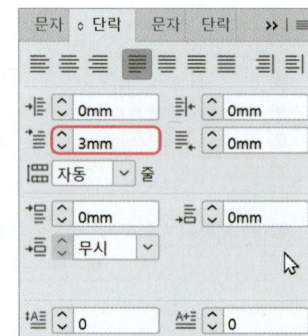

02 [단락 스타일] 패널에서 [본문] 단락 스타일을 저장합니다.

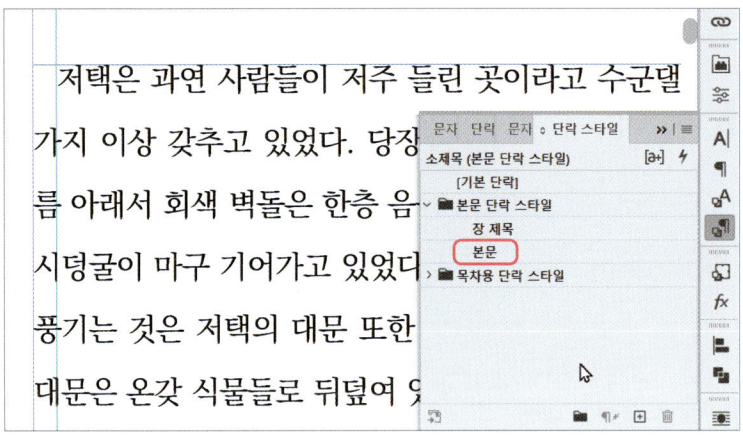

하면 된다! } 본문 소제목 만들기 — 물결 패스로 강조하기

이번 예제에서는 소제목 아래에 물결 패스를 넣을 거예요. 소제목을 강조하면서도 한층 고풍스러운 분위기를 조성할 수 있답니다.

01 페이지 상단으로부터 35mm 아래에 문자 프레임을 만듭니다. 제목을 입력한 후 본문과 같은 서체에 더 두꺼운 폰트 패밀리인 [Bold]를 적용하고, 문자 색상은 색상 견본 중 [gold]를 적용해 보세요.

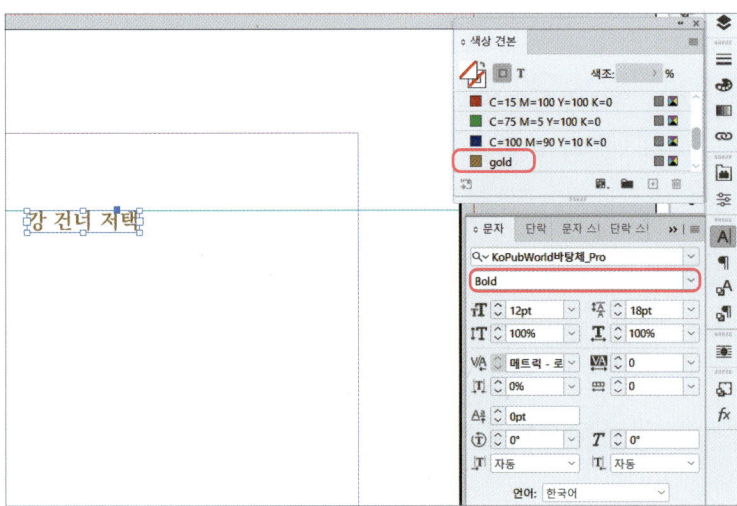

02 이후 반복 사용을 위해 [소제목] 단락 스타일을 만듭니다.

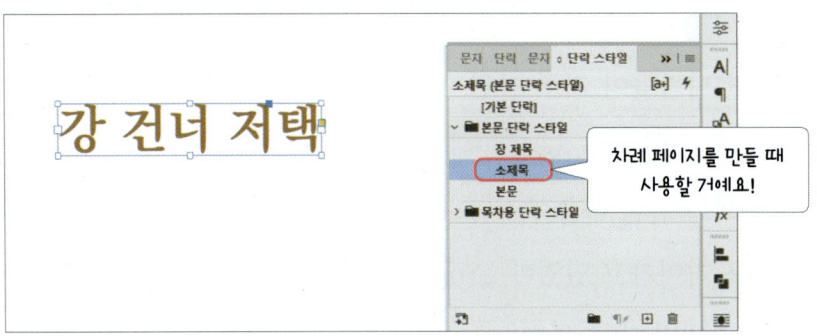

03 소제목을 강조할 물결 패스 넣기

도구 바에서 [펜 도구 ✒]를 선택하고 도형이 시작되는 지점을 클릭합니다. 마우스 커서의 모양이 바뀐 것을 확인할 수 있습니다(✎ → ✎). 그냥 클릭하면 직선으로, 클릭한 상태에서 드래그하면 곡선으로 표현할 수 있습니다.

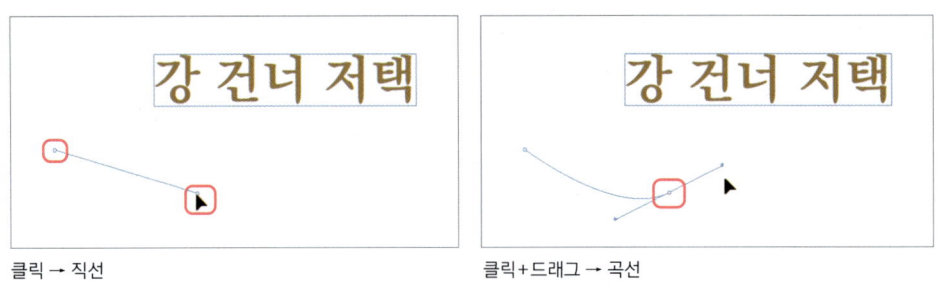

클릭 → 직선   클릭+드래그 → 곡선

04 다음과 같이 소제목 아래에 물결치는 선을 만들어 주세요. 끝점에 마우스 커서를 가져가면 마우스 커서의 모양이 ✎로 바뀝니다. 끝점을 클릭하면 뻗어 있던 방향점이 사라집니다.

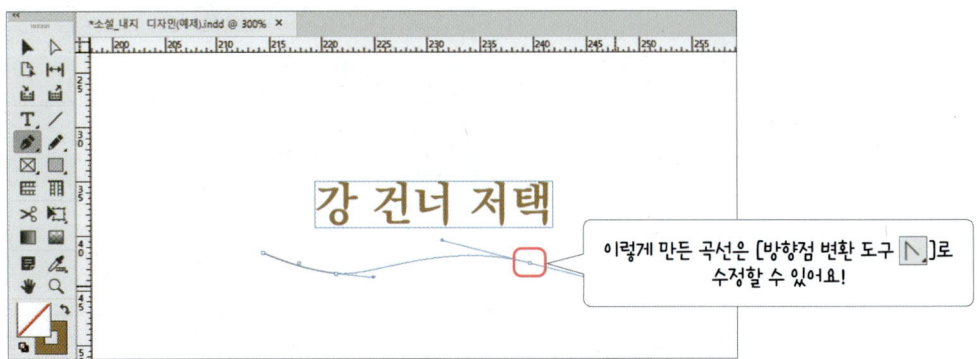

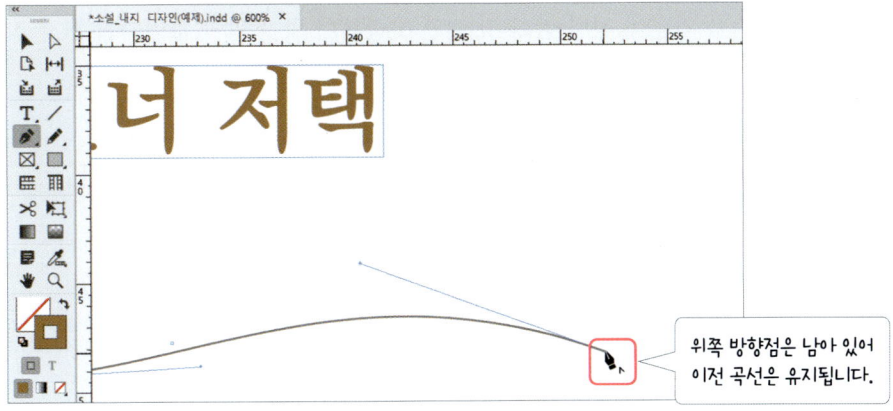

05 다음과 같이 파도 모양의 패스를 완성하고 패스 시작점을 클릭해 패스를 닫습니다.

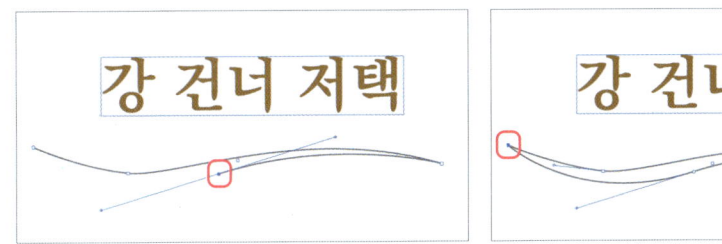 

06 패스 다듬기

패스를 예리하게 다듬기 위해서 [방향점 변환 도구 ▶.]를 사용해 보겠습니다. [펜 도구 ✒.]를 길게 누르면 선택할 수 있습니다. 패스 위 점을 클릭해 방향선이 표시되면 원하는 방향점을 드래그해 조절합니다. 원하는 곡선이 만들어졌다면 Ctrl을 누른 상태에서 빈 공간을 클릭해 작업을 완료합니다.

07 완성된 패스를 가운데 정렬 합니다. 어딘가 균형이 맞지 않아 보인다면 시각 정렬을 해주세요.

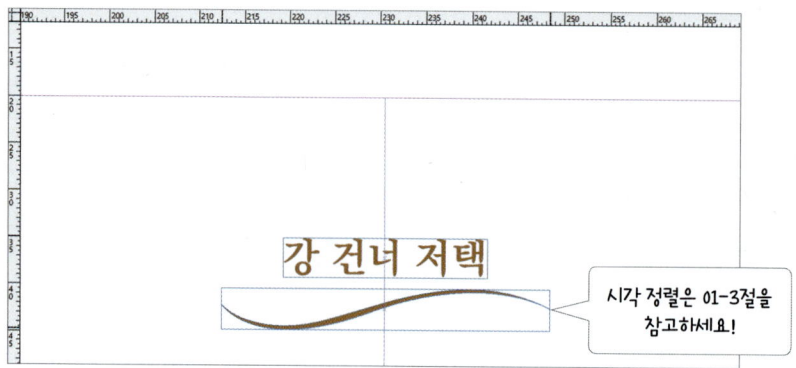

08 허전해 보이는 왼쪽 페이지에는 발문 텍스트를 넣어 보겠습니다. 적은 양의 텍스트이니 간단하게 복사해 붙여 넣어도 좋아요. 서식을 변경한 후 단락 스타일을 저장해 둡니다. 여기서는 본문과 구분이 되도록 크기를 작게 조절하고 색을 입혔어요!

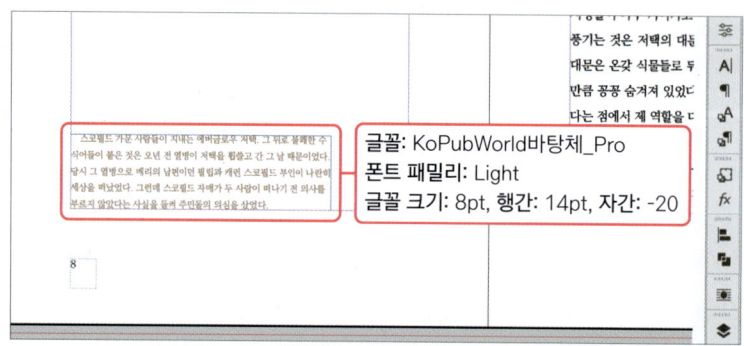

09 여백을 기준으로 문자 프레임의 크기를 조절합니다. 엄격하게 지킬 필요는 없으며 텍스트의 양에 따라 수정해도 상관없습니다. 만들어 둔 단락 스타일을 적용하면 완성입니다.

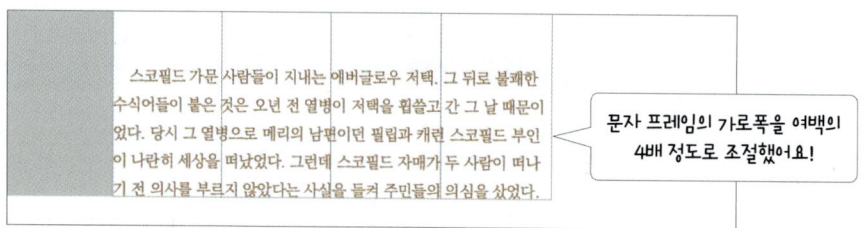

'장'을 구분하는 속표제지

속표제지(도비라)는 책을 후루룩 넘기다가도 쉽게 찾을 수 있어야 합니다. 속표제지를 만드는 가장 좋은 방법은 전면에 색을 넣고 본문보다 조금 더 화려하게 또는 더 심플하게 디자인하는 것이죠. 바탕색으로 진회색을 적용하고 장 이름과 이미지를 넣어 소설 분위기에 어울리는 속표제지를 만들어 보겠습니다.

하면 된다! } 장식 요소 추가하기

속표제지에 들어갈 마름모 모양의 장식 요소를 추가해 보겠습니다.

01 [사각형 도구 ■]를 선택하고 Shift 를 누른 상태로 드래그해 정사각형 패스를 만듭니다.

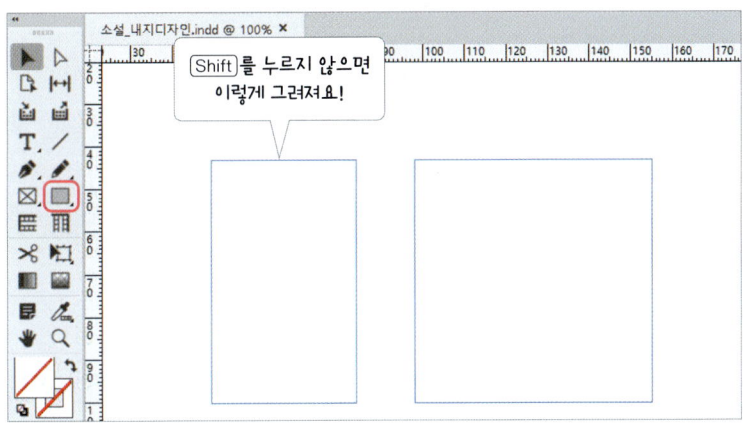

02 정사각형 꼭짓점 근처에 마우스 커서를 가져가면 굽은 화살표 모양(↱)으로 바뀝니다. 도형을 회전할 수 있다는 의미입니다. 클릭한 상태로 조금씩 움직이면 도형을 회전할 수 있으며, Shift 를 누른 상태로 돌리면 45°씩 회전할 수 있습니다. 정사각형을 45° 돌려 마름모 모양을 만들어 줍니다.

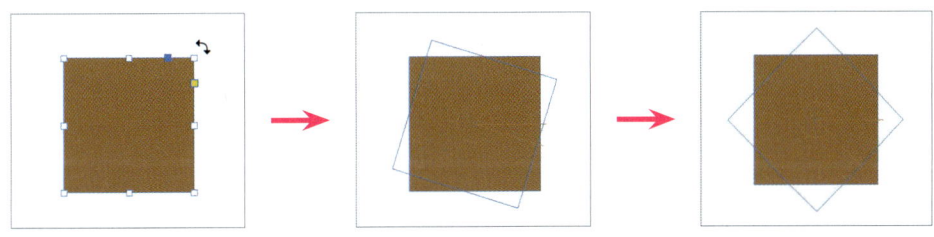

03 마름모의 획 두께를 1pt로 설정하고, 색은 [gold]를 적용합니다.

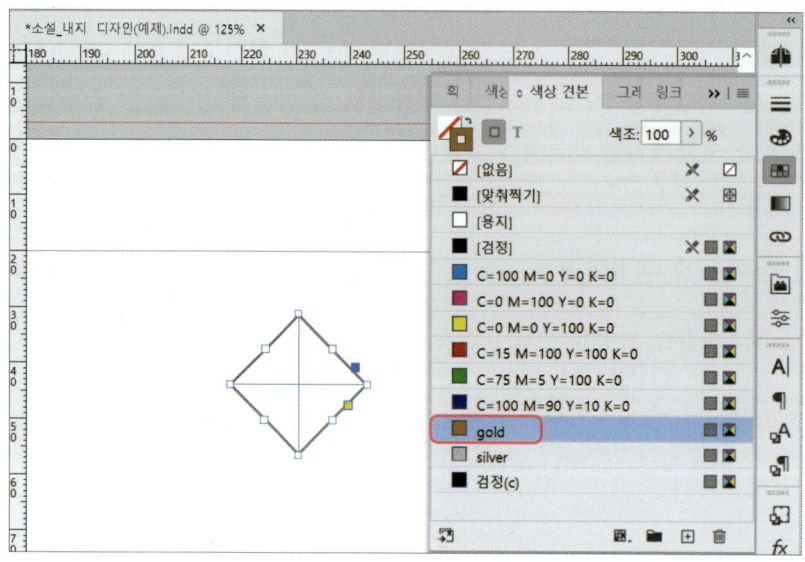

04 마름모 안에 작은 마름모를 넣어 화려함을 더해 보겠습니다. 도형을 클릭한 후 Ctrl + C 를 눌러 복사하고 마우스 오른쪽 버튼을 눌러 [현재 위치에 붙이기]를 선택합니다.

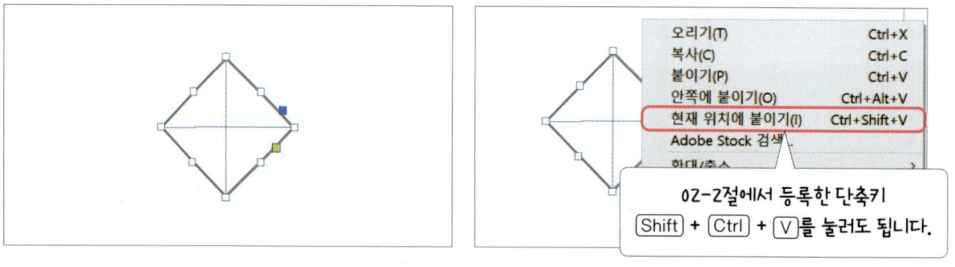

05 붙여 넣은 도형을 클릭합니다. 꼭짓점에 마우스 커서를 가져가면 양방향 화살표로 바뀌는데, Shift 를 누른 상태로 드래그해 크기를 조절하세요.

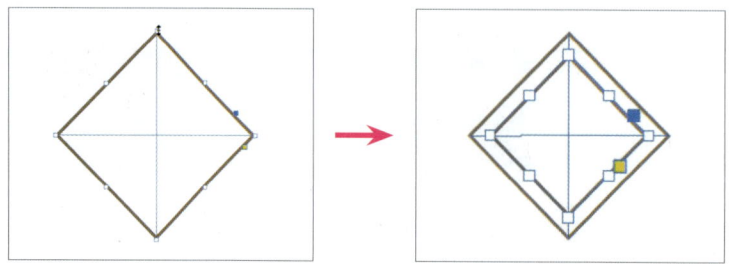

06 안쪽 마름모의 획 두께를 0.5pt로 변경합니다.

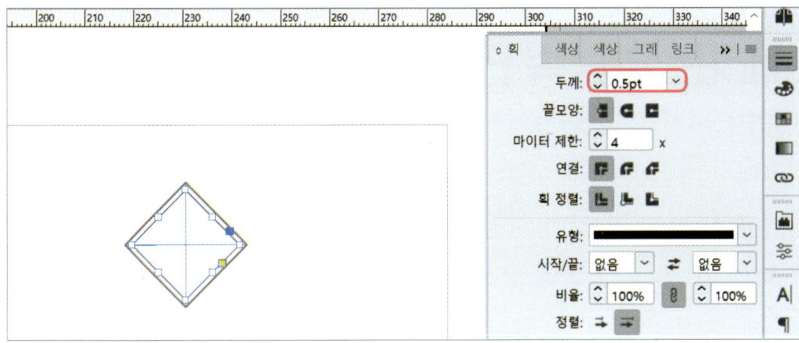

07 두 마름모를 모두 선택한 후 Ctrl + G를 눌러 그룹화하고 문자 프레임을 만들어 숫자 1을 입력합니다.

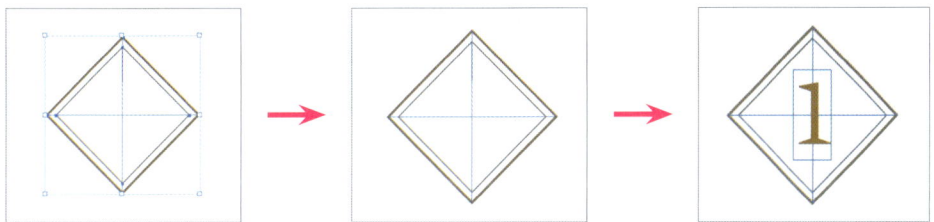

페이지 구분을 위한 배경색 입히기

본문의 바탕이 흰색이므로 속표제지에 색을 넣으면 다른 본문 페이지와 쉽게 구분됩니다. [사각형 도구 ▣]로 드래그해 페이지 여백만 한 사각형을 만들고 미리 만들어 둔 괘종시계 패스를 추가합니다.

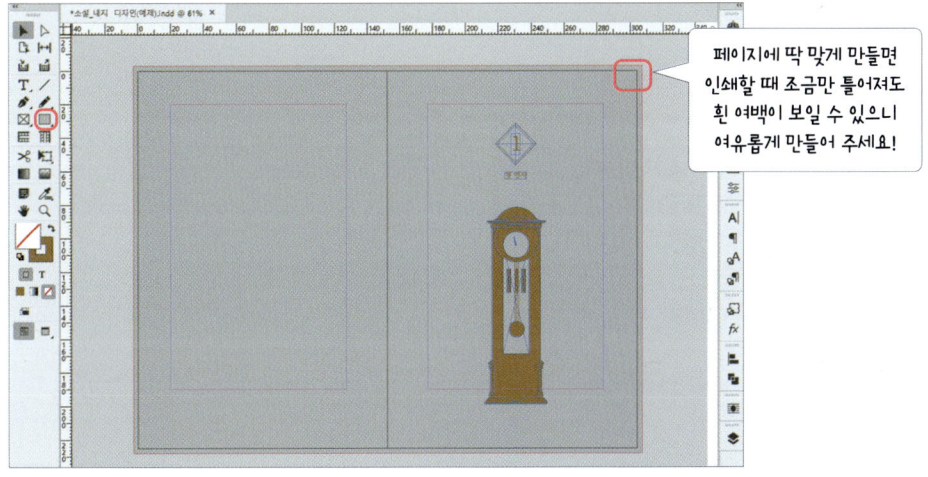

페이지에 딱 맞게 만들면 인쇄할 때 조금만 틀어져도 흰 여백이 보일 수 있으니 여유롭게 만들어 주세요!

03-3
책을 소개하는 앞부속 만들기

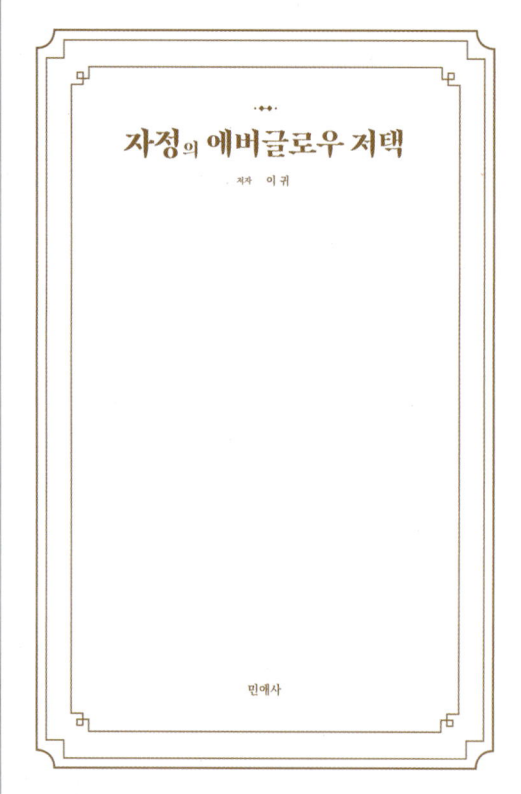

디자인 수업 노트

- 단락 스타일 기능으로 목차 만들기
- 표지와 어울리게 목차 꾸미기
- 판권 구성요소 알아보기
- 판권 페이지 만들기
- 시각 정렬로 여백 맞추기

준비 파일 앞부속.indd 완성 파일 앞부속_완성.indd

자정의 에버글로우 저택

저자 이 귀

1부
첫 인사
강 건너 저택	9
되살아난 기억	25

2부
두번째 만남
불쾌한 친절	45
어려운 만남	61
성탄절의 기적	77

3부
세번의 만행
드러나는 비밀	97
괘종시계 속 쪽지	113
마을 사람들	129
마을 사람들 (2)	145

4부
죽음, 그 너머
드러나는 비밀	201
괘종시계 속 쪽지	313

5부
반가운 사람들
강 건너 저택	385

단락 스타일 기능으로 목차 만들기

이 책에서 유독 단락 스타일을 강조하는 것 같나요? 사실 '소제목'은 양이 많지 않으니 복사해서 사용해도 괜찮을 텐데 말예요. 그 이유는 이번에 만들어 볼 목차 예제를 통해 이해할 수 있습니다. 페이지마다 소제목을 확인하며 입력하기에는 시간도 많이 들고, 나중에 페이지가 바뀌면 다시 수정해야 해서 너무 비효율적이기 때문입니다.

인디자인의 단락 스타일을 활용하면 반자동으로 목차를 생성할 수 있습니다. 처음에는 조금 어려울 수 있지만 차근차근 따라 하다 보면 금방 익숙해질 거예요.

하면 된다! } 목차 불러오기

목차가 될 제목을 각각 [장 제목], [소제목] 단락 스타일로 지정하고, 지정한 텍스트를 한꺼번에 불러오겠습니다.

01 표제지와 본문 사이에 새 페이지를 2페이지 생성합니다.

02 문자 프레임을 만들어 목차에 적용하고 싶은 단락 스타일을 설정합니다. 알아보기 쉽도록 이름을 **목차(장 제목)**, **목차(소제목)**으로 설정해 주세요.

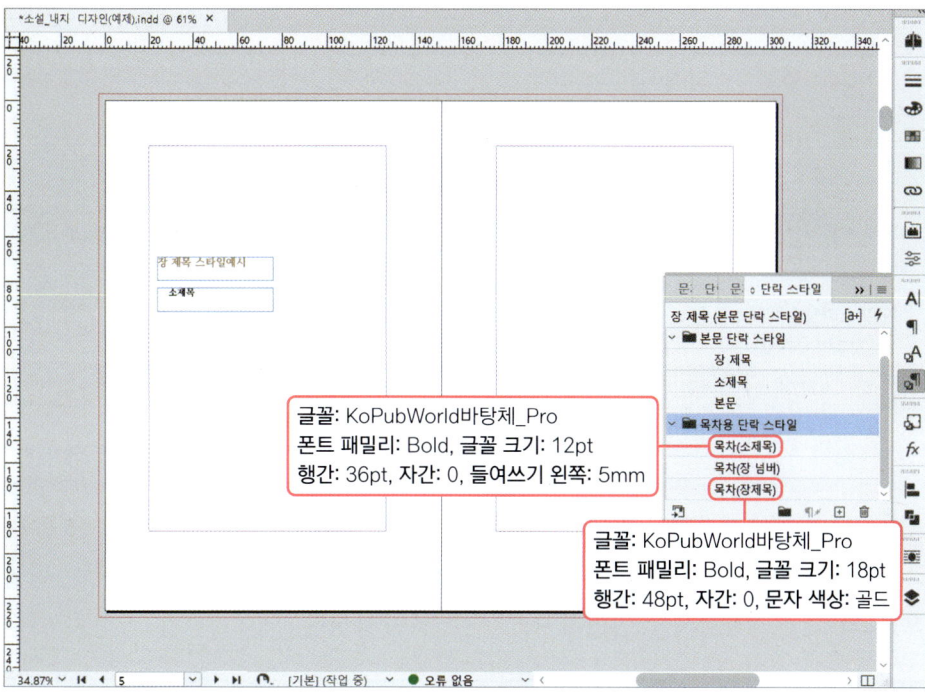

03 메뉴에서 [레이아웃 → 목차]를 선택합니다.

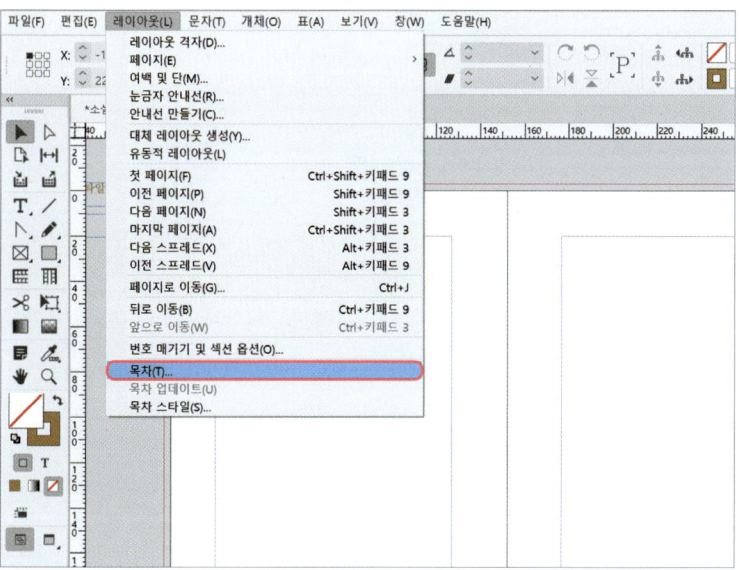

04 [목차] 창이 나타나면 [목차의 스타일]에서 [단락 스타일 포함]과 [기타 스타일]을 확인할 수 있습니다. 목차에 표시할 [장 제목], [소제목] 스타일을 [단락 스타일 포함] 목록에 추가합니다.

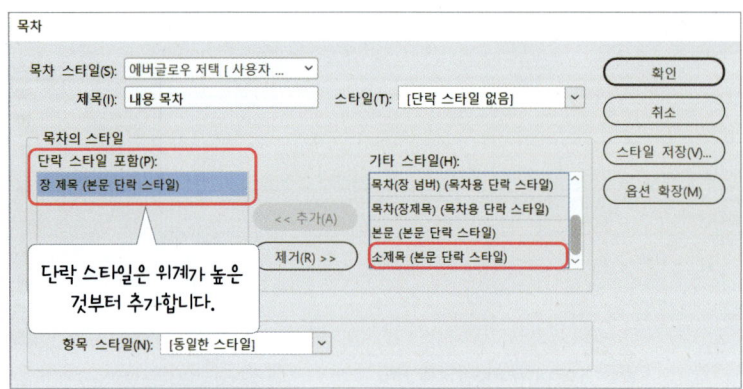

05 각 항목에 적용할 스타일을 선택합니다. 우선 목차 요소로 추가해 둔 [장 제목] 스타일을 선택하고 [항목 스타일]을 [목차(장제목)]로 변경합니다. 소제목도 같은 방법으로 스타일을 적용하세요. 이어서 [옵션 확장]을 누릅니다.

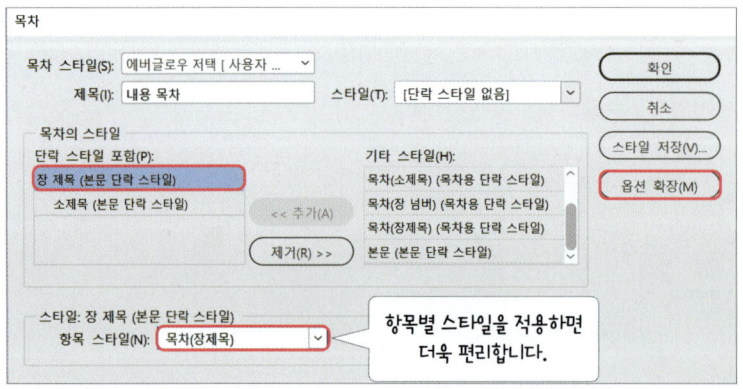

06 [항목과 번호 사이]를 [탭 문자]로 설정합니다. 탭 문자(^t)는 Tab 을 의미합니다. [확인]을 눌러 설정을 저장합니다.

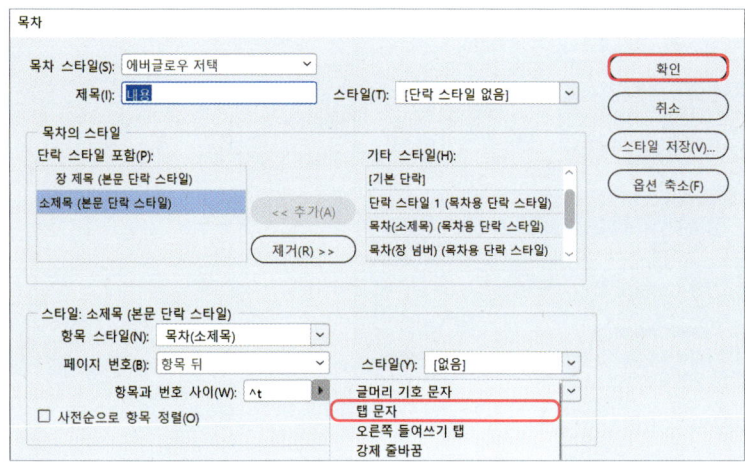

07 가져오기를 할 때처럼 마우스 커서에 목차 내용이 담겨 있는 것( )을 확인할 수 있습니다. 원하는 위치에서 드래그해 내용을 불러옵니다.

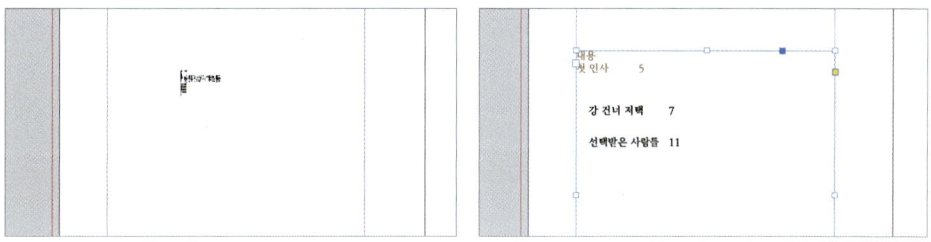

하면 된다! } 적절한 여백 두고 배치하기

예제에서 설정한 목차 페이지는 2쪽이고 소제목의 양이 많지 않아요. 또한 소설의 분위기를 고려했을 때 글자끼리 너무 붙어 있는 것도 어울리지 않겠죠? 입력한 목차 텍스트를 적당한 간격으로 배치해 볼게요.

01 목차 내용을 원하는 위치에 배치하고 글꼴 크기를 한 번 더 조절합니다. 여기서는 장 제목을 18pt, 소제목을 12pt로 적용했습니다.

02 글자와 페이지 번호의 간격을 조절하기 위해 메뉴에서 [문자 → 탭]을 선택합니다.

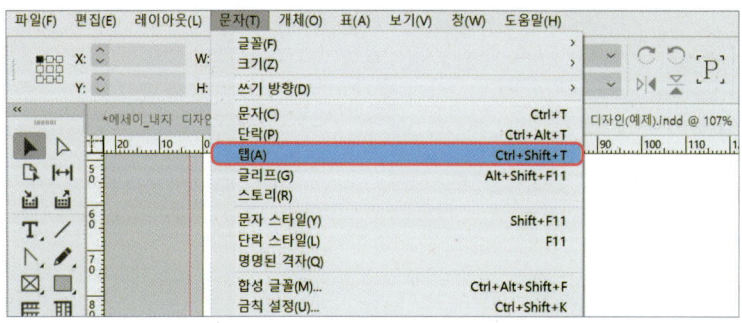

03 Ctrl + A 를 눌러 본문 텍스트 전체를 선택하고 [탭] 창에서 [텍스트 프레임 위에 패널 배치 ⌂]를 클릭하세요. 선택한 텍스트에 딱 맞게 간격이 정렬됩니다.

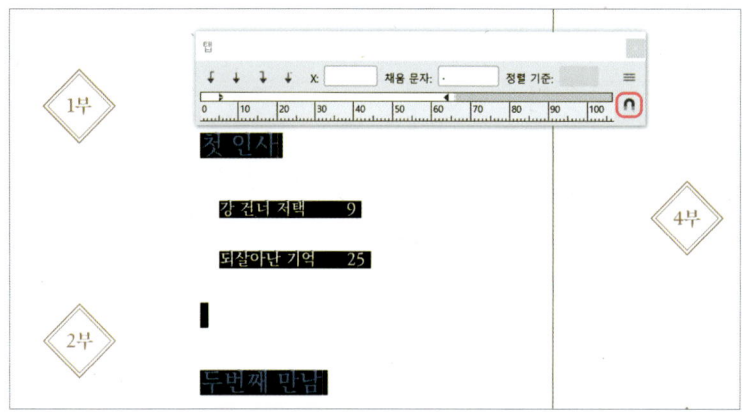

04 [탭] 창에서 [오른쪽 균등 배치 탭 ↓]을 선택합니다. 글자와 숫자 사이에 문자를 넣고 싶다면 [채움 문자]에 원하는 문자를 입력합니다. 이어서 [탭] 창의 바에서 원하는 위치를 클릭하면 해당 위치에 맞춰 탭의 길이가 조절됩니다.

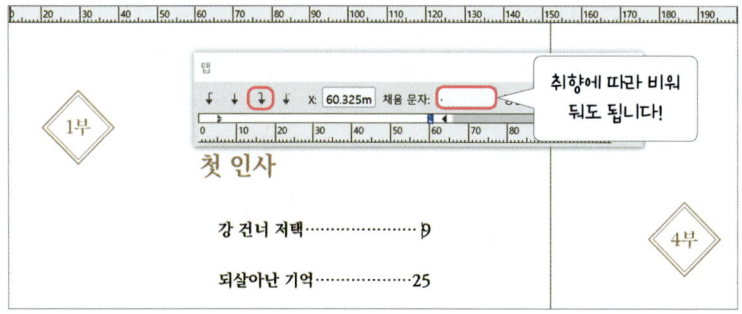

05 목차 페이지가 완성되었습니다.

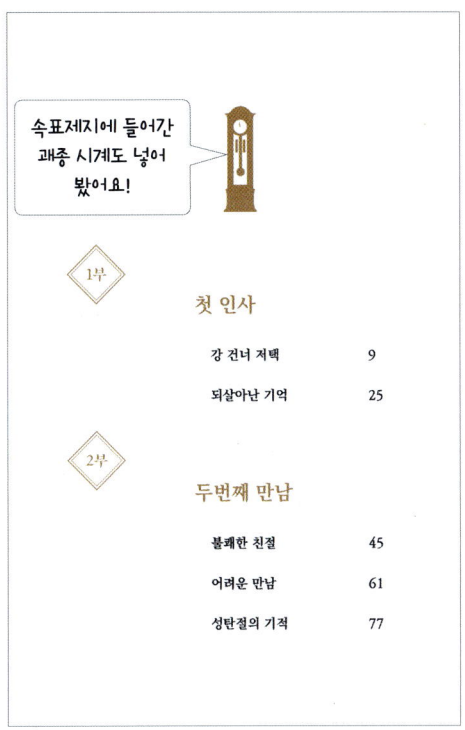 

판권 구성요소 알아보기

판권 페이지는 대체로 책의 맨 앞 또는 맨 뒤에 배치합니다. 판권 페이지에는 책의 제목, 저자, 출판사, 발행일 등 책에 관한 상세 정보를 적습니다. 출판사마다 다른 디자인을 사용하는데, 일반적으로 책의 제목을 제외하고는 본문보다 조금 작은 크기로 입력합니다.

판권을 참고하기 가장 좋은 방법은 당장 책장에서 책 한 권을 꺼내 판권 페이지를 펼쳐 보는 거예요! 이 책의 첫 장으로 돌아가 한 장을 넘겨 보세요. 판권이 바로 보이죠?

판권 페이지 체크리스트

- ☐ 제목
- ☐ 저자(저작권자)
- ☐ 주소
- ☐ 저작권 안내 문구
- ☐ 부제목
- ☐ 출판사 이름
- ☐ 연락처(이메일)
- ☐ 제호, 간별 발행인 및 편집인(월간지, 주간지 등 정기 간행물)
- ☐ 발행일
- ☐ 출판사 신고번호
- ☐ ISBN 코드

하면 된다! } 판권 페이지 만들기

판권 페이지는 책의 서지 정보 전달이 주된 목적이므로 본문보다는 작은 서체를 사용합니다. 본문 서체의 크기가 10~12pt라면 판권 페이지에는 8~10pt를 사용하면 되겠죠. 각 정보는 선이나 여백으로 구분하여 가독성을 높일 수 있습니다. 출판사가 없는 개인 소장 목적의 책이라면 몇 가지 정보를 제외하거나 판권 페이지를 제작하지 않아도 됩니다.

01 판권 페이지는 내지 첫 장 또는 가장 마지막 장에 위치합니다. 원하는 위치에 페이지를 생성하고 책 제목 텍스트를 복사해(Ctrl+C) 붙이기(Ctrl+V) 합니다. 기존 크기보다는 작게 줄여서 화면의 1/3 지점에 배치합니다.

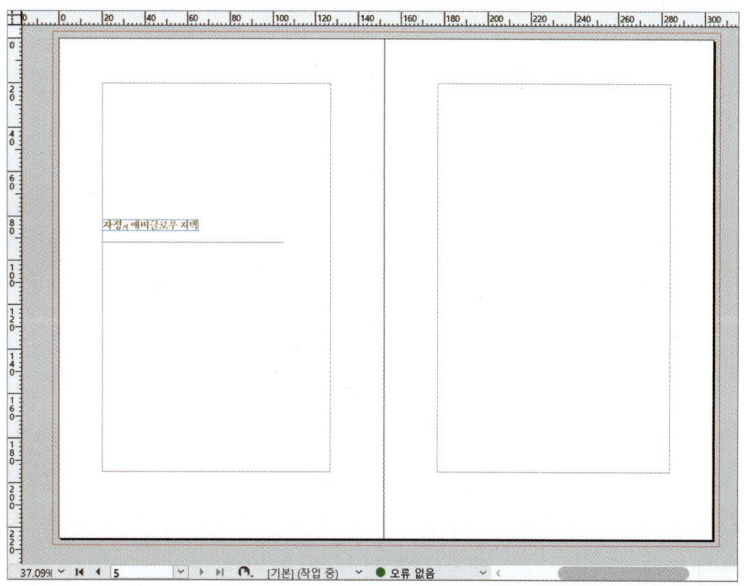

02 각 영역을 구분할 선을 추가합니다. [선 도구 /]를 선택한 후 Shift를 누른 상태에서 클릭-드래그해 직선을 그려 주세요. 색상은 [검정]으로, 두께는 0.5pt로 설정합니다. 구분선의 길이는 제목을 조금 넘어가는 정도로 그린 후 들어가는 내용에 따라 길이를 수정합니다.

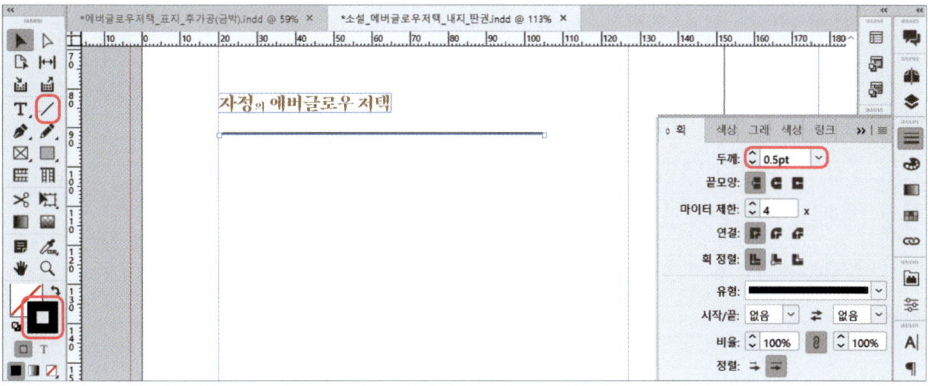

03 [문자 도구 T.]로 프레임을 만들고 발행일을 입력합니다. 서체는 본문과 달라도 괜찮습니다. 여기서도 소설 본문은 명조 계열의 서체를 사용하고 판권은 고딕 계열의 서체를 사용했습니다.

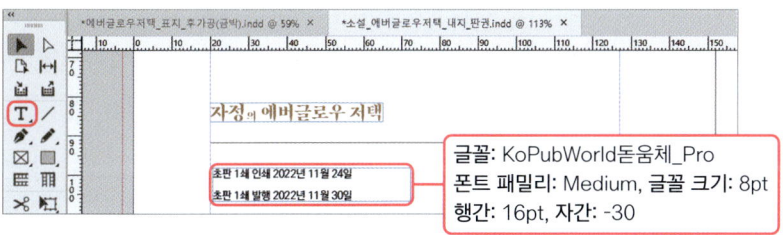

04 선과 문자 프레임 사이에 사각형 프레임을 만드세요. 이 사각형은 여백의 크기를 동일하게 맞추는 데 사용됩니다. 행 너비는 동일하게 맞추고 본문 열 사이 여백은 조금 좁게 설정하면 각 영역이 명확하게 구분됩니다. 이때 항목명 글자는 내용보다 조금 더 두껍게, 전체 행간은 본문보다 조금 더 넓게 설정해 주세요.

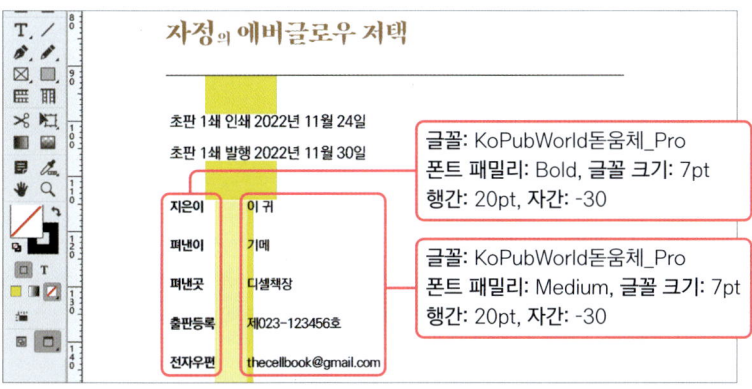

▷ 사람의 눈은 가까이 배치된 요소를 하나의 그룹으로 인식합니다. 이 판권 페이지에서는 각 항목의 세부 정보가 항목에 속한 느낌을 주기 위해 텍스트 위아래 여백을 텍스트 사이 여백보다 조금 넓게 설정했습니다.

05 앞서 만들어 둔 구분선을 Alt + Shift 를 누른 상태에서 드래그해 아래쪽에 복사합니다. 구분선으로 판권 정보란을 닫아 주고 내용과 구분선 사이의 여백은 **04** 에서처럼 사각형 개체를 이용해 동일하게 맞춥니다. 아래에 저작권과 환불 정책에 대한 내용을 입력합니다.

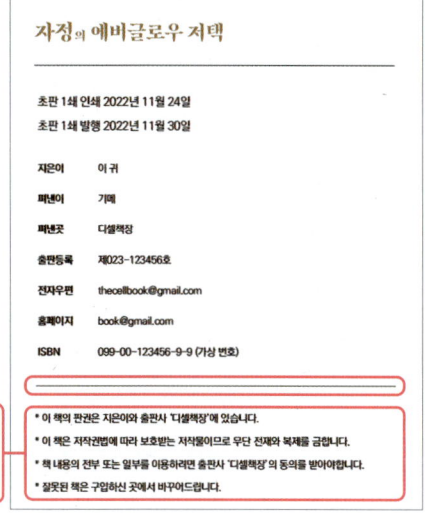

글꼴: KoPubWorld돋움체_Pro
폰트 패밀리: Medium
글꼴 크기: 7pt, 행간: 20pt, 자간: -30

06 여백을 맞추는 것도 중요하지만 시각 정렬도 필수입니다. 구분선 안쪽의 요소들은 여백과 3px 정도 떨어지게 수정하세요. 또 아래쪽 바깥 여백과 살짝 떨어뜨려 여유 공간을 확보합니다. 시각 정렬까지 마치면 판권 페이지 작성이 마무리됩니다.

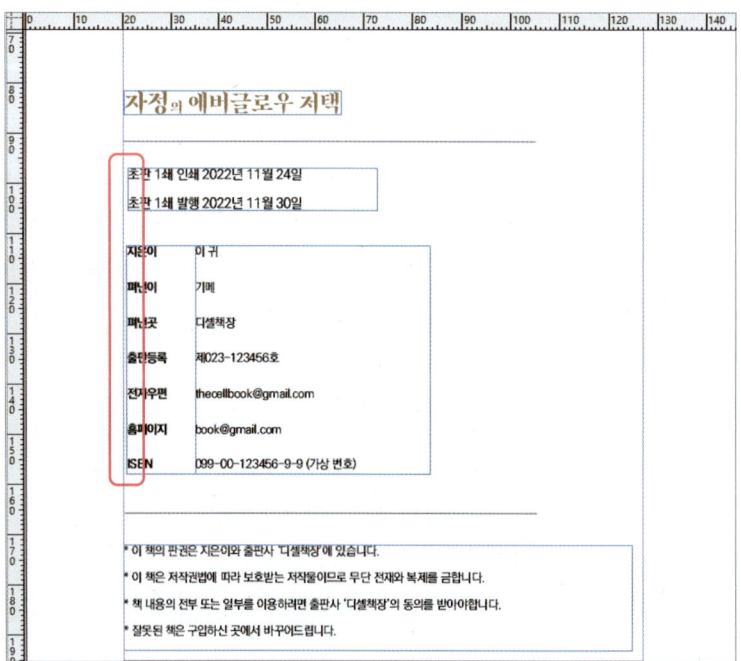

03-4
GREP 스타일 적용하기

GREP 스타일이란?

GREP(global regular expression printer) 스타일은 특정 문자나 기호에 스타일을 자동으로 적용하는 기능입니다. 본문 일부만 다른 스타일을 적용할 때 유용하죠. 한두 개의 단어라면 직접 스타일을 바꿔도 괜찮지만, 본문 전체에 사용된 영문자 스타일이나 특정 문자를 한 번에 변경할 때는 이 기능을 사용하는 것이 훨씬 효율적입니다.

GREP은 일종의 코딩이기 때문에 인디자인의 '메타 문자'를 이용해 다양한 수식을 만들 수 있습니다. 여기서 다루는 내용은 초보자들이 활용하기 좋은 기초 기능으로, GREP 기능의 극히 일부입니다. 다소 복잡한 반복 작업을 알고 싶다면 인디자인의 GREP 기능만을 다룬 책을 별도로 구매해 공부하는 것을 추천합니다.

하면 된다! } 영문자에만 다른 문자 스타일 적용하기

GREP 스타일은 인용문이나 지명, 이름 등을 영어로 표시할 때 사용하기 좋은 기능입니다. 본문과 영문 텍스트를 구분하는 데 도움이 됩니다.

01 [단락 스타일] 패널에서 [본문] 단락 스타일을 생성합니다.

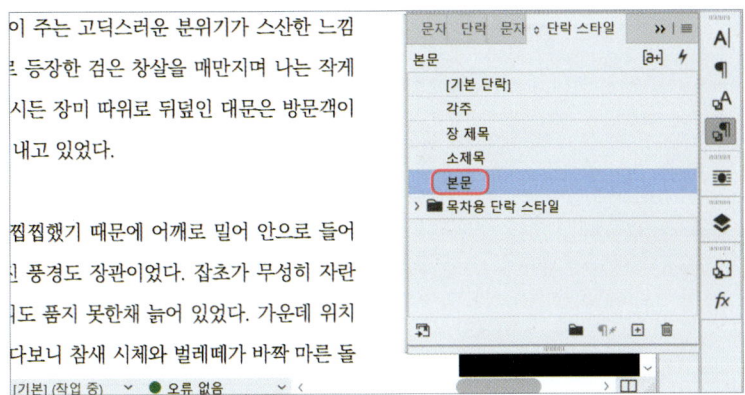

02 이번에는 영단어를 드래그하고 원하는 글꼴과 크기 등을 설정한 후 [문자 스타일] 패널을 열어 [영문_grep] 문자 스타일을 생성합니다.

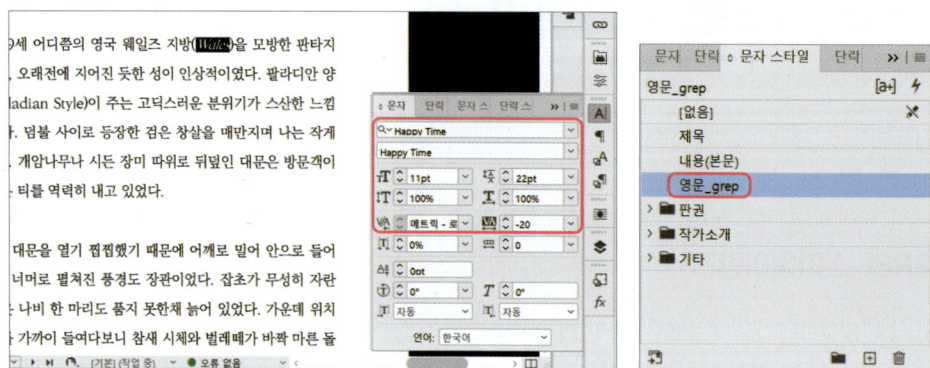

03 다시 [단락 스타일] 패널에서 [본문] 단락 스타일을 더블클릭합니다.

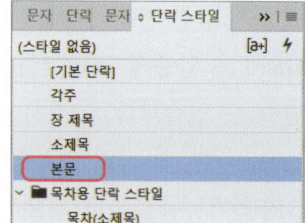

04 [단락 스타일 옵션] 창이 열리면 [GREP 스타일] 탭에서 [새 GREP 스타일]을 누릅니다. [스타일 적용]으로 방금 만든 문자 스타일인 [영문_grep]을 선택하고 [대상 텍스트]의 @ 아이콘을 클릭해 [와일드카드 → 모든 글자]를 선택한 후 [확인]을 누릅니다.

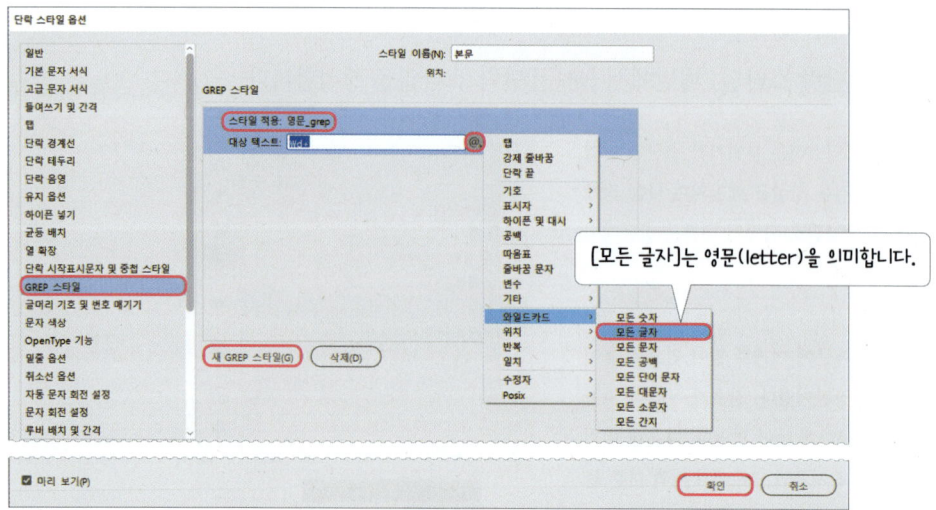

05 [영문_grep] 문자 스타일이 영문자에만 적용된 것을 확인할 수 있습니다. 만약 GREP이 적용되지 않은 영문자가 있다면 다른 문자 스타일이 적용되어 있는지 확인해 보세요!

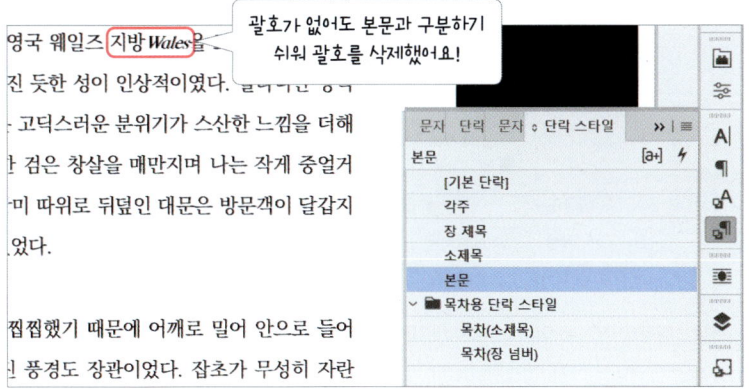

06 영문 텍스트를 작성하면 자동으로 [영문_grep] 문자 스타일이 적용됩니다.

07 GREP 스타일 수정하기

GREP 스타일을 수정하고 싶다면 [단락] 패널이 아닌 [문자 스타일] 패널을 열어 주세요. [영문_grep]을 더블클릭해 [문자 스타일 옵션] 창을 열고 문자 색상을 [gold]로 변경한 후 크기를 9pt로 수정합니다. [확인]을 눌러 문자 스타일 설정을 저장합니다.

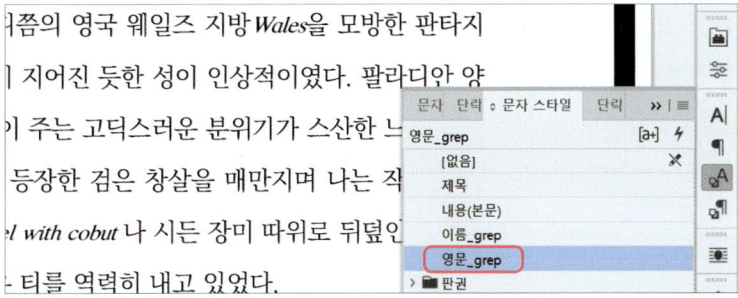

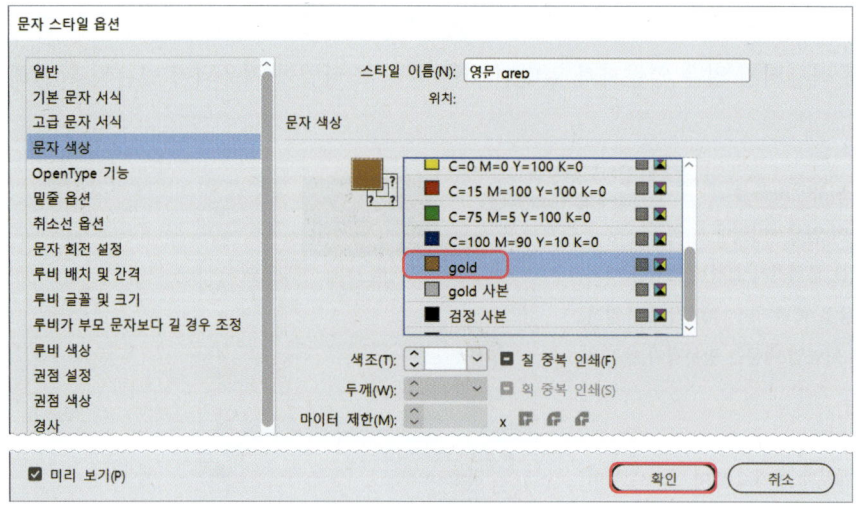

08 스타일이 바뀐 것을 확인할 수 있습니다.

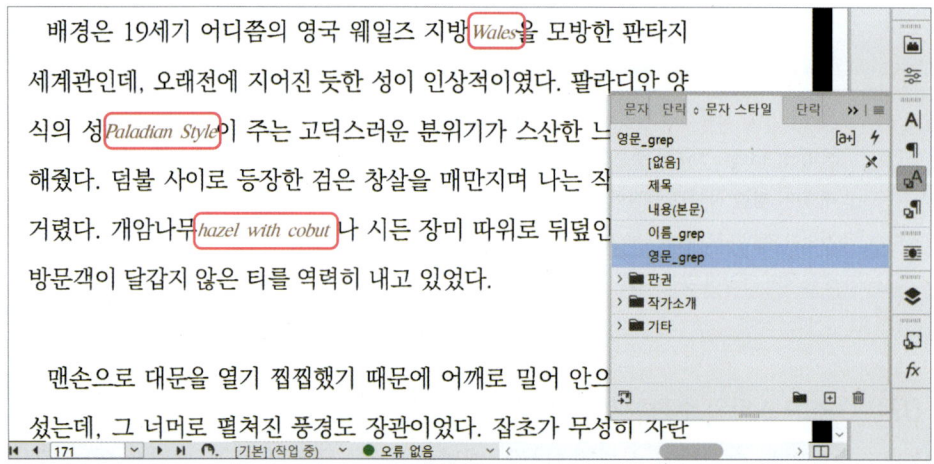

하면 된다! } 직선 따옴표를 굽은 따옴표로 바꾸기

문서를 시작할 때 환경 설정에서 굽은 따옴표를 설정해 뒀다면 상관없지만, 본문을 모두 적용하고 나서 따옴표가 직선 따옴표라는 것을 알아챌 때가 있죠. 이럴 때 한 번에 수정하는 방법을 알아보겠습니다.

01 문서를 불러온 후 메뉴에서 [편집 → 환경 설정 → 사전]을 선택합니다.

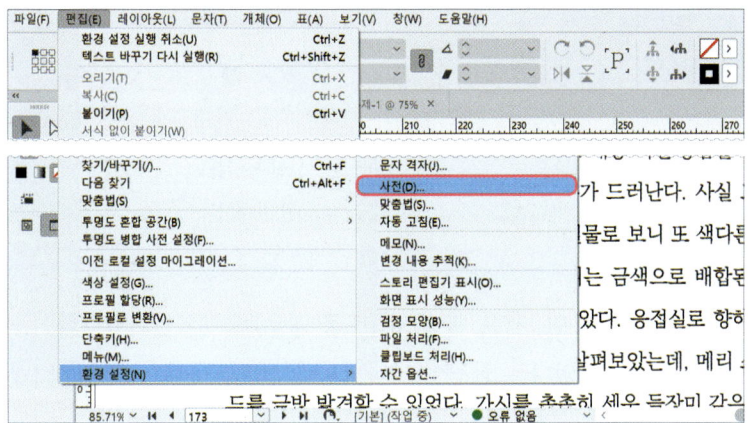

02 [이중 인용 부호]와 [단일 인용 부호]를 모두 ""(굽은 따옴표)로 변경하고 [확인]을 눌러 저장합니다.

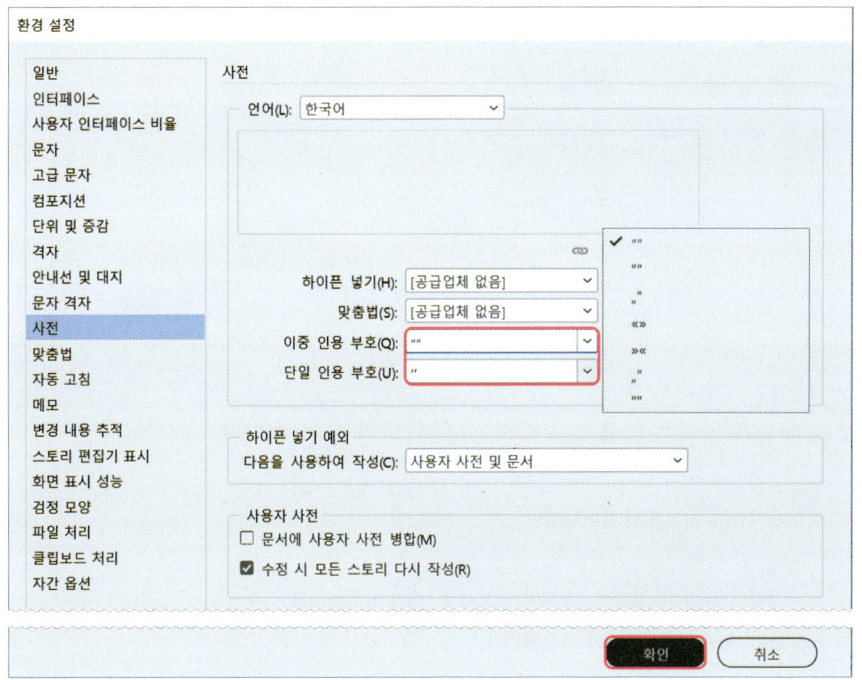

03 메뉴에서 [편집 → 찾기/바꾸기]를 선택합니다.

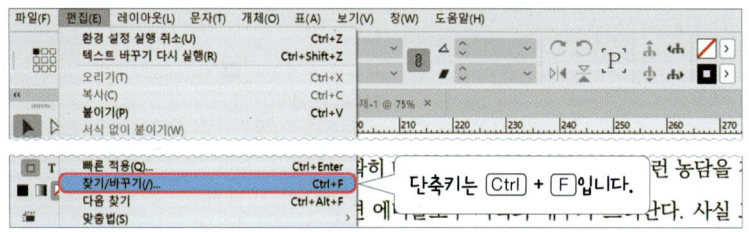

04 [찾기/바꾸기] 창이 나타나면 [찾을 내용]과 [바꿀 내용]에 "를 입력합니다. [모두 변경]을 누르면 항목이 변경되었다는 알림이 나타납니다. [확인]을 누르고 다시 [찾기/바꾸기] 창에서 [완료]를 누릅니다.

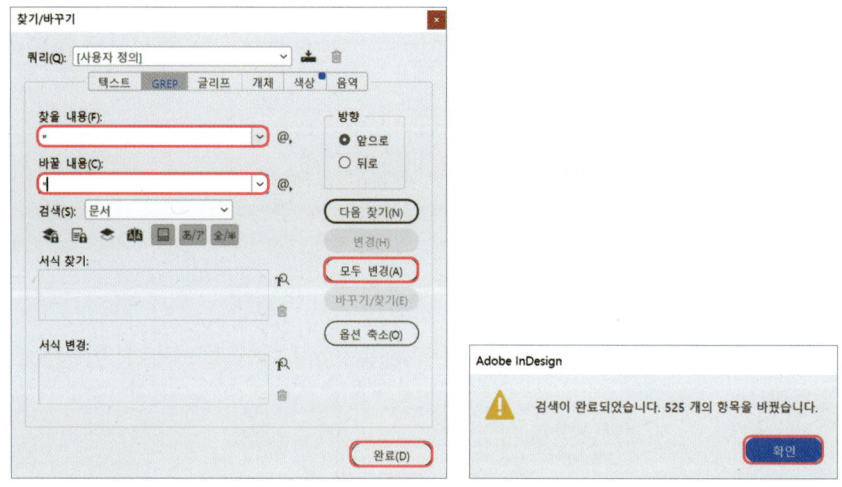

05 모든 따옴표가 굽은 따옴표로 바뀐 것을 확인할 수 있습니다.

> 석같이 서 있지 말고 일단 들어오세요."
>
> "감사합니다, 부인. 분장이 참 재치 있으세요. 제가 맞춰보지요. 브로콜리로부터 영감을 받으신게 분명해요."

하면 된다! } 특정 기호만 스타일 바꾸기

유독 눈에 띄어 거슬리는 기호가 있을 때 해당 기호만 선택하여 다른 문자 스타일을 적용하는 방법을 알아보겠습니다.

01 본문 서체로 산돌 그레타 산스(유료)를 사용했더니 굽은 따옴표의 존재감이 너무 강해 보입니다. 첫 번째 굽은 따옴표를 드래그해 서체를 산돌 클레어 산스로 변경하고 해당 설정 그대로 [따옴표 스타일] 문자 스타일을 생성합니다.

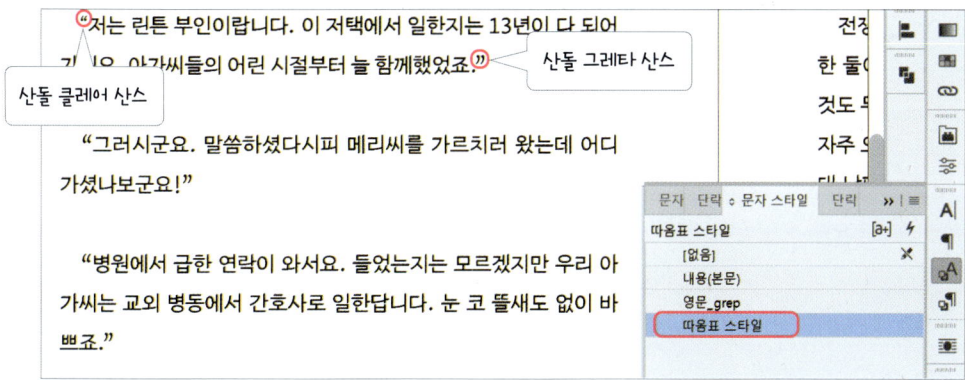

02 [단락 스타일] 패널에서 [본문] 단락 스타일을 더블클릭해 [단락 스타일 옵션] 창을 열어 주세요. [GREP 스타일] 탭에서 [스타일 적용]을 [따옴표 스타일]로 선택합니다. [대상 텍스트]의 @ 아이콘을 클릭하고 [따옴표 → 모든 큰따옴표]를 선택하세요. 마지막으로 [확인]을 눌러 설정을 저장합니다.

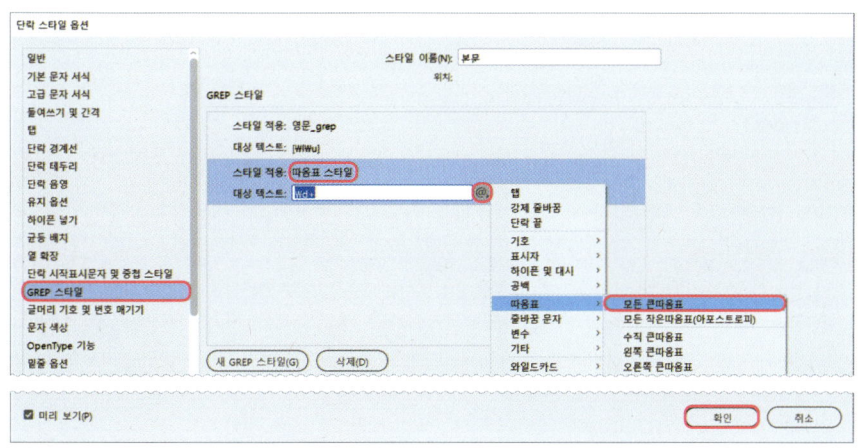

03 본문 전체의 따옴표 스타일이 변경된 것을 확인할 수 있습니다.

> "저는 린튼 부인이랍니다. 이 저택에서 일한지는 13년이 다 되어 가네요. 아가씨들의 어린 시절부터 늘 함께했었죠."
>
> "그러시군요. 말씀하셨다시피 메리씨를 가르치러 왔는데 어디 가셨나보군요!"
>
> "병원에서 급한 연락이 와서요. 들었는지는 모르겠지만 우리 아가씨는 교외 병동에서 간호사로 일한답니다. 눈 코 뜰새도 없이 바쁘죠."

04

이미지 중심의 내지 디자인

요즘은 너 나 할 것 없이 일상을 기록하는 사진을 많이 찍습니다. SNS에 올렸던 글과 사진을 모아 책으로 만들어 보는 건 어떨까요? 그림을 활용하는 방법도 있어요. 아이가 그린 그림으로 동화책을 만들어 선물해 보세요. 먼 훗날 아주 특별한 추억이 될 것입니다. 이번에는 이미지와 글을 배치해 책을 만드는 다양한 방법을 알아보겠습니다.

04-1 정보를 전달하는 실용서 디자인
04-2 추억을 남기는 여행기 디자인
04-3 아이를 위한 그림책 디자인
04-4 1년을 위한 캘린더 디자인
[보너스 04] 표를 자유자재로 다루는 방법

04-1
정보를 전달하는 실용서 디자인

로우북스의 매대. 햇빛과 책의 조합은 최악이라지만 포기하기엔 너무 아름답다!

준비 파일 실용서.indd 완성 파일 실용서_완성.indd

01. 거짓말처럼 등장

지난 달, 언니로부터 지인을 소개 받아 함께 망원동 나들이를 갔다. 이 날 작정하고 독립서점 투어를 하러 나왔는데, 맨 처음 방문한 서점이 생각보다 별로라 실망했었다. 게다가 북카페 꼼마는 만석이라 네 명이서 앉을 만한 자리가 없었다. 서점은 포기하고 카페로 이동하는데 우리 앞에 거짓말처럼 나타난 독립서점 로우북스. 밋밋해서 지나치기 쉬운 간판 안에 빼곡한 책들이 우리를 기다리고 있었다. 책들이 알뜰살뜰하게 꽂혀 있다.

디자인 수업 노트

- 블로그 게시글 추출해 저장하기
- 라인업에 맞춰 레이아웃 정하기
- 다양한 콘텐츠 배치하기
- 페이지 번호 자동 입력하기
- 머리글 입력하기

04 · 이미지 중심의 내지 디자인 **155**

블로그 아카이빙을 책 한 권으로!

블로그에 써 둔 일상 글도 한 권의 책으로 탈바꿈할 수 있습니다. 같은 주제로 쓴 글이 여러 개 있다면 더할 나위 없이 좋겠죠? 이번 예제는 '독립서점 투어'를 주제로 디자인했습니다. 여러분의 관심사에 맞는 글도 책으로 충분히 만들 수 있어요.

여기서는 판면 위에서 시선의 흐름을 연출하는 방법과 다단 그리드를 활용하는 방법을 알아보겠습니다. 각 요소마다 디자인에 대한 코멘트를 달아 두었으니, 단순히 기술만 따라 하기보다는 디자인에 담긴 '의도'를 이해하고 여러분의 책 디자인에 적용해 보세요.

하면 된다! } 블로그 게시글 저장하기

기록을 책으로 만들려면 콘텐츠를 컴퓨터에 따로 저장해 둬야 합니다. 블로그 또는 브런치에 올린 글을 내려받거나 아이클라우드의 메모를 옮기는 방법이 있는데, 여기서는 블로그 글을 저장해 진행해 보겠습니다.

01 내 블로그에서 [관리]를 눌러 관리 페이지로 들어갑니다.

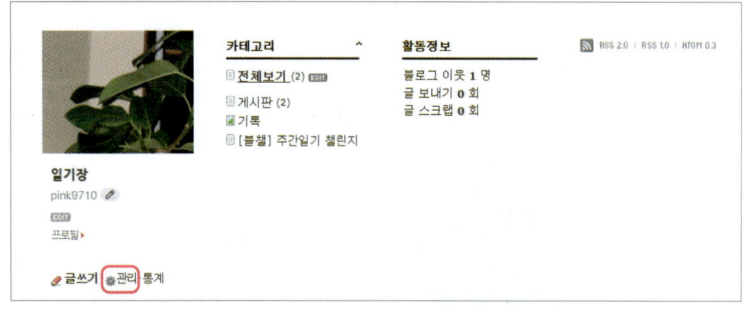

02 관리 페이지에서 [메뉴·글·동영상 관리 → 글 저장]을 선택합니다.

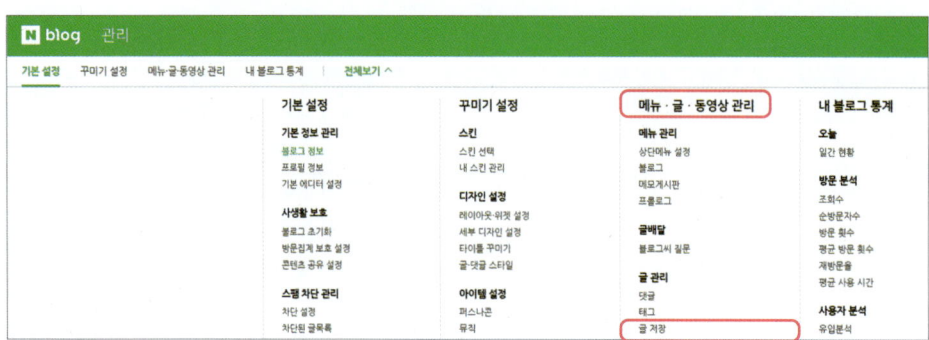

03 추출하고자 하는 글에 체크하고 [추가하기]를 눌러 저장할 글 목록에 추가해 주세요. 그다음 [만들기]를 눌러 PDF로 추출합니다.

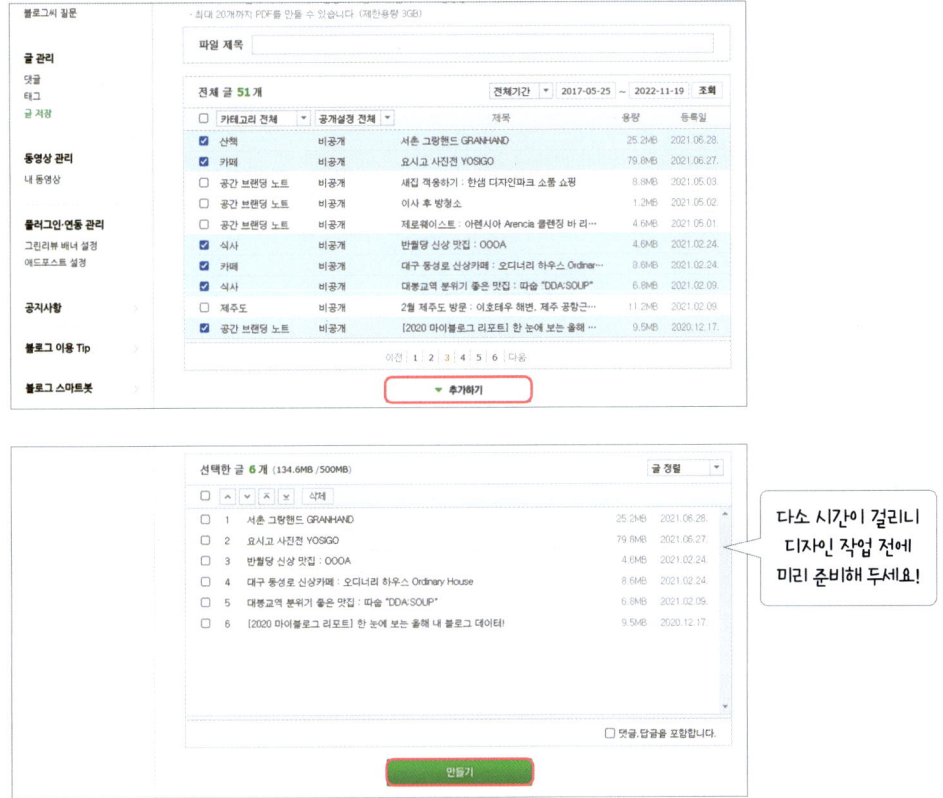

다소 시간이 걸리니 디자인 작업 전에 미리 준비해 두세요!

04 추출이 완료되면 PDF 파일로 저장할 수 있습니다.

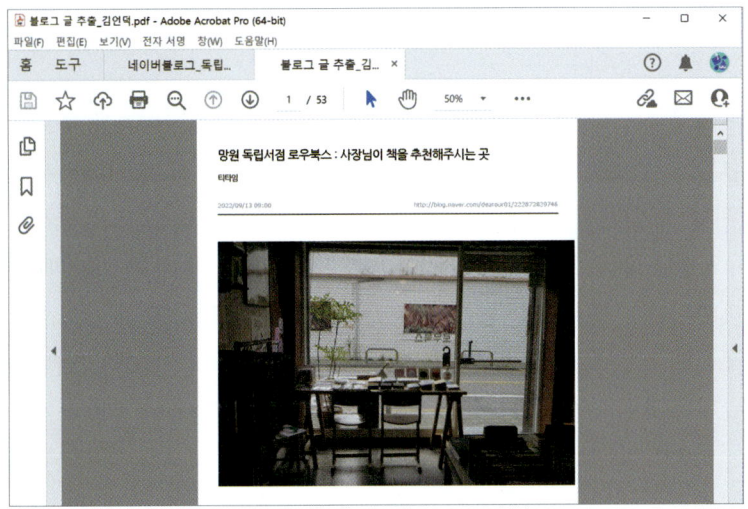

사진 원본이 없어요!

사진은 고화질 원본을 사용하는 것이 가장 좋지만, 만약 원본이 없다면 PDF에서 추출할 수 있습니다. PDF24 Tools 사이트에 접속해 [PDF 이미지 추출]을 선택합니다. PDF 파일을 업로드한 후 [이미지 추출 → 다운로드]를 누르면 사진이 압축 파일 형태로 저장됩니다. PDF와 사진을 한 폴더에 넣어 자료를 정리해 두세요!

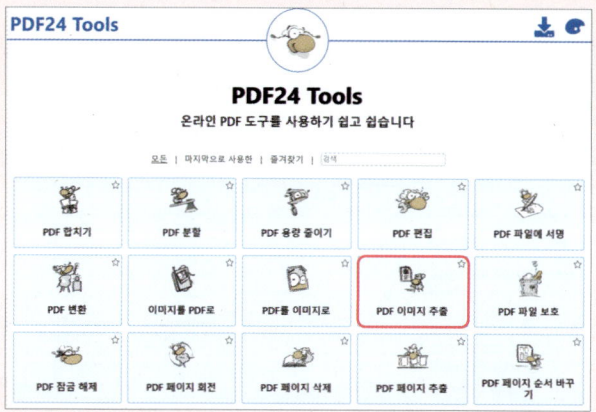

PDF24 Tools 사이트(tools.pdf24.org)

라인업 정렬하기

라인업(lineup)이란 콘텐츠를 중요도에 따라 배열하는 것입니다. 이번 예제에 사용할 콘텐츠를 판면 위에 얹는다고 생각해 보세요. 대부분의 블로그 글은 제목, 사진, 본문 요소로 구성됩니다. 이 3가지 요소를 **제목 → 사진 → 본문** 순으로 인지할 수 있게 배치해 볼까요?

일단 사진을 눈에 띄게 하는 건 어렵지 않습니다. 사람들은 글자보다 이미지를 빠르게 인식하기 때문입니다. 하지만 제목은 사진에 묻히면 안 되니 두께나 크기를 키워서라도 강조해 주는 것이 좋습니다. 또한, 책을 읽을 때 당연하게 왼쪽부터 읽어 내려가는 것으로 알 수 있듯, 시선은 왼쪽 위에서 오른쪽 아래로 흘러가므로 책을 펼쳤을 때 바로 보이는 오른쪽 페이지 상단에 제목을 넣는 것이 가장 좋습니다. 만약 불가능한 조건이라면 왼쪽에 바짝 붙여 같은 위치에 반복적으로 배치해 보세요. 그러면 독자들은 왼쪽에 제목이 있다는 것을 자연스럽게 인지하고 원하는 정보를 빨리 찾을 수 있겠죠?

모든 요소를 처음부터 완벽하게 배치하기보다는 반복되는 요소의 대략적인 위치를 잡아 줍니다.

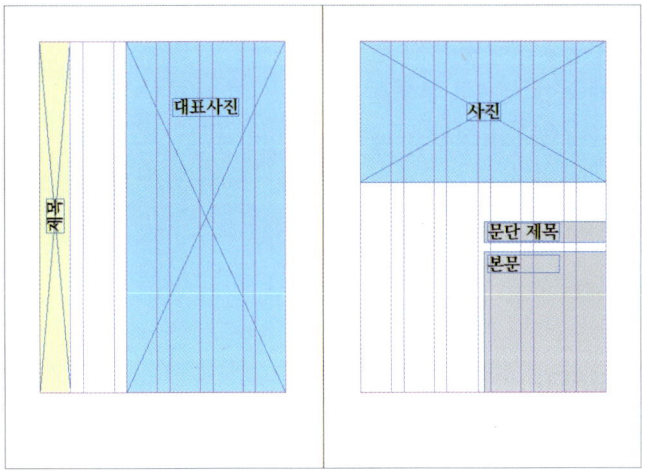

▶ 블로그 글의 제목은 대체로 길기 때문에 옆으로 눕혀서 공간을 효율적으로 사용하고자 했습니다. 대표 사진의 면적을 넓히고 제목은 깔끔하게 하나의 그리드 안에 배치하는 것이죠. 그리고 독자들이 상상하며 글을 즐길 수 있도록 다음 페이지부터는 위에 있는 사진을 먼저 보고 글을 읽도록 연출했습니다.

디테일을 잡는 팁! 제목 텍스트 옆으로 돌리기

다른 텍스트와 마찬가지로 문자 프레임을 만든 후 내용을 입력합니다. [선택 도구 ▶]로 프레임을 선택하고 마우스 커서를 꼭짓점(조절점)에 가져갑니다. 마우스 커서에 굽은 화살표(↻)가 나타나면 Shift 를 누른 상태로 드래그해 90° 회전시킵니다.

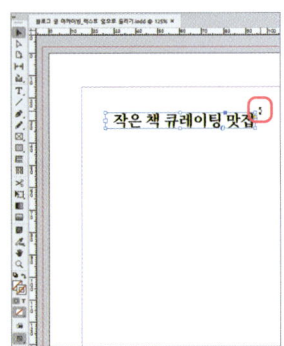 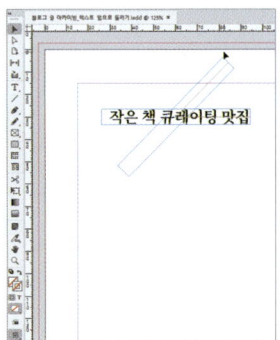 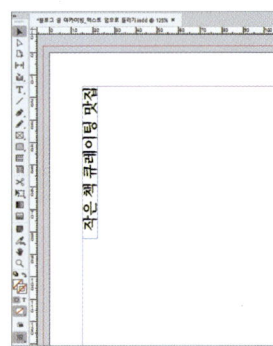

요소의 위치를 잡았다면 블로그 글에서 반복적으로 제공하는 정보를 어디에 배치할지 정합니다. 이번 예제는 '독립서점 투어'가 주제이다 보니 글에서 각 서점의 이름과 위치, 운영 시간이 공통으로 언급되는데요. 이 3가지 정보를 제목 근처에 모아서 배치하면 독자들이 각 글의 첫 페이지만 보더라도 정보를 빠르게 얻을 수 있겠죠?

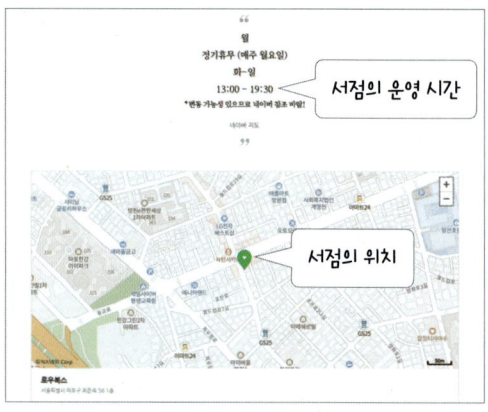

단락 스타일 지정하기

[문자 도구 T.]로 문자 프레임을 만든 후 제목, 본문 등을 입력합니다. [문자] 패널을 열어 다음과 같이 설정한 후 단락 스타일로 저장합니다.

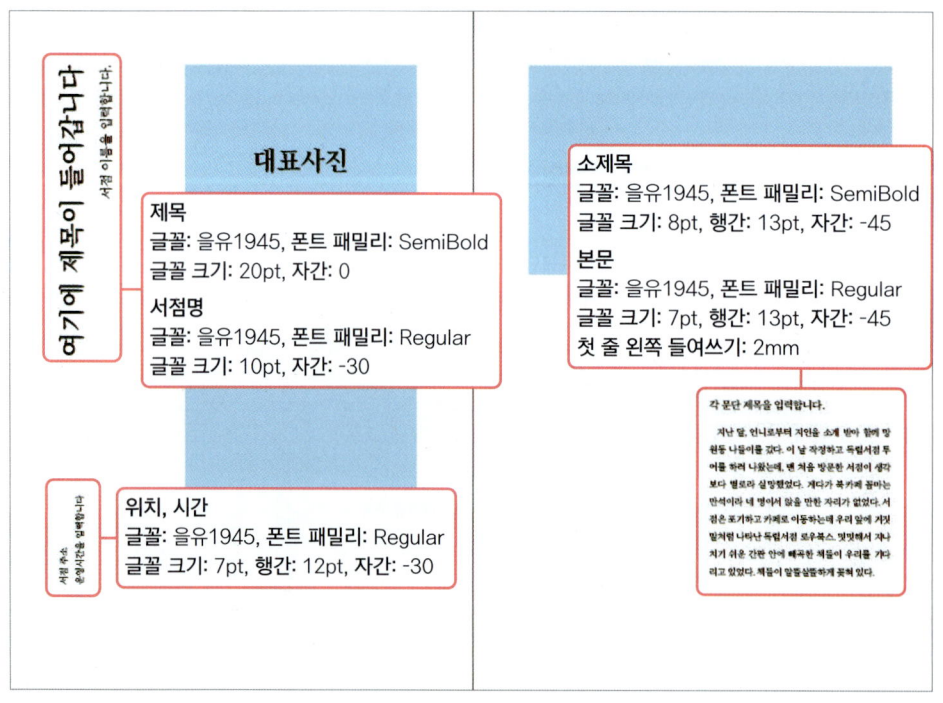

하면 된다! } 본문 가져와 배치하기

이번에는 글을 블록 단위로 배치해 보겠습니다. 글을 통째로 가져오지 않고 필요한 부분만 드래그해 가져오겠습니다.

01 추출한 PDF 파일에서 글을 복사합니다.

02 인디자인으로 돌아와 미리 만들어 둔 문자 프레임에 Ctrl + V 를 눌러 글을 붙여 넣으세요. 새 프레임을 만들 경우 [문자 도구 T.]로 문자 프레임을 생성해 글을 붙여 넣습니다.

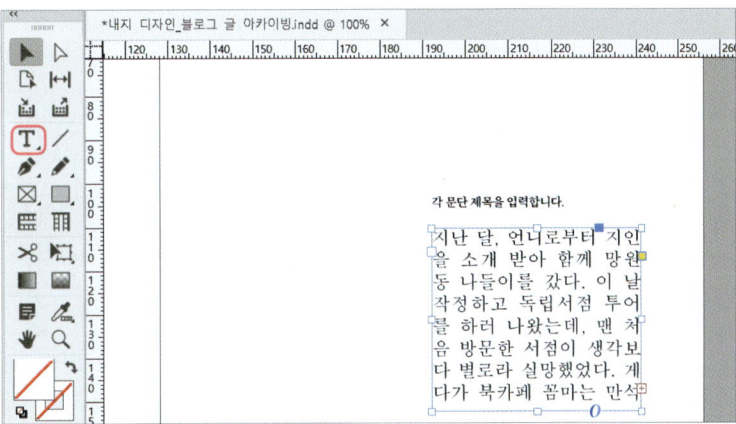

03 커서가 깜빡이면 Ctrl + A를 눌러 텍스트 전체를 선택하고 [단락 스타일] 패널에서 [본문] 스타일을 지정합니다. 상단에는 본문 내용을 인용해 임의로 제목을 추가하고 [단락 제목] 스타일을 적용합니다.

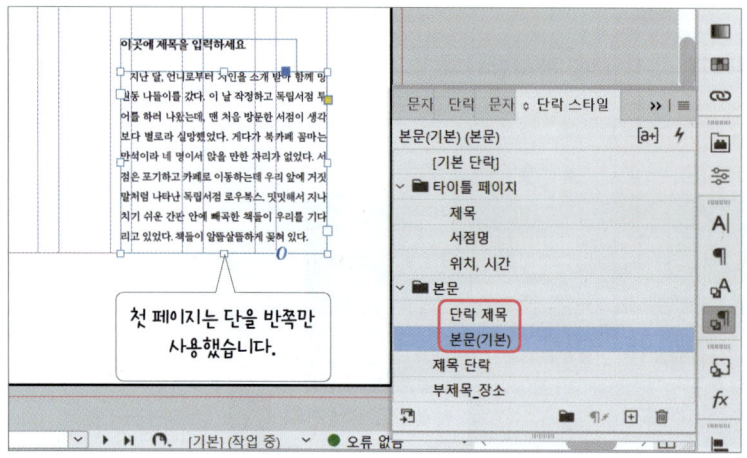

▶ 첫 페이지는 단을 반쪽만 사용하기 때문에 페이지 여백을 기준으로 딱 반이 되도록 배치했습니다. 다른 페이지에서 2단 그리드를 모두 활용할 때는 중간 여백(5mm)까지 침범하지 않습니다.

하면 된다! } 마스터 페이지로 페이지 번호 자동 입력하기

마스터 페이지를 활용해 동일한 디자인을 자동으로 적용해 보겠습니다. 본문과 영역을 나누는 선을 넣고 페이지 번호를 넣어 볼게요.

01 선으로 영역 나누기

[A-마스터] 페이지를 마우스 오른쪽 버튼으로 눌러 [마스터 스프레드 "A-마스터" 복제]를 선택합니다. [B-마스터]가 생성됩니다.

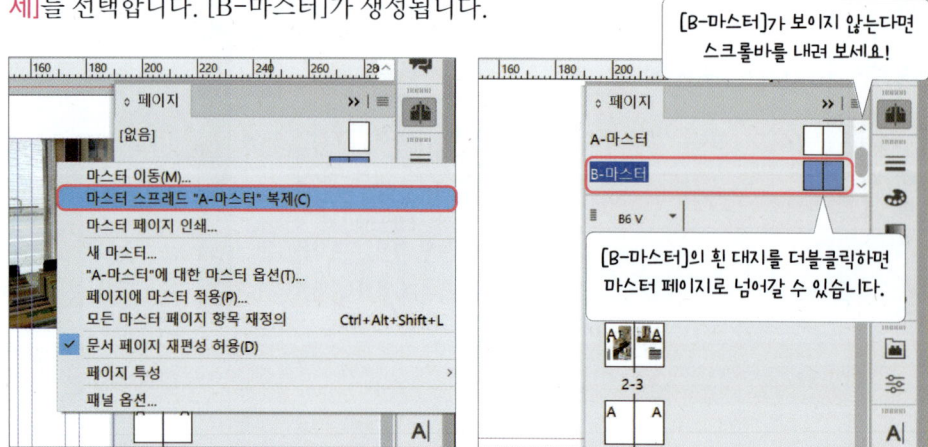

162 둘째마당 • 실전! 책 만들기

02 [사각형 프레임 도구 ⊠]로 세로가 6mm인 사각형을 그립니다.

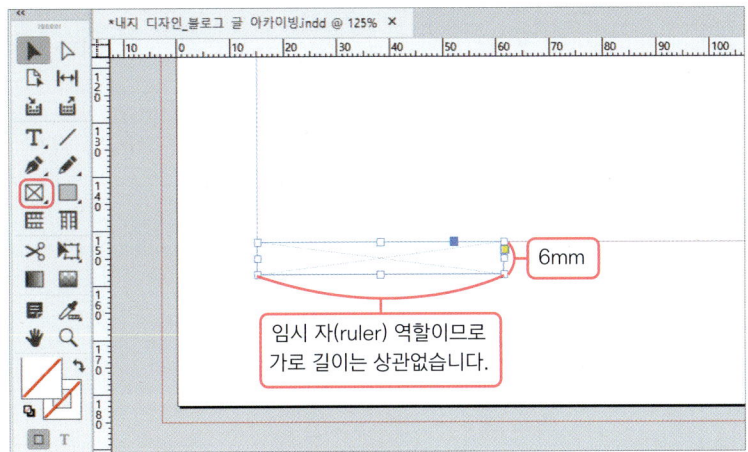

디테일을 잡는 팁! 사각형의 크기는 어떻게 정하나요?

사각형을 사용하면 여백을 정확하게 맞출 수 있어 정보의 덩어리를 쉽게 나눌 수 있습니다. 제목 → 본문 → 하시라(하단의 텍스트) 순으로 정보의 중요도가 다르기 때문에 영역을 분리해 주는 것이 중요합니다. 단 사이 여백과 같은 수치인 5mm로 설정하면 본문과 하시라가 한 덩어리처럼 인식될 수 있습니다. 이 문제를 방지하기 위해 여백을 2배 정도 두고 텍스트를 배치하는 것이 좋아요. 그럼 10mm여야 하지 않냐고요? 다음 단계에서 가는 선을 그어 6mm와 4mm로 나눌 예정이니 계속 따라와 주세요!

03 [선 도구 /]로 프레임의 가로 길이와 동일한 길이의 선을 그어 줍니다. 클릭한 상태에서 [Shift]를 누르고 드래그하면 반듯한 직선을 그을 수 있습니다.

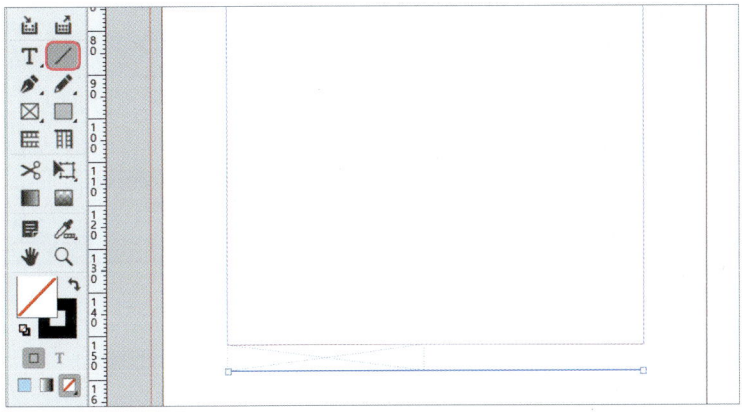

04 · 이미지 중심의 내지 디자인 **163**

04 페이지 번호 생성하기

한 번 더 [사각형 프레임 도구 ⊠]로 선 아래에 세로 길이가 **4mm**인 사각형 프레임을 만들어 주세요. 그 아래에 [문자 도구 T]로 문자 프레임을 만들고 더블클릭합니다.

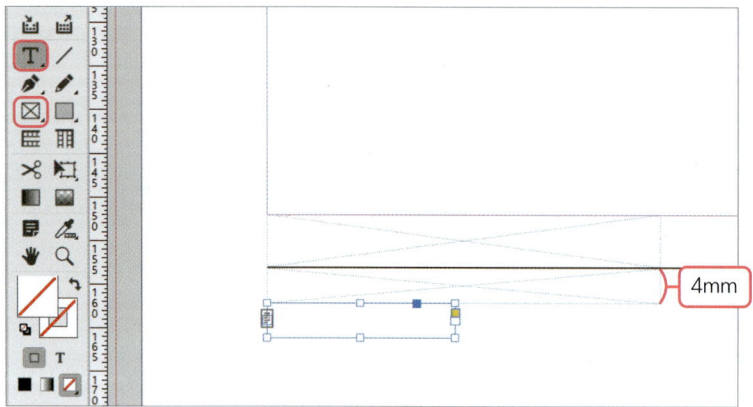

05 메뉴에서 [문자 → 특수 문자 삽입 → 표시자 → 현재 페이지 번호]를 선택합니다.

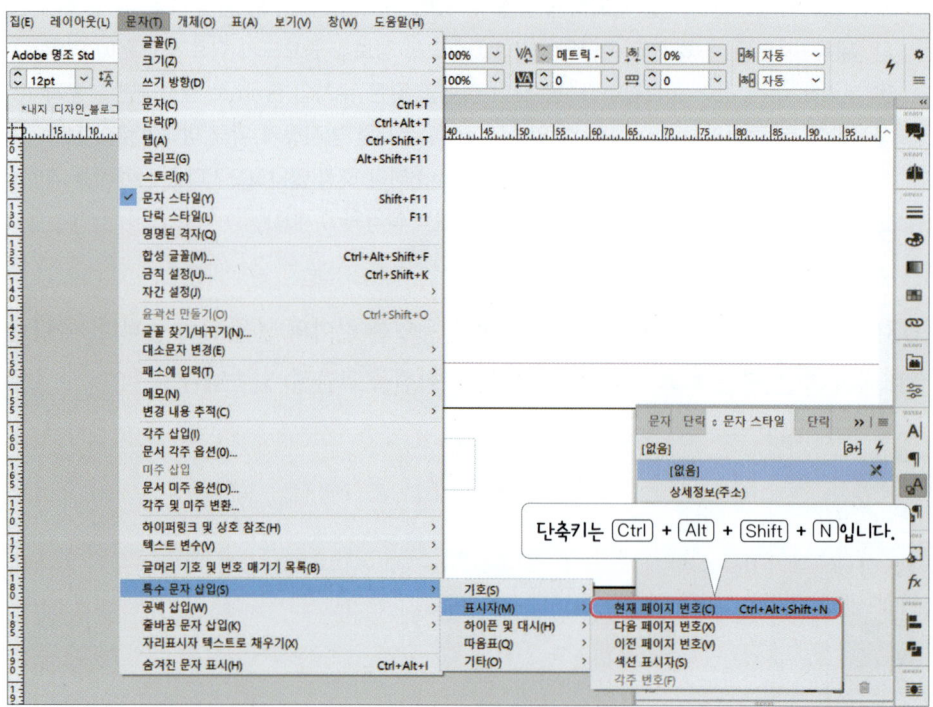

06 문자 프레임 안에 'B'라는 글자가 생깁니다. 문자를 드래그해 속성을 설정합니다.

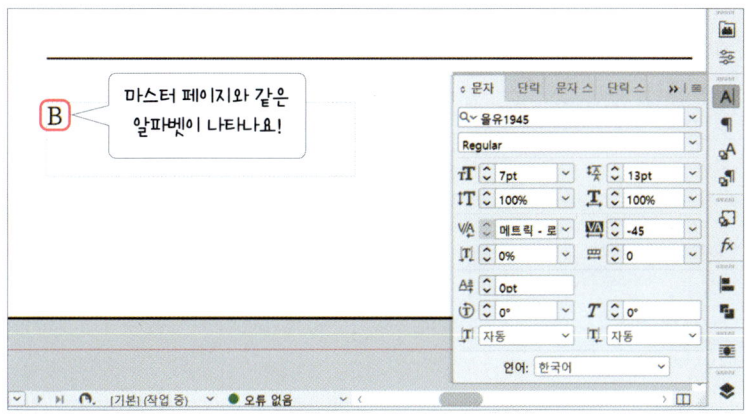

07 Alt + Shift 를 누른 상태에서 문자 프레임을 드래그해 오른쪽 페이지로 복사합니다. 오른쪽 바깥 여백선에 딱 맞춰 배치해 주세요. 텍스트를 드래그한 후 [단락] 패널을 열어 [오른쪽 정렬]을 선택합니다.

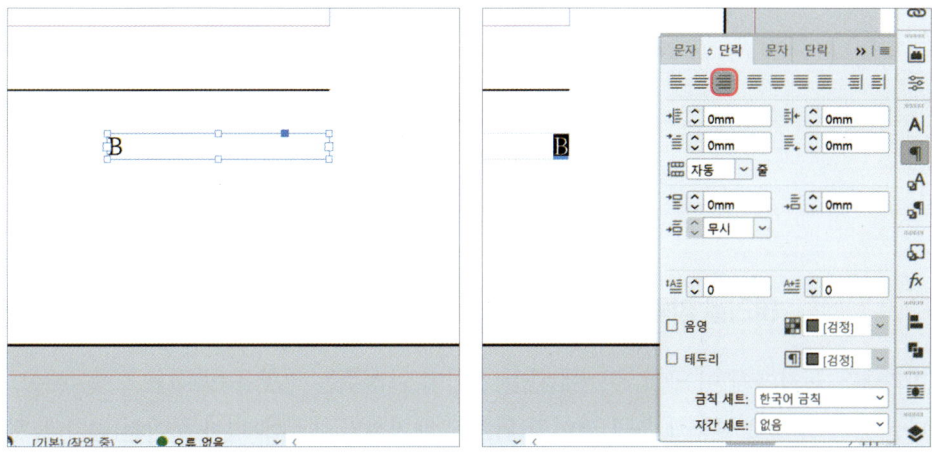

08 [페이지] 패널에서 임의의 페이지를 더블클릭해 [B-마스터] 편집 페이지에서 빠져나옵니다. 임의의 페이지 위에서 마우스 오른쪽 버튼을 눌러 [페이지에 마스터 적용]을 선택합니다. [마스터 적용] 창이 나타나면 [마스터 적용]으로 [B-마스터]를 선택하고 해당 마스터를 적용할 페이지로 2-9를 입력합니다. [확인]을 누르면 페이지 번호가 적용됩니다.

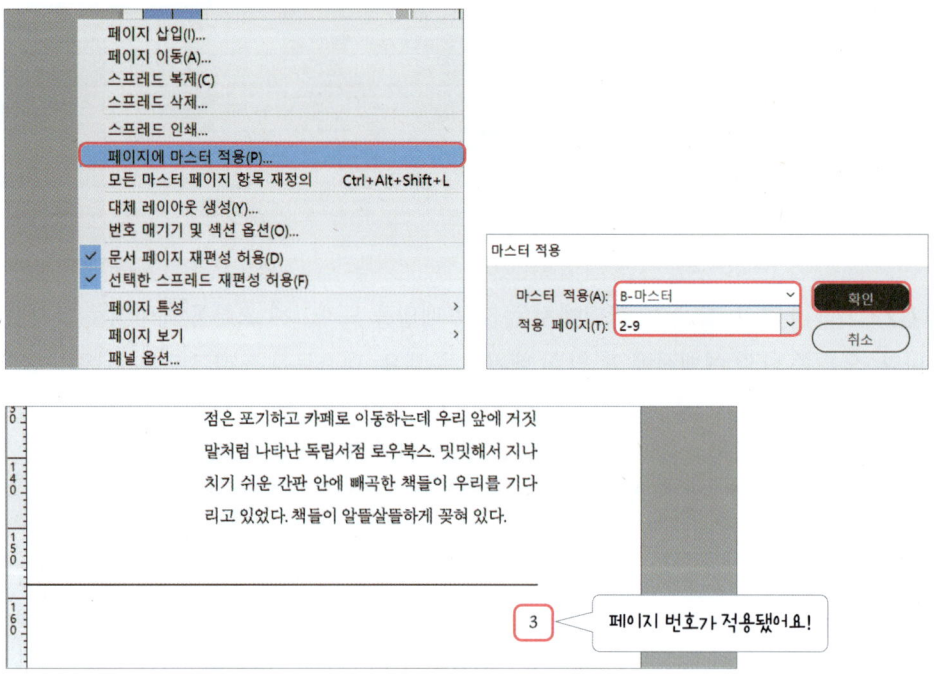

하면 된다! } 머리글 입력하기

머리글은 독자에게 이 글이 무엇에 관한 것인지 알려주는 역할을 합니다. 보통 본문보다는 작은 크기로 본문과 조금 떨어진 위치에 배치하기 때문에 비어 보이는 공간을 채우는 데에도 유용하죠. 머리글도 똑같이 [B-마스터]에 적용해 보겠습니다.

01 가이드 라인 만들기

페이지 번호와 같은 높이에 머리글 텍스트를 넣기 위해 가이드 라인을 만들어 보겠습니다. 자를 클릭한 상태에서 아래쪽으로 드래그하면 가이드 라인이 추가됩니다. 문자 프레임에 맞춰 스냅이 걸리면 손을 떼주세요.

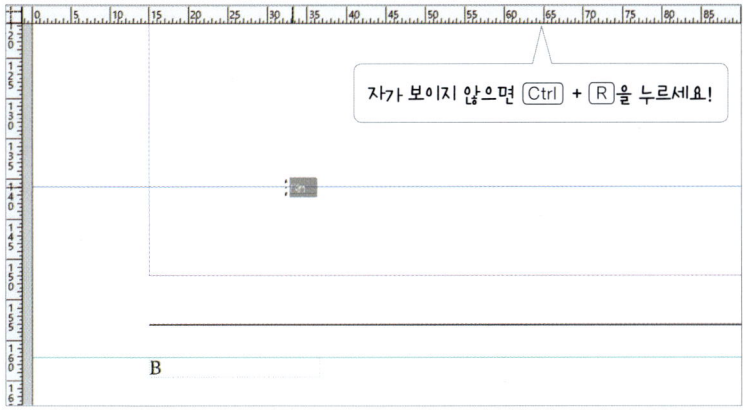

02 [문자 도구 T.]로 문자 프레임을 만든 후 책 제목을 입력합니다. 문자 스타일은 본문과 똑같이 적용한 후 프레임을 텍스트에 맞게 줄이고 페이지 안쪽 여백선에 맞춰 배치합니다.

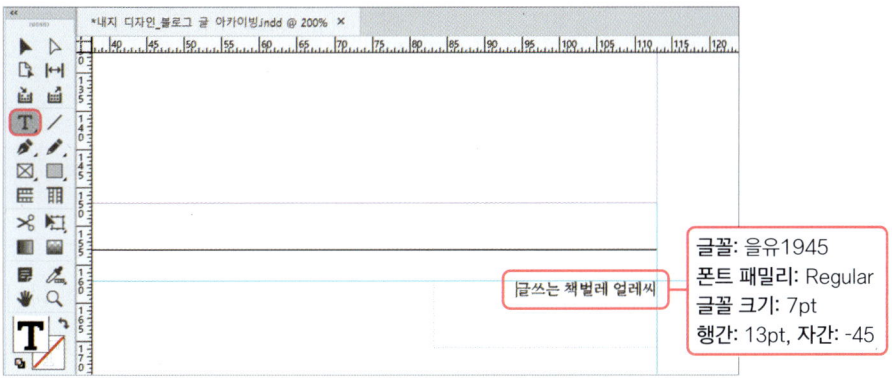

03 머리글 프레임을 Alt + Shift를 누른 상태에서 드래그해 오른쪽 페이지로 복사합니다. 오른쪽 페이지의 안쪽 여백(왼쪽 세로선)에 맞춰 배치한 후 [단락] 패널에서 [왼쪽 정렬]을 선택합니다.

04 메뉴에서 [문자 → 텍스트 변수 → 변수 삽입 → 머리글 실행 중]을 선택합니다.

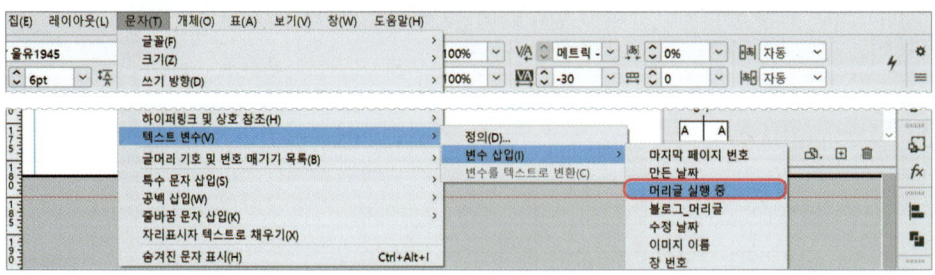

05 '머리글 실행 중'이라는 텍스트가 나타났다면 변수를 정의할 차례입니다. 임의의 페이지 아이콘을 더블클릭해 마스터 페이지를 빠져나오세요.

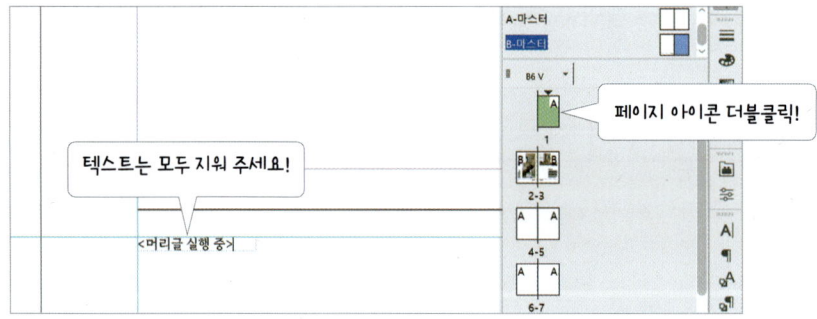

06 메뉴에서 [문자 → 텍스트 변수 → 정의]를 선택합니다. [텍스트 변수] 창이 나타나면 [머리글 실행 중]을 선택하고 [편집]을 누릅니다.

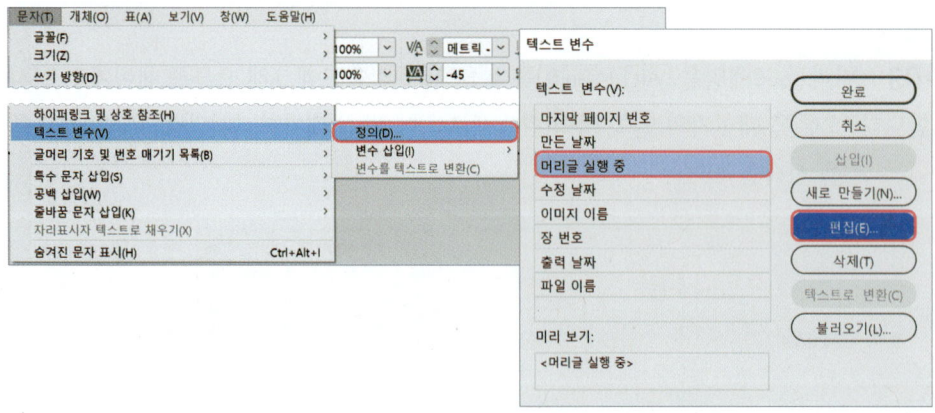

07 [텍스트 변수 편집] 창에서 유형과 스타일을 선택합니다. 여기서는 서점명을 머리글로 표시하기 위해 [스타일]을 [서점명]으로 선택했습니다. [확인]을 눌러 창을 닫고 [텍스트 변수] 창에서도 [완료]를 누릅니다.

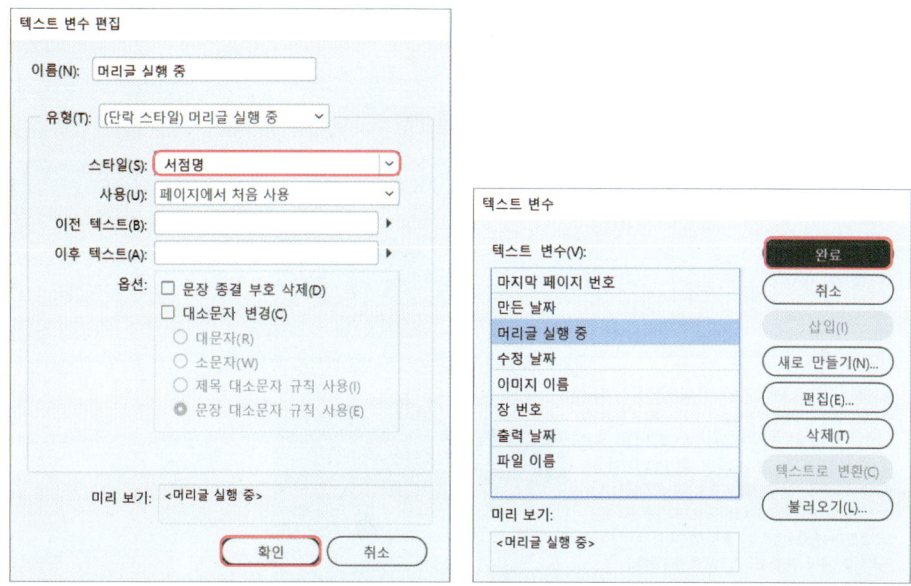

▶ [유형]은 '어떤 종류의 스타일을 머리글로 가져올 것인가?'를 묻는 것으로 문자, 단락 중 자신이 설정해 둔 스타일을 선택하면 됩니다. [스타일]은 직접 커스텀한 스타일 중 '어떤 스타일이 적용된 내용을 머리글로 사용할 것인가?'를 묻는 것입니다.

08 머리글이 적용되었습니다.

04-2
추억을 남기는 여행기 디자인

준비 파일 여행기.indd 완성 파일 여행기_완성.indd

디자인 수업 노트

- 사진을 따라 흐르는 글 연출하기
  (패스 위에 글자 입력)
- 판면에 가득 차게 사진 배치하기
- 글자에 형광펜 효과 주기
- 단어가 끊기지 않도록 단어 기준 줄 바꿈 하기

여행 기록을 책으로 만들어 봐요!

인스타그램에 올리려고 추억용으로 찍은 수많은 여행 사진들! 이대로만 묵혀 두기는 아깝지 않나요? 함께 여행을 갔던 친구에게 선물하거나 하나의 테마로 엮어 독립 출판을 해보는 건 어떨까요? 특별하고 색다른 추억이 될 거예요.

이번에는 인스타그램 사진 비율과 같은 정사각 판형을 이용해 사진이 돋보이는 레이아웃 디자인을 해보겠습니다. 폭과 높이가 210mm인 정사각 좌철의 새 문서를 만듭니다. [여백 및 단] 창에서 [여백]은 사방 10mm로 동일하게, [도련]도 사방 3mm로 동일하게 설정해 주세요. 열 [개수]는 3, [간격]은 0mm로 설정하세요.

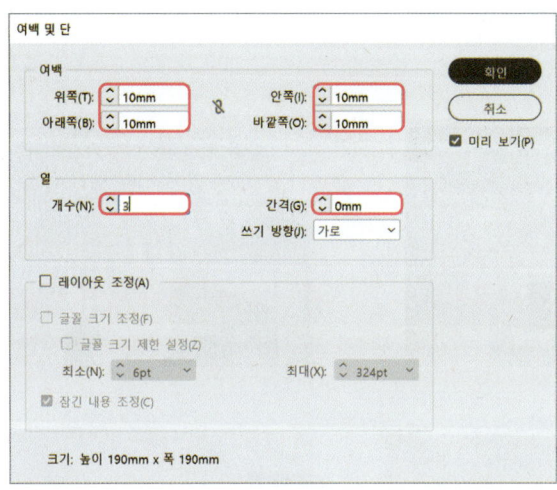

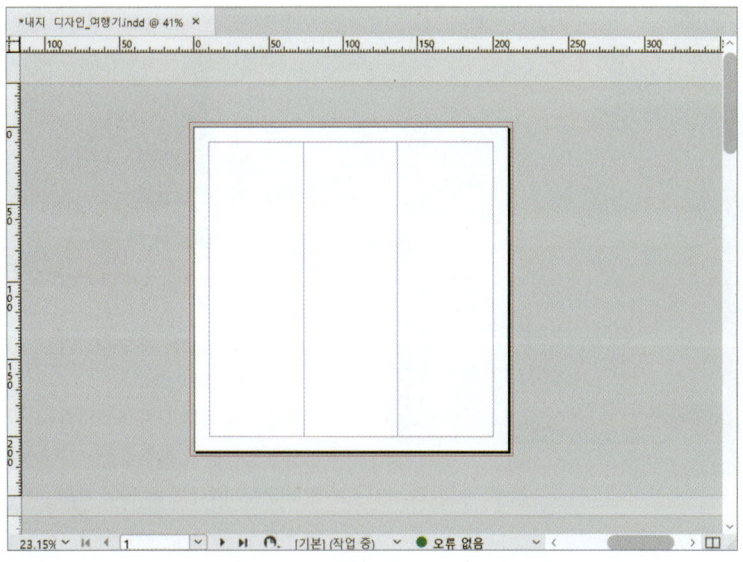

하면 된다! } 텍스트 감싸기

텍스트를 도형의 테두리에 맞춰 입력해 볼게요. 원을 그린 후 [텍스트 감싸기] 기능을 적용하면 마치 텍스트가 원을 감싼 것처럼 표현할 수 있어요.

01 우선 첫 페이지에 들어갈 글을 넣어 줍니다. 여기서는 짧은 문장에 단락 스타일을 먼저 적용한 후 텍스트를 넣었습니다. 만약 예제에 맞는 긴 글감이 없다면 메뉴에서 [문자 → 자리표시자 텍스트로 채우기]를 선택해 더미 텍스트를 넣어 주세요.

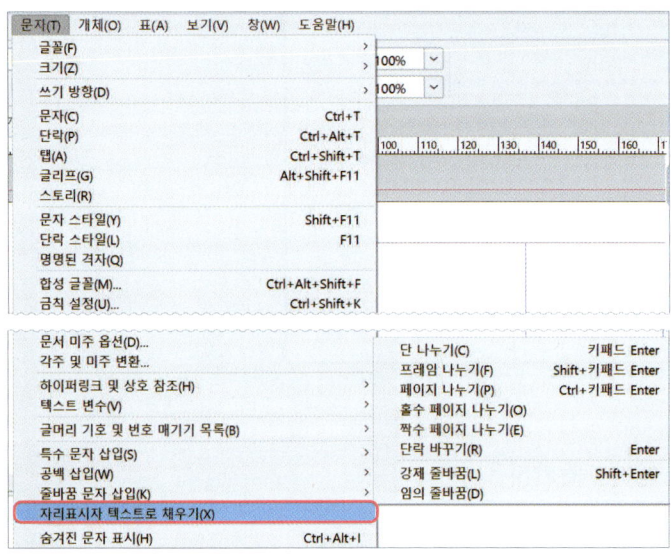

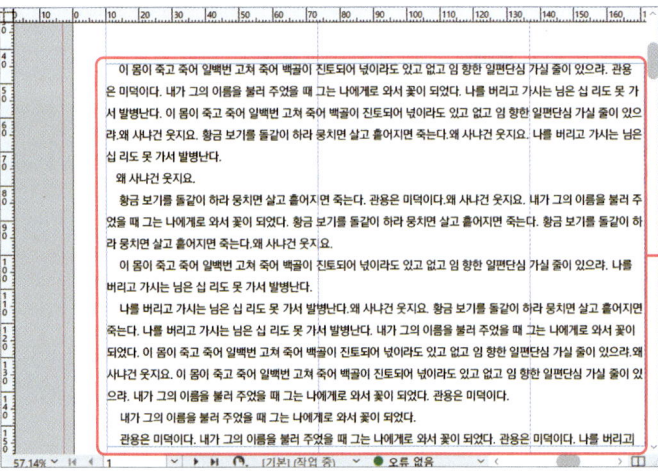

글꼴: KoPubWorld돋움체_Pro
폰트 패밀리: Bold, 글꼴 크기: 15pt
행간: 13pt, 자간: -10
정렬: 균등 배치(마지막 줄 왼쪽 정렬)

02 이미지를 넣을 도형 개체를 만들어 보겠습니다. [사각형 도구 ▣]를 길게 눌러 [타원 도구 ⬤]로 바꾼 후 원하는 위치에 (Shift)를 누른 상태로 드래그해 원을 그립니다. 이어서 [선택 도구 ▶]로 원이 가이드 라인에 닿도록 이동합니다.

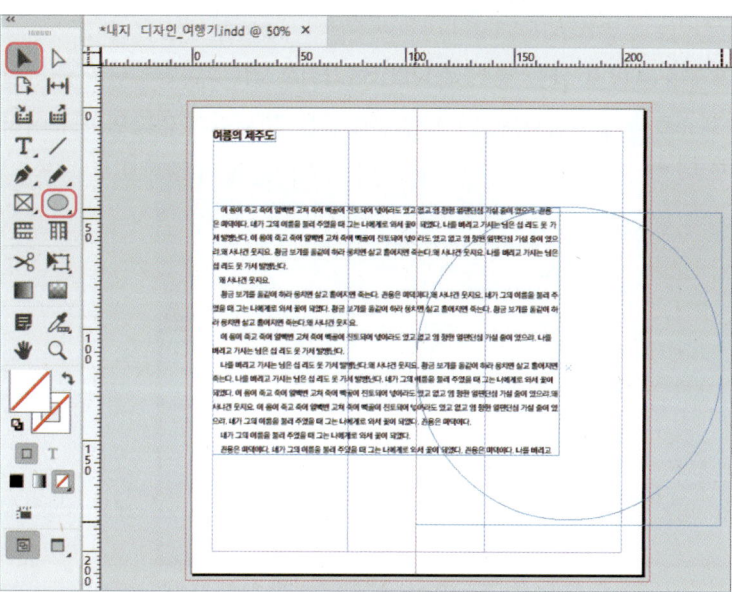

03 (Ctrl)+(D)를 눌러 이미지를 가져옵니다.

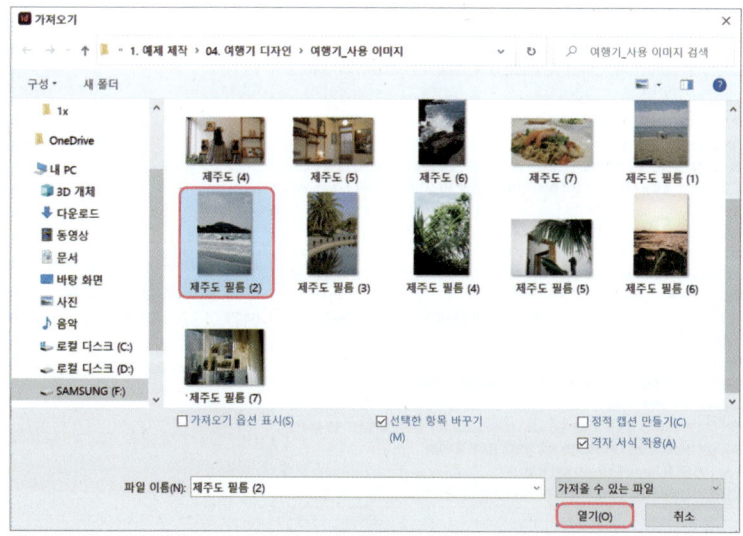

04 사진 위치를 조절해 보겠습니다. 도형 중심에 있는 [내용 잡기 도구]를 클릭한 상태에서 원하는 방향으로 드래그합니다.

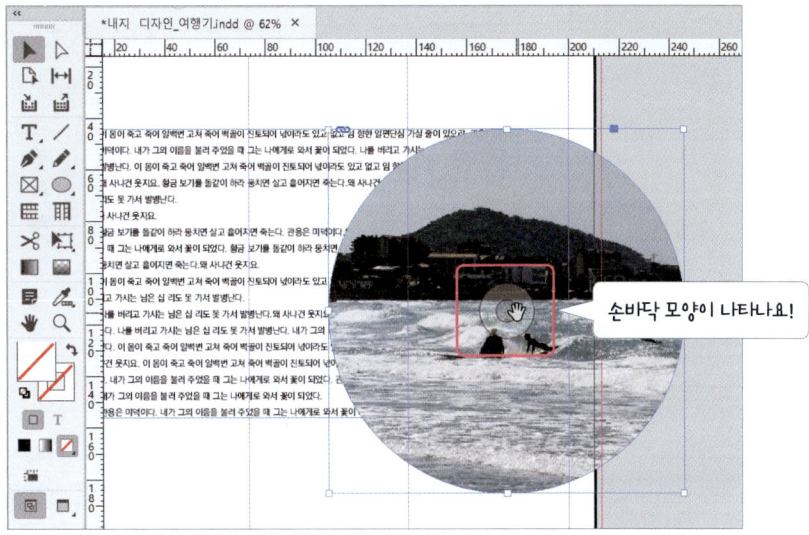

이미지 비율을 세밀하게 조절해 보세요!

[내용 잡기 도구]를 클릭했을 때 뜨는 갈색 프레임은 도형 프레임 속 '이미지'의 프레임입니다. Shift + Alt 를 누른 상태에서 프레임의 조절점을 드래그하면 이미지를 원하는 비율로 조정할 수 있습니다.

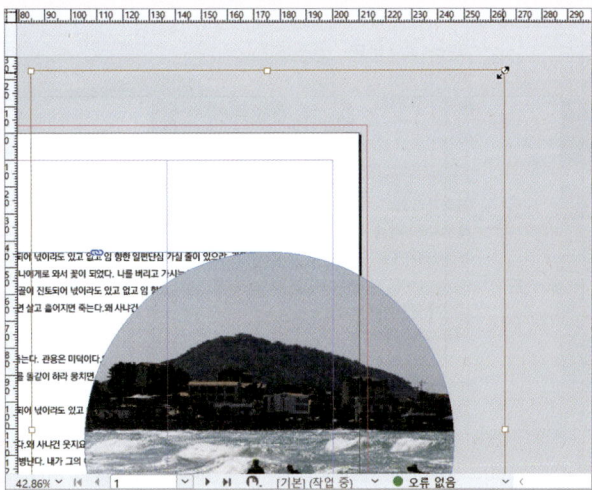

05 원 프레임을 클릭한 후 메뉴에서 [창 → 텍스트 감싸기]를 선택합니다.

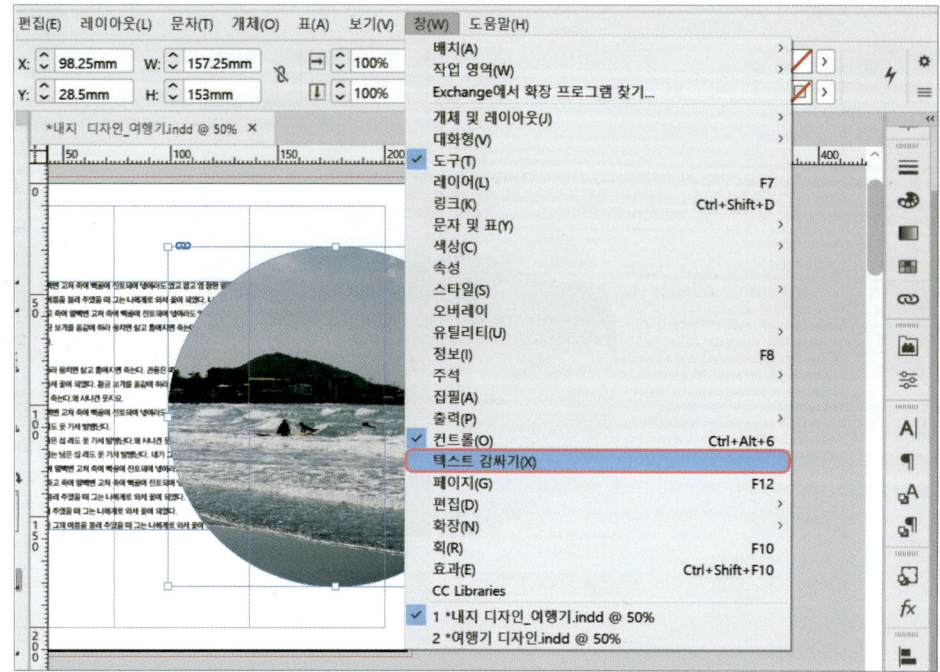

06 [텍스트 감싸기] 패널에서 [개체 모양 감싸기 ▣]를 선택한 후 오프셋 값을 3mm로 설정합니다. 양수(+)를 입력하면 개체 프레임에서 멀어지고, 음수(-)를 입력하면 프레임과 가까워지면서 안으로 이동합니다.

07 문자 배열을 위해 안내선을 만들어 볼게요. 메뉴에서 [레이아웃 → 안내선 만들기]를 선택합니다.

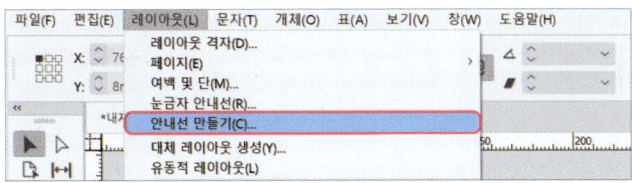

08 [안내선 만들기] 창이 나타나면 [행 개수]는 3, [열 간격]은 5mm로 입력한 후 [확인]을 누릅니다.

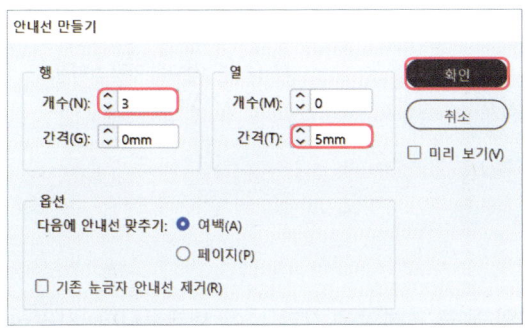

09 여백 안에서 면이 3등분됐죠? 문자 프레임을 두 번째 면에 맞춰 재배치해 보세요. 배치를 완료했다면 오른쪽 하단의 조절점을 더블클릭해 문자에 딱 맞춰 줍니다.

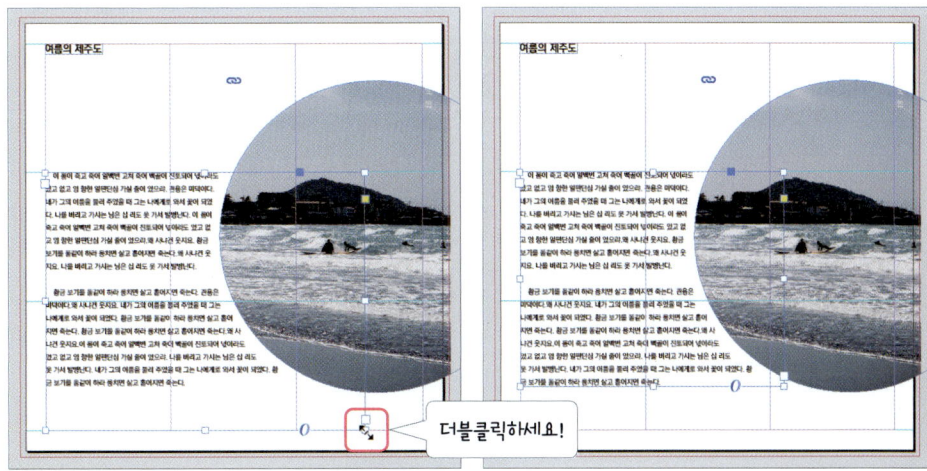

하면 된다! } 곡선을 따라 텍스트 배치하기

제목과 본문을 보조하는 텍스트를 입력하고 곡선으로 흐르게끔 만들어 보겠습니다.

01 상단에 책 제목과 날짜를 입력합니다. 보조 텍스트는 제목보다 작고 가늘게 설정합니다.

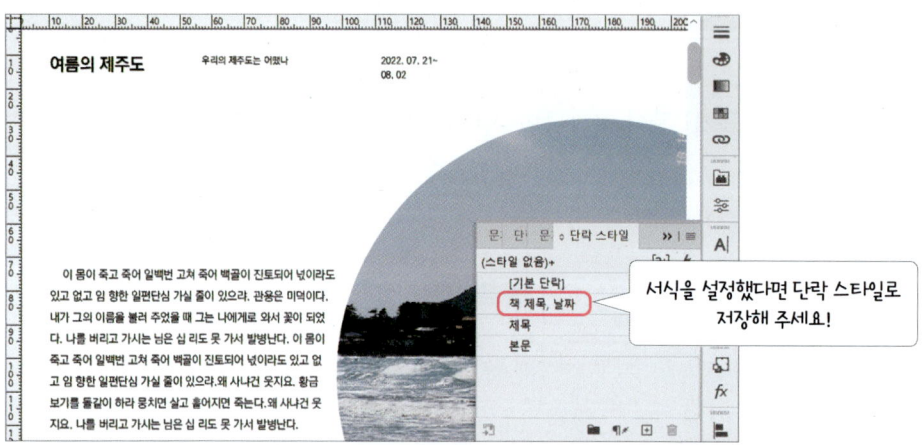

02 사진 하단에 들어갈 캡션은 사진의 둥근 프레임을 살려 넣어 보겠습니다. 사진이 들어간 개체의 크기를 메모해 두고 [타원 프레임 도구 ⊗]로 원을 만들어 주세요. 상단에 W, H 값을 메모해 둔 값과 동일하게 입력한 후 기존 프레임과 같은 위치에 배치합니다.

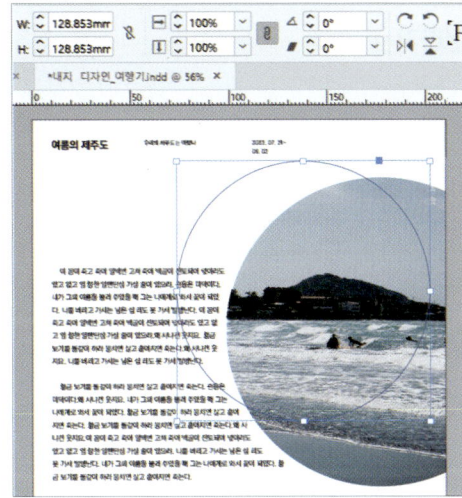 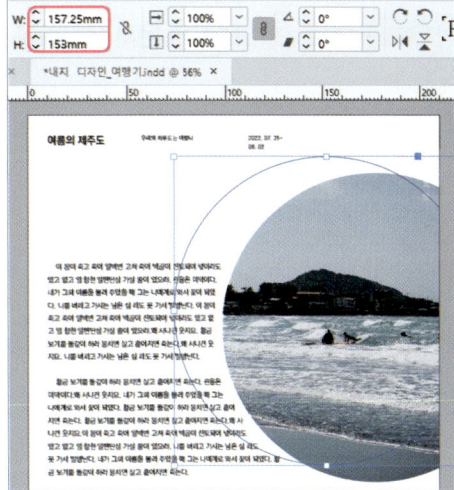

03 새로 만든 원 프레임을 선택합니다. 선택한 프레임 위에 마우스 커서를 가져가면 마우스 커서의 모양이 바뀝니다. 문자가 시작할 위치를 클릭한 후 캡션을 입력하세요.

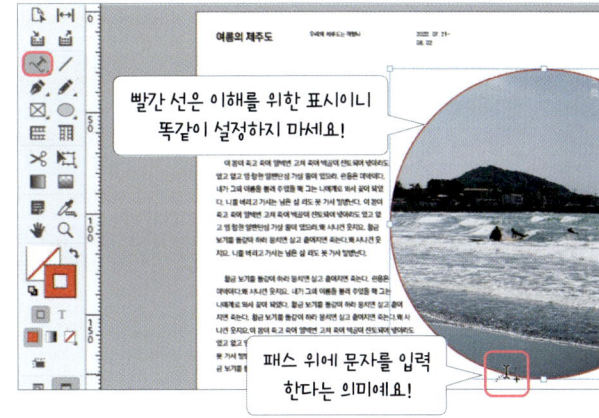

04 사진과 텍스트 사이에 여유 공간 두기

텍스트가 사진에 딱 붙어 있죠? 텍스트를 사진에서 약간 떨어뜨려 볼게요. 원 프레임 개체를 선택한 후 Alt + Shift 를 누른 상태로 드래그해 원을 조금 키웁니다.

 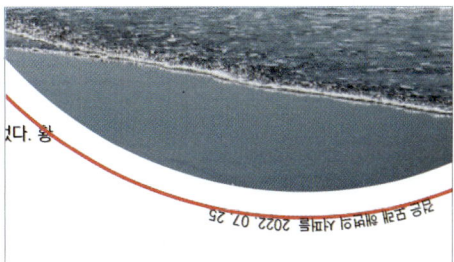

패스 위 문자 세밀하게 조절하기

[패스에 입력 도구]를 사용할 때 반드시 알아야 하는 세부 조절 방법을 알려 드리겠습니다. [직접 선택 도구]로 패스를 클릭하면 다음과 같이 막대선이 나타납니다. 막대의 위치를 옮겨 문자를 원하는 곳으로 이동할 수 있습니다.

1. 시작 막대를 앞뒤로 이동했을 때

 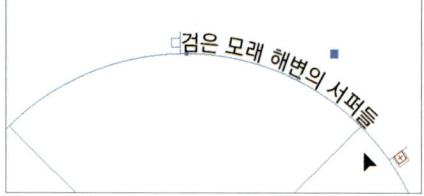

2. 끝 막대를 앞뒤로 이동했을 때

3. 가운데 막대를 원 안팎으로 옮겼을 때

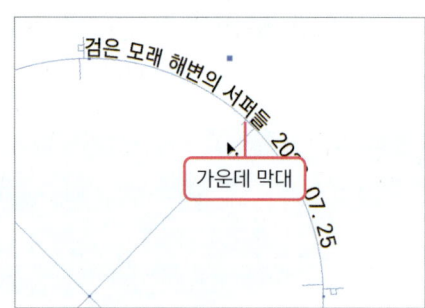 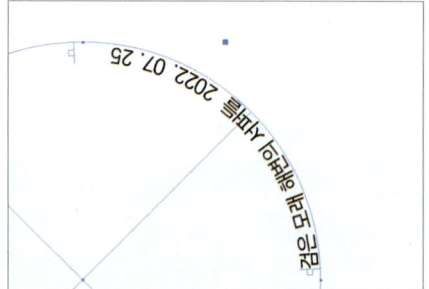

05 글자 똑바로 세우기

시작 막대나 끝 막대를 이용해 글자를 원하는 위치로 이동하세요. 뒤집어진 글자를 바로 세우기 위해 마우스를 커서를 가운데 막대 가까이 가져간 후 마우스 커서의 모양이 바뀌면 안쪽으로 드래그합니다.

06 여행기의 첫 페이지가 완성됐습니다!

하면 된다! } 사진을 판면에 가득 차게 배치하기

사진이나 색을 판면 전체에 사용할 때는 반드시 바깥 도련(3mm) 영역까지 채워야 합니다.

01 [사각형 프레임 도구 ⊠]를 클릭해 도련 영역까지 드래그해 프레임을 생성한 후 Ctrl + D를 눌러 이미지를 불러옵니다.

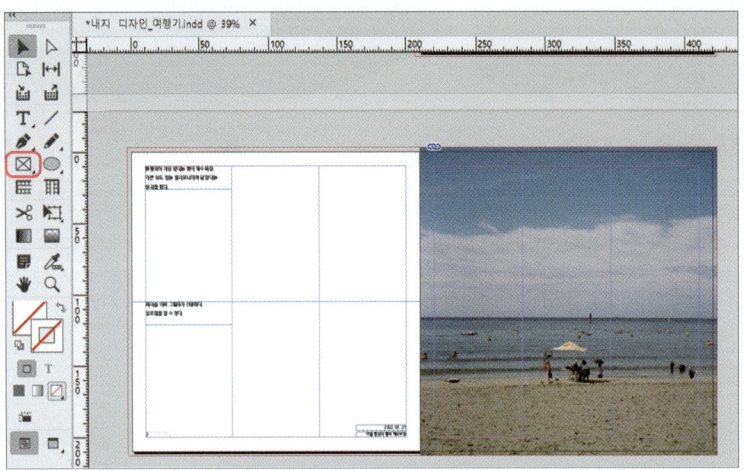

02 [속성] 패널에서 [비율에 맞게 프레임 채우기 ▣] 를 선택합니다. 중첩된 사진 개체를 옮겨 원하는 부분이 잘 보이도록 배치합니다.

하면 된다! } 여백이 많은 페이지 디자인하기

가득 채워진 페이지의 다음 페이지는 여백을 많이 줘서 쉬어 갈 수 있게 구성하는 것이 좋아요. 여백이 많은 페이지는 여유로운 인상을 줄 뿐 아니라 이미지가 꽉 찬 페이지를 더 돋보이게 합니다. 그리드를 이용해 정갈한 느낌을 연출해 볼게요.

01 Ctrl + D 를 눌러 사진 2장을 불러옵니다.

▷ 그리드는 여백 면적이 넓은 다른 페이지나 사진을 중심으로 배치한 페이지와 동일하게 적용합니다. 그러면 다양한 레이아웃으로 사진을 배치하더라도 자연스럽게 책 전체에 통일성이 생깁니다.

02 메뉴에서 [레이아웃 → 안내선 만들기]를 선택해 [안내선 만들기] 창을 엽니다. 페이지를 가로로 4등분하기 위해 [행 개수]를 4로 입력하고 [확인]을 누릅니다.

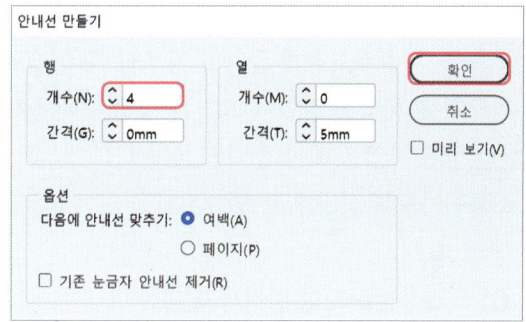

03 하단 여백에 맞춰 사진을 배치합니다. 이때 오른쪽 부분은 도련선에 맞춰 배치합니다. 다음 페이지와 연결된 느낌 또는 자유로운 느낌을 줄 수 있습니다.

04 이미지를 설명하는 텍스트를 넣습니다. 다른 페이지와 마찬가지로 사진을 찍은 날짜와 장소를 입력합니다.

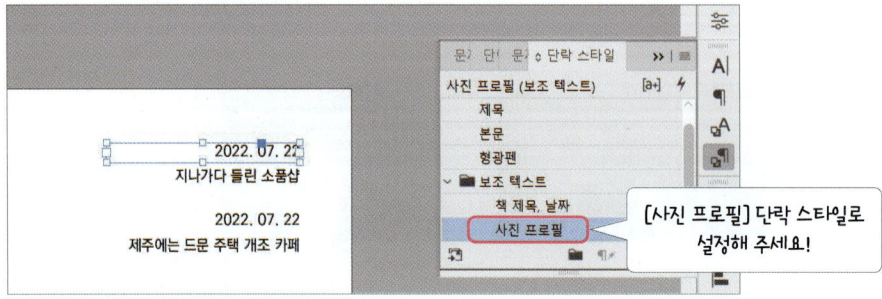

하면 된다! } 형광펜 효과로 글자 강조하기

사진 배경 위에 글자를 넣을 때 배경과 글자가 잘 구분되지 않는다면 가독성이 떨어지게 됩니다. 그림자를 넣거나 밝기를 조절해도 좋지만, 글자 뒤에 형광펜 효과를 적용하면 조금 더 트렌디하게 글자를 강조할 수 있습니다. 이때 글자를 입력한 후 글자에 맞춰 도형 프레임을 일일이 그리는 방법을 사용하면 추후 띄어쓰기 하나라도 바꿨다가 단순 반복 작업을 해야 할 수도 있습니다. 단락 스타일을 만들어 형광펜 효과가 자동으로 들어가도록 설정해 보겠습니다.

01 프레임을 도련 면적까지 채워 만든 후 배경이 될 이미지를 가져옵니다.

02 [문자 도구 T.]로 사진 위 원하는 위치에 본문 내용을 입력하고 [단락 스타일] 패널에서 단락 스타일을 추가합니다.

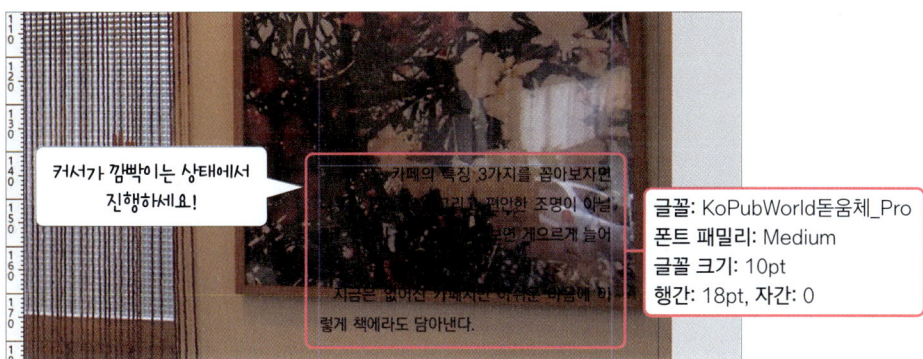

03 스타일 이름을 형광펜으로 수정합니다. [밑줄 옵션] 탭에서 [밑줄 켬]에 체크 표시하고 두께는 글자 크기보다 2pt 이상 크게 입력합니다. 오프셋은 줄을 위아래로 조정할 수 있는 값입니다. 선이 위로 가기를 원한다면 음수(-)를, 아래로 가길 원한다면 양수(+)를 입력합니다. 여기서는 [두께] 14pt, [오프셋] -3pt로 입력했습니다. 원하는 색상을 지정한 후 [확인]을 눌러 저장합니다.

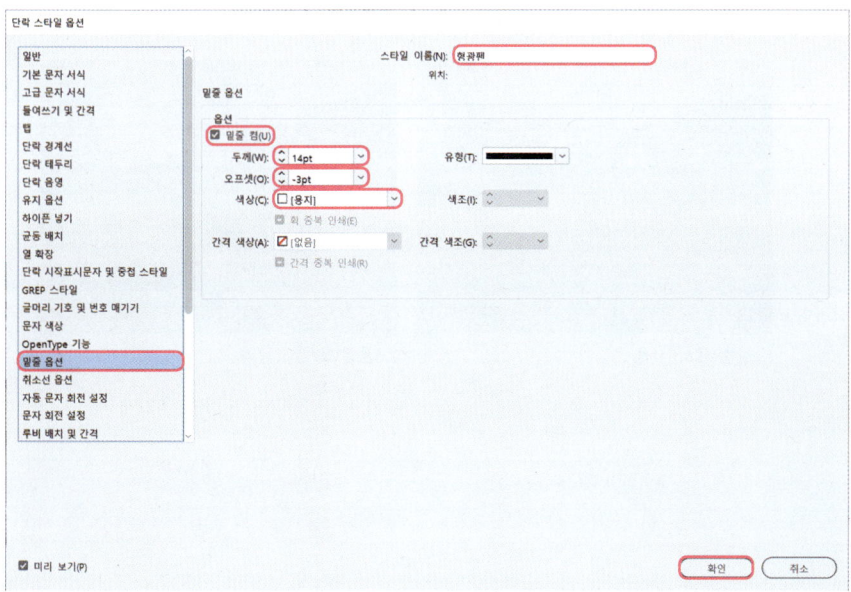

04 글자 뒤에 흰색의 형광펜 효과가 생긴 것을 확인할 수 있습니다. 하지만 좌우로 글자가 가득 차 다소 답답한 느낌이 드네요. 이어서 이 부분을 수정해 보겠습니다.

알아 두면 좋아요!

인디자인에서 사진이 깨져 보여요!

사진 원본에는 문제가 없는데 인디자인에서만 깨져 보인다면 [화면 표시 성능] 설정을 살펴봐야 합니다. 메뉴에서 [보기 → 화면 표시 성능 → 고품질 표시]를 선택하면 사진이 깨져 보이는 현상을 해결할 수 있습니다. [일반 표시]는 단순히 표시만 저화질로 되는 것이고 출력 시 원본 화질대로 출력됩니다. [고품질 표시]는 컴퓨터 용량 및 사양이 부족할 때는 권장하지 않습니다.

[고품질 표시] 사용 전

[고품질 표시] 사용 후

하면 된다! } 단어 기준 줄 바꿈 하기

소설 등 일반 서적은 보통 좌우를 가득 채우도록 '균등 배치'를 선택합니다. '균등 배치'와 '하이픈 넣기'를 함께 적용하면 단어와 상관없이 면적을 기준으로 줄 바꿈 됩니다. 이 방식은 가로 간격을 동일하게 유지하여 미적인 효과를 얻을 수 있지만, 단어가 엉뚱한 곳에서 끊겨 의미 전달에 아쉬움이 생기기도 합니다. 예를 들어 '그리운 우리 집'이라는 문장이 '그리/운 우리 집'으로 분리되는 거죠. 자유로운 양식으로 책을 디자인하고 싶다면 단어를 기준으로 줄 바꿈 하는 디자인도 고려해 보세요!

01 [단락 스타일] 패널에서 [형광펜] 단락 스타일을 더블클릭한 후 [들여쓰기 및 간격] 탭에서 [정렬]을 [왼쪽]으로 선택합니다.

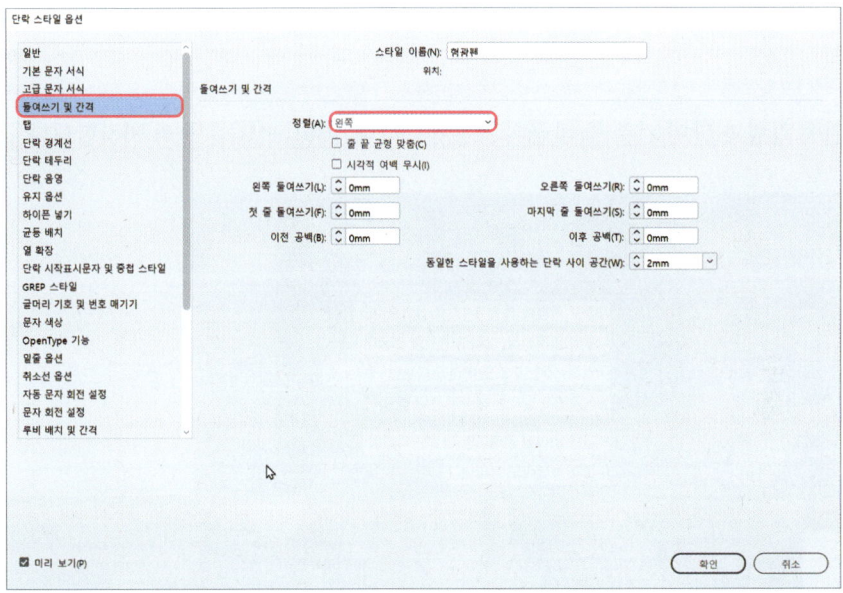

02 [하이픈 넣기] 탭에서 [하이픈 넣기]의 체크 표시를 해제하고 [확인]을 눌러 저장합니다.

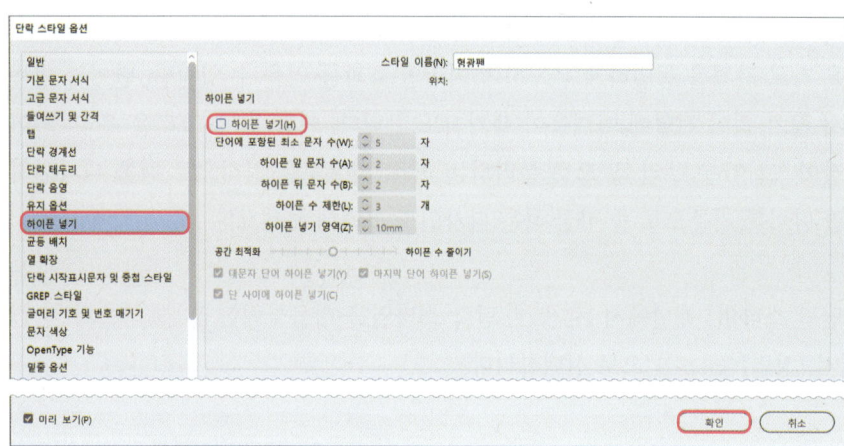

03 왼쪽 정렬과 단어 기준 줄 바꿈이 적용됐습니다. Ctrl + S 를 눌러 저장합니다.

하이픈이 뭔가요?

하이픈(hyphen)은 영어권 국가에서 주로 사용하는 기호로 보통 단어와 단어 사이를 연결하는 역할을 합니다(예 twenty-one). 인디자인에서 하이픈은 영어 문장을 줄 바꿈 할 때 긴 단어가 끊기는 것을 방지하기 위해 단어 사이에 넣어 하나의 단어임을 표시합니다.

Once when I was six years old I saw a magnificent picture in a book, called True Stories from Nature, about the primeval forest. It was a picture of a boa constrictor in the act of swallowing an animal. Here is a copy of the drawing.

하이픈을 적용하지 않은 경우

Once when I was six years old I saw a mag-nificent picture in a book, called True Stories from Nature, about the pri-meval forest. It was a picture of a boa constrictor in the act of swallowing an animal. Here is a copy of the drawing.

하이픈을 적용한 경우

04-3
아이를 위한 그림책 디자인

준비 파일 그림책.indd   완성 파일 그림책_완성.indd

제임스는 마법의 항아리를 바라봤어요.
퐁! 퐁! 튀어오르는 연기를 보며
미소 지었어요.

"와! 이제 마법의 스프가 완성되었어!"

제임스는 그릇을 들어올렸어요.

그때였어요!

으 ― 악

디자인 수업 노트

- 포토샵으로 그림 깔끔하게 보정하기
- 색상 모드 CMYK로 변경하기
- 이미지 배경 제거하기
- 아동용 도서에 알맞게 문자 스타일 정하기
- 넓은 면적에 사진 배치하기

하면 된다! } 포토샵으로 그림 보정하기

이번에는 종이에 직접 그린 그림을 이용해 나만의 동화책을 만들어 보겠습니다. 인디자인이 아닌 포토샵으로 그림을 보정하는 과정이 필요합니다. 포토샵은 이미지를 편집하는 데 특화된 프로그램으로, 포토샵을 처음 사용하더라도 인디자인을 경험해 봤다면 금방 적응할 수 있습니다.

01 그림 사진 찍기

종이에 그려 둔 그림 사진을 찍습니다. 그림자가 생긴다면 벽에 세워 두고 찍는 것도 좋은 방법이에요. 사진을 다 찍었다면 사진 파일을 컴퓨터로 옮겨와 주세요.

02 사진 불러오기

포토샵을 열어 원하는 사진을 불러옵니다. 도구 바에서 [자르기 도구]를 선택하고 필요한 영역만 드래그해 선택합니다. 영역을 선택했다면 Enter 를 눌러 잘라 주세요.

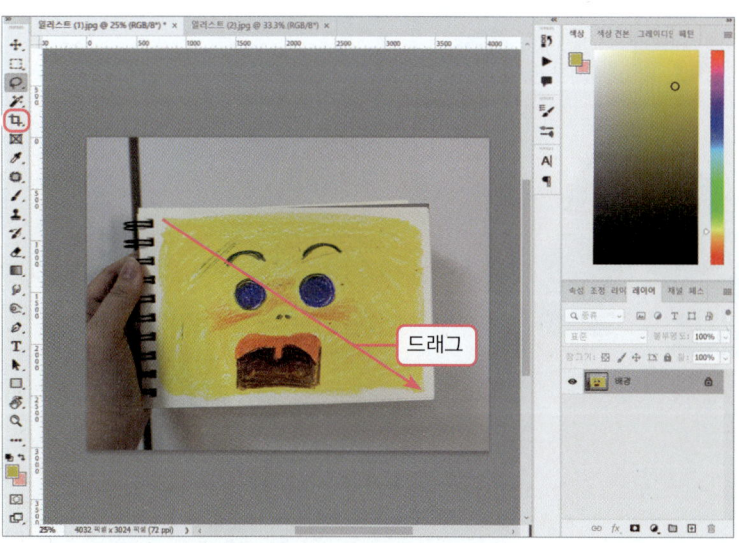

03 깔끔하게 색깔 채우기

테두리 빈 영역을 배경색으로 메워 보겠습니다. [사각형 선택 윤곽 도구 []]를 선택하고 채우고 싶은 영역을 드래그해 선택합니다. 선택된 영역 위에서 마우스 오른쪽 버튼을 눌러 [칠]을 선택하세요.

04

[칠] 창이 나타나면 [내용]으로 [내용 인식]을 선택하고 [확인]을 누릅니다.

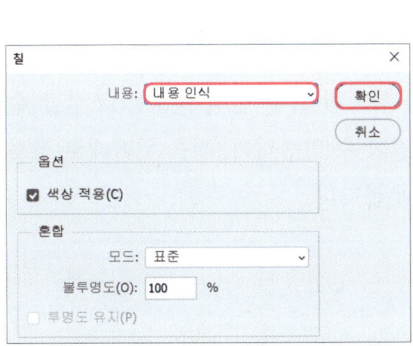
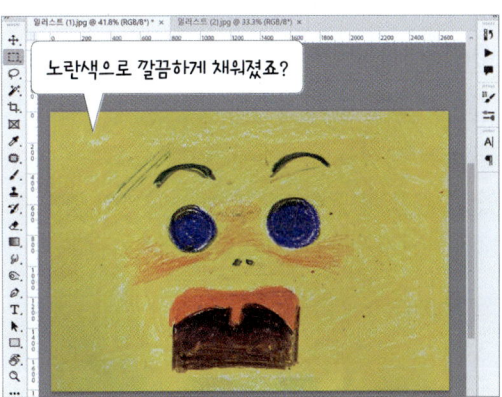

05 티끌과 빈 공간 보정하기

테두리 외에 작은 영역도 깔끔하게 보정해 보겠습니다. [패치 도구 ⬚]로 원하는 영역을 드래그해 선택하세요. 지정한 영역을 대체하고 싶은 부분을 드래그하면 선택 영역이 드래그한 곳과 동일한 상태가 됩니다. 작은 티끌이나 빈 공간을 꼼꼼히 채워 주세요!

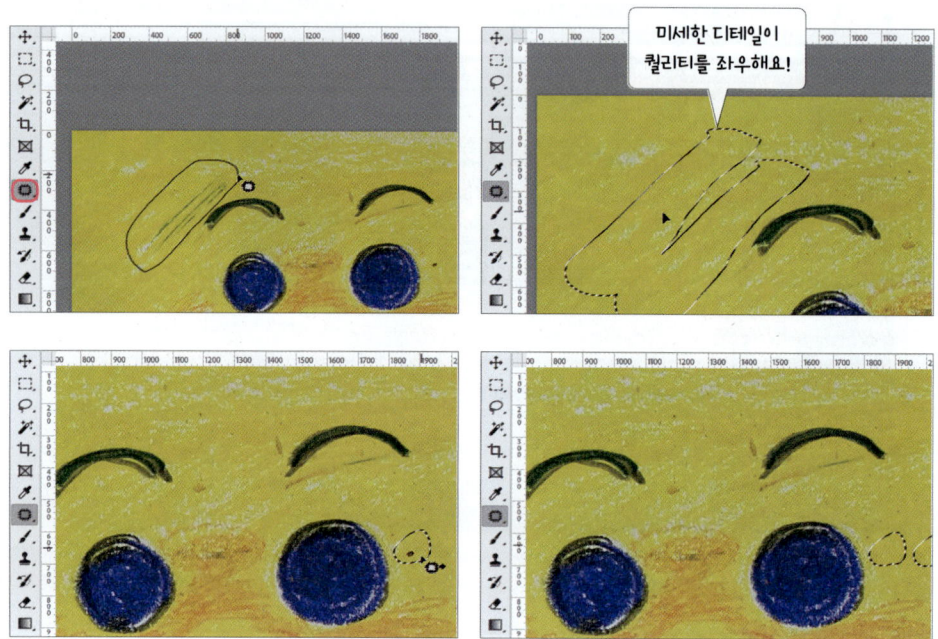

06 색상 보정하기

Ctrl + J 를 눌러 레이어 사본을 만든 다음 Ctrl + M 을 눌러 [곡선] 창을 열고 선 위를 클릭해 점을 추가합니다. 점을 오른쪽 상단에 찍으면 밝은 면의 명도를 조절할 수 있고, 왼쪽 하단에 찍으면 어두운 면의 명도를 조절할 수 있습니다. 점을 위아래로 조절하며 원하는 밝기가 나오도록 설정하고 [확인]을 누릅니다.

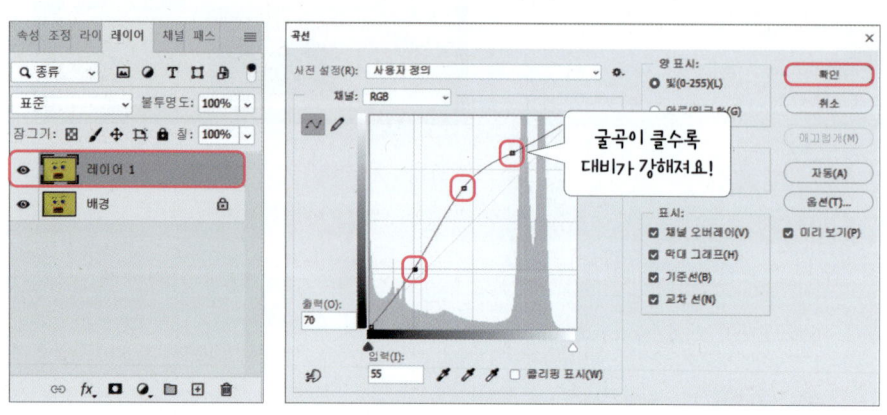

07 색상 모드 변경하기

메뉴에서 [이미지 → 모드 → CMYK 색상]을 선택합니다. 레이어가 하나로 합쳐지고 이미지가 다소 탁해진 느낌이 듭니다.

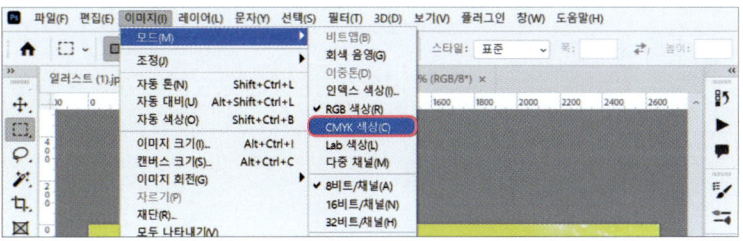

08 해상도 변경하기

메뉴에서 [이미지 → 이미지 크기]를 선택합니다. [리샘플링]의 체크 표시를 해제하고 [해상도]에 300을 입력합니다. 이미지 크기는 줄어들지만 해상도는 높아진 것을 확인할 수 있어요. [확인]을 눌러 저장합니다.

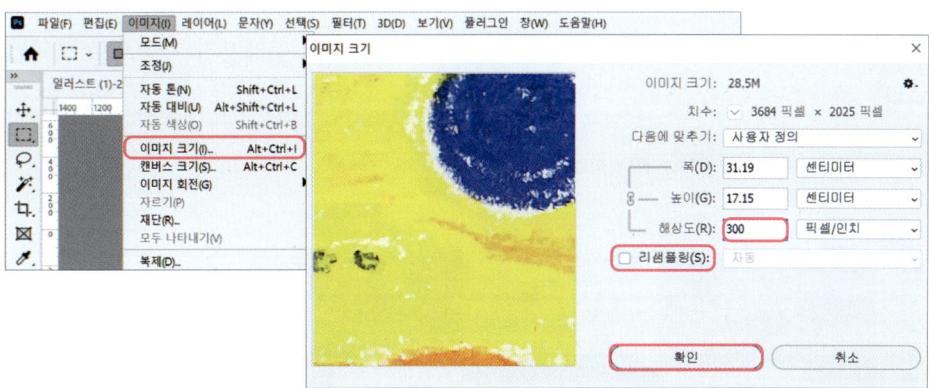

09

색을 조금 더 산뜻하게 조절하고 싶다면 Ctrl+U를 눌러 [색조/채도] 창을 열어 주세요. [미리보기]의 체크 표시를 해제하고 채도 값을 양수로 입력합니다. 창 뒤로 이미지의 색감을 확인한 후 [확인]을 누릅니다.

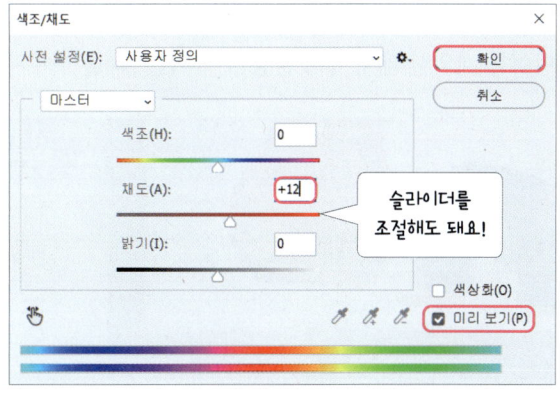

04 · 이미지 중심의 내지 디자인 **195**

10 보정을 마쳤다면 Ctrl + Shift + S를 눌러 다른 이름으로 저장합니다. 확장자명은 [JPEG]를 선택하세요. [JPEG 옵션] 창이 뜨면 [품질]에 12를 입력하고 [확인]을 눌러 이미지를 저장합니다.

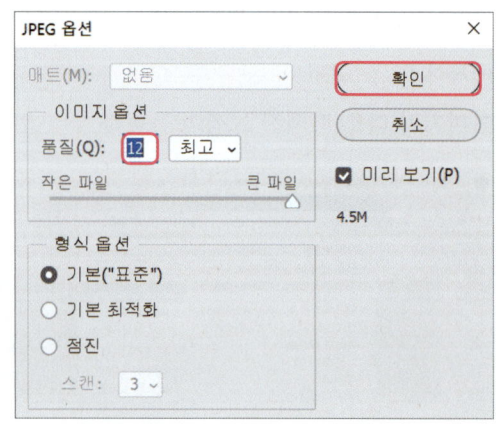

하면 된다! } 배경을 흰색으로 바꾸기

흰 종이에 그린 그림이라도 종이와 조명에 따라 다른 색상으로 찍히기 마련입니다. 포토샵을 이용해 배경을 흰색으로 바꿔 보겠습니다.

01 메뉴에서 [선택 → 피사체]를 선택합니다. 이미지의 주제부가 자동으로 선택됩니다.

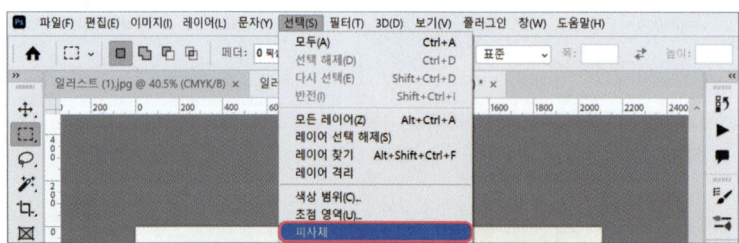

02 피사체가 선택됐나요? Ctrl + J를 눌러 사본 레이어를 만들고 방금 복제된 레이어를 제외한 레이어의 눈동자 아이콘 👁 을 꺼주세요.

03 [펜 도구 ✎]로 불필요한 부분을 선택한 후 마우스 오른쪽 버튼을 눌러 [선택 영역 만들기]를 선택합니다. 영역이 지정되면 [Delete]를 눌러 지워 주세요.

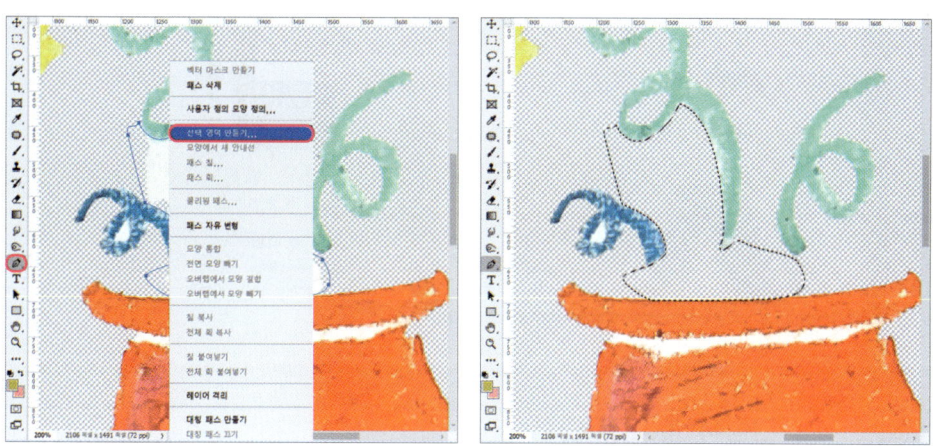

04 레이어를 추가한 후 그림 레이어 아래로 드래그해 순서를 바꿔 줍니다.

05 배경색을 흰색으로 설정한 후 [Ctrl]+[Delete]를 눌러 배경색을 채워 주세요. 흰 배경으로 채워진 것을 확인하고 [Ctrl]+[Shift]+[S]를 눌러 다른 이름으로 저장합니다.

하면 된다! } 그림책 내지 디자인 (1)

왼쪽 페이지에는 글을 넣고 오른쪽 페이지에는 그림을 넣는 형식으로 디자인해 보겠습니다.

01 [폭]과 [높이]가 210mm로 동일한 정사각 판형으로 만들어 보겠습니다. [여백]은 사방 20mm, [도련]은 사방 3mm로 설정합니다. 세로 열을 넣기 위해 [여백 및 단] 창에서 [열 개수]는 3, [간격]은 0mm로 설정하고 [확인]을 누릅니다.

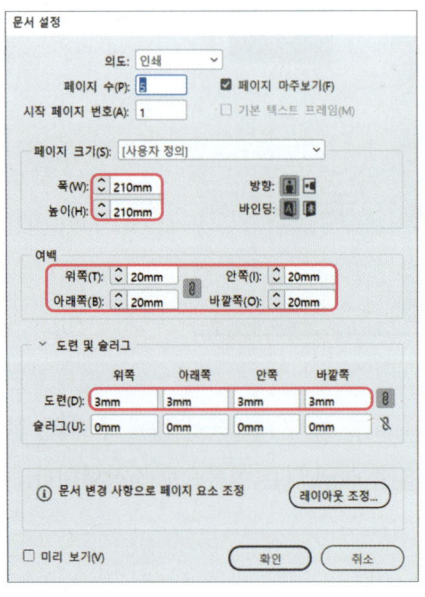
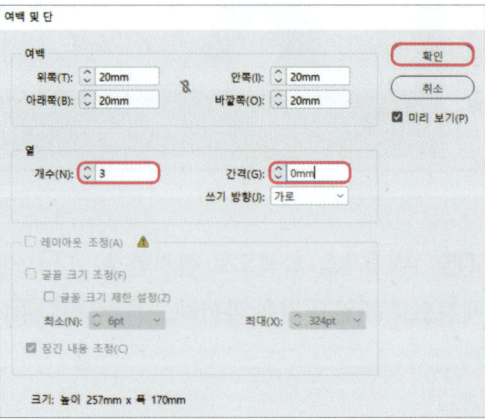

02 [사각형 프레임 도구 ⊠]로 그림이 들어갈 프레임을 만들고 Ctrl + D를 눌러 그림을 가져옵니다.

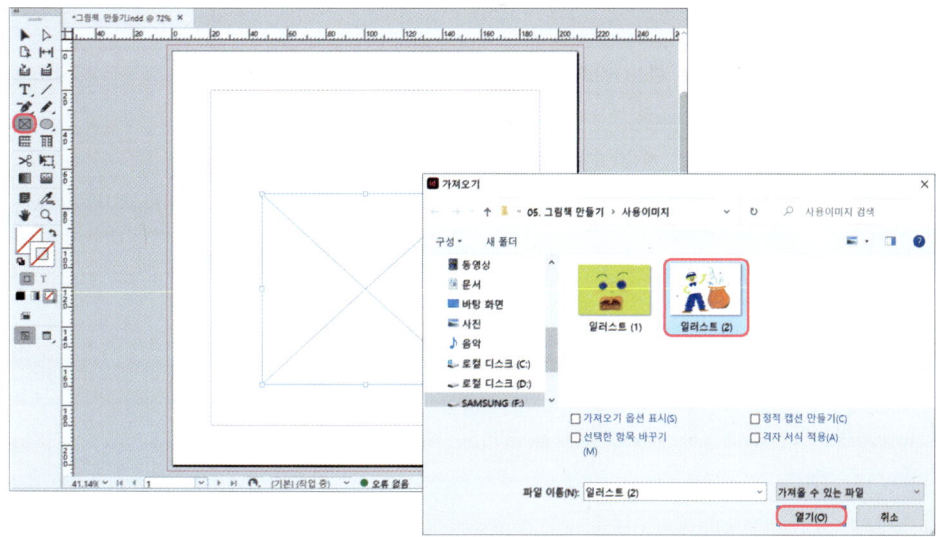

03 [속성] 패널에서 [비율에 맞게 프레임 채우기 ▦]를 선택합니다.

04 [문자 도구 T.]로 책 내용을 입력하고 문자 스타일을 지정합니다.

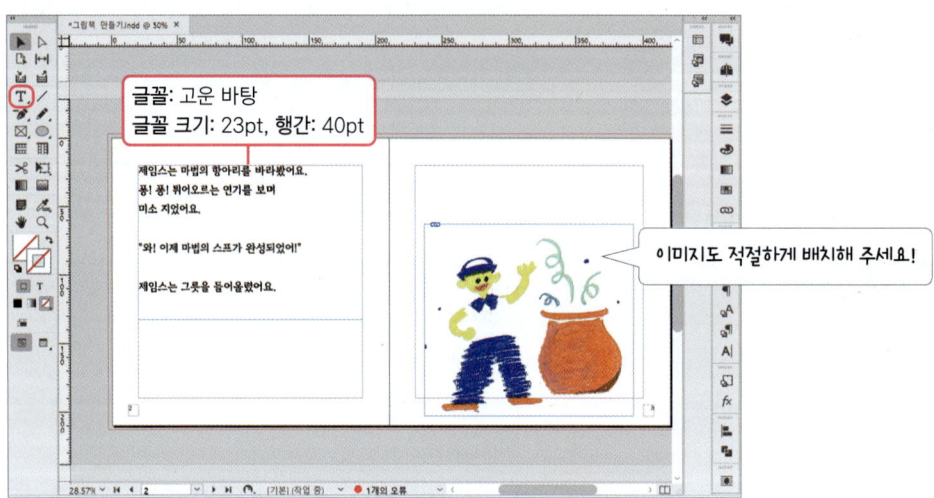

디테일을 잡는 팁! 아동용 도서는 글자 크기를 키워 주세요!

아동용 도서를 만들 때는 글자 크기를 20pt 이상으로 설정하는 것이 좋습니다. 아이들은 작은 글씨를 빠르게 인지하는 것이 어렵고 책이 어려워 보이면 흥미가 떨어질 수 있어요. 따라서 기본 본문 텍스트는 20pt 이상, 강조 텍스트는 30pt 이상으로 설정하는 것을 추천합니다. 줄글을 쉽게 구분할 수 있도록 행간도 넉넉하게 설정해 주세요.

05 '퐁! 퐁!' 같은 의성어 및 의태어에 기울기 효과를 주면 단어를 강조할 수 있어요. 단어를 드래그하고 [문자] 패널에서 문자 회전 값으로 20°를 입력합니다.

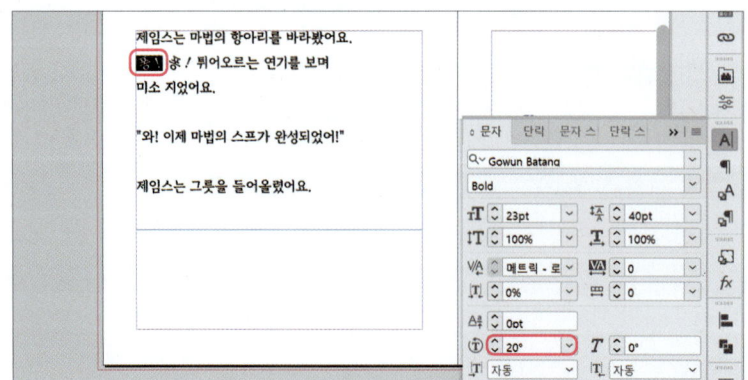

▶ 문자 회전 값으로 양수(+)를 입력하면 시계 반대 방향으로, 음수(-)를 입력하면 시계 방향으로 회전합니다.

하면 된다! } 그림책 내지 디자인 (2)

이번에는 판면에 이미지를 가득 채우는 형식으로 디자인할 거예요. 아이들이 보는 동화인 만큼 대사에는 귀여운 손글씨체를 사용해 보겠습니다.

01 이미지를 판면에 가득 차게 넣을 때는 프레임을 도련 영역까지 키워 줍니다. Ctrl + D 를 눌러 사진을 가져온 후 이미지의 크기를 조절해 판면 가득 채워 주세요.

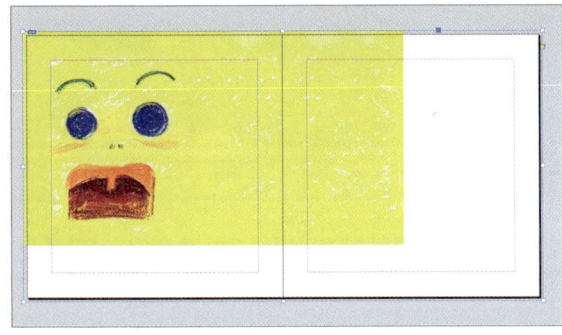

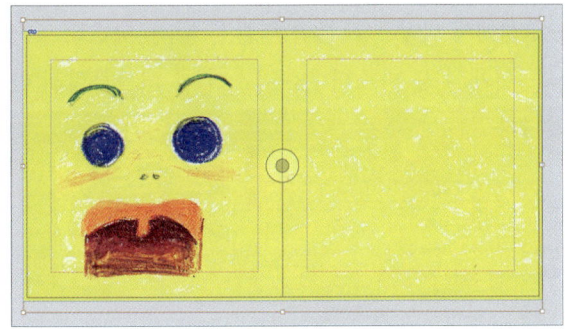

▶ 크기를 변경할 때는 반드시 Shift 를 누른 상태로 드래그해 이미지 비율을 보존해 줍니다.

02 캐릭터의 대사는 기본 서체보다 조금 더 발랄하고 귀여운 서체로 설정해 주세요. 두 글자를 각각의 문자 프레임에 입력합니다.

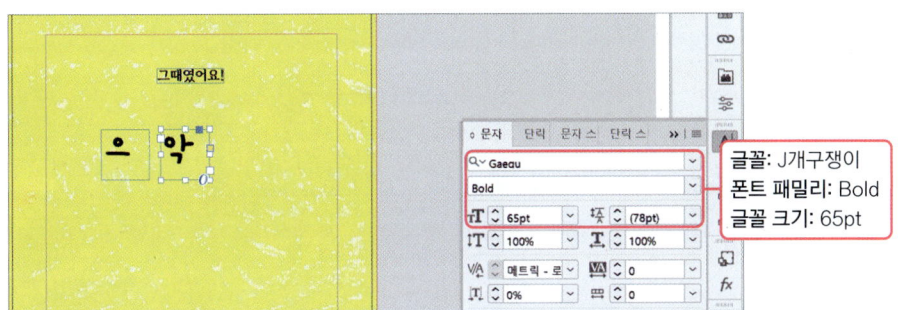

글꼴: J개구쟁이
폰트 패밀리: Bold
글꼴 크기: 65pt

03 문자를 회전해 대사를 더욱 생동감 있게 배치합니다.

하면 된다! } 페이지 번호 추가하기

책의 하단에 페이지 번호를 입력해 보겠습니다. 그림에 영향을 미치지 않을 정도로 심플하게 넣을 거예요.

01 [페이지] 패널을 열고 [A-마스터]에서 마우스 오른쪽 버튼을 눌러 [마스터 스프레드 "A-마스터" 복제]를 선택합니다. 복제된 새 마스터 [B-마스터]를 더블클릭해 마스터 스프레드(수정 페이지)로 넘어갑니다.

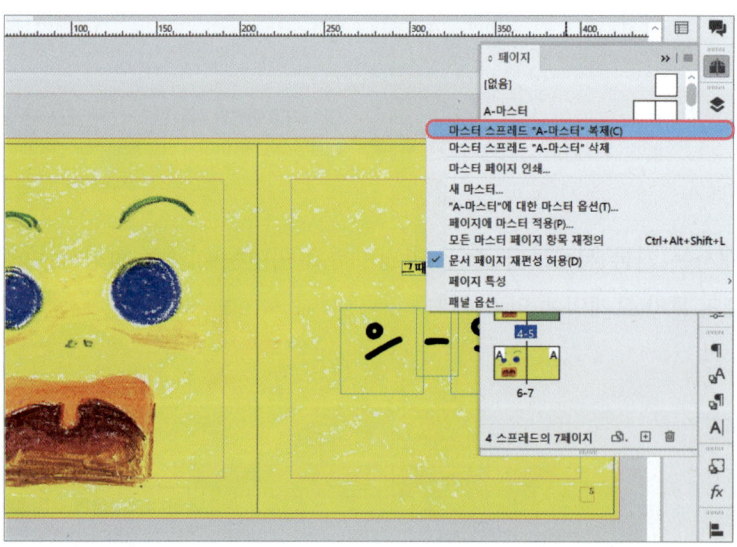

02 마스터 수정 페이지로 넘어왔다면 메뉴에서 [창 → 레이어]를 선택해 [레이어] 패널을 열고 패널 하단의 🖿 아이콘을 클릭해 새 레이어를 추가합니다. [문자 도구 T.] 로 페이지 번호가 들어갈 프레임을 추가합니다.

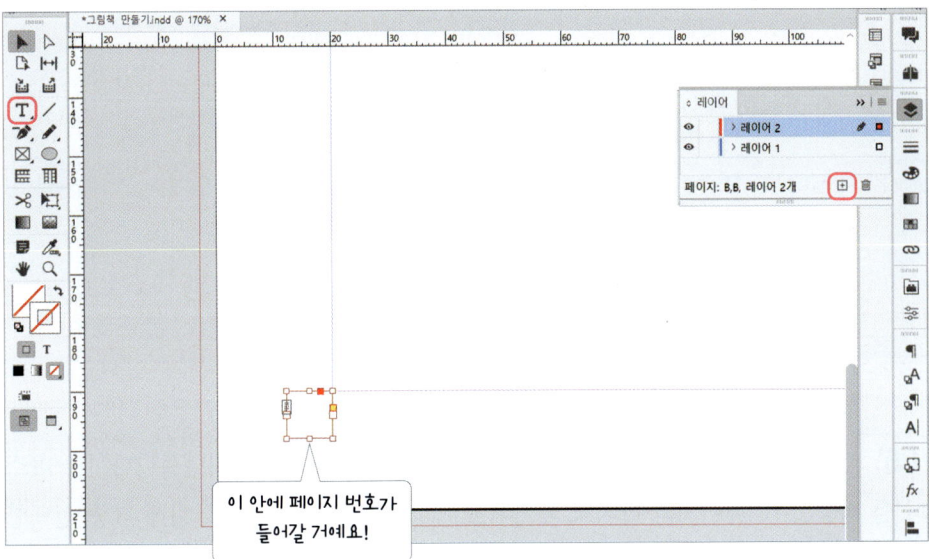

03 커서가 깜빡이는 상태에서 메뉴에서 [문자 → 특수 문자 삽입 → 표시자 → 현재 페이지 번호]를 선택합니다.

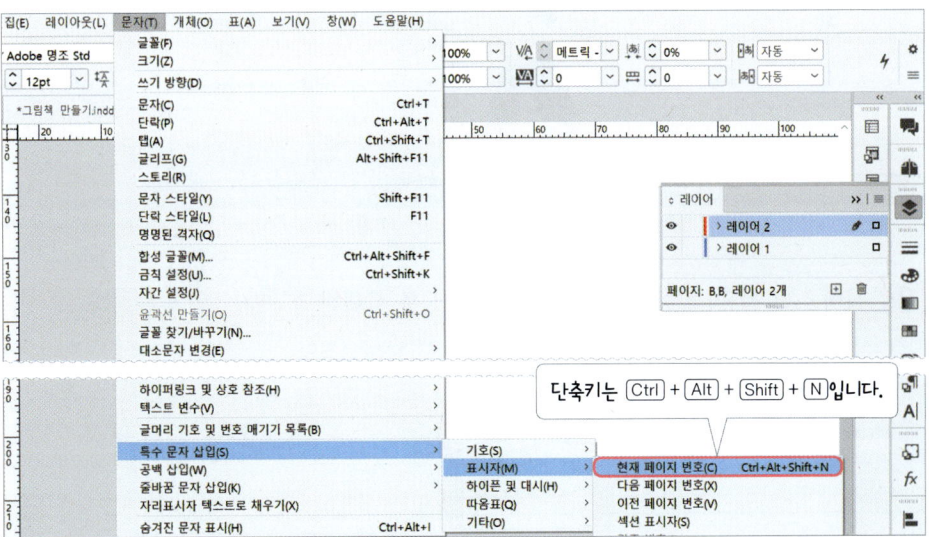

04 문자 프레임을 오른쪽 페이지에 복사해 동일하게 배치한 후 [단락] 패널에서 [오른쪽 정렬]을 적용합니다.

05 임의의 페이지를 더블클릭해 [B-마스터] 스프레드에서 빠져나옵니다. [B-마스터]를 적용할 첫 페이지와 마지막 페이지를 Shift를 누른 상태로 클릭해 다중 선택한 후 마우스 오른쪽 버튼을 눌러 [페이지에 마스터 적용]을 선택합니다.

06 [마스터 적용] 창이 나타나면 [B-마스터]를 선택한 후 [확인]을 누릅니다.

07 페이지 번호가 자동으로 들어간 것을 확인할 수 있습니다.

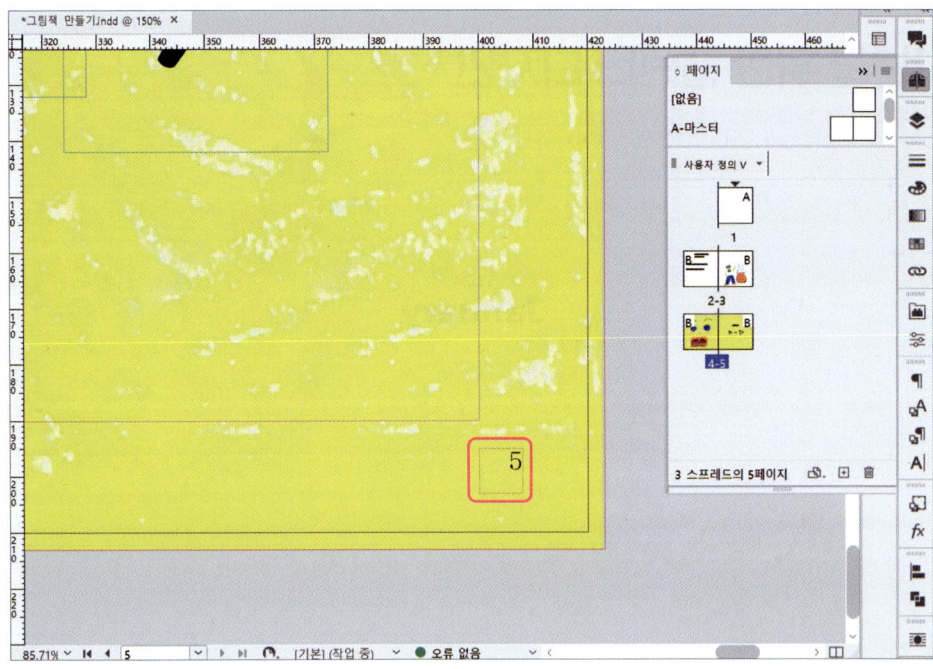

04-4
1년을 위한 캘린더 디자인

준비 파일 캘린더.indd　**완성 파일** 캘린더_완성.indd

	2024 January

(캘린더 미리보기 이미지)

다이어리 속지로도 추천해요!

디자인 수업 노트

- 표 기능으로 캘린더 기본 틀 잡기
- 셀 너비 조정하기
- 선 스타일 적용하기
- 엑셀, 워드에서 작성한 표 가져오기
- 표 수정하기

표 기능을 활용한 캘린더 디자인

이번에는 A4 용지에 출력하거나 태블릿에서 열어 다이어리로 쓸 수 있는 캘린더를 만들어 볼까요? 직접 만든 캘린더는 온라인에서 판매할 수도 있고, 추억이 담긴 사진을 넣어 주변 사람들에게 선물할 수도 있습니다.

캘린더를 만들 때는 인디자인의 표 기능을 적극 활용합니다. 인디자인의 표 기능도 여타 프로그램과 크게 다르지 않습니다. 엑셀, 워드, 한글 프로그램에서 작성해 둔 표를 그대로 가져올 수도 있죠. 표를 생성하고 수정하는 방법과 외부 프로그램에서 표를 가져오는 방법 등을 배워 보겠습니다.

A4 용지 사이즈에 맞춰 [폭] 297mm, [높이] 210mm의 가로형 문서로 만들어 보겠습니다. [도련]은 사방 3mm로 설정하세요. 이어서 세로 열을 넣기 위해 [여백 및 단]을 누른 후 [열 개수]는 3, [간격]은 0mm, [여백]은 사방 5mm로 설정한 후 [확인]을 누릅니다.

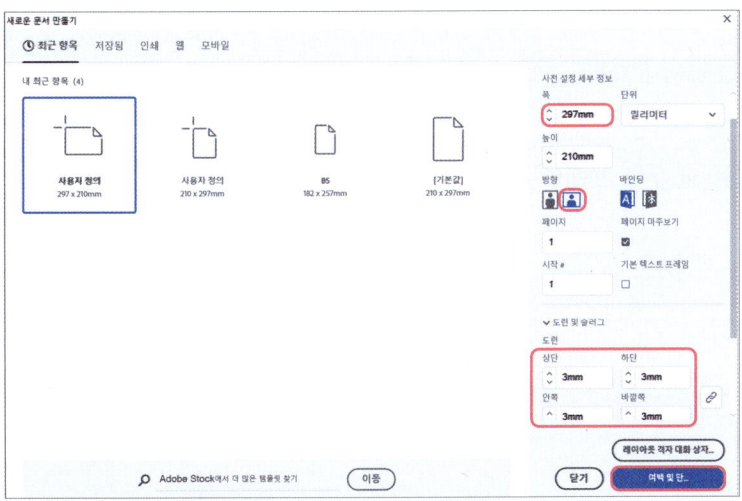

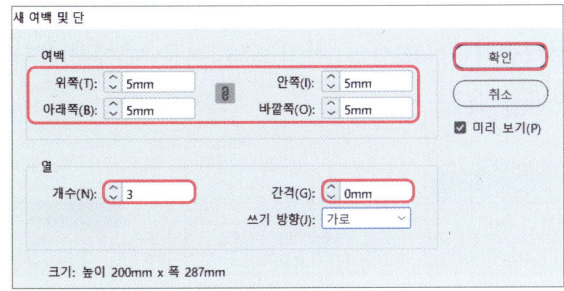

하면 된다! } 먼슬리 기본 틀 잡기

상단에 연, 월을 적고 그 아래에 표를 넣어 먼슬리 틀을 잡아 보겠습니다. 새해의 시작인 1월로 만들어 볼게요.

01 상단에 [문자 도구 T.]로 해당 월 January를 입력해 주세요. 달력에서 제목 역할을 하는 만큼 두께감이 있는 서체로 설정하는 게 좋겠죠? 이어서 January 위에 연도 2024를 입력합니다.

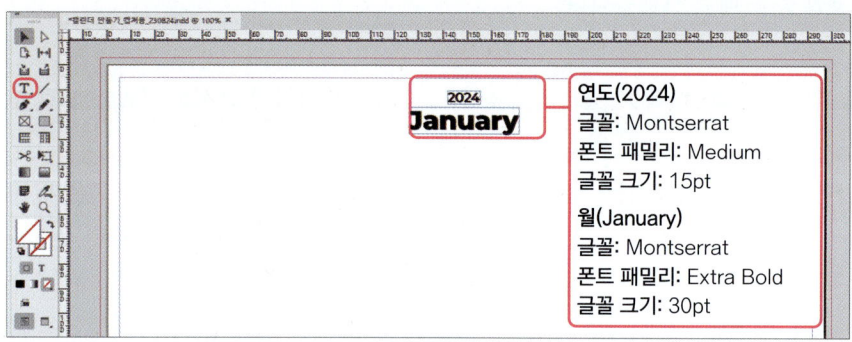

▶ Montserrat 서체는 구글 폰트에서 내려받을 수 있습니다.

02 [문자 도구 T.]로 문자 프레임을 만듭니다.

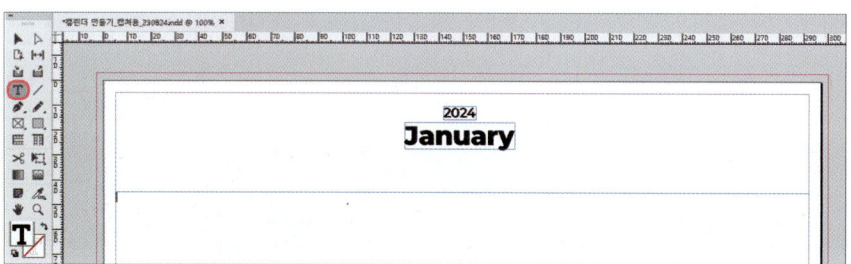

03 메뉴에서 [표 → 표 삽입]을 선택합니다. [표 삽입] 창이 뜨면 [본문 행]에 6, [열]에 7을 입력하고 [확인]을 눌러 표를 만듭니다.

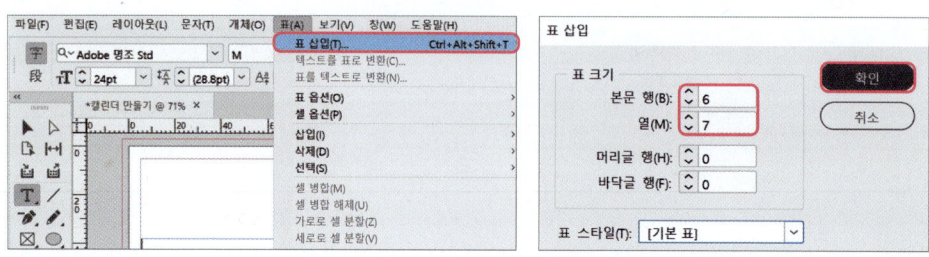

행과 열을 구분하세요!

행은 가로 칸, 열은 세로 칸의 개수라고 생각하면 쉬워요. 다음 표는 5행 3열이라고 할 수 있겠죠?

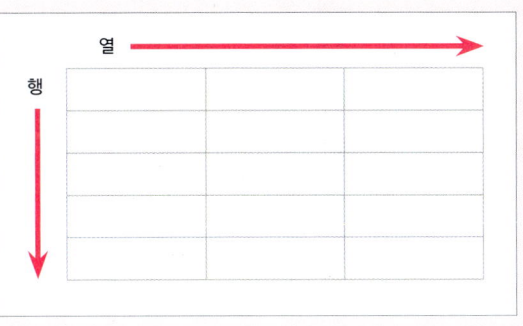

04 처음에는 다음과 같이 좁은 표가 만들어집니다. 표 가장 아래 선에 마우스 커서를 가져간 후 Shift 를 누른 상태에서 아래쪽으로 드래그하면 셀 전체의 높이를 한 번에 늘릴 수 있습니다.

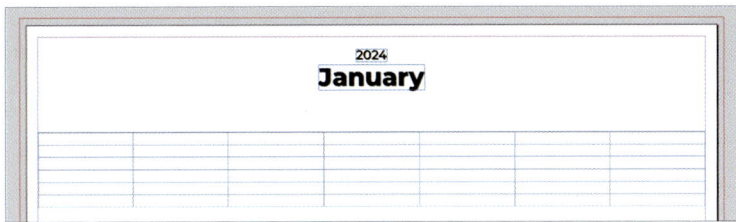

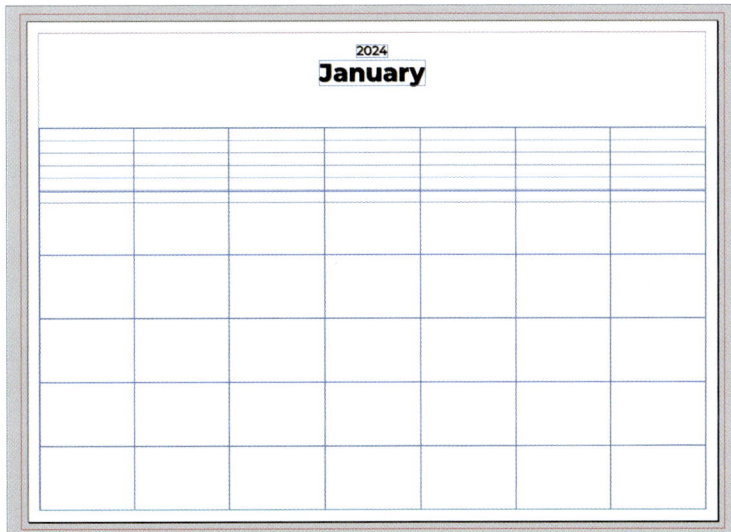

05 첫 번째 행에는 요일을 표시할 거예요. 아래 선을 드래그해 셀의 높이를 줄이고 나중에 추가할 '할 일 목록' 공간을 위해 가로 폭도 조금 좁혀 주세요.

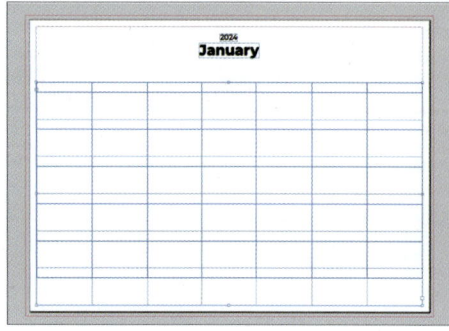 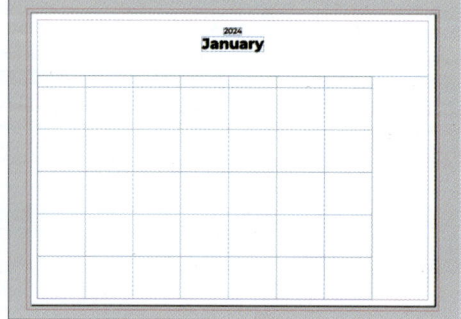

06 프레임의 모퉁이 핸들을 더블클릭해 표에 딱 맞게 수정하고 오른쪽 여백에 맞춰 붙여 주세요.

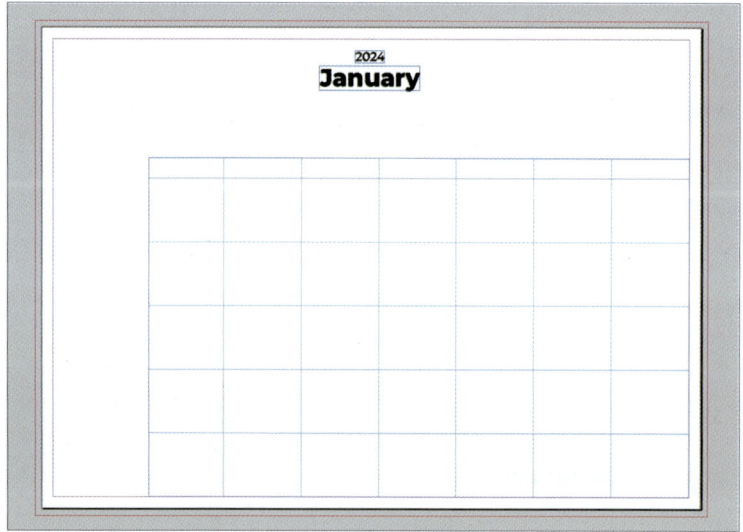

▶ [선택 도구]를 선택한 상태에서 모퉁이 핸들을 더블클릭하세요.

하면 된다! } 캘린더에 텍스트 입력하기

앞서 만든 표에 요일과 일자를 하나씩 입력해 보겠습니다. 여백을 적절하게 적용하면 완성도를 높일 수 있어요.

01 [문자 도구 T]를 선택한 후 첫 번째 행에 월요일(M)부터 일요일(S)까지 입력해 주세요.

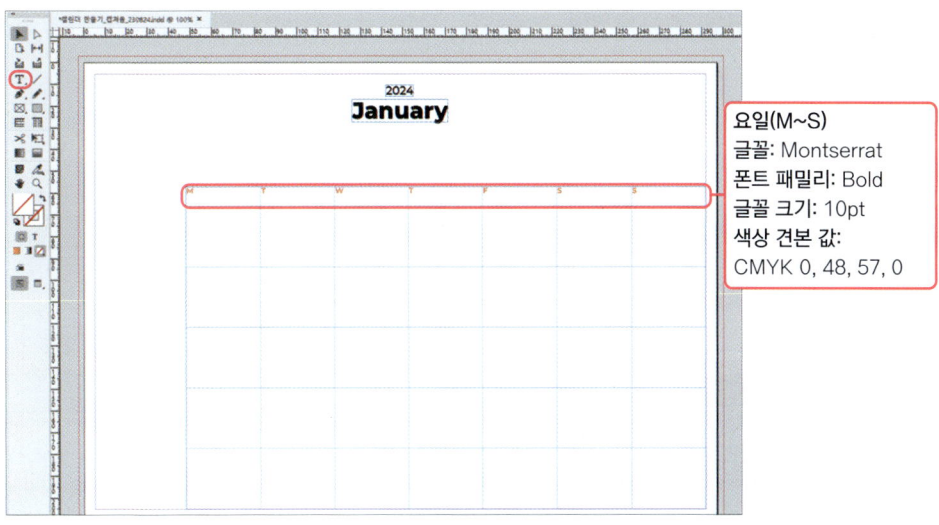

> Tab 을 누르면 바로 다음 셀로 넘어가므로 더 빠르게 작업할 수 있습니다.

02 메뉴에서 [창 → 문자 및 표 → 표]를 선택해 [표] 패널을 열어 주세요. 셀 인세트 설정에서 🔗 아이콘으로 비활성화하고 [왼쪽 셀 인세트 ▦]를 3mm로 설정합니다. 이전과 비교해 보면 글자 왼쪽에 여백이 생긴 것을 확인할 수 있습니다.

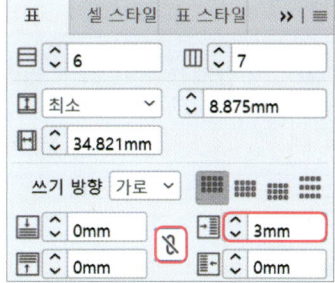

03 두 번째 행부터는 날짜를 입력합니다. 모두 입력했다면 드래그한 후 [표] 패널에서 🔗 아이콘을 다시 활성화합니다. 셀 인세트 값은 모두 3mm로 설정합니다.

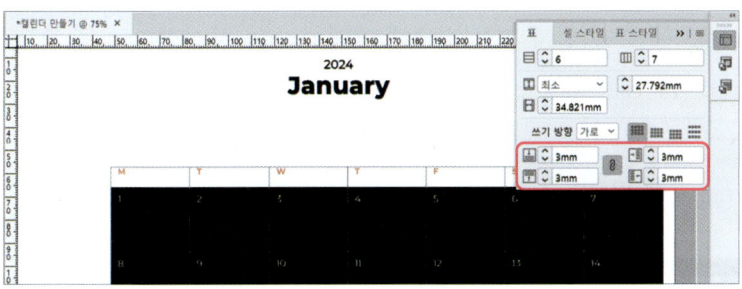

하면 된다! } 선 스타일 적용하기

표에서 구분이 필요한 부분의 획을 두껍게 하거나 색을 넣으면 눈에 더욱 잘 들어오면서도 깔끔하게 정리할 수 있습니다.

01 셀 전체를 드래그하고 [획] 패널을 열어 주세요. 바깥 테두리와 중간 세로 획을 클릭해 하늘색으로 활성화하고, [두께]는 0pt로 수정합니다.

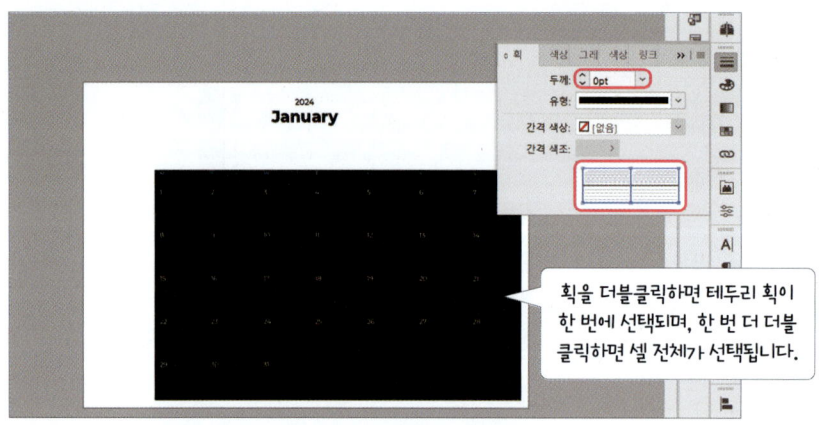

획을 더블클릭하면 테두리 획이 한 번에 선택되며, 한 번 더 더블 클릭하면 셀 전체가 선택됩니다.

02 이번에는 중간 가로 획만 선택하고 [두께]를 0.5pt로, 색상은 K값만 85로 수정합니다.

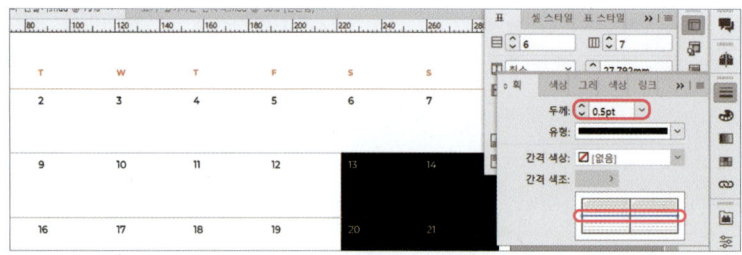

03 이번에는 '요일' 행인 첫 번째 행을 선택해 아래쪽 획만 활성화하고 [두께]를 0.75pt로 설정합니다. 색상은 글자와 동일하게 적용해 주세요.

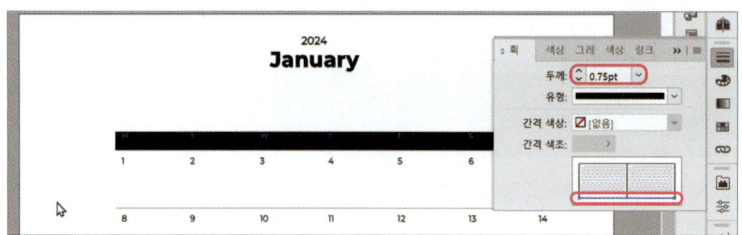

04 기본 캘린더를 완성했습니다.

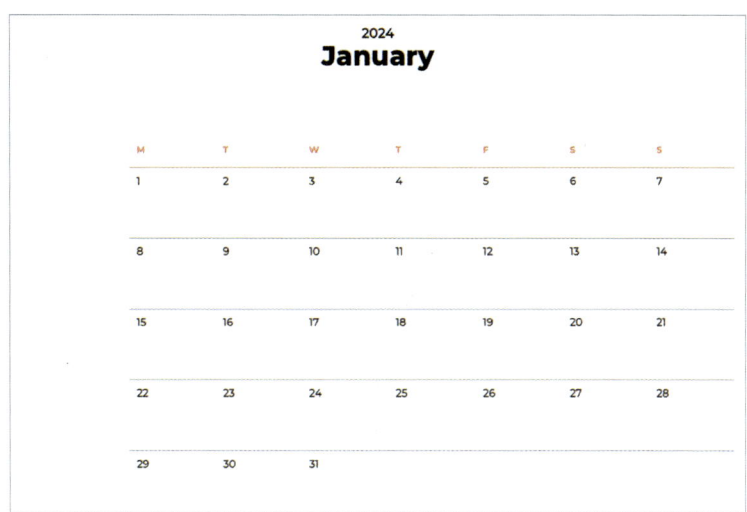

하면 된다! } 할 일 목록 만들기

먼슬리 왼쪽의 여백을 '할 일 목록'을 적을 수 있는 공간으로 만들어 보겠습니다. 마찬가지로 표 기능을 이용해 줄 노트처럼 서식을 적용하면 됩니다.

01 [문자 도구 T.]로 프레임을 만들고 제목으로 TODO LIST를 입력합니다.

02 제목 아래에 문자 프레임을 만들어 주세요. 요일 하단의 주황색 획과 같은 높이로 맞춰야 합니다. 메뉴에서 [표 → 표 삽입]을 선택하면 [표 삽입] 창이 나타납니다. [본문 행]에 20, [열]에 1을 입력한 후 [확인]을 누릅니다.

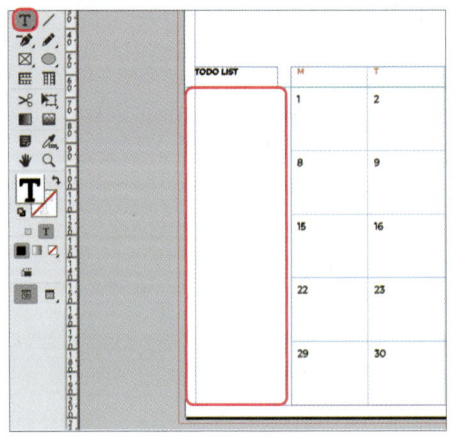 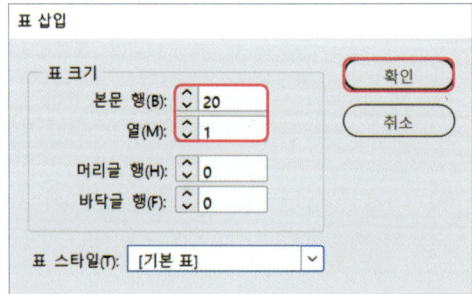

03 표가 생성되면 (Shift)를 누른 상태로 표의 가장 아래쪽 획을 드래그해 셀 전체의 세로 폭을 넓힙니다.

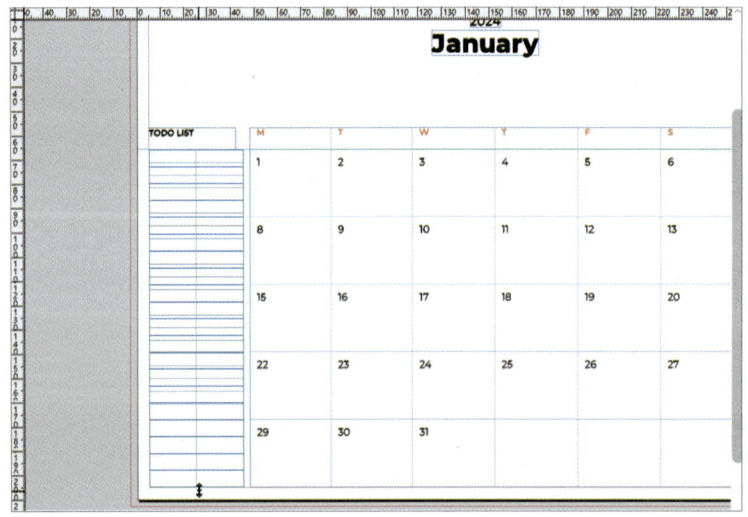

04 셀 전체를 선택하고 [획] 패널에서 바깥쪽 획 [두께]를 0pt로 변경합니다.

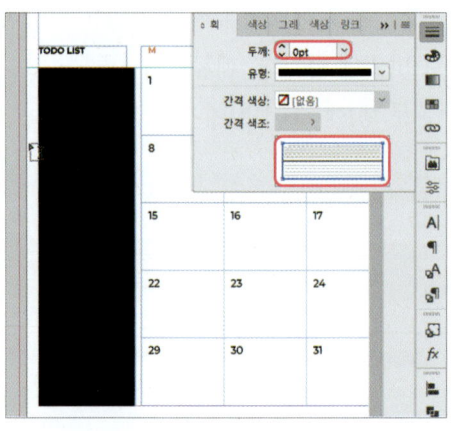

05 가장 위쪽의 획과 중간 가로 획의 [두께]를 0.5pt로 설정하고 선 색상은 주황색을 적용해 주세요. 할 일 목록까지 들어간 달력 디자인이 완성되었습니다.

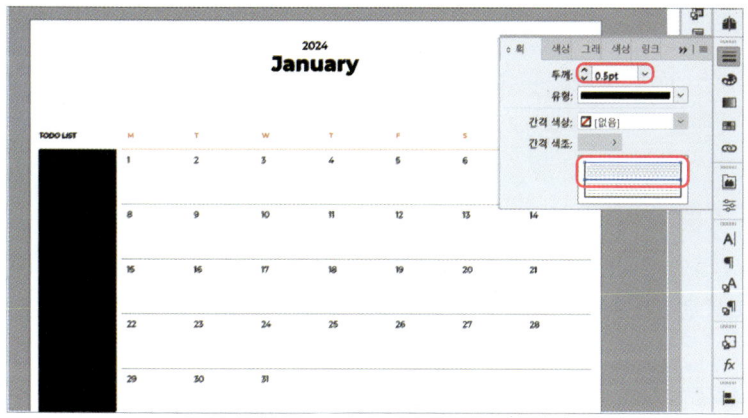

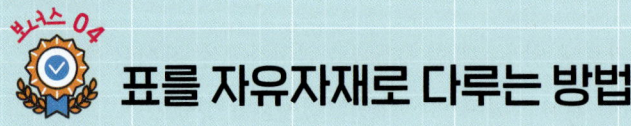

표를 자유자재로 다루는 방법

워드, 엑셀에서 표 가져오기

워드나 엑셀에 표를 만들어 두었는데 인디자인에서 다시 만들어야 하냐고요? 그럴리가요! 다른 프로그램에서 만든 표를 인디자인으로 불러오는 방법을 알려 드릴게요.

1. 워드에서 표 가져오기

Ctrl + D를 눌러 [가져오기] 창을 실행한 후 원하는 워드 파일을 선택합니다. 아래 체크 표시를 모두 해제하고 [열기]를 누릅니다. 글과 표를 함께 불러오려면 파일을 열고, 표만 필요하다면 파일을 열어 표를 선택한 후 Ctrl + C, Ctrl + V를 눌러 가져오면 됩니다.

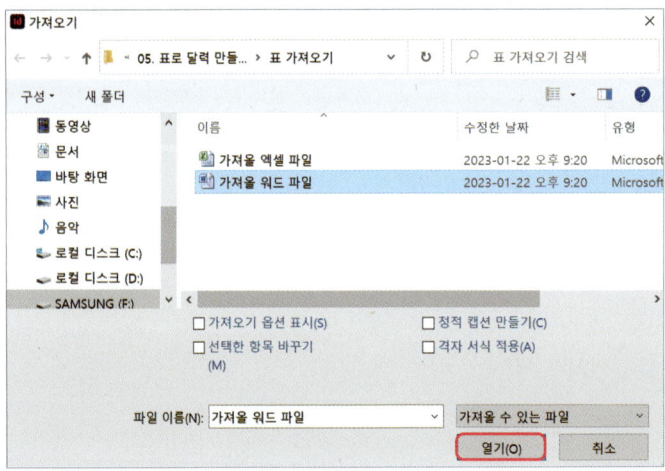

2. 엑셀에서 표 가져오기

마찬가지로 Ctrl + D를 눌러 [가져오기] 창을 실행합니다. 원하는 엑셀 파일을 선택한 후 [가져오기 옵션 표시]에만 체크 표시하고 [열기]를 누릅니다. [가져오기 옵션] 창이 나타나면 [표]에서 [서식이 있는 표]를 선택한 후 [확인]을 눌러 표를 가져옵니다.

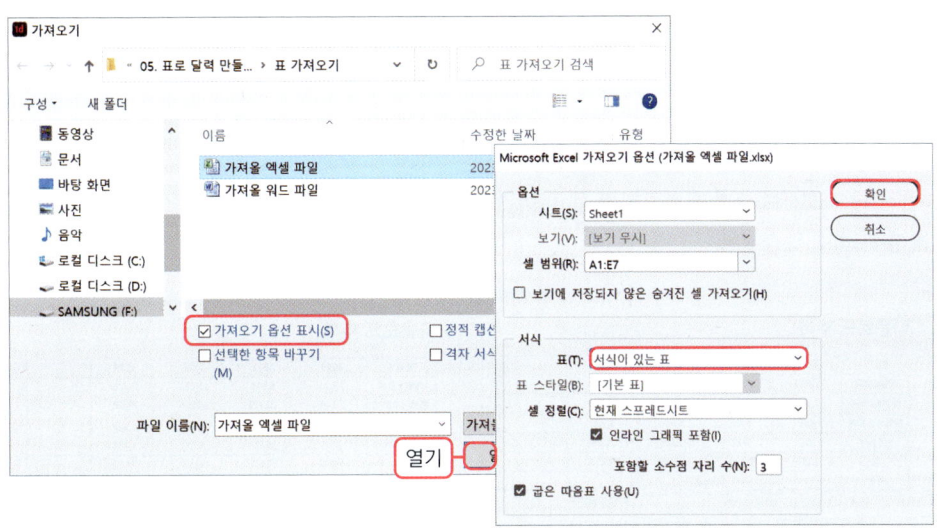

셀 스타일 저장하기

표를 수정하다 보면 같은 스타일을 여러 번 적용해야 할 때가 있습니다. 이럴 땐 문자나 단락처럼 셀 스타일을 미리 저장해 둔 후 필요할 때마다 바로 적용하는 것을 추천해요. 메뉴에서 [창 → 글자 및 표 → 표]를 선택하면 [셀 스타일] 패널을 찾을 수 있습니다.

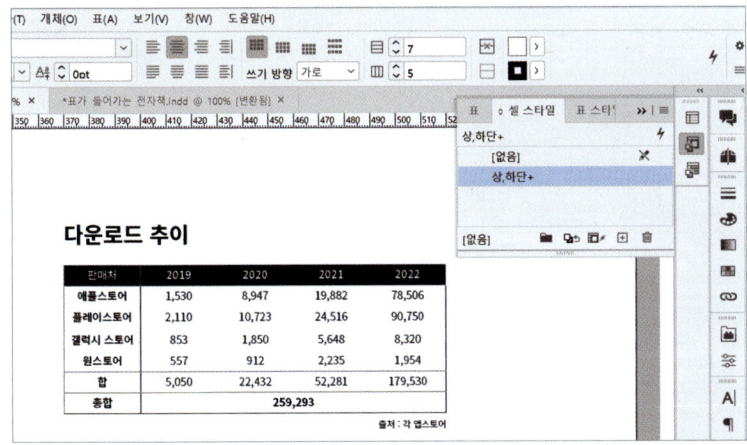

만들어 둔 표 수정하기

표의 셀 너비를 늘리거나 행/열을 추가하는 방법을 알아보겠습니다.

1. 셀 드래그해 수정하기

[문자 도구 T]로 표를 드래그하면 셀 너비가 늘어납니다. 이때 Alt 를 누른 채로 드래그하면 셀을 추가할 수 있습니다.

2. 마우스 오른쪽 버튼을 눌러 셀 추가하기

마우스 오른쪽 버튼을 눌러 [삽입 → 행/열]을 선택하면 셀을 추가할 수 있습니다.

05
시선을 사로잡는 표지 디자인

독자의 시선을 끄는 데 가장 많은 영향을 주는 것은 바로 책의 표지입니다. 책의 제목을 읽기도 전에 먼저 눈에 들어오기 때문에 표지야말로 책의 첫인상이라고 할 수 있습니다. 또 독자가 책의 내용을 유추할 수 있도록 도와주는 역할도 하죠. 공포 소설에는 검은색과 같이 어두운 바탕색을, 일상 에세이에는 사진이나 심플한 그래픽을 사용하는 것처럼요.

글이 아무리 흥미로워도 표지가 매력적이지 않으면 독자를 끌어들이기 힘들 수 있습니다. 화려하지 않아도 괜찮습니다. 책의 주제와 분위기를 명확히 드러내는 표지 디자인을 할 수 있도록 곳곳에 팁을 적어 두었으니, 이를 응용해 개성 넘치는 표지를 디자인해 보세요!

05-1 심플한 스타일의 표지 디자인
05-2 명화를 활용한 표지 디자인
[보너스 05] 배경 투명하게 누끼 따는 방법
05-3 직접 찍은 사진을 이용한 표지 디자인

05-1
심플한 스타일의 표지 디자인

책 날개없이 깔끔한 디자인!

나를 좀먹던 불안함은 한결 가라앉았고, 전에 없던 책가 나를 먹여 살리지 않으면 정말로 살 수가 없는 상문이다. 매달 빠져나갈 비용을 생각하면 가슴이 답답후회하지는 않는다. 모든 모험에는 비용이 따른다. -

내가 오해를 했구나, 오만했구나. 부스럭 소리가 나더아보며 '맛있지?' 하며 미소를 지으셨어요 호두과자이야기를 뉴스를 통해서만 본 게 이렇게 티가 날 일이

- 본문 중에서

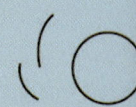

디자인 수업 노트

- 책등 만들기
- 책 제목과 저자명 텍스트 배치하기
- 요소를 넣어 표지 무게 중심 잡기
- 바코드 만들기
- 제목에 어울리는 간단한 그래픽 추가하기
- 서체 아웃라인 처리하기

준비 파일 심플표지.indd 완성 파일 심플표지_완성.indd

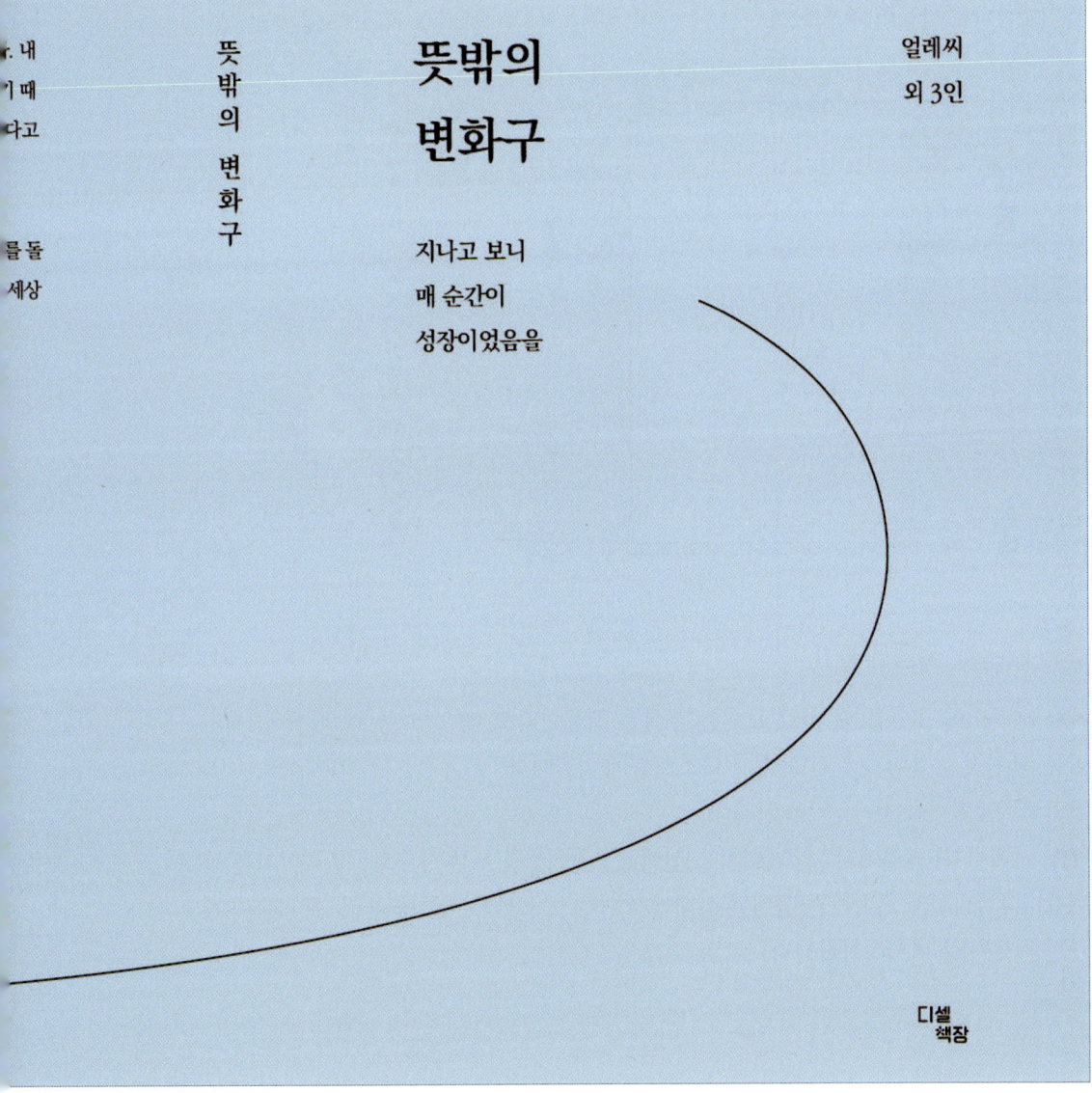

텍스트와 선을 활용한 표지 디자인

표지에 복잡한 그림이나 화려한 사진이 들어가야만 눈에 띄는 것은 아닙니다. 오히려 이미지 없이 텍스트로만 디자인한 책 표지에 시선이 가는 경우도 많아요. 단, 이런 스타일의 디자인은 적절한 여백과 배치가 중요하기 때문에 레퍼런스를 충분히 찾아보는 것을 추천드립니다.

▶ 이번 예제는 03-1절의 에세이 내지 예제에 이어집니다.

폭 130mm, 높이 200mm에 여백은 사방 20mm, 도련은 사방 3mm로 설정합니다. 총 3페이지를 만들어 주세요.

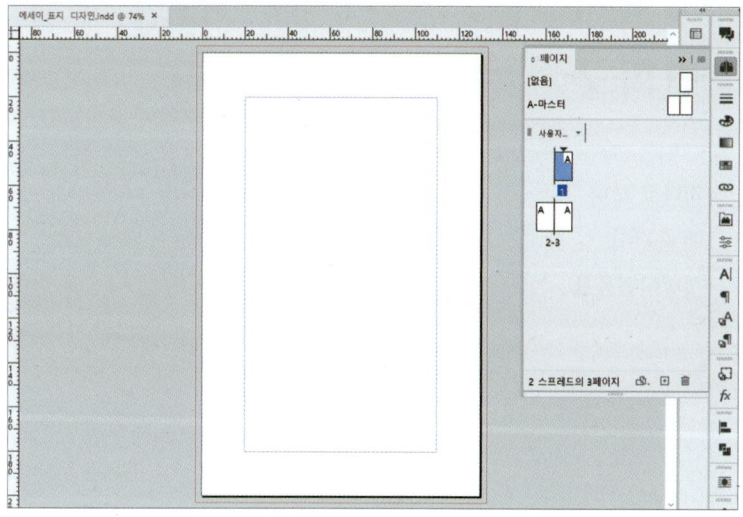

하면 된다! } 책등 만들기

책을 책꽂이에 꽂았을 때 바로 보이는 부분을 책등이라고 해요. 보통 책의 제목, 저자 이름, 출판사 이름이 나란히 놓이게 텍스트를 배치합니다.

01 [페이지] 패널에서 [1] 페이지를 선택하고 (Shift)를 누른 상태로 [3] 페이지를 선택합니다. [1]~[3] 페이지가 선택된 상태에서 마우스 오른쪽 버튼을 눌러 [문서 페이지 재편성 허용]을 비활성화합니다.

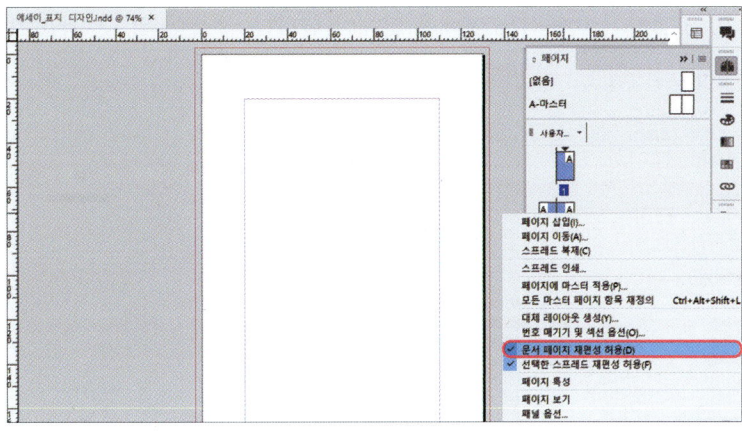

02 [2] 페이지를 드래그해서 [1] 페이지 앞으로 가져옵니다. 왼쪽과 같이 페이지 옆에 여백 없이 딱 붙도록 가져다 놓아 주세요. 오른쪽과 같이 나타난다면 페이지 재배치에 성공한 것입니다.

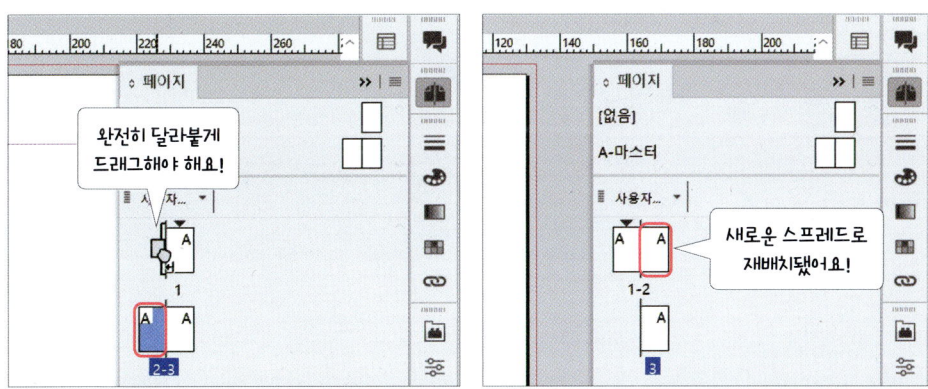

03 [3] 페이지도 위로 드래그해서 세 페이지를 일렬로 배치합니다.

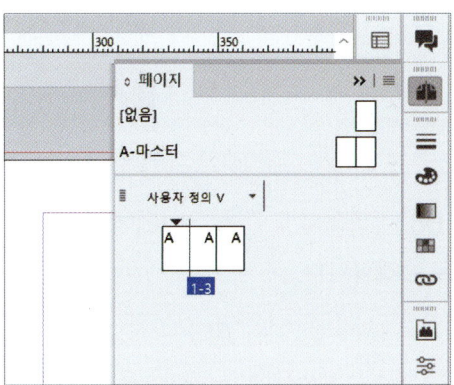

04 페이지 크기를 조절하기 위해서는 여백을 없애야 합니다. 책등이 될 [2] 페이지를 선택한 후 메뉴에서 [레이아웃 → 여백 및 단]을 선택합니다.

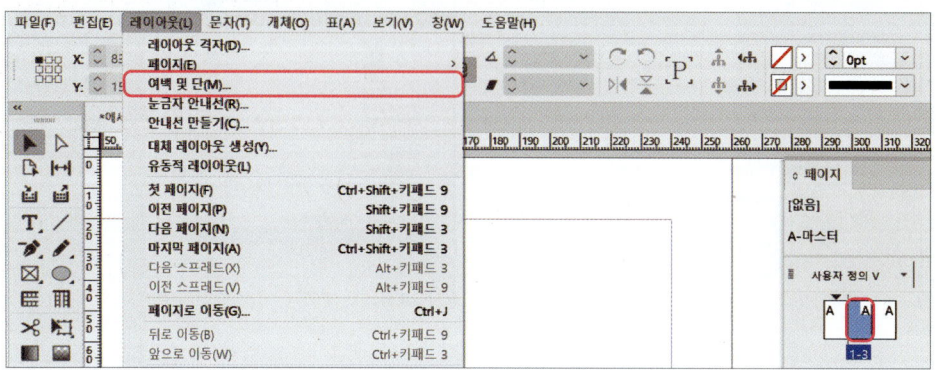

05 [여백 및 단] 창에서 [여백]을 모두 0mm로 수정하고 [확인]을 누릅니다. 페이지 사이에 있던 여백이 없어졌나요?

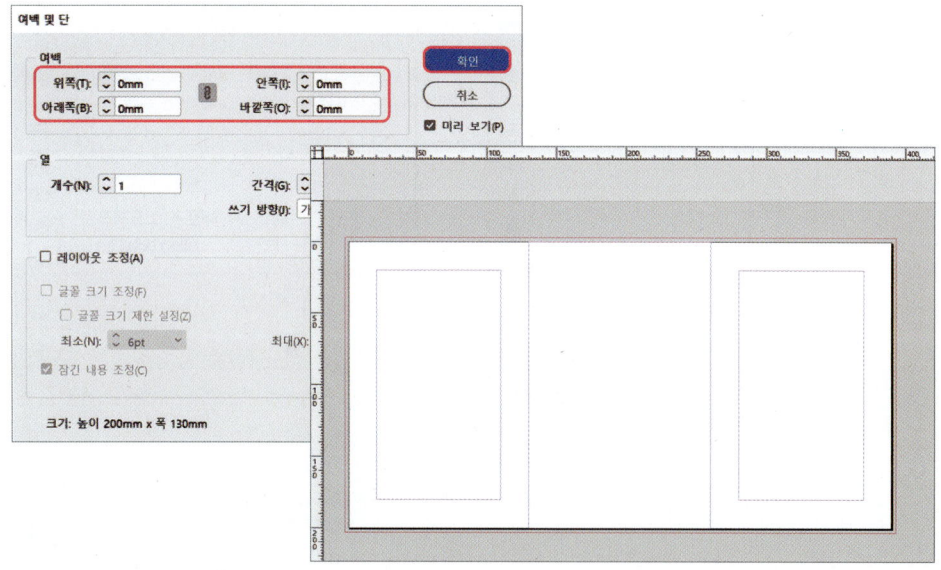

06 [페이지 도구 ▣]로 [2] 페이지를 선택하고 옵션 바에서 W: 20mm, H: 200mm로 수정합니다.

▶ 책등 두께를 구하는 방법은 01-3절을 참고하세요.

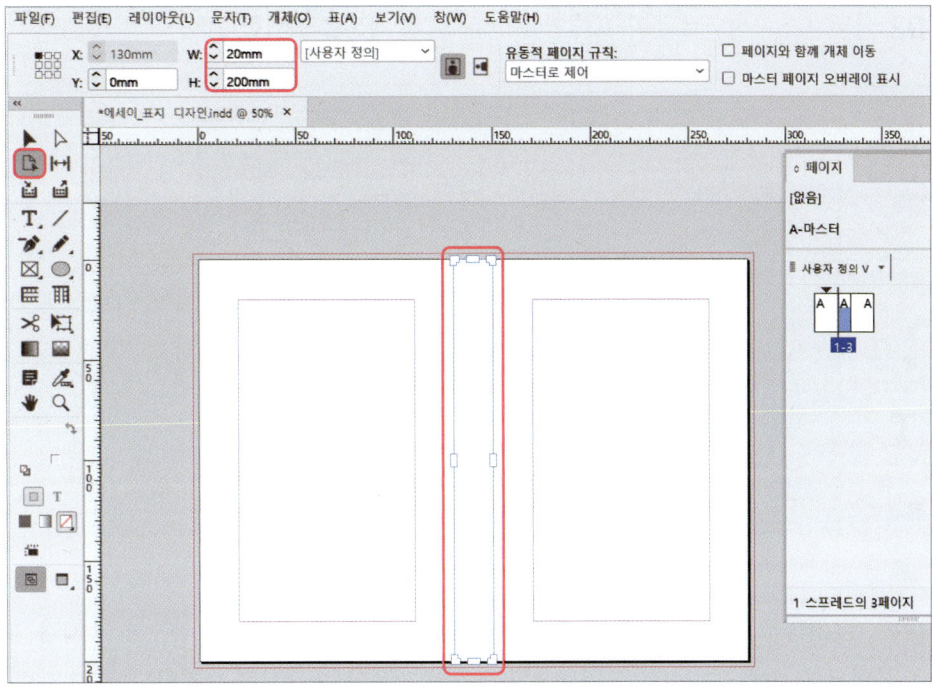

하면 된다! } 앞표지 디자인하기

표지의 크기를 설정했으니 본격적으로 표지 디자인을 해볼게요. 하늘색 바탕 위에 텍스트와 선 그래픽을 올려 깔끔하게 구성해 보겠습니다.

01 [사각형 도구 ▣]로 사각형을 도련까지 채워 만든 다음 개체 칠 색상을 적용합니다.

CMYK: 22, 5, 4, 0

05 · 시선을 사로잡는 표지 디자인 **225**

02 [문자 도구 T]로 문자 프레임을 만든 후 책 제목을 입력합니다.

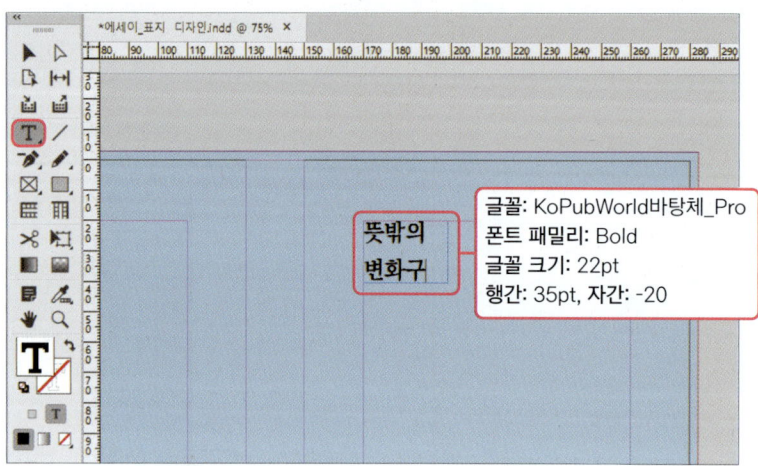

03 Shift + Alt 를 누른 상태에서 책 제목 개체를 드래그해 오른쪽으로 복사합니다. 복제된 개체에 저자 이름을 입력하고 크기를 제목의 반 정도로 수정합니다. 같은 방법으로 저자 이름 개체를 복사해 제목 아래에 배치하고 부제목을 입력합니다.

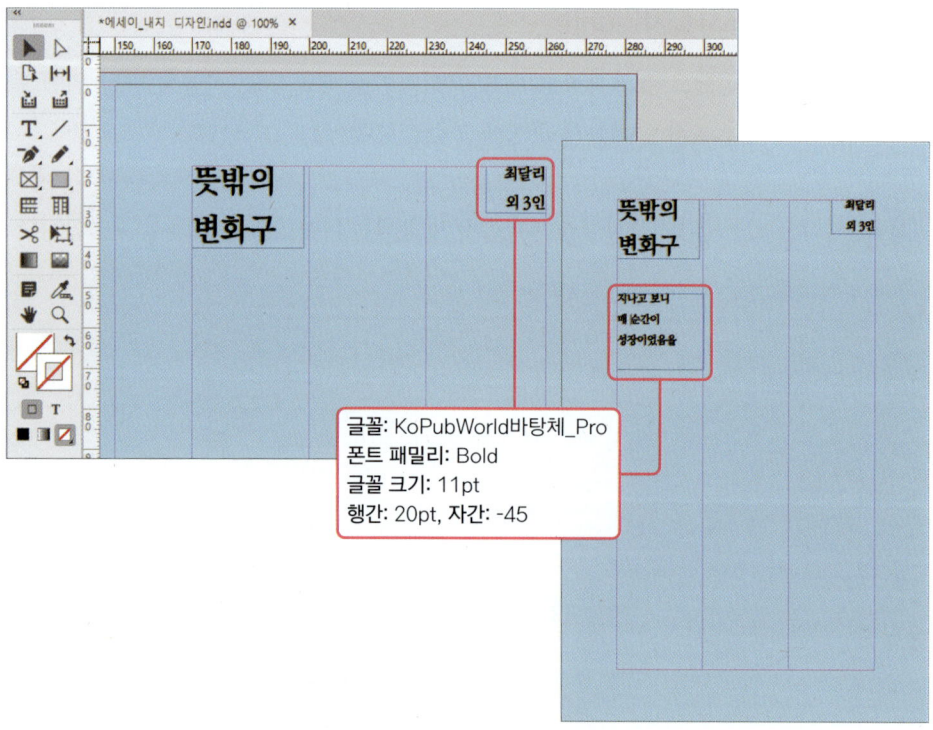

하면 된다! } 책등에 책 제목 입력하기

책등에 책 제목을 입력할 때는 매대에 놓였을 때 잘 읽히도록 가로쓰기를 한 후 회전하기도 하지만, 책꽂이에 꽂혀 있을 때 읽기 편하게 세로쓰기를 하기도 합니다. 여기서는 세로쓰기를 해볼게요.

01 [문자 도구 T]를 길게 눌러 [세로 문자 도구 IT]를 선택합니다. 제목 텍스트와 높이를 맞춰 문자 프레임을 만들어 주세요.

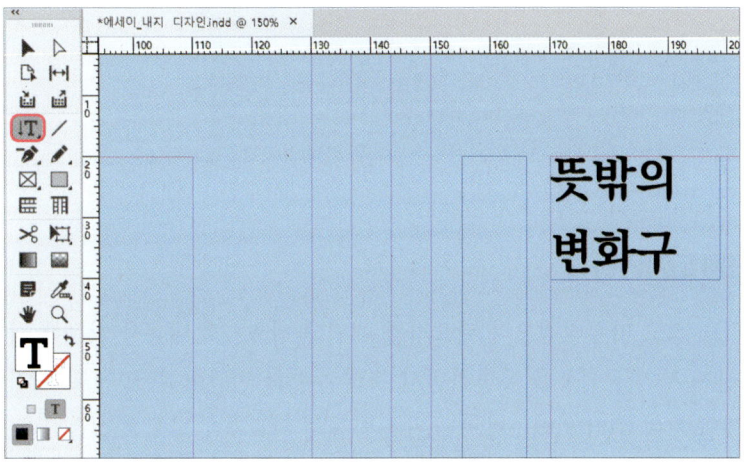

02 문자 프레임 안에 책 제목을 입력하고 서식을 설정합니다. 프레임 왼쪽 모퉁이 핸들을 더블클릭해 프레임을 제목에 딱 맞게 줄여 주세요.

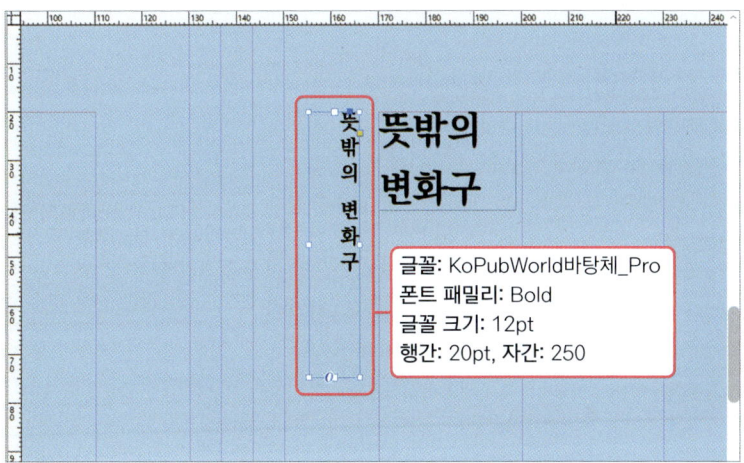

03 문자 프레임을 드래그해 [2] 페이지 가운데에 배치합니다.

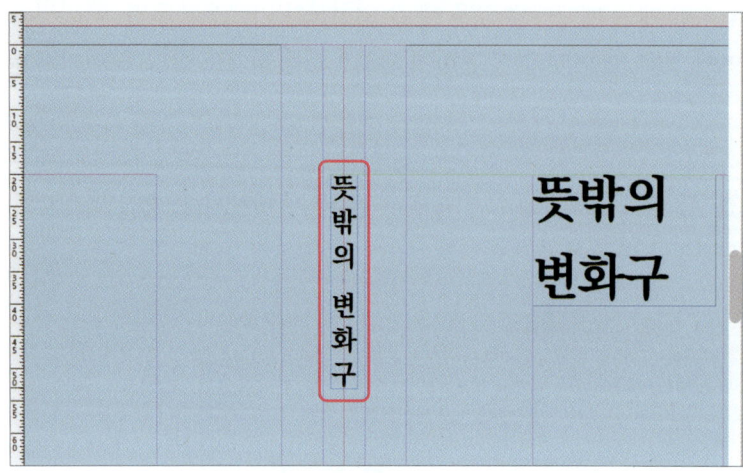

하면 된다! } 뒤표지 디자인하기

앞표지와 책등을 어느 정도 마무리했으니 뒤표지를 채워 볼까요? 책 내용을 발췌해 넣으면 책을 처음 접한 독자의 궁금증을 유발하면서 책의 주제를 전달할 수 있어요. 저자가 여러 명이라는 것을 보여 주기 위해 2개의 글귀를 발췌해 뒤표지에 넣어 보겠습니다.

01 뒤표지가 될 [1] 페이지에 문자 프레임을 추가하고 본문 내용 중 책의 주제를 잘 보여 주는 부분을 불러옵니다. 글자 크기를 앞표지에 들어간 것보다 작게 설정합니다. 책의 본문과 같아도 좋아요.

글꼴: KoPubWorld바탕체_Pro
폰트 패밀리: Medium
글꼴 크기: 9pt
행간: 18pt, 자간: -45

02   사각형 프레임을 만들어 글 사이 간격을 측정합니다. 프레임을 아래로 복사해 다음 텍스트를 배치할 위치를 잡아 주세요. **본문 중에서**라고 텍스트를 입력한 후 프레임을 모두 삭제합니다.

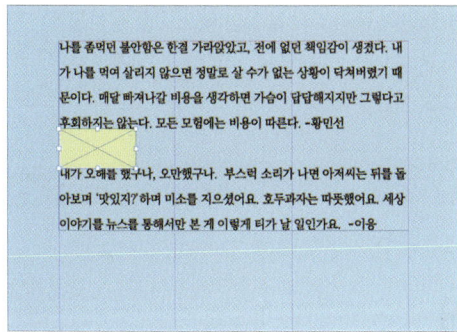 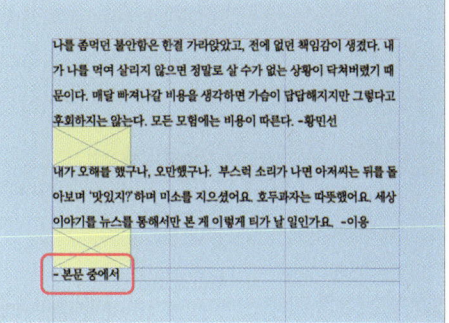

03   요소를 모두 입력했다면 화면을 축소해 스프레드 전체를 확인해 보세요. 앞표지의 오른쪽 하단에는 출판사 로고를, 뒤표지의 왼쪽 하단에는 정가와 바코드를 추가합니다.

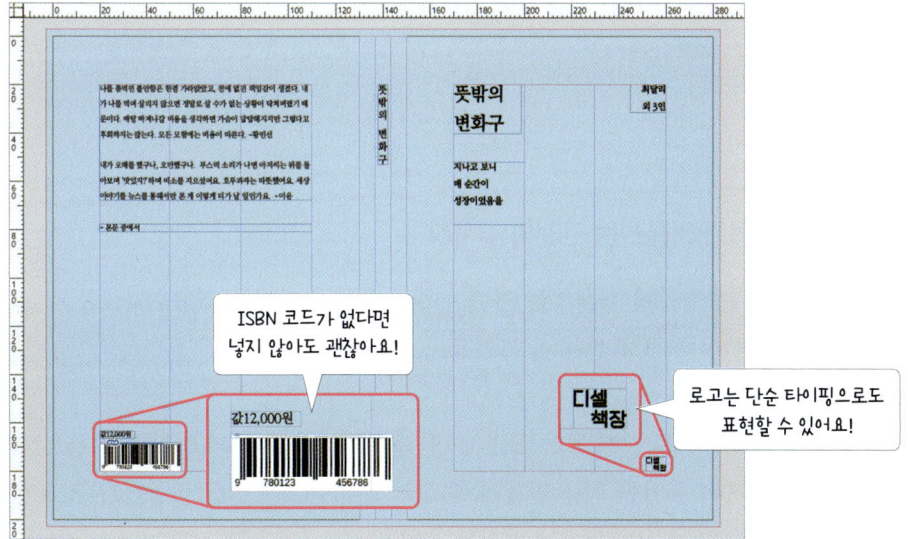

▶ 바코드는 되도록 흰색 바탕에 검은색 선으로 표현하는 게 좋습니다. 바탕색을 달리하면 포스기에 따라 인식되지 않을 수도 있어요.

바코드가 꼭 필요할까요?

교보문고, 알라딘 등에 판매할 계획이 아니라면 바코드는 꼭 넣지 않아도 됩니다. ISBN 코드를 등록하기 위해서는 사업자, 출판사 등록 코드 등이 필요한데, 가족이나 친구에게 선물로 주는 책이라면 출판사 등록까지 해가며 바코드를 생성할 필요는 없겠죠? 독립서점에서는 바코드가 없어도 판매할 수 있답니다. 디자인을 위해 바코드를 넣고 싶다면 가상 바코드를 생성해서 활용해 볼 수도 있어요!

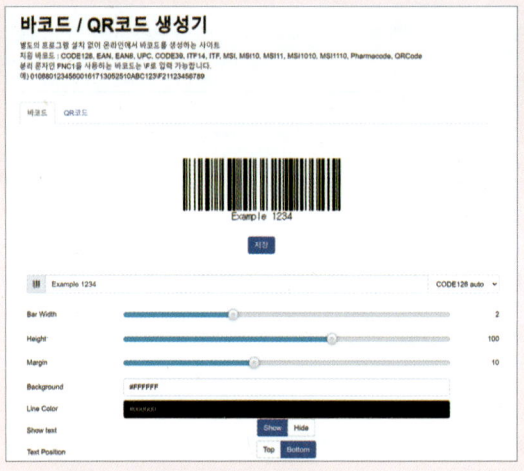

▶ ISBN이란 국제표준도서번호로, 책마다 부여되는 고유번호라고 생각하면 됩니다.

바코드, QR코드 생성기 사이트
(wepplication.github.io/tools/barcodeGen)

하면 된다! } 제목과 어울리는 그래픽 추가하기

'뜻밖의 변화구'라는 제목에 어울리는 간단한 그래픽을 추가해 보겠습니다. '공'과 '공이 날아가는 궤도'를 선으로 표현해 볼 거예요.

01 [사각형 도구 ▣]를 길게 눌러 [타원 도구 ◉]를 선택합니다. [Shift]를 누른 상태로 드래그해 반지름이 동일한 원을 만들어 주세요. 선 두께는 1pt를 적용합니다. 도형을 생성했다면 왼쪽 페이지의 빈 곳에 배치합니다.

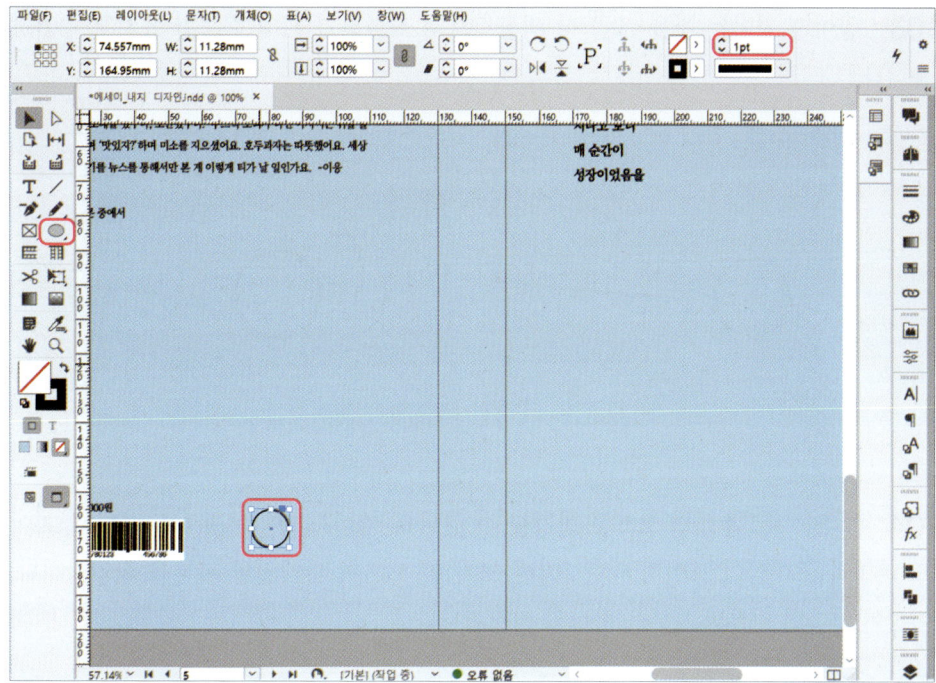

02 공이 날아가는 궤도를 표현하기 위해 [펜 도구 ✏️]를 활용합니다. 공 옆을 시작점으로 찍고 곡선이 꺾이면 하는 곳에 클릭한 채로 드래그해 곡선을 만들어 주세요. 선을 생성했다면 공 그림과 같이 선 두께를 1pt로 적용합니다.

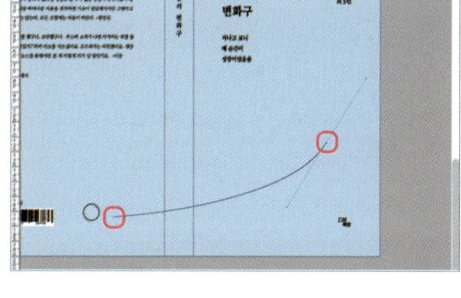

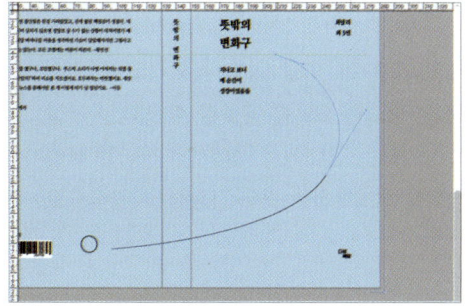

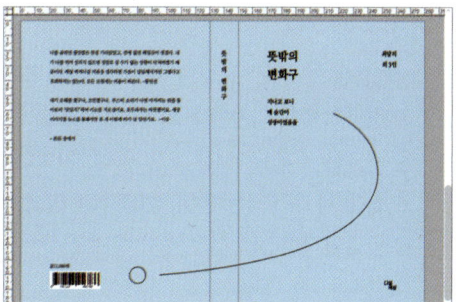

03 공이 움직이는 것을 조금 더 역동적으로 표현하기 위해 흔들림 표시를 추가해 줍니다.

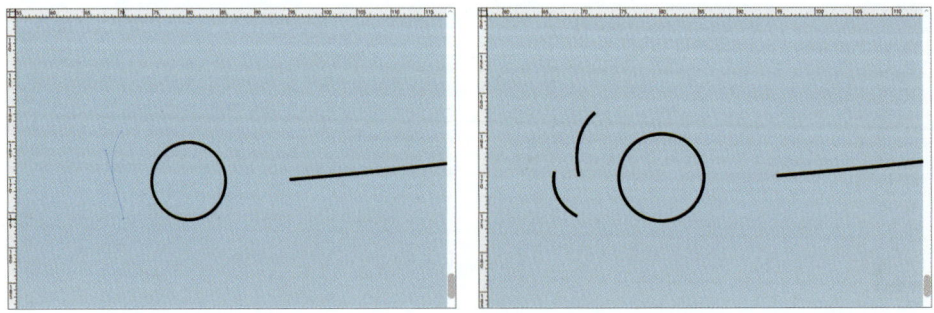

04 W를 누르면 화면 모드를 변경할 수 있어요. 가이드 라인이 보이는 [표준], 가이드 라인과 프레임이 보이지 않는 [미리 보기]를 오가며 디테일한 부분을 확인합니다. 이상이 없다면 원본과 사본을 하나씩 저장합니다.

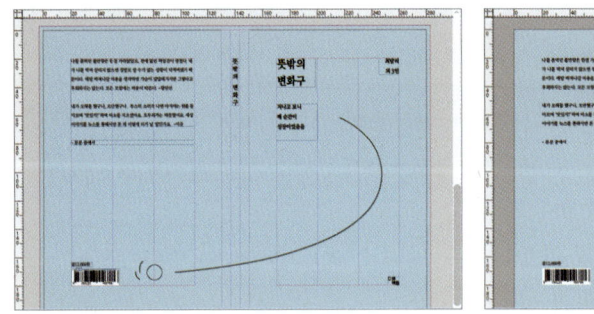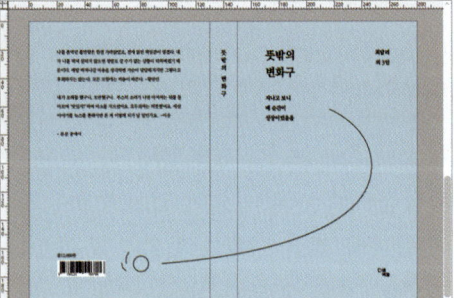

디테일을 잡는 팁! '공백 공포'를 이기자!

사람들은 빈 공간을 보면 채우고 싶은 욕구에 휩싸이는데, 이를 '공백 공포'라고 합니다. 하지만 여백도 디자인이고, 이 여백으로 인해 정말 중요한 요소를 강조할 수 있다는 사실을 기억해 주세요. 패션 조언 중에 "완벽하다고 생각되는 상태에서 액세서리 하나를 빼놓고 집을 나서라"라는 말이 있죠. 목적이 없는 장식을 최소화하는 것이 기능적·시간적으로 훨씬 효율적이라는 것을 잊지 마세요!

하면 된다! } 표지 파일 저장하기

표지 파일을 저장할 땐 아웃라인 처리를 반드시 해줘야 합니다. 인쇄소에 PDF 파일을 보내더라도 경우에 따라 문자나 획 설정 등이 손상될 수 있기 때문입니다. 특히 부득이하게 원본 파일, 패키지 파일로 공유할 경우 아웃라인 처리를 한 사본 파일을 따로 저장해 두는 것이 좋습니다.

01 서체의 아웃라인 처리를 위해 [선택 도구 ▶]로 모든 개체를 선택하고 단축키 Ctrl + Shift + O 를 눌러 주세요.

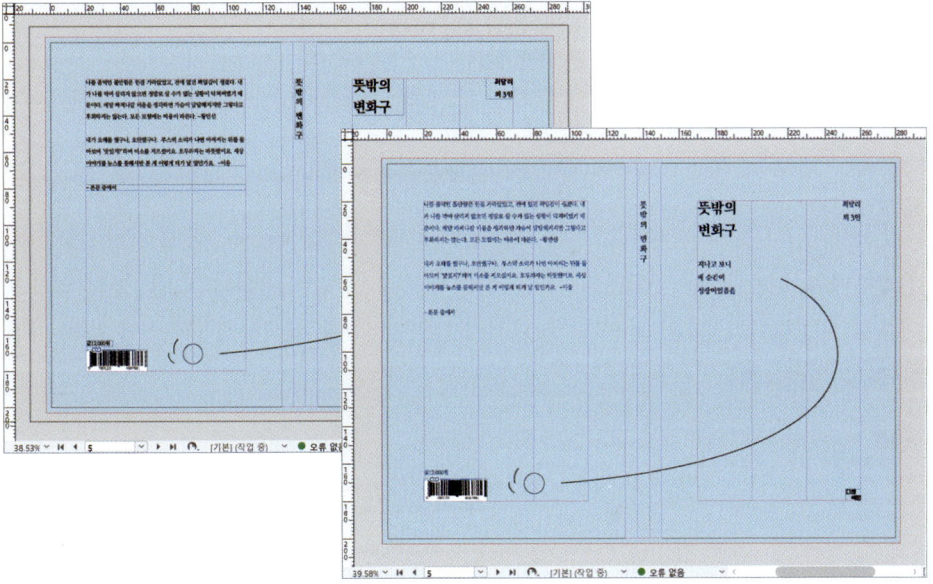

02 글자가 아웃라인 처리된 것을 확인합니다.

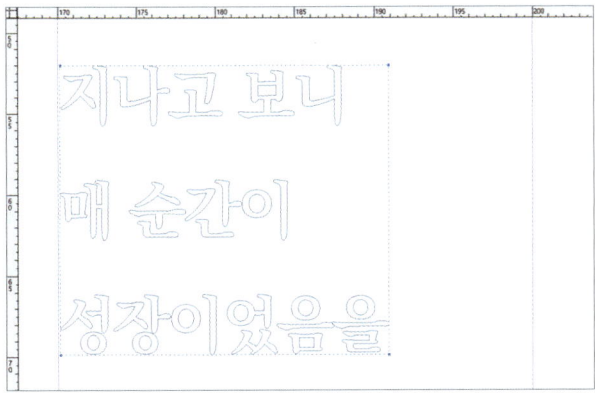

03 Ctrl + Shift + S를 눌러 다른 이름으로 저장합니다.

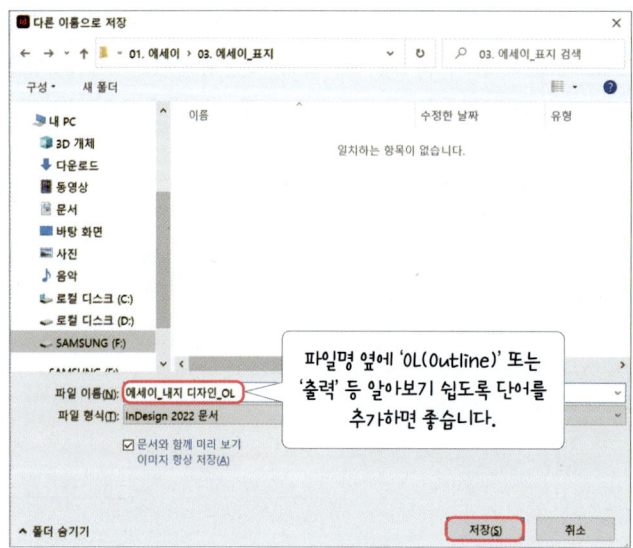

04 메뉴에서 [파일 → 내보내기]를 선택하거나 단축키 Ctrl + E를 눌러 인쇄용 PDF로 저장합니다. 파일 형식은 [Adobe PDF(인쇄)]를 선택하고 [저장]을 눌러 다음 단계로 넘어갑니다.

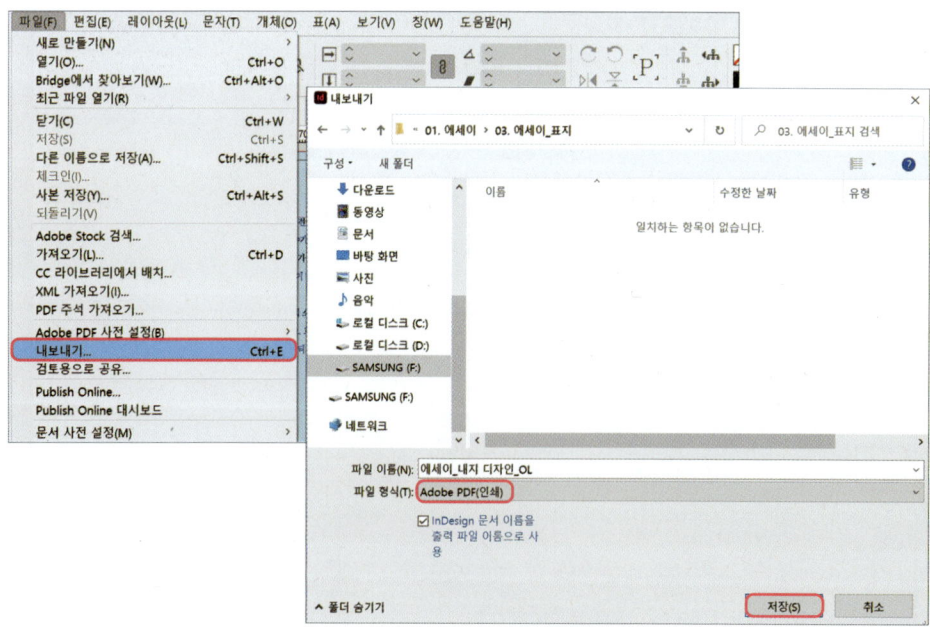

05 [일반] 탭에서 페이지 [내보내기 형식]으로 [스프레드]를 선택합니다. 필요에 따라 [표시 및 도련] 탭에서 [재단선 표시], [문서 도련 설정 사용]에 체크 표시합니다. 설정을 완료했다면 [내보내기]를 누릅니다.

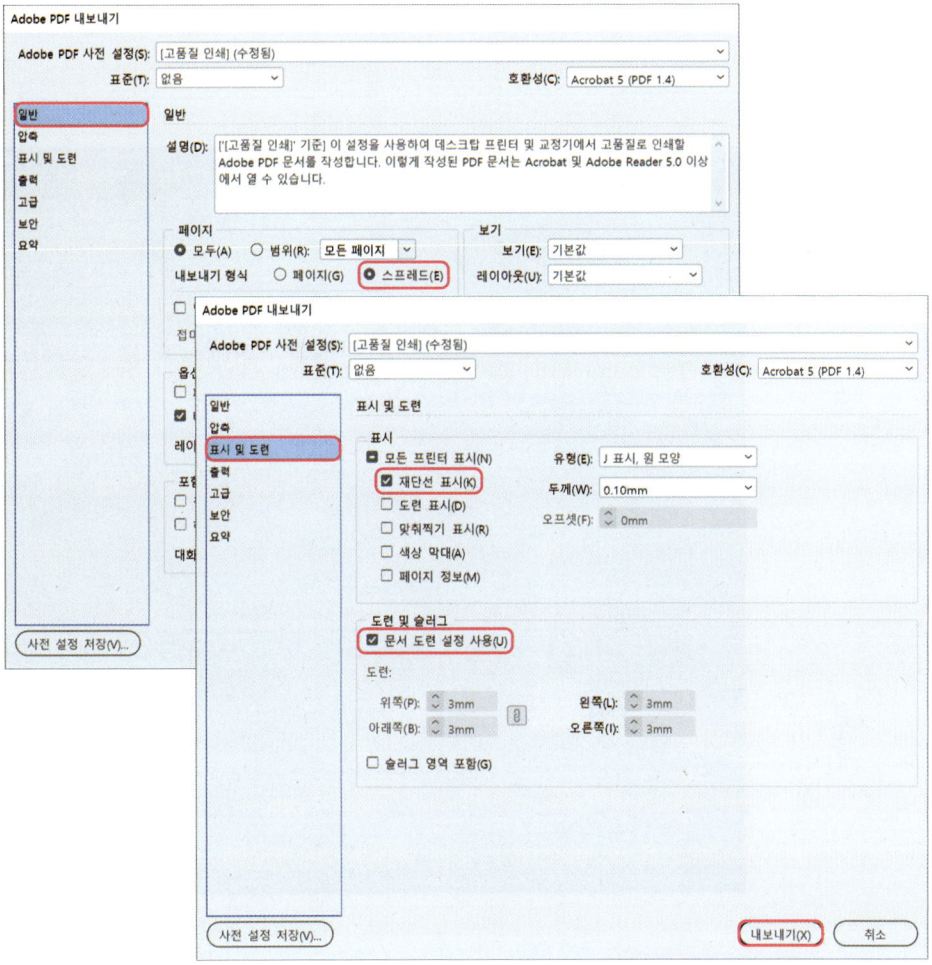

05-2
명화를 활용한 표지 디자인

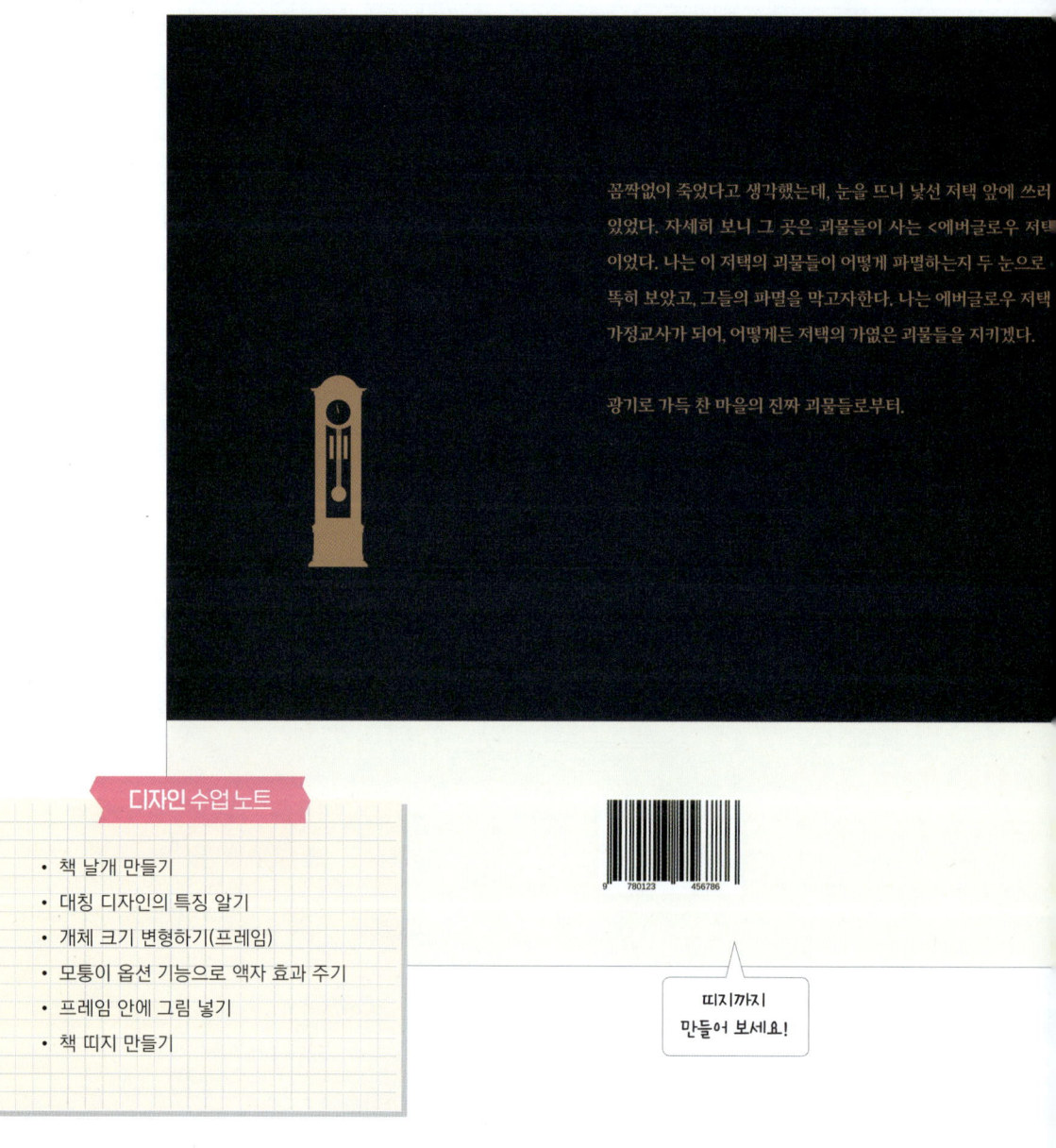

디자인 수업 노트

- 책 날개 만들기
- 대칭 디자인의 특징 알기
- 개체 크기 변형하기(프레임)
- 모퉁이 옵션 기능으로 액자 효과 주기
- 프레임 안에 그림 넣기
- 책 띠지 만들기

띠지까지 만들어 보세요!

준비 파일 명화표지.indd   완성 파일 명화표지_완성.indd

05 • 시선을 사로잡는 표지 디자인

명화를 활용한 표지 디자인

이번에는 책 날개와 띠지가 있는 클래식한 표지를 디자인해 보겠습니다. 05-1절에서 만들어 본 표지보다 조금 더 주류 디자인에 가깝죠? 디자인을 왜 이렇게 했는지, 그리고 여러분이 디자인할 때 어떻게 응용하면 좋을지 정리해 두었으니 참고해 주세요.

▶ 이번 예제는 03-2절의 소설 내지 예제에 이어집니다.

[폭] 152mm, [높이] 225mm에 [여백]은 사방 20mm, [도련]은 사방 3mm로 설정합니다. 총 5페이지를 만들어 주세요.

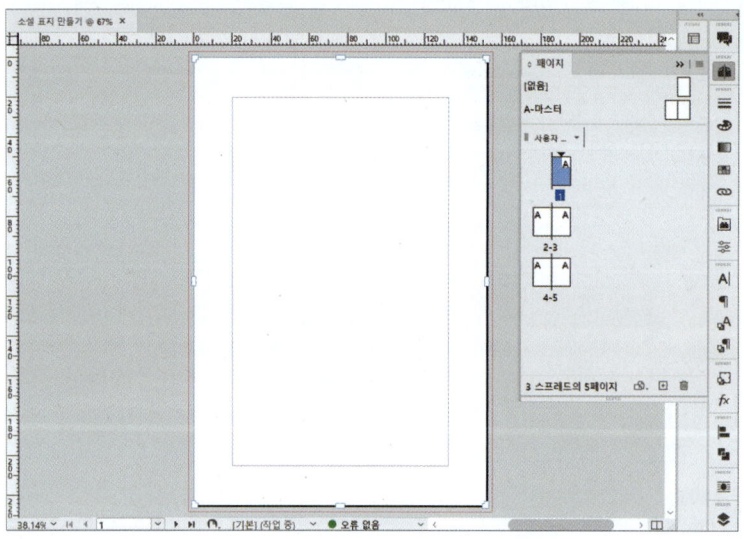

[색상 견본] 패널에서 견본 값도 추가해 줍니다.

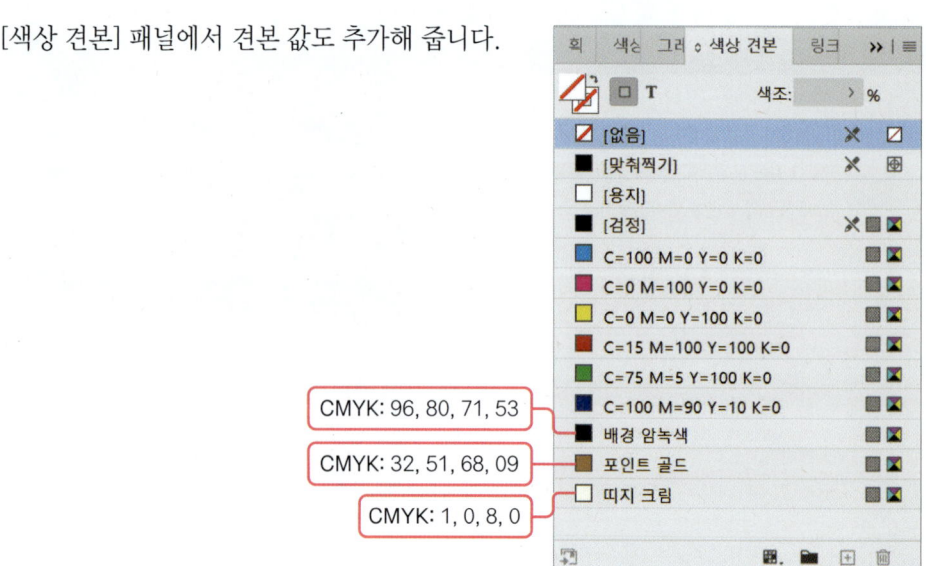

CMYK: 96, 80, 71, 53 — 배경 암녹색
CMYK: 32, 51, 68, 09 — 포인트 골드
CMYK: 1, 0, 8, 0 — 띠지 크림

하면 된다! } 책등과 책날개 만들기

소설 표지에서는 책날개를 만들어 저자의 이름과 이력 등을 넣어 볼 거예요. 1페이지와 5페이지는 날개 페이지가 되고, 2페이지와 4페이지는 각각 뒤표지와 앞표지, 3페이지는 책등 페이지가 됩니다.

01 [페이지] 패널에서 임의의 페이지를 선택하고 마우스 오른쪽 버튼을 눌러 [문서 페이지 재편성 허용]을 비활성화합니다. 모든 페이지를 끌어와서 하나의 스프레드로 만들어 주세요.

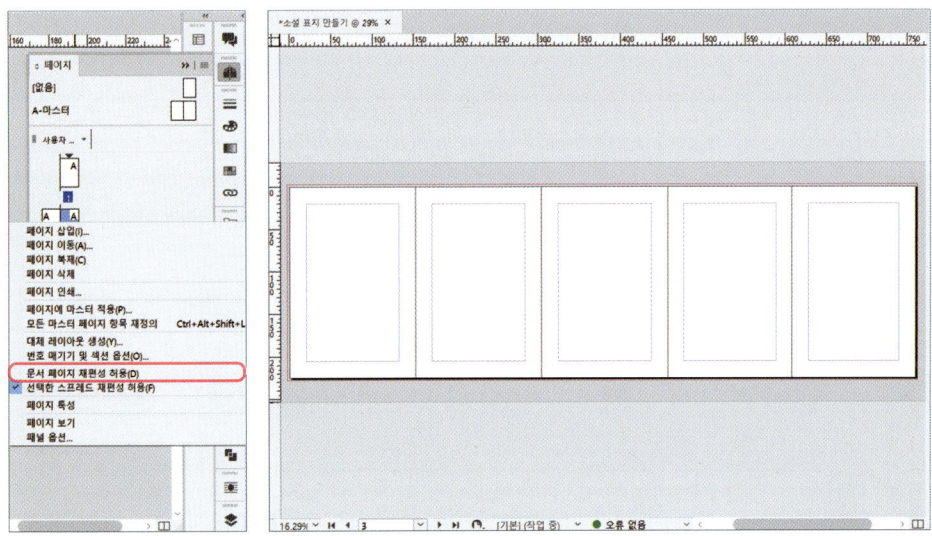

02 [페이지 도구]로 책등이 될 [3] 페이지를 선택하고 메뉴에서 [레이아웃 → 여백 및 단]을 선택합니다.

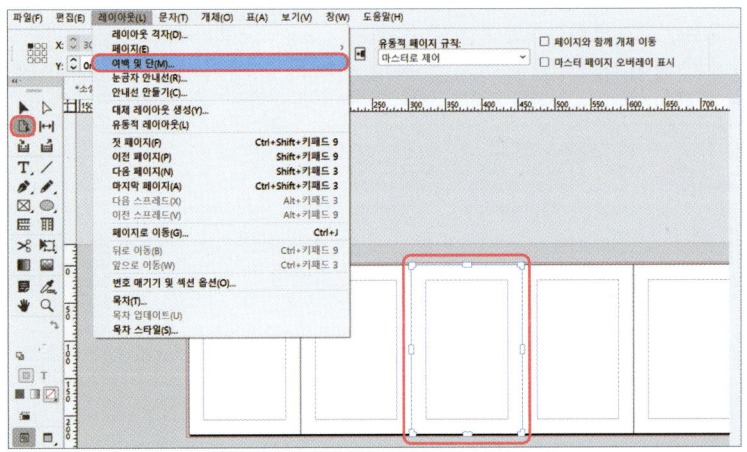

03 [여백 및 단] 창에서 [여백]을 모두 0mm로 수정하고 [확인]을 눌러 저장합니다.

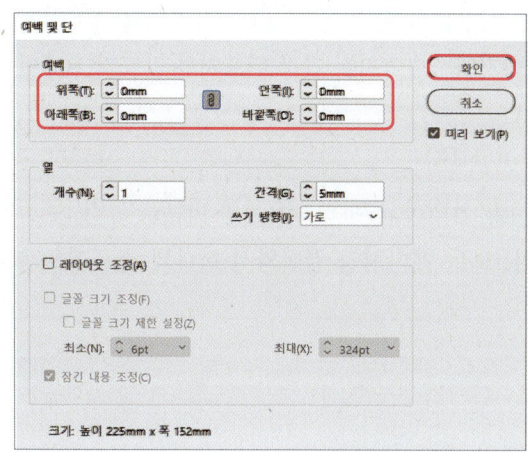

04 책등 페이지의 폭(W)을 20mm로 수정합니다.

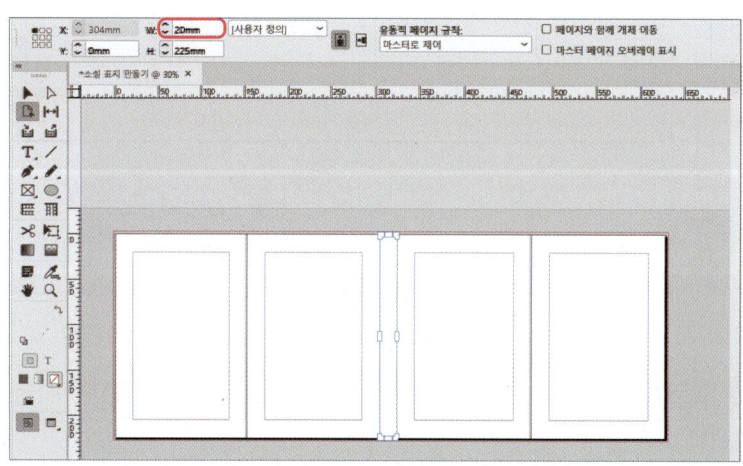

05 책날개가 될 [1] 페이지와 [5] 페이지를 복수 선택하고 페이지 폭을 90mm로 수정합니다.

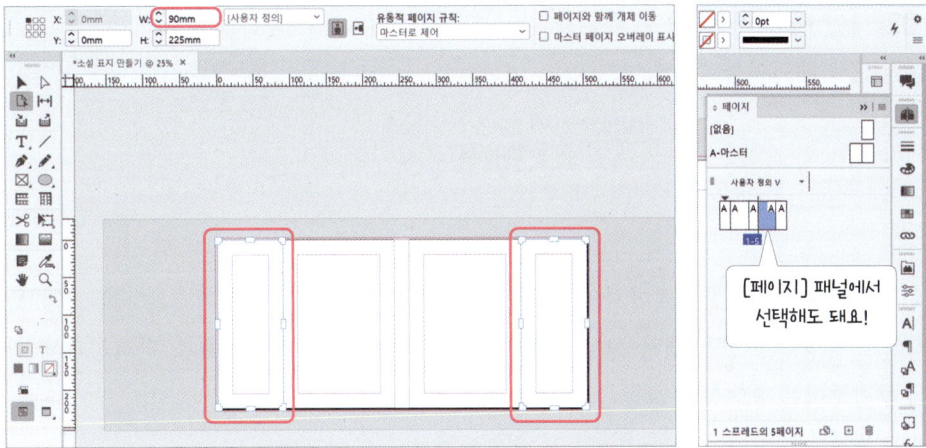

> **디테일을 잡는 팁!** 책날개 너비는 어느 정도가 좋을까요?
>
> 책날개의 너비가 너무 좁으면 책을 펼 때마다 날개가 튕겨져 나와 번거로울 수 있습니다. 정해진 규격은 없지만 판면 너비의 40% 이상으로 잡는 것이 좋습니다. 취향에 따라 또는 책날개에 넣을 정보의 양이 많을 때는 판면 너비의 80%까지도 괜찮습니다. 책날개에 본문의 핵심 요소를 넣어 디테일을 추가하는 등 다양한 디자인을 시도해 보세요!

하면 된다! } 앞표지 레이아웃 구성하기

디자인에 들어가기 전 디자인 요소의 대략적인 위치를 잡아 보겠습니다.

01 [사각형 도구 ▣]로 페이지 전체를 감싸는 사각형을 그리고 배경색을 채워 주세요.

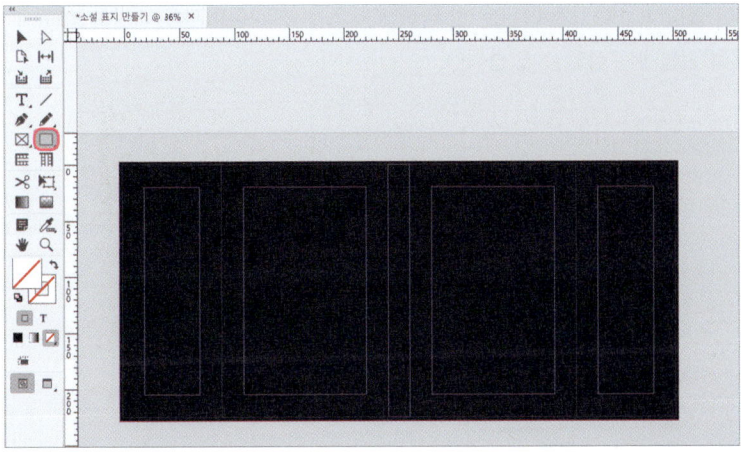

02 F7을 눌러 [레이어] 패널을 열고 아이콘을 클릭해 새 레이어를 추가합니다.

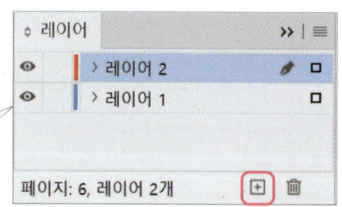

작업에 방해되지 않도록 레이아웃용 개체는 껐다 켜요!

03 앞표지가 될 [4] 페이지의 레이아웃을 잡아 보겠습니다. 여기서는 테두리가 특징인 대칭형 디자인을 생각하며 위치를 잡았는데, 이 단계에서는 요소 하나하나에 힘을 주기보다는 중요한 요소들을 대강 얹는다고 생각해 주세요.

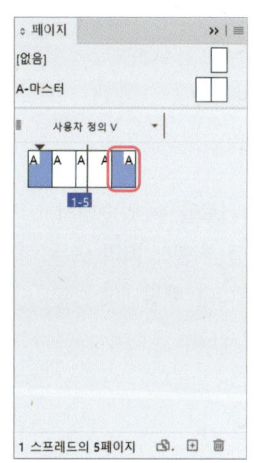 

디테일을 잡는 팁! 요소를 어떻게 배치하는 게 좋을까요?

각 요소를 어떻게 배치할지 모르겠다면 1/3의 법칙을 활용해 보세요! 면적을 3등분하고 1:2의 비율로 묶어 줍니다. 1과 2가 나뉘는 선 위쪽에 제목을, 2에 이미지를 배치하면 균형 잡힌 레이아웃을 손쉽게 구성할 수 있습니다.

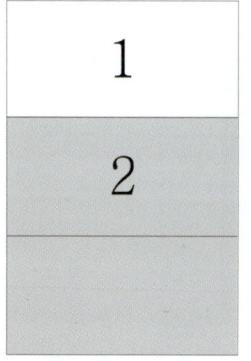 

대칭 디자인이 주는 효과

대칭(symmetry)이란 하나의 축을 기준으로 양쪽이 서로 같은 모양새를 하고 있는 것을 말합니다. 대칭을 이루는 디자인은 안정감과 아름다움을 느끼게 해주지만, 때로는 단조롭고 평면적인 느낌을 주기도 합니다. 직접 디자인을 할 때 모든 개별 요소를 대칭으로 배치하기란 쉽지 않습니다. 비대칭 요소 안에서 대칭성을 잡기가 어렵다면 모든 요소를 가운데 정렬하는 것도 좋은 방법입니다. 단, 언제나 시각 정렬은 필수라는 사실 잊지 마세요!

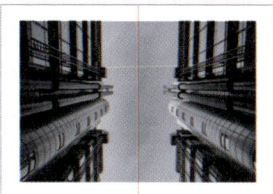  

하면 된다! } 프레임 만들기

앞표지 전체를 감싸는 프레임을 만들어 보겠습니다. 03-2절에서 내지 디자인을 할 때 고풍스러운 느낌을 살려 물결 모양의 그래픽을 그렸던 것처럼 클래식한 분위기를 좀 더 살릴 수 있도록 표현해 보겠습니다.

01 배경 레이어 잠그기

먼저 배경 레이어를 잠가 줄게요. 배경 개체를 마우스 오른쪽 버튼으로 눌러 [잠금]을 선택합니다.

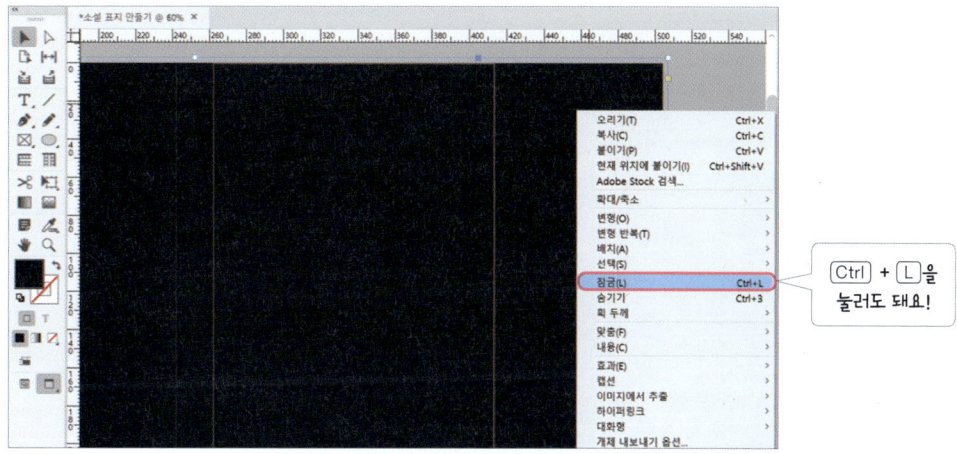

02 [사각형 프레임 도구 ⊠]로 한 페이지 크기의 프레임을 생성합니다. 개체를 복사하고 마우스 오른쪽 버튼을 눌러 [현재 위치에 붙이기]를 선택합니다.

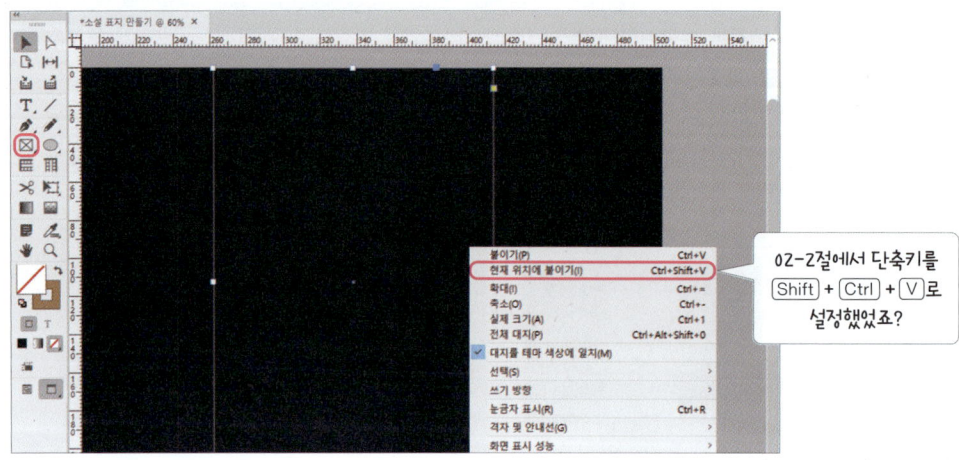

03 메뉴에서 [창 → 개체 및 레이아웃 → 변형]을 선택합니다. [변형] 패널이 나타나면 X 비율을 90으로 입력합니다.

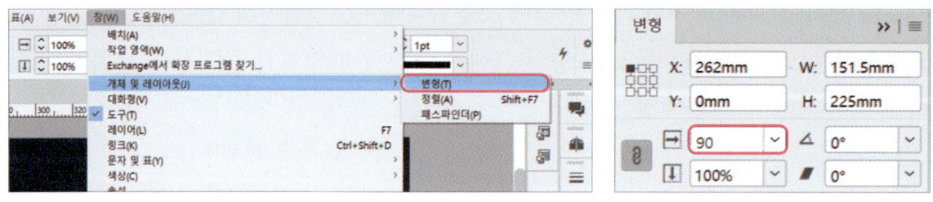

04 [정렬] 패널에서 [수평 가운데 정렬 ⊥]을 선택합니다.

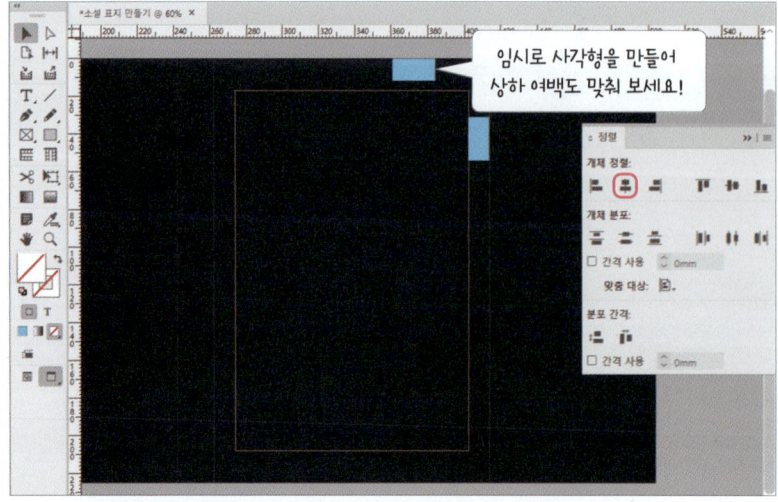

05 바깥쪽 프레임에 [포인트 골드]로 색을 추가하고 선의 두께는 1.5pt로 설정합니다. 안쪽 프레임은 1pt로 설정해 주세요. 설정을 완료했다면 모퉁이가 잘 보이도록 화면을 확대해 주세요.

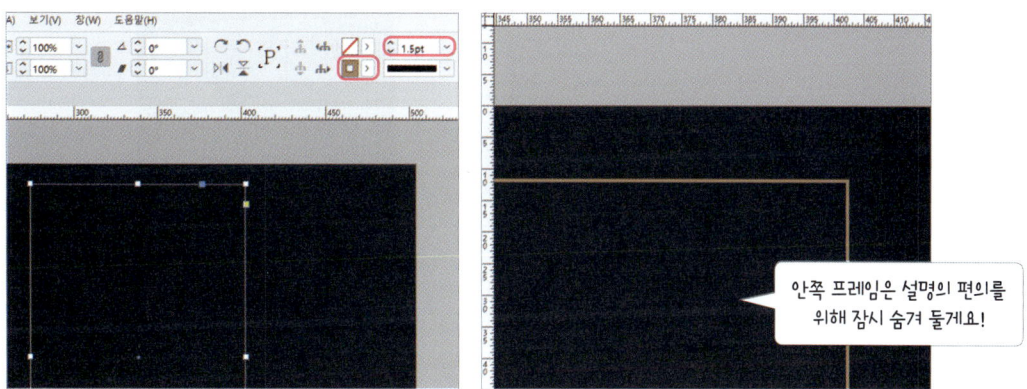

▶ Alt 를 누른 상태로 마우스의 휠을 위로 돌리면 화면을 확대할 수 있습니다.

06 메뉴에서 [개체 → 모퉁이 옵션]을 선택합니다.

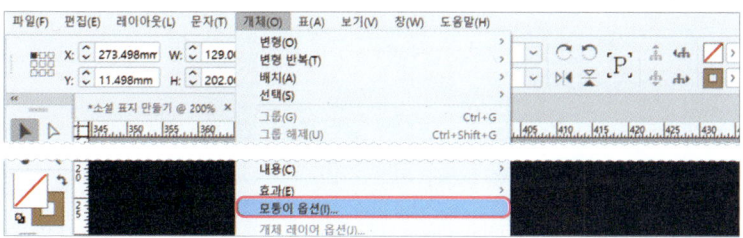

07 [모퉁이 옵션] 창에서 모퉁이 크기는 5mm, 모양은 [거꾸로 둥글게]를 선택하고 [확인]을 누릅니다.

08 안쪽 프레임도 모퉁이 크기를 동일하게 5mm로 설정합니다. 모퉁이 모양은 각이 안으로 꺾인 모양인 [인세트]로 설정하고 [확인]을 누릅니다.

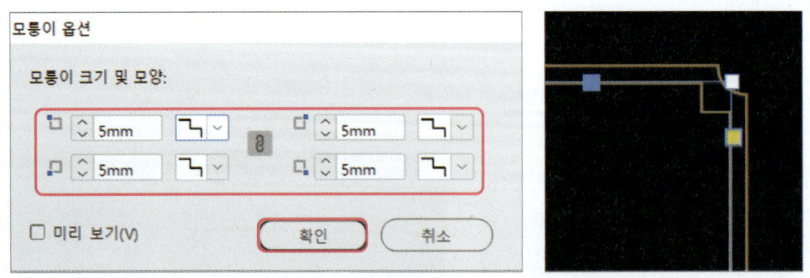

09 안쪽 프레임을 복사하고 마우스 오른쪽 버튼을 눌러 [현재 위치에 붙이기]를 선택합니다. 기존 크기보다 15mm 간격을 두고 줄이기 위해 옵션 창에서 W: 123mm, H: 196mm로 수정합니다.

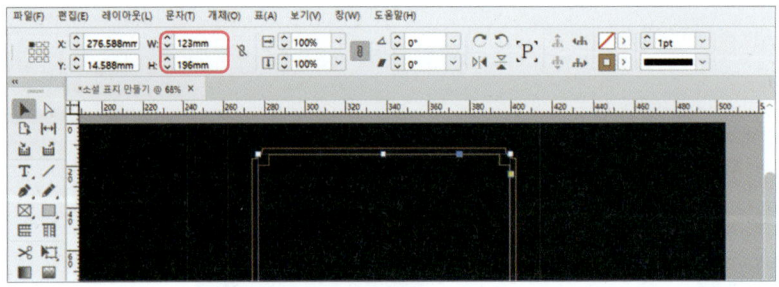

10 [모퉁이 옵션] 창을 다시 열어 [돌림무늬]를 적용하고 [확인]을 누릅니다.

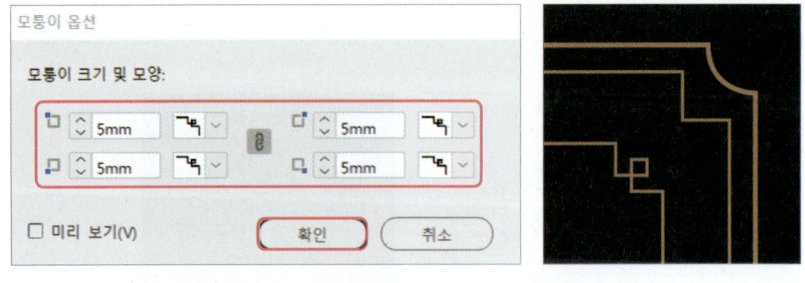

하면 된다! } 책 제목에 대비감 주기

공부를 하거나 책을 읽을 때 중요한 부분에 형광펜으로 밑줄을 치듯이 책의 제목에도 강약 조절을 해서 중요한 부분을 강조해 보겠습니다. 특히 제목이 긴 경우 대비감을 줬을 때 가독성을 훨씬 더 높일 수 있습니다.

01 [문자 도구 T.]를 선택해 책 제목을 입력하고 서체를 설정합니다.

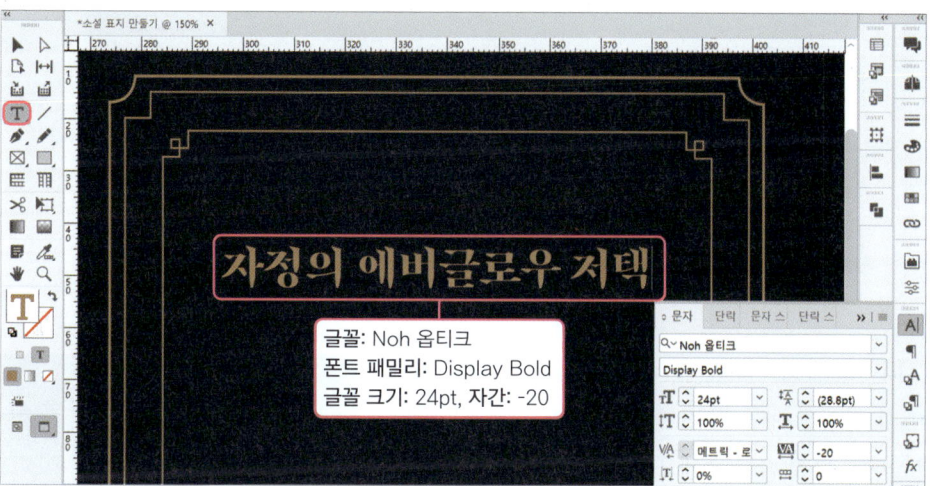

글꼴: Noh 옵티크
폰트 패밀리: Display Bold
글꼴 크기: 24pt, 자간: -20

◐ 긴 제목에 개성이 강한 서체를 사용하니 가독성이 다소 떨어지죠? 이럴 때는 제목을 두 줄로 나누거나 접속사, 조사 등의 크기를 줄여 중요한 단어만 강조해 주세요.

02 자정의를 드래그해 선택하고 다른 텍스트보다 1~2pt 정도 크게 수정합니다.

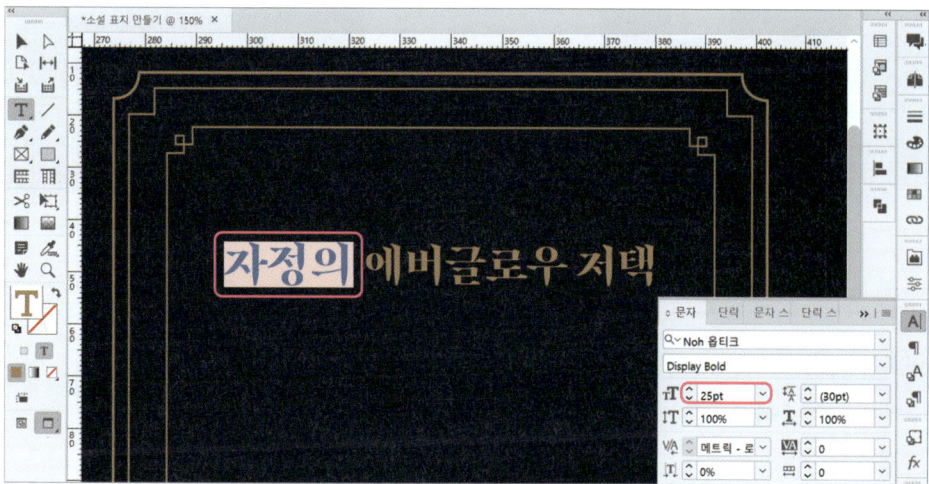

03 이번에는 다른 텍스트를 더 강조하기 위해 조사 의만 드래그하고 15pt로 축소합니다.

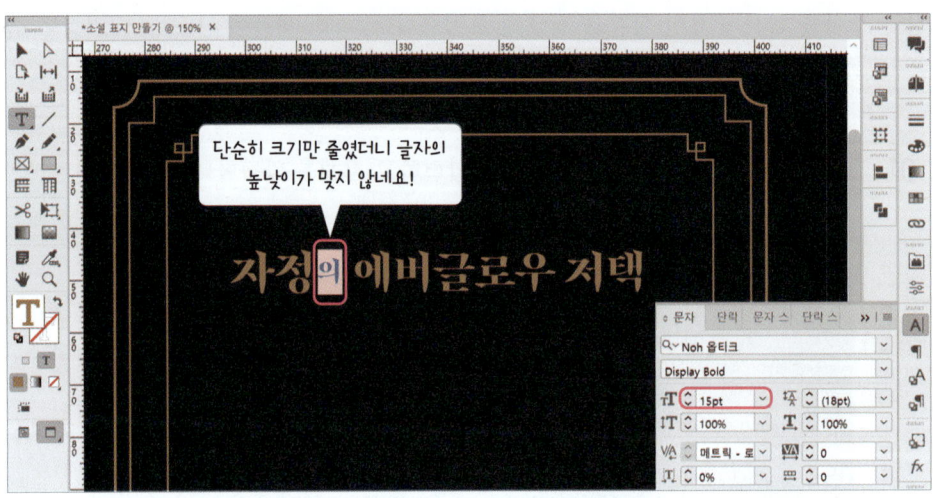

04 문자의 기준선을 낮춰 줄게요. [문자] 패널에서 기준선 이동 값을 수정하여 위치를 조절합니다. -5pt를 입력해 주세요.

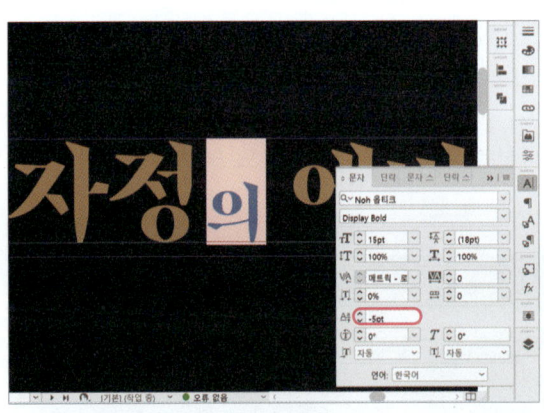

하면 된다! } 장식 요소 추가하기

명화를 넣을 액자를 불러와 적절히 배치하고 책 제목을 강조할 수 있는 요소를 몇 가지 추가해 보겠습니다.

01 [사각형 프레임 도구 ⊠]를 선택해 그림이 들어갈 위치에 프레임을 만듭니다. Ctrl + D 를 눌러 액자 프레임 이미지를 가져옵니다.

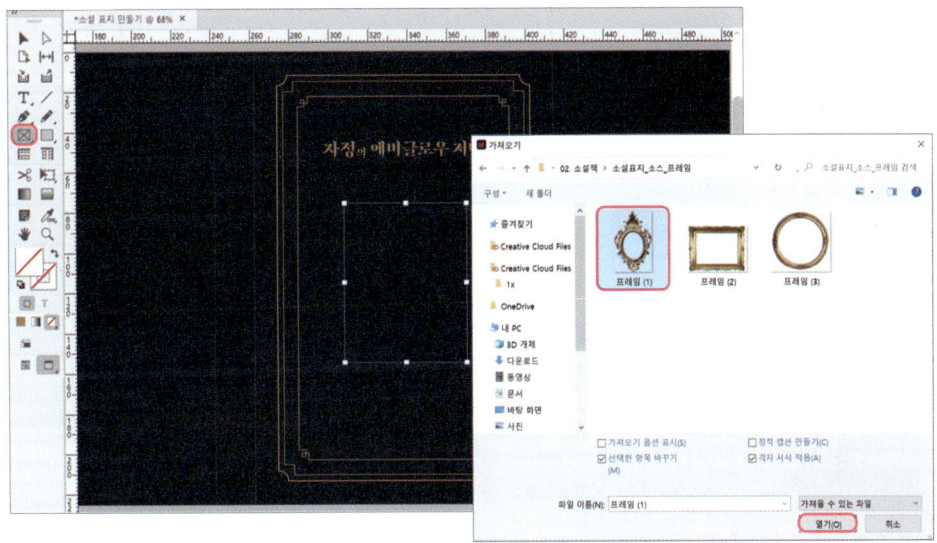

02 액자 프레임 배치하기

프레임 안에 무작위로 배치된 이미지를 조절합니다. [속성] 패널의 [프레임 맞춤]에서 [비율에 맞게 내용 맞추기 ▣]를 선택하세요. 단축키는 Ctrl + Shift + Alt + E 입니다.

03 제목의 좌우 여백과 어우러지게 조절하기 위해 가이드 라인을 잡아 주세요. 화면 왼쪽의 자를 드래그해 가이드 라인을 만들 수 있는데, 앞뒤 두 번째 글자인 '정'과 '저'를 기준으로 하겠습니다. [Shift]+[Alt]를 누른 상태로 드래그해 가이드 라인에 맞게 액자의 크기를 조절합니다.

04 초상화 프레임 만들기

프레임 안에 초상화가 들어갈 영역을 만들어 주겠습니다. 빈 공간 상하좌우에 맞춰 가이드 라인을 생성합니다. [타원 프레임 도구 ⊗]를 선택해 초상화가 들어갈 프레임을 만들어 주세요.

가이드 라인에 맞춰 스냅이 걸려 정확한 모양이 만들어집니다!

05 Ctrl+D를 눌러 초상화 이미지를 가져오고 원하는 부분이 보이도록 조절합니다. 액자 프레임 개체를 선택하고 Ctrl+Shift+]를 눌러 초상화보다 앞으로 배치합니다.

06 저자 이름과 출판사 이름을 입력합니다.

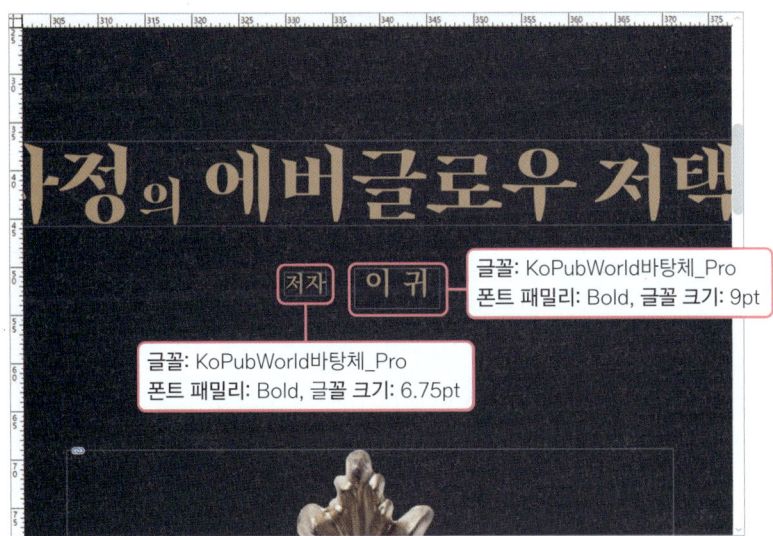

글꼴: KoPubWorld바탕체_Pro
폰트 패밀리: Bold, 글꼴 크기: 9pt

글꼴: KoPubWorld바탕체_Pro
폰트 패밀리: Bold, 글꼴 크기: 6.75pt

07 이미지가 화려해 제목에 시선이 덜 가네요. 이를 보완하기 위해 먼저 [사각형 도구 ▣]로 마름모 개체를 만들어 주세요.

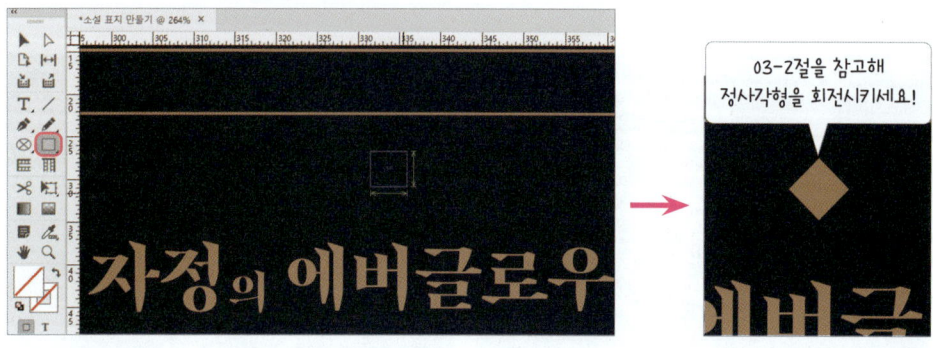

08 마름모 개체를 복사하고 크기를 조절해서 다음과 같이 만들어 줍니다.

09 다른 요소들도 다시 세밀하게 배치해 보겠습니다. [Ctrl]을 누른 상태에서 안쪽의 초상화 개체를 클릭하고 [Shift]를 누른 상태에서 액자 개체를 클릭하세요. 두 개체를 모두 선택했다면 [Ctrl] + [G]를 눌러 그룹화합니다.

뒤쪽 개체 선택하기

앞서 액자 프레임을 앞으로 올렸기 때문에 그냥 클릭하는 것만으로는 뒤에 있는 그림 개체를 선택하기 어렵습니다. 뒤쪽 개체를 선택하고 싶을 때는 Ctrl을 누른 상태로 개체를 클릭하세요. 여러 번 클릭할수록 뒤에 있는 개체를 선택할 수 있습니다.

하면 된다! } 책등, 책날개 채우기

앞표지를 완성했으니 책등과 책날개에 정보를 넣어 보겠습니다. 앞에서 언급했듯이 책등에는 책 제목과 저자 이름, 출판사 이름이 들어가고, 책날개에는 저자 소개가 간단히 들어갑니다.

01 책등 페이지에 [사각형 프레임 도구 ⊠]로 프레임을 만들고 메뉴에서 [개체 → 모퉁이 옵션]을 선택합니다. [모퉁이 옵션] 창에서 크기와 모양을 다음과 같이 설정하고 [확인]을 누릅니다.

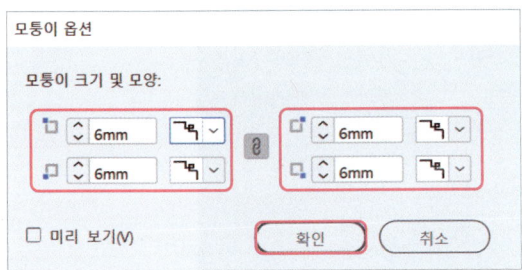

02 책 제목과 출판사 이름을 입력하고 앞표지와 같은 서체로 설정합니다.

03 뒤표지에 처음에 설정해 둔 20mm 여백에 맞춰 발문을 입력합니다.

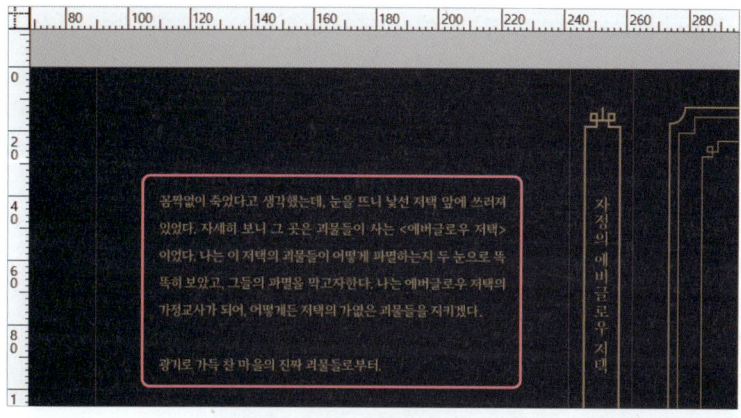

04 앞날개가 되는 [5] 페이지에 저자 소개글도 입력해 주세요. 좁은 면적인 만큼 고딕체를 활용해 작은 글자로 입력합니다.

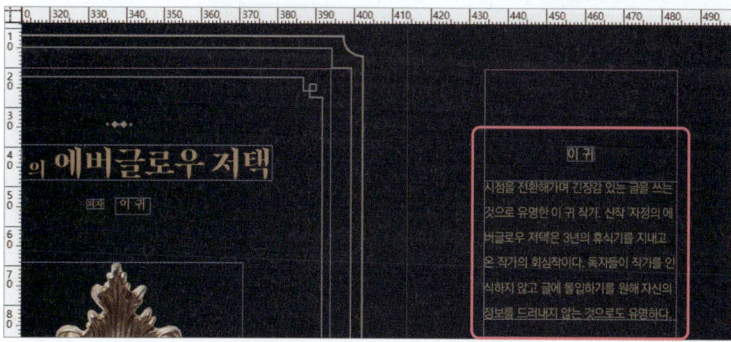

하면 된다! } 띠지 만들기

작가가 유명한 상을 받았거나 유명한 사람들의 추천사를 받았다면 띠지에 책을 홍보하기 위한 문구를 넣어 이목을 끄는 것이 좋아요. 책을 감싸는 형태인 띠지를 함께 만들어 보겠습니다.

01 [사각형 도구 ▣]로 판면 높이의 1/3보다 조금 작은 크기의 사각형을 만들어 주세요.

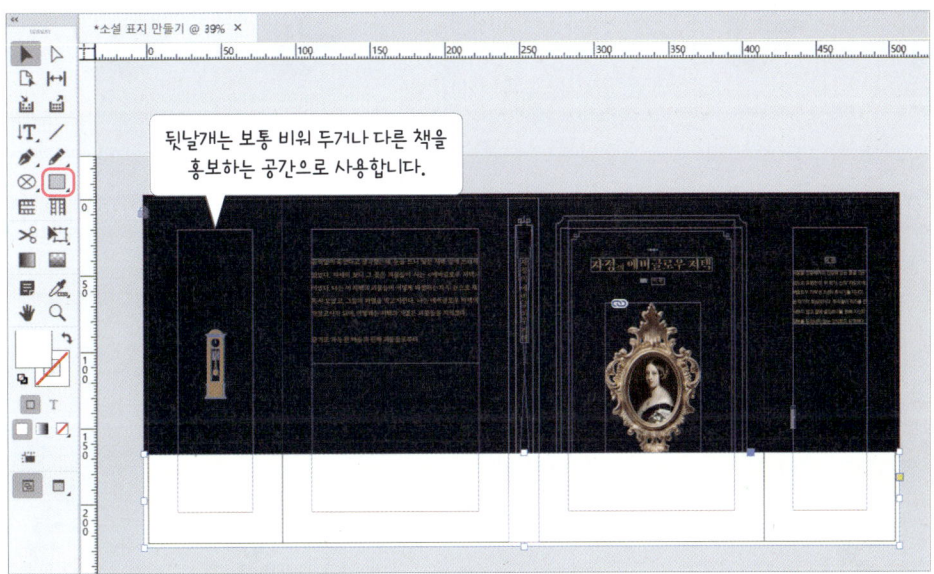

02 [사각형 프레임 도구 ⊠]로 월계수 잎 이미지를 넣을 프레임을 만들고 Ctrl + D를 눌러 개체를 가져옵니다.

03 Alt 를 누른 상태로 드래그해 개체를 복제합니다.

04 복제한 개체를 마우스 오른쪽 버튼으로 눌러 [변형 → 가로로 뒤집기]를 선택합니다. 서로 마주보는 월계수 왕관 모양이 완성되었습니다.

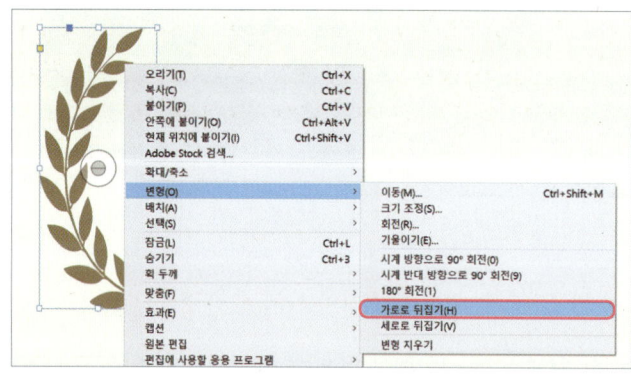 

05 두 개체를 좌우로 넓게 배치하고 사이에 추천사나 본문의 내용을 발췌해서 넣습니다.

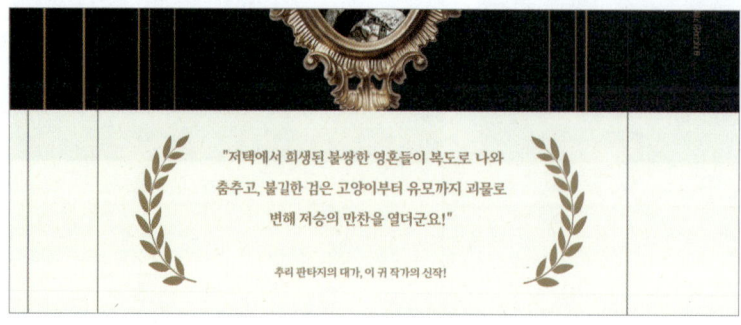

06 액자 개체가 띠지와 겹치지 않게 위치를 조정합니다.

07 바코드가 필요하다면 뒤표지와 띠지 두 군데에 모두 추가해 주세요.

알아 두면
좋아요!

띠지가 꼭 필요한가요?

띠지는 책을 보호하는 것 외에 오프라인에서 책을 홍보하는 역할도 합니다. 마케팅 목적이 강한 인쇄물이죠. 보통 띠지의 수명은 서점에서 사람들이 책을 구매할 때까지입니다. '이 책은 OOO이 추천했습니다', '이 책은 OO상을 받았습니다' 등의 홍보성 문구나 '20XX년 화제작!' 같은 시의성 강한 문구를 책 표지에 그대로 출력하는 대신 독자들이 쉽게 제거할 수 있는 띠지에 이 역할을 맡기는 거죠. 물론 띠지가 필요하지 않다면 꼭 추가할 필요는 없습니다. 예산과 종이를 낭비할 필요는 없으니까요!

배경 투명하게 누끼 따는 방법

펜 도구로 꼼꼼히 누끼 따기
이미지에서 사용할 부분을 한 큐에 따라 그리며 누끼를 따보겠습니다.

1. 이미지를 가져온 다음 [펜 도구 ✏️]로 원하는 영역을 따라 그립니다.

2. 영역을 알아보기 쉽도록 면에 색을 채워 줍니다. 개체 안의 개체(사진)를 선택하고 Ctrl + C 를 눌러 사진을 복사합니다.

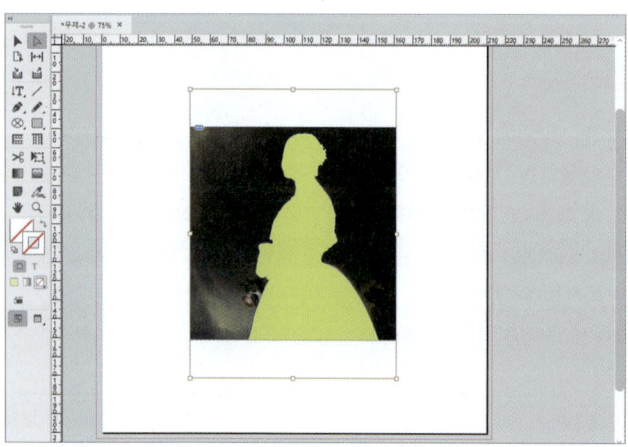

3. 개체를 복사했다면 다시 색이 채워진 개체를 선택하고 마우스 오른쪽 버튼을 눌러 [안쪽에 붙이기]를 선택합니다.

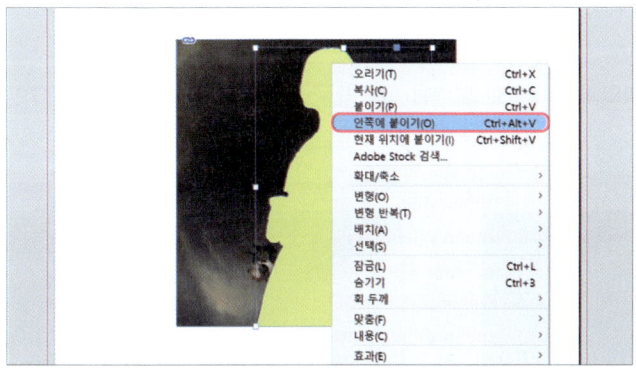

4. 뒤에 있는 원본 개체를 삭제합니다. 이렇게 만든 개체는 배경이 없는 이미지로 활용할 수 있어요.

패스파인더를 이용해 복잡한 부분 누끼 따기

복잡한 영역의 누끼를 딸 때는 한 번에 이어 그리기보다는 영역을 나눠 누끼를 딴 다음 나중에 합치는 방법이 조금 더 효율적입니다.

1. [펜 도구]로 개체의 큰 영역과 디테일한 영역을 따로따로 그려 주세요. 이럴 때는 필요한 만큼 개체를 만들어 줍니다.

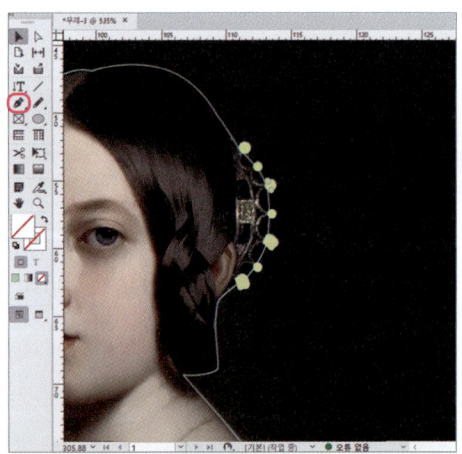

큰 영역과 작은 영역을 별개로 그린 경우 · 한 번에 누끼를 딴 경우

2. 개체를 모두 선택하고 메뉴에서 [창 → 패스파인더]를 선택합니다. [패스파인더] 패널에서 [더하기]를 선택하면 하나의 개체로 합쳐집니다.

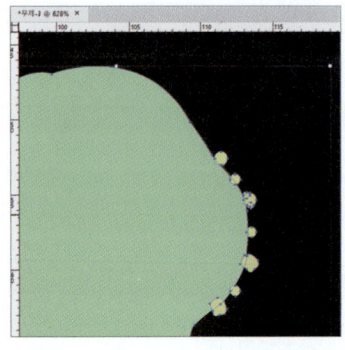
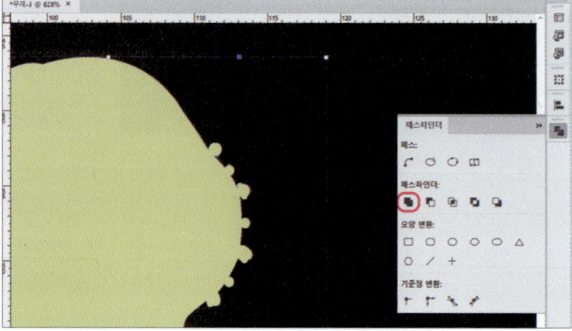

3. 마찬가지로 개체 위에서 마우스 오른쪽 버튼을 눌러 [안쪽에 붙이기]를 선택하면 배경을 투명하게 누끼를 딸 수 있습니다.

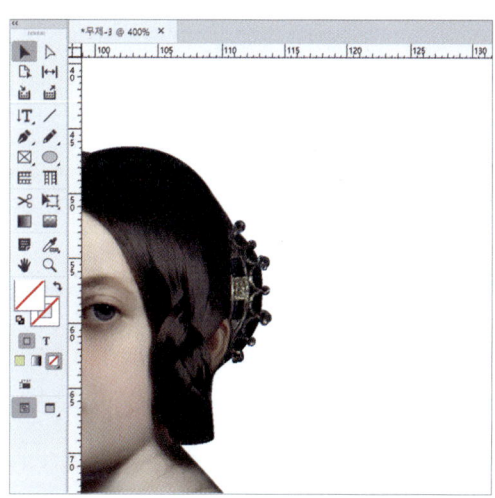

패스파인더를 이용해 복잡한 개체 만들기

같은 방법으로 다음과 같은 그래픽 일러스트도 만들 수 있습니다. 복잡한 개체를 만들 때는 다양한 형태의 개체를 하나하나 누끼를 따고 '합쳐서' 만들어 보세요!

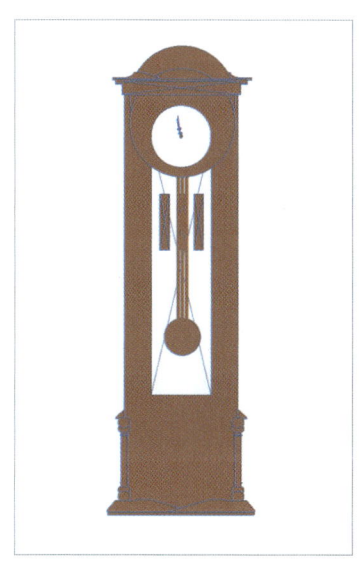 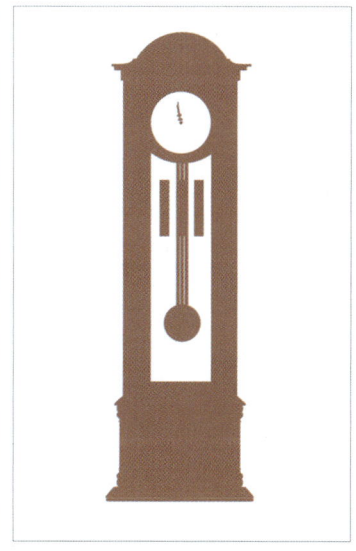

05-3
직접 찍은 사진을 이용한 표지 디자인

디자인 수업 노트

- 사진 화질을 개선해 활용하기
- 과감하게 노이즈 텍스처 넣기
- 블렌딩 모드로 시선 끌기
- 작은 사진은 모듈로 배치하기
- 사진의 일부만 그래픽으로 변환하기

준비 파일 사진표지.indd 완성 파일 사진표지_완성.indd

여러분이 가지고 있는 사진을 표지에 활용해 보는 건 어떨까요? 블로그 글을 책으로 만들거나 여행 기록을 책으로 만들 땐 그 특징을 살려 보는 것도 좋아요. 하지만 사진을 표지에 넣으려면 사진 크기 자체가 크고 화질이 좋아야 합니다.

이번에는 필요하지만 화질이 좋지 않아서 사용하기 어려운 사진을 활용할 수 있는 디자인 꼼수 5가지를 알려 드릴게요. 이 방법을 이용하면 복잡한 디자인 스킬 없이도 세련된 표지를 만들 수 있습니다.

해상도 개선 사이트 이용하기

오래된 휴대폰 사진이나 어두운 곳에서 찍은 사진은 화질이 좋지 않습니다. 사진을 장식 없이 단독으로 사용하고 싶을 때는 waifu2x와 Vance AI 등의 해상도 개선 사이트를 이용해 보세요!

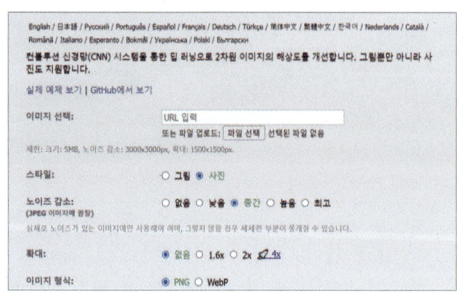
waifu2x 사이트(waifu2x.udp.jp/index.ko.html)

Vance AI 사이트(vanceai.com)

식물에 대한 정보를 담은 책을 만들기 위해 집에 있는 식물의 사진을 찍고 화질을 개선해 보았습니다. 어때요? 노이즈가 확실히 줄어든 것 같지 않나요?

원본

화질 개선 후

어차피 낮은 화질, 과감하게 노이즈 추가하기

화질을 개선하기 어려운 이미지라면 과감하게 노이즈를 추가하거나 블러 기능을 이용해 보세요. 여기서는 잠시 포토샵을 사용해 볼게요.

하면 된다! } 포토샵으로 노이즈 추가하기

이미지에 노이즈를 추가하면 필름 사진과 같이 감성적인 분위기를 연출할 수 있습니다.

01 메뉴에서 [파일 → 열기]를 선택해 원하는 이미지를 불러온 후 [필터 → 필터 갤러리]를 선택합니다.

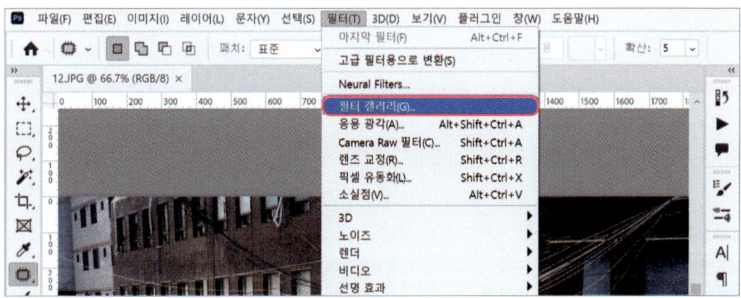

02 [필터 갤러리] 창이 열리면 [텍스처 → 그레인]을 선택합니다. 오른쪽에서 그레인의 강도와 대비 정도를 설정할 수 있습니다. [확인]을 눌러 효과를 적용합니다.

03 노이즈를 추가해 필름 사진의 느낌을 연출했습니다. 완성된 이미지에 색상 오버레이를 추가하면 더욱 분위기 있는 이미지를 만들 수 있습니다.

하면 된다! } 포토샵에서 흐림 효과 추가하기

사진에 흐림 효과를 적용하면 뿌연 느낌을 연출할 수 있어요.

01 메뉴에서 [필터 → 흐림 효과 → 가우시안 흐림 효과]를 선택합니다.

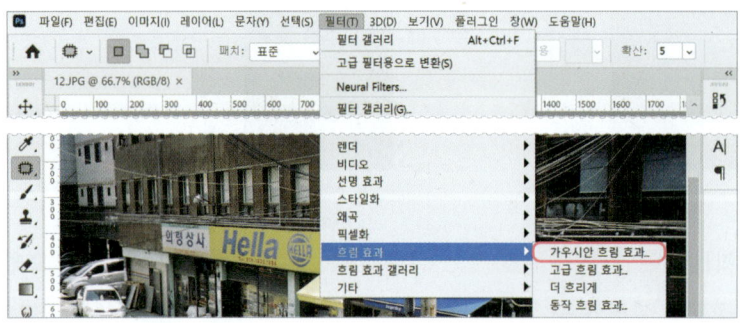

02 반경을 조절해 흐림 정도를 설정할 수 있습니다. 초점이 흐린 이미지 위에 글자를 배치하거나 다른 사진과 대비를 주면 더욱 좋습니다.

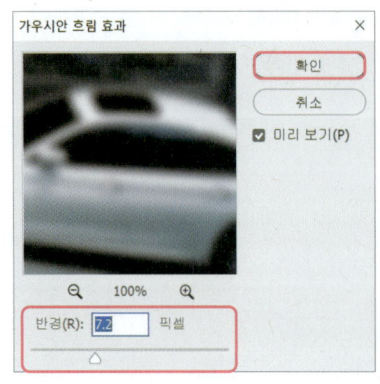

포토샵을 사용할 수 없어요!

포토샵이 없다면 포토모시(PhotoMosh) 사이트를 이용해 보세요. 원하는 효과를 선택한 후 효과 강도를 설정할 수 있습니다. 보정을 모두 마친 후 왼쪽 상단에서 [JPG]를 선택하고 하단에 있는 [Save]를 눌러 이미지를 내려받으세요.

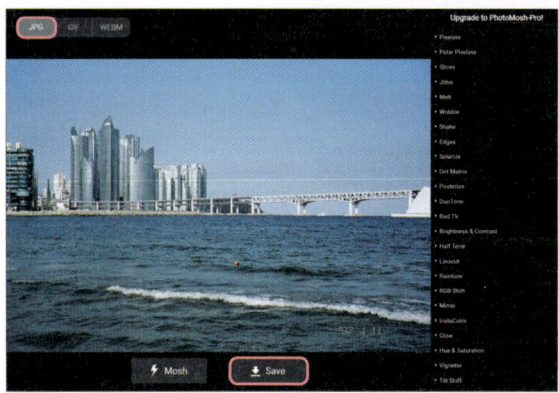

포토모시 사이트(photomosh.com)

블렌딩 모드로 시선 끌기

블렌딩 모드는 개체를 합성하는 기능입니다. 색상 값을 기반으로 빛을 더하거나 빼 완전히 다른 느낌으로 연출합니다. 블렌딩 모드도 포토샵을 활용합니다. 사진 위에 색이 들어간 개체를 추가하고 메뉴에서 [창 → 효과]를 선택한 후 [효과] 패널에서 블렌딩 모드를 변경해 보세요.

 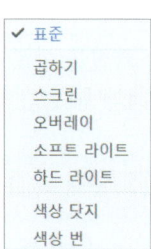 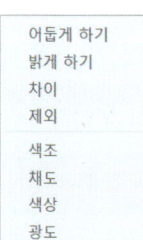

표준 곱하기 스크린 오버레이 색상 닷지 차이

05 · 시선을 사로잡는 표지 디자인 **267**

사진 위에 색을 깔고 블렌딩 모드를 적용할 수도 있습니다.

사진과 색상 조합 외에도 사진과 사진을 블렌딩하는 방식으로 필터를 씌울 수도 있어요.

모듈로 배치하기

이미지 크기(픽셀)가 작을 때는 화질을 아무리 복구해도 불만족스러울 수 있습니다. 이럴 때는 차라리 사진을 작게 모듈로 배치하는 방법을 추천합니다.

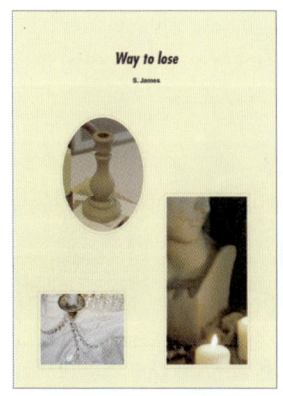

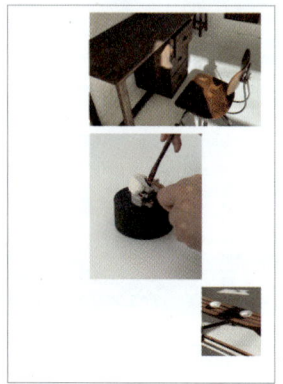

사진의 일부만 그래픽으로 변환하기

[펜 도구 ✏️]를 이용해 사진을 따라 그리는 방법을 이용한다면 사진의 화질이 좋지 않거나 크기가 작아도 괜찮습니다. 원하는 요소만 따라 그려도 문제없고, 색이 사진과 완전히 같을 필요도 없어요. 앞서 배운 누끼 따는 방법으로 그래픽을 다듬어 책의 이미지 소스로 사용해 보세요!

이미지를 그래픽으로 단순화하면 다방면으로 활용할 수 있습니다. 만든 그래픽 이미지를 본문에도 중간중간 넣어 책을 더욱 조화롭게 만들어 보세요.

셋째마당

완성!
책 출간하기

책 디자인은 다 했는데 그 이후로는
어떤 작업을 해야 실물 책으로 만들 수 있을까요?
셋째마당에서는 지금까지의 작업물을
실물 책으로 만들기 위해 알아야 하는 인쇄 관련 정보와
내 책의 예비 독자들에게 책을
알릴 수 있는 홍보 방법을 알아봅니다.

06 인쇄용 파일로 제작하기
07 책 마케팅하기

06

인쇄용 파일로 제작하기

인디자인으로 제작한 파일을 실물 책으로 출력하는 단계입니다. 인쇄 사고를 막기 위해 반드시 알아야 하는 정보부터 인쇄에 필요한 용지와 후가공의 종류까지 알아봅니다. 여러분이 열심히 만든 책을 꼭 인쇄해서 실물로 소유해 보세요.

06-1 인쇄용 파일 내보내기
06-2 인쇄 사고를 막기 위한 유의 사항 11가지
06-3 인쇄 용지와 후가공
06-4 인터넷으로 소량 주문하기
[보너스 06] PDF 전자책 만들기

06-1
인쇄용 파일 내보내기

하면 된다! } 인쇄용 PDF로 저장하기

지금까지 작업한 indd 확장자의 인디자인 파일은 일종의 프로젝트 파일로 인쇄에 직접 사용하지는 않습니다. 그렇다면 인쇄소에는 어떤 형식의 파일을 전달해야 할까요? 바로 PDF 형식입니다. 인디자인에서 인쇄용 PDF 파일을 내보낼 때 다양한 옵션을 설정할 수 있는데, 이 설정값을 꼼꼼히 확인해야 인쇄 사고를 피할 수 있습니다. 단, 인쇄소에서 요구하는 형식이 따로 있다면 해당 사항을 먼저 고려해야 합니다.

01 메뉴에서 [파일 → 내보내기]를 선택합니다.

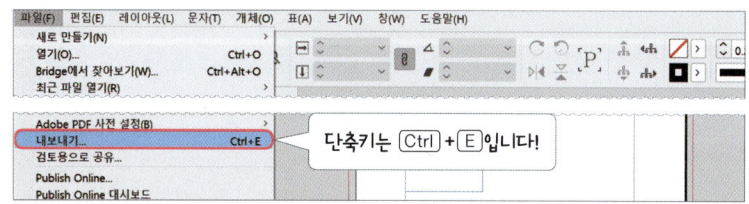

02 [내보내기] 창이 나타나면 파일 형식을 [Adobe PDF(인쇄)]로 선택하고 [저장]을 누릅니다.

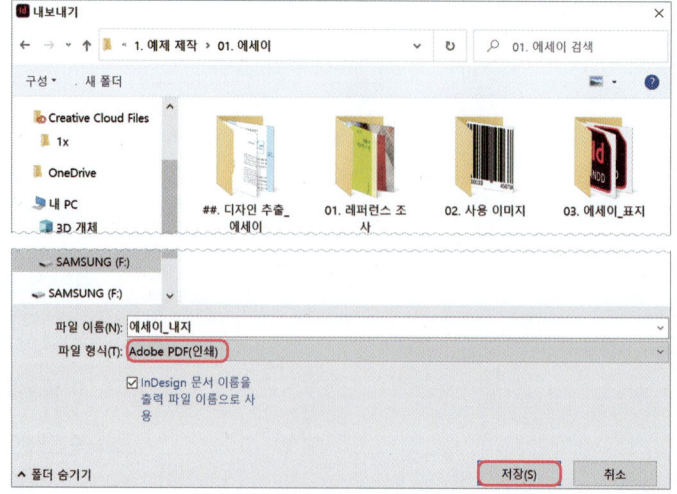

03 [Adobe PDF 내보내기] 창이 나타나면 [내보내기 형식]을 [스프레드]로 선택하세요. 다음으로 [호환성]을 [Acrobat 5 (PDF 1.4)]로 선택합니다. PDF에서 일부 기능이 작동하지 않는다면 버전을 높여 주세요(PDF 1.6 등).

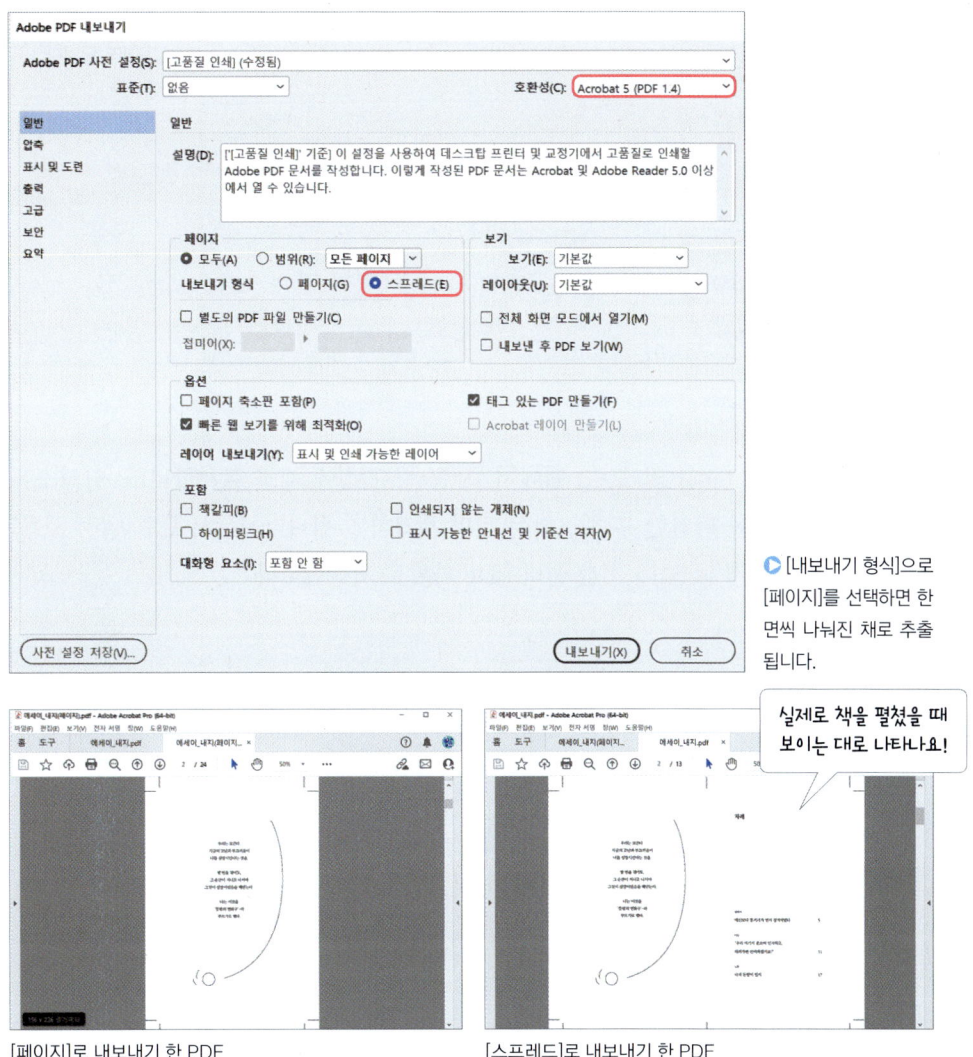

▶ [내보내기 형식]으로 [페이지]를 선택하면 한 면씩 나눠진 채로 추출됩니다.

실제로 책을 펼쳤을 때 보이는 대로 나타나요!

[페이지]로 내보내기 한 PDF [스프레드]로 내보내기 한 PDF

04 [압축] 탭에서 컬러 이미지, 회색 음영 이미지, 단색 이미지 모두 [다운샘플링 안 함]으로 설정합니다. 이는 이미지의 인쇄 품질을 결정하는 옵션으로, 다운샘플링 될수록 이미지의 화질이 떨어집니다. 오른쪽에 있는 숫자는 해상도를 의미하는데, 이 값이 작아질수록 화질이 떨어집니다.

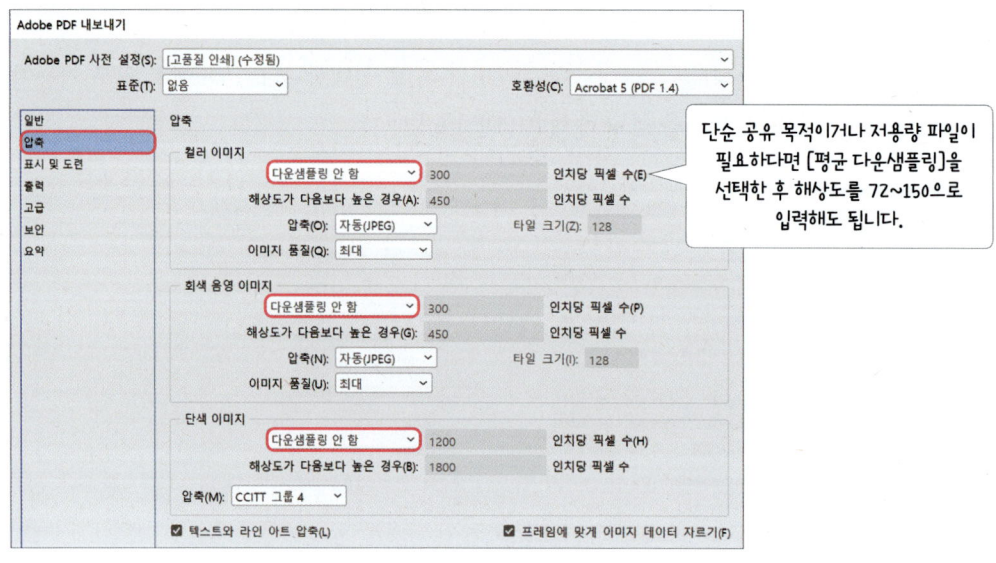

05 마지막으로 [표시 및 도련] 탭에서 [재단선 표시]에 체크 표시합니다. 인쇄소에서 요구하는 표시를 확인한 후 해당하는 것만 체크하면 됩니다. [문서 도련 설정 사용]에도 체크 표시한 후 [내보내기]를 눌러 PDF 파일로 저장합니다.

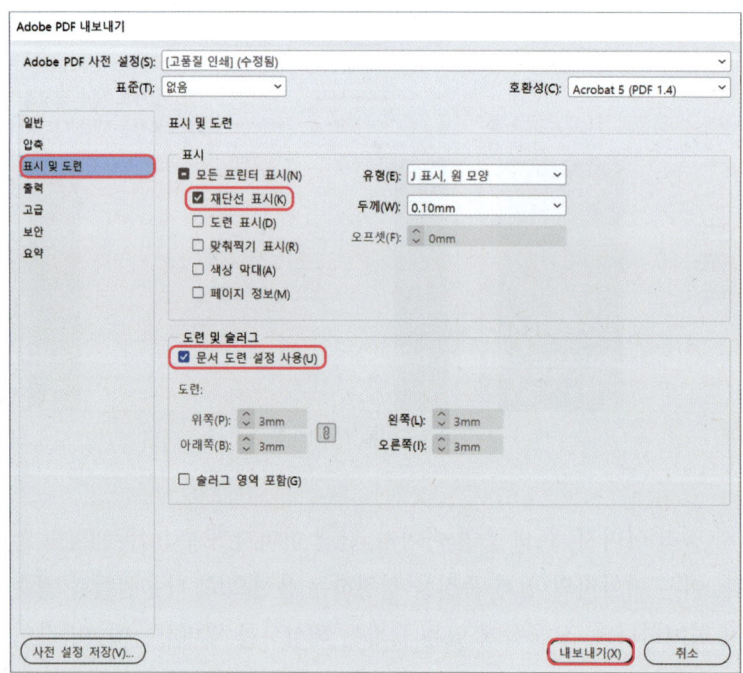

하면 된다! } 서체 아웃라인 한 번에 깨기

서체 아웃라인을 처리할 개체가 적다면 05-1절에서 소개한 것처럼 단축키 Ctrl + Shift + O를 눌러 적용해도 무리가 없습니다. 하지만 글이 길어지면서 깨야 할 글자가 많아진다면 하나하나 처리하는 데 시간이 많이 들겠죠? 파일 전체에 서체 아웃라인 처리를 하는 방법을 알아보겠습니다.

01 [페이지] 패널에서 [A-마스터] 페이지를 더블클릭해 A 마스터 페이지로 들어갑니다.

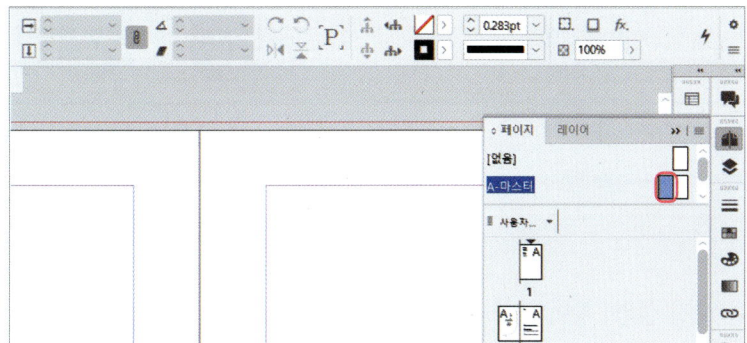

02 [사각형 프레임 도구 ⊠]로 작은 프레임 하나를 만든 후 옵션 바에서 투명도를 0%로 설정합니다.

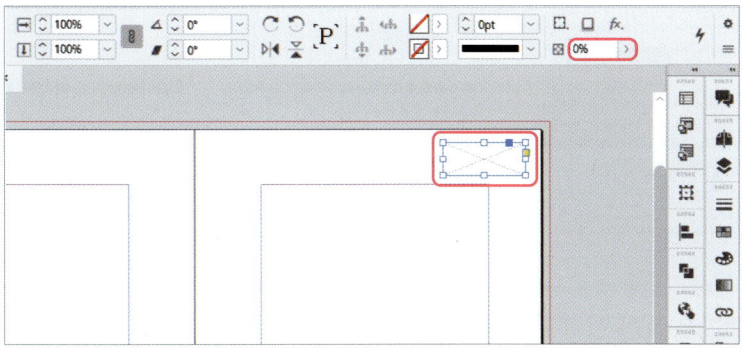

06 · 인쇄용 파일로 제작하기 **275**

03 임의의 다른 페이지를 더블클릭해 마스터 페이지에서 빠져나온 후 메뉴에서 [편집 → 투명도 병합 사전 설정]을 선택합니다.

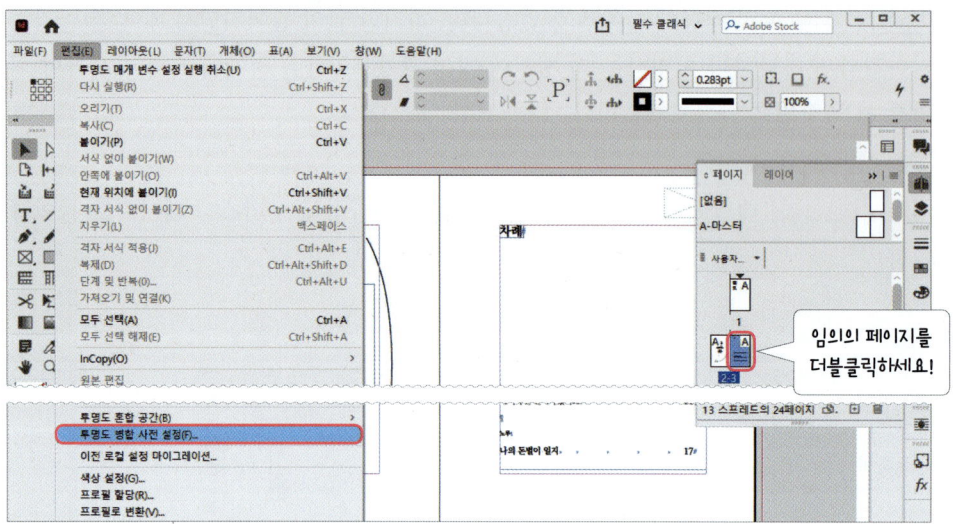

04 [투명도 병합 사전 설정] 창이 나타나면 [새로 만들기]를 누른 후 이름과 텍스트 해상도를 설정합니다. [모든 텍스트를 윤곽선으로 변환]에 체크 표시를 한 후 [확인]을 누릅니다.

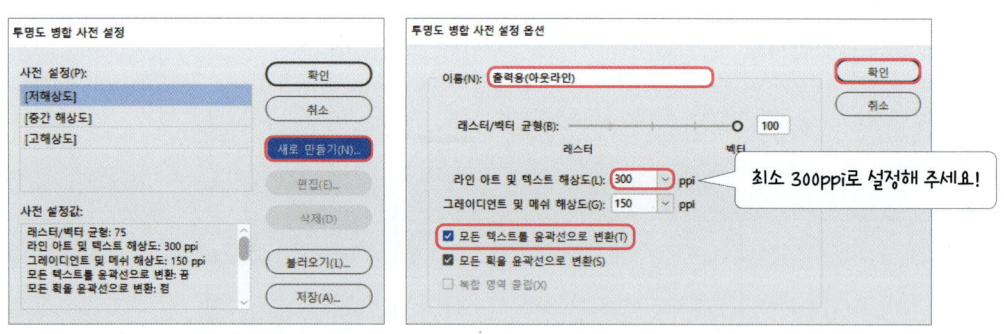

05 한 번 더 [확인]을 눌러 설정을 저장합니다. 이어서 메뉴에서 [파일 → 내보내기]를 선택하고 [파일 형식]을 [Adobe PDF(인쇄)]로 설정한 후 [저장]을 누릅니다.

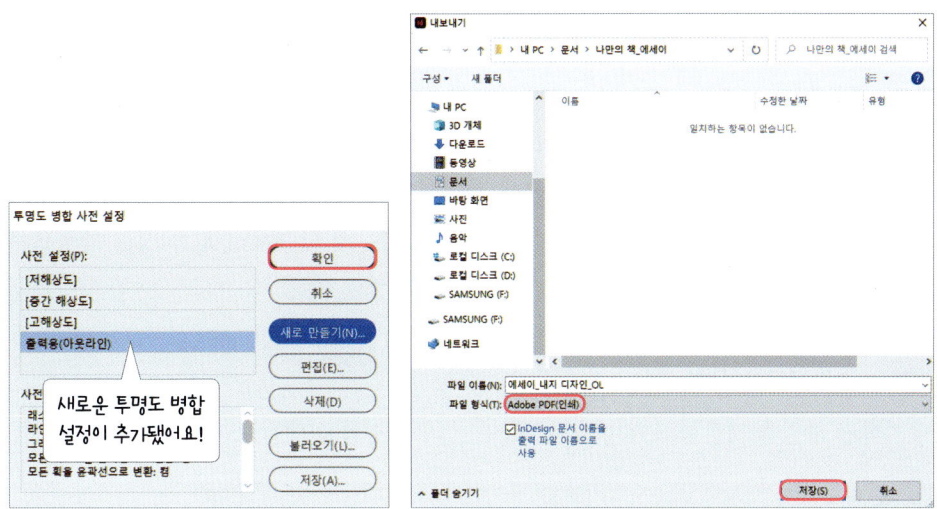

06 [호환성]을 [Acrobat 4 (PDF 1.3)]로 변경합니다. [투명도 병합] 영역이 활성화되면 사전 설정을 새로 만든 설정으로 변경한 후 [내보내기]를 누릅니다. 서체가 아웃라인 처리된 상태의 PDF가 추출됩니다.

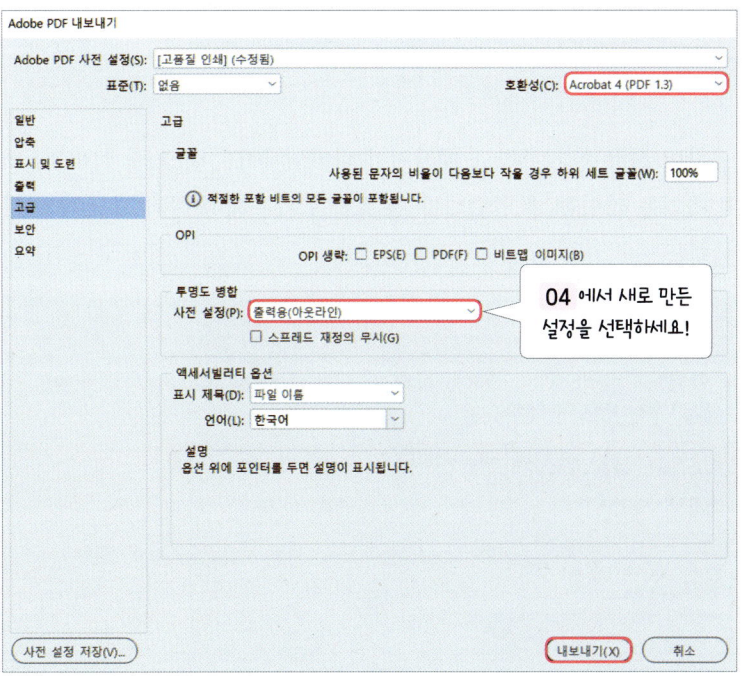

하면 된다! } 패키지 파일 저장하기

인디자인의 '패키지'는 indd 프로젝트 파일에 사용된 파일을 하나의 폴더에 모아 저장해 주는 편리한 기능입니다. 요즘은 인쇄소에 PDF 파일만 넘기는 경우가 많지만, 사용한 이미지 파일이나 서체 파일 등을 함께 전달해야 하는 경우도 있기 때문에 패키지 파일 저장법을 익혀 두는 것이 좋습니다. 보통 작업 마무리 단계에서 최종 정리 목적으로 패키지 파일을 저장합니다.

01 패키지로 저장하기

작업하던 파일을 저장하고 메뉴에서 [파일 → 패키지]를 선택합니다.

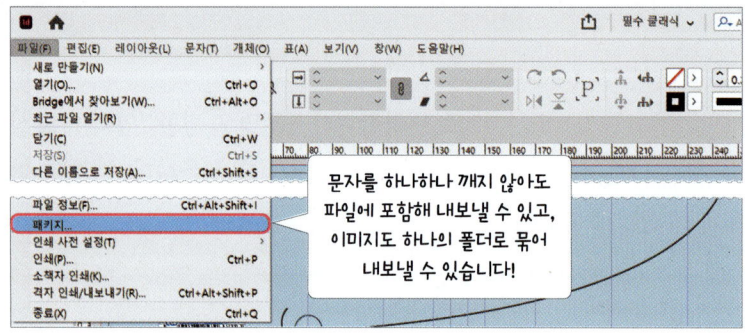

문자를 하나하나 깨지 않아도 파일에 포함해 내보낼 수 있고, 이미지도 하나의 폴더로 묶어 내보낼 수 있습니다!

02 RGB 색상 공간이 사용됐다는 경고 메시지가 나타났네요. [링크 및 이미지] 탭에서 문제의 이미지 파일을 확인할 수 있습니다. 포토샵을 활용해 이미지 색상 공간 값을 변경해 줘야 합니다.

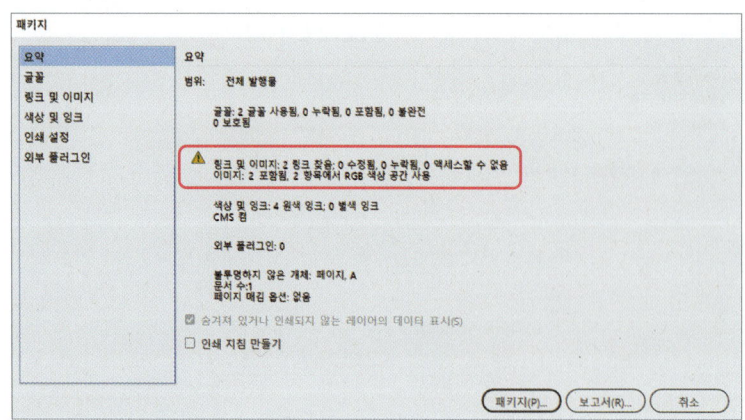

▷ 종이에 인쇄되어야 하므로 RGB가 아닌 CMYK여야 합니다.

03 포토샵으로 RGB 이미지를 CMYK로 바꾸기

포토샵에서 이미지를 불러온 후 메뉴에서 [이미지 → 모드 → CMYK 색상]을 선택합니다.

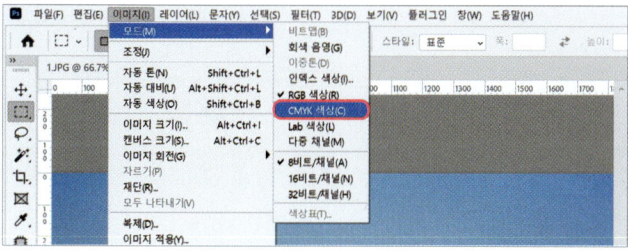

04 해상도를 300으로 맞추면 더욱 정확한 인쇄 결과를 얻을 수 있습니다. 메뉴에서 [이미지 → 이미지 크기]를 선택해 창을 열어 주세요.

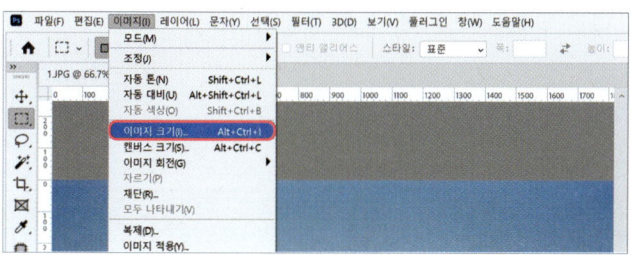

05 [리샘플링]의 체크 표시를 해제하고 [해상도]에 300을 입력한 후 [확인]을 눌러 저장합니다. 확장자는 [JPEG]로 사본 저장해 주세요.

▶ 포토샵을 사용할 수 없다면 색상 모드 변경 사이트(rgb2cmyk.org)를 활용해 보세요.

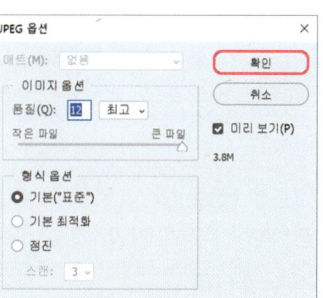

06 다시 메뉴에서 [파일 → 패키지]를 선택해 이미지가 CMYK로 변경됐는지 확인하고 [패키지]를 클릭합니다.

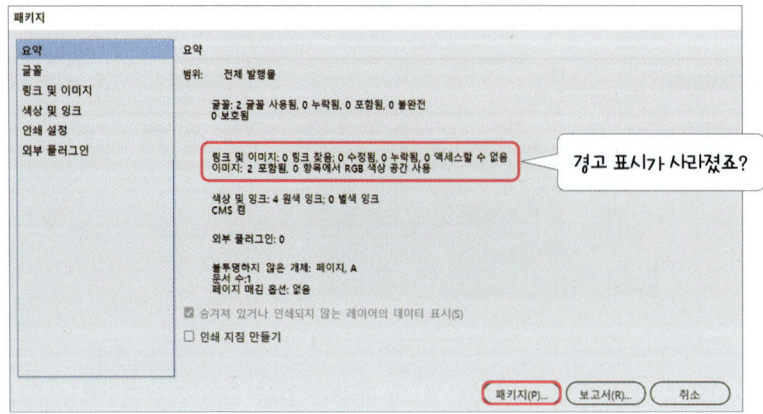

07 기본 체크된 옵션을 그대로 두고 [패키지]를 눌러 저장합니다.

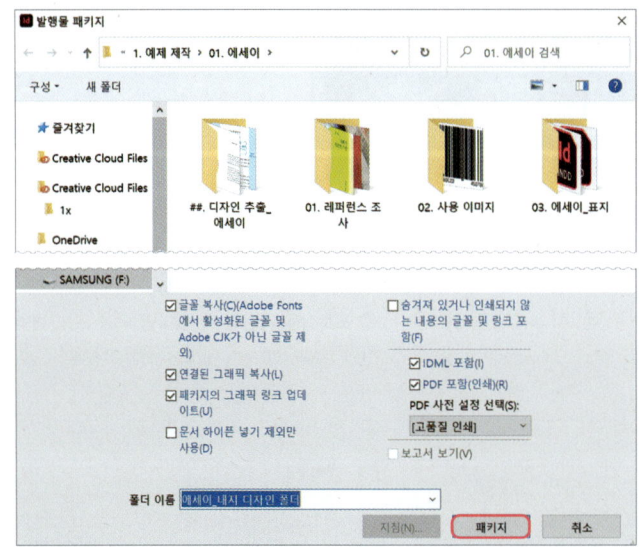

어도비 폰트 등 클라우드 폰트를 사용했다면 다음과 같은 경고 메시지가 뜰 수 있습니다.

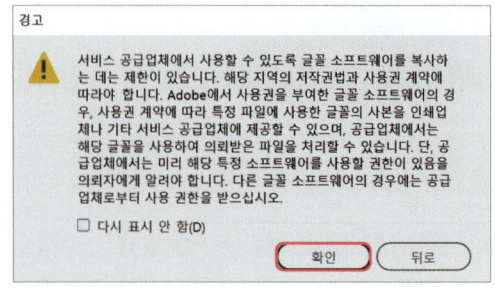

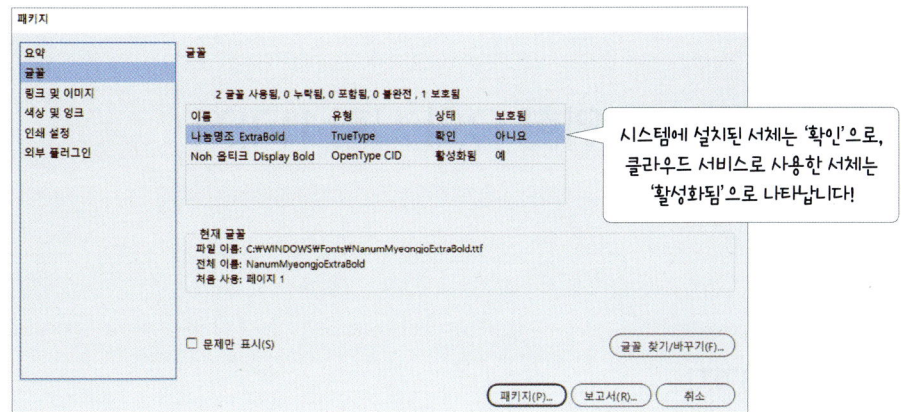

08 패키지 폴더는 indd, idml 파일과 PDF 파일, 그리고 프로젝트에 사용된 이미지와 폰트 파일이 들어 있는 [Links] 폴더로 구성됩니다. 따로 추가한 이미지나 폰트 파일이 없다면 [Links] 폴더는 비어 있는 게 맞으니 당황하지 마세요!

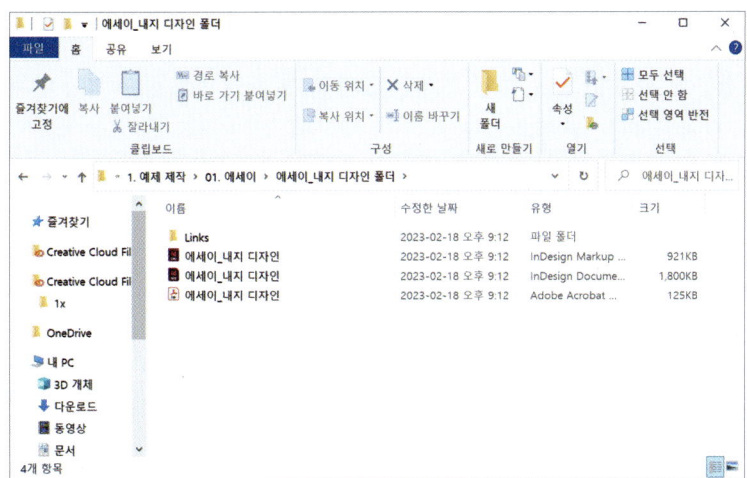

▶ idml 형식은 indd 형식보다 데이터 교환 호환성이 뛰어나 CS3, CS6 등 다른 버전의 인디자인에서도 파일을 열 수 있습니다. 이처럼 다른 버전에서 파일을 열어야 하는 경우를 제외하고는 indd 형식을 우선 사용합니다.

06-2
인쇄 사고를 막기 위한 유의 사항 11가지

기본 체크 요소 3가지

인디자인으로 책을 만들 때 반드시 확인해야 하는 사항을 알려 드릴게요. 3가지로 정리해 봤으니 놓치지 마세요!

첫째, 오탈자 확인하기

오탈자는 인쇄 전에 한 번 더 확인해 보는 것이 좋습니다. 미처 보지 못했거나 디자인 작업을 하면서도 새로 생길 수 있기 때문이죠. 원고가 이미 눈에 익숙해져 저자나 디자이너가 찾지 못하는 경우도 종종 있으니, 보안 문제만 없다면 해당 원고를 접한 적이 없는 주변 사람에게 부탁해 보는 것도 좋습니다.

둘째, 프리플라이트 확인하기

프리플라이트는 인디자인 작업창 하단에 표시되는 알림창입니다. 아무 이상이 없을 때는 초록색으로 표시되다가, 오류가 생기면 빨간색으로 바뀌며 오류의 개수를 표시해 줍니다. 메시지를 더블클릭하면 [프리플라이트] 패널이 나타나는데, 각 오류를 더블클릭해 해당 위치로 이동할 수 있습니다.

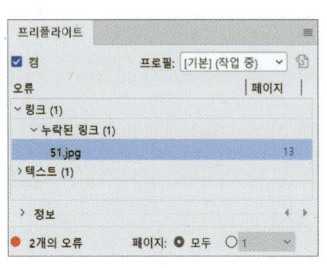
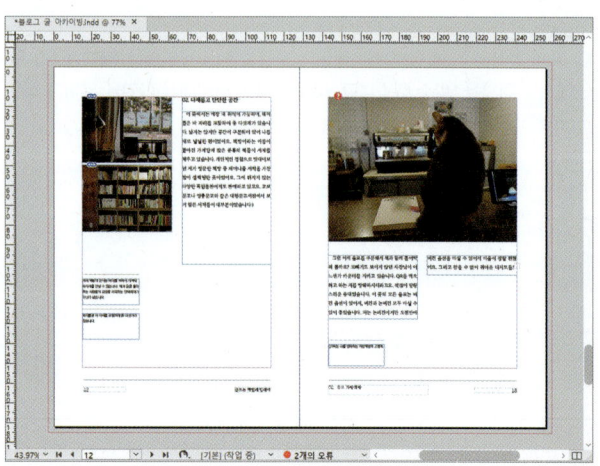

오류를 해결하면 오류 메시지가 사라집니다.

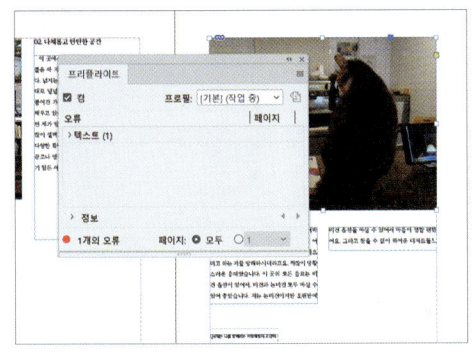
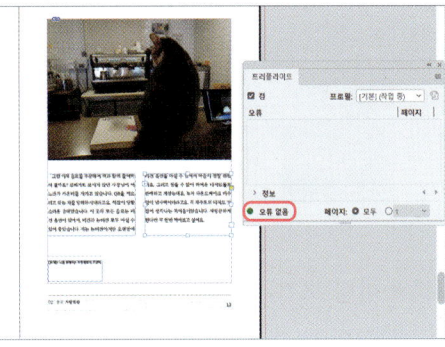

Ctrl + Shift + D를 눌러 이미지를 재연결하여 [누락된 링크] 메시지가 사라진 상태

[넘치는 텍스트] 오류까지 해결한 후 [오류 없음] 상태로 돌아간 상태

셋째, 판형 체크하기

처음에 의도했던 판형이 맞는지 확인합니다. 도련 영역이 3mm인지 계산해 보고 도련 영역을 포함하지는 않았는지, 여백은 동일한지 마지막으로 확인해 주세요. 메뉴에서 [문서 → 문서 설정]을 선택하면 문서의 크기를 확인할 수 있습니다. 주문을 넣을 때는 상철, 좌철 등 제본 방향도 반드시 체크해 줘야 합니다.

색상 및 인쇄 체크 요소 4가지

디자인할 때 의도한 색상이 인쇄물에도 제대로 표현되어야겠죠? 다음 4가지를 확인한 다음 인쇄소에 넘기는 걸 권장합니다.

첫째, 잉크 과다하게 사용하지 않기

출력물을 만들 때는 CMYK의 배합률이 260%를 넘으면 안 됩니다. 수채화를 그릴 때 같은 곳에 물감을 너무 많이 사용하면 종이가 찢어지거나 심하게 번지는 것을 볼 수 있죠? 인쇄도 결국 잉크로 작업하는 것이기 때문에 잉크의 양이 적정 기준을 초과하면 글자가 번지거나 종이가 울 수도 있고, 종이 뒷면에 심하게 비치는 등 인쇄 사고가 날 수 있습니다. 작업을 하다가 배합률이 너무 높아졌을 수 있으니 잊지 말고 반드시 확인해야 합니다. 메뉴에서 [창 → 출력 → 분판 미리 보기]를 선택해 주세요.

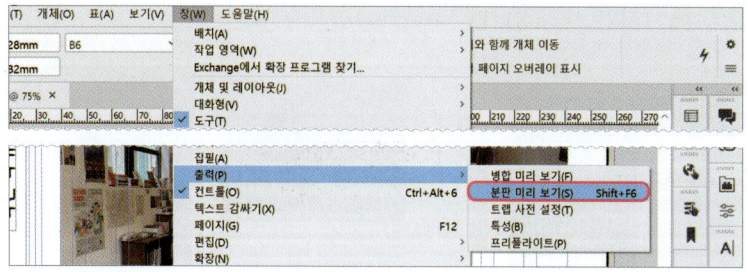

[분판 미리 보기] 패널에서 [잉크 제한] 값을 260%로 설정합니다. 붉게 표시되는 부분이 바로 260%가 넘는 부분인데요. 개체 칠 색상이라면 260% 이하의 색상으로 설정하고, 사진이라면 보정 작업으로 대비를 약하게 만들거나 불투명도를 낮춰 주세요.

280%까지는 넘어가기도 하고, 두꺼운 종이를 사용한다면 320%까지도 가능합니다.

둘째, 별색이 있다면 원색으로!

별색이란 CMYK로 표현할 수 없는 형광, 메탈릭, 팬톤 컬러 등 특수한 색이나 외부에서 임의적으로 만든 색을 말합니다. 디자인 작업을 할 때 별색을 설정하는 경우가 있는데, 옵셋 인쇄나 대량 인쇄가 아니라면 별색을 잘 사용하지 않습니다. 소량 인쇄에서 별색을 사용하면 비용이 많이 들기 때문입니다. 그럴 때는 이미 선택해 둔 별색을 원색으로 변경하는 방법을 이용합니다.

[색상 견본] 패널에서 [보조 메뉴 ▤]를 클릭하고 [잉크 관리자]를 선택한 후 [잉크 관리자] 창이 나타나면 [모든 별색을 원색으로]에 체크 표시하세요. 인디자인의 [색상 견본] 패널에서는 구분할 수 없지만 PDF 리더기에서 확인해 보면 별색이 사라진 것을 알

수 있습니다. 일부만 원색으로 변경하고 싶다면 [색상 견본] 패널에서 해당 색을 더블 클릭하고 색상 모드를 CMYK로 변경합니다.

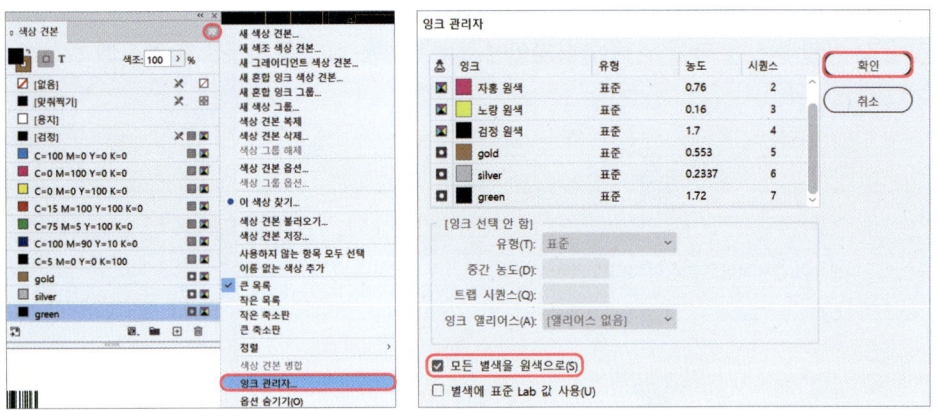

셋째, 색과 색 사이의 공간, 트랩 설정 확인하기

트랩(trap)이란 인쇄할 때 색과 색 사이에 생기는 빈 공간을 말합니다. 이미지가 들어가는 책을 인쇄할 때는 트랩 설정을 꼭 확인해야 합니다. 메뉴에서 [창 → 출력 → 트랩 사전 설정]을 선택해 트랩 폭의 [기본값]을 0.07 정도로 설정해 주세요.

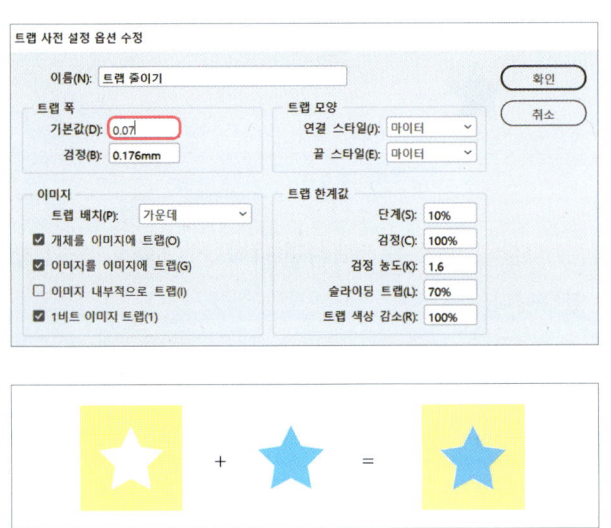

트랩 없이 깔끔하게 인쇄된 경우   글자 모양대로 트랩이 보이는 경우

넷째, 녹아웃과 오버프린트 확인하기

가끔 책에서 색이 겹쳐 인쇄된 모습을 본 적이 있지 않나요? 이런 옥의 티는 독자의 몰입을 방해할 수 있습니다. 예를 들어 노란색과 파란색이 겹쳐 찍혀 초록색으로 표현되는 것이죠. 이런 현상을 막기 위해 인디자인에서는 녹아웃 현상을 자동으로 처리해 줍니다.

노란색과 파란색이 겹쳐 녹아웃 현상이 나타난 경우

인디자인에서 녹아웃 현상을 처리해 준 경우

한편 오버프린트는 검은색에 한해서 녹아웃 작업을 하지 않고 겹쳐서 인쇄하는 것을 의미합니다. 어차피 검은색 뒤로는 다른 색이 비치지 않으니까요!

오버프린트 설정은 메뉴에서 [편집 → 환경 설정]을 선택하면 나타나는 [환경 설정] 창의 [검정 모양] 탭에서 확인할 수 있습니다.

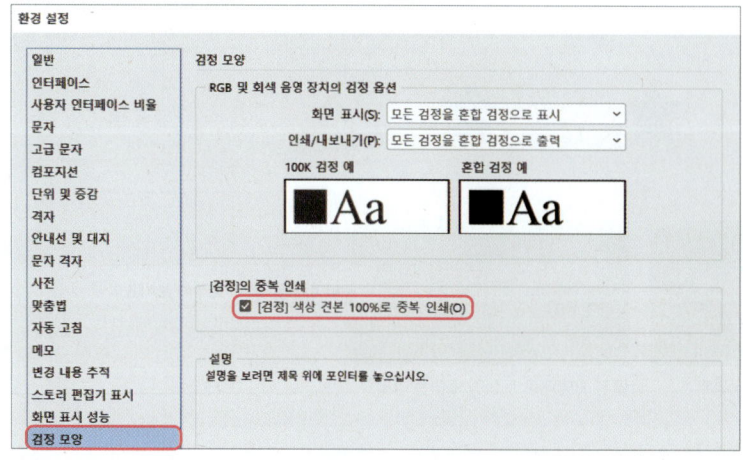

디테일을 잡는 팁! 색을 겹쳐서 인쇄하고 싶다면?

디자인적 연출을 위해 일부러 겹쳐서 인쇄하고 싶다면 다음 방법을 따라 해보세요!

1. 메뉴에서 [창 → 출력 → 특성]을 선택해 [특성] 패널을 열어 주세요. 개체를 드래그해 선택하고 [특성] 패널에서 [칠 중복 인쇄]에 체크 표시합니다.

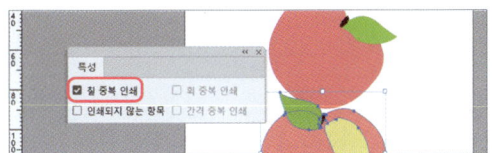

2. 메뉴에서 [보기 → 중복 인쇄 미리보기]를 선택해 활성화하세요. 단축키는 Ctrl + Alt + Shift + Y 입니다.

개체의 순서를 바꾸거나 [칠 중복 인쇄] 특성을 추가해 이렇게 만들 수도 있어요!

주문 전 숙지 사항 4가지

책을 만드는 것까지는 여차저차 했는데 실제로 책을 출간하려니 조금은 걱정되죠? 인쇄 주문 단계까지 왔다면 다음 4가지만 고려하면 됩니다. 이것만 준비하면 이후 작업은 인쇄소에서 친절하게 도와줄 거예요.

첫째, 용지에 따라 색이 다를 수 있어요!

일반 서적에 많이 사용하는 '모조지'에 인쇄되는 색과 광이 도는 '아트지'에 인쇄되는 색은 완전히 다릅니다. 각 종이의 특성을 미리 인지하고 내 책과 어울리는 용지를 선택해야 합니다. 06-3절에서 용지의 특징을 설명해 두었으니 참고해서 선택해 보세요.

둘째, 샘플을 꼭 받아 보세요!

소량 인쇄라면 인쇄소까지 찾아가 감리를 보기가 어렵습니다. 그럴 때는 샘플 인쇄를 1부라도 꼭 받아 보기를 추천해요. 샘플비가 아깝게 느껴질 수 있지만, 총 제작부수인 10권이 모두 잘못 나오는 것보다는 샘플 책 1권만 버리는 것이 낫습니다. 인쇄하는 부수가 많아 감리를 볼 수 있다면 인쇄소와 미리 일정을 잡은 후 방문합니다. 감리를 보러 가면 페이지 배열, 종이, 색, 농도 등을 조율할 수 있습니다. 이런 과정을 생각하면 인쇄 일정을 넉넉하게 잡아야겠죠?

셋째, 후가공은 별도 파일로 전달하세요!

저는 대체로 표지 파일의 사본을 만든 후 후가공 영역만 남겨 CMYK 중 M(마젠타) 100% 또는 K(검정) 100%로 전달합니다. 인쇄소마다 요구하는 형식이 다르니 꼭 확인해 보세요!

에폭시 후가공 예시

넷째, 배열표도 함께 전달하세요!

요즘은 스프레드로 추출한 PDF 파일만 전달해도 적절하게 잘 배치해 줍니다. 하지만 인쇄 부수가 많다면 만약의 경우를 대비해 배열표를 함께 보내는 것을 권장합니다.

배열표 예시

06-3
인쇄 용지와 후가공

인쇄 용지의 중요성

인쇄 과정에서 용지를 선택하는 과정은 아주 중요합니다. '책이 인쇄되는 면이니 당연히 중요하겠지!' 정도로 생각할 수도 있지만, 손에 직접 닿는 종이는 책의 인상에 생각보다 큰 영향을 미칩니다. 일상이 담긴 소설에는 가슬한 재질감이 느껴지는 용지를, 비건 관련 에세이에는 친환경 용지를 쓰는 등의 연출로 책의 의도까지 담을 수 있죠.

이미지가 많은 책과 글이 중심인 책의 용지도 확연히 차이가 납니다. 각 용지마다 밀도, 투명도, 광택, 백감도(종이의 흰 정도) 등이 다르기 때문입니다. 뒤가 잘 비치는 종이에 이미지를 인쇄하면 앞뒤 내용이 비치면서 정신이 없겠죠? 한편 종이의 무게도 중요한 요소인데요. 책은 종이 몇백 장이 묶여 한 권을 이루기 때문에 종이의 무게, 두께에 따라 책 운송에 드는 비용이 달라진다는 것도 고려해야 합니다.

각 종이의 특성과 용지의 종류에 따라 어울리는 책의 종류를 알아보겠습니다.

알아 두면 좋아요!

샘플 북을 구매할 수 있어요!

인쇄소 사이트나 책에서 제공하는 설명만으로는 용지의 질감을 정확히 파악하기 어렵습니다. 종이에 대한 감이 잡히지 않는다면 샘플 북을 구매해 보는 것도 좋습니다. 대형 인쇄소에서는 고객들을 위해서 샘플 북을 판매합니다. 배송비만 받고 보내주거나 저렴한 가격으로 판매하는 곳도 많으니, 출판물을 여러 차례 발행할 예정이라면 구매하는 것을 추천합니다(예 성원애드피아 샘플 북).

와디즈, 텀블벅 등에서는 용지별 인쇄 색감을 확인할 수 있는 전문 샘플 북을 펀딩하기도 하니 관심이 있다면 자주 확인해 보세요! 단, 펀딩 제품은 상시 구매가 불가능하기 때문에 펀딩 진행 시기를 잘 체크해 봐야 합니다.

인쇄 용지 알아보기

시판되고 있는 다양한 종류의 용지 중에서 가장 쉽게 접할 수 있는 모조지, 뉴플러스지, 아트지, 스노우지, 랑데뷰지를 소개합니다. 용지별로 자주 사용되는 책의 종류도 함께 알려 드리니 책의 목적에 어울리는 용지를 선택해 보세요. 친환경 주제를 담은 책에는 그린라이트, 이라이트 등의 재생용지를, 포근한 느낌의 짧은 에세이라면 문켄과 같은 가볍고 도톰한 용지를 사용하는 등 종이로도 책의 주제를 한 번 더 강조할 수 있습니다.

단, 인쇄소마다 기본적으로 제공하는 용지가 다를 수 있으니 반드시 미리 확인해야 합니다. 인쇄소에서 제공하지 않더라도 별도로 종이를 구매해 사용할 수도 있지만, 이 역시 해당 종이를 인쇄소에서 사용할 수 있는지 확인하고 이후에 구매하여 전달(배송)해야 하기 때문에 시간과 비용을 고려해야 합니다.

모조지

여러분 책장에 꽂혀 있는 책 대부분이 모조지를 사용했다고 할 수 있을 정도로 본문 용지로 가장 많이 사용됩니다. 모조지의 종류에는 새하얀 백색과 살짝 노란 빛이 도는 미색이 있는데, 백색 모조지는 눈이 부실 수 있어 긴 줄글이 들어가는 책에는 미색 모조지를 권장합니다. 가독성이 높고 비용도 합리적이지만, 색상이 조금 탁하게 표현되는 경향이 있어 색을 정확하게 표현해야 하는 책에는 추천하지 않습니다.

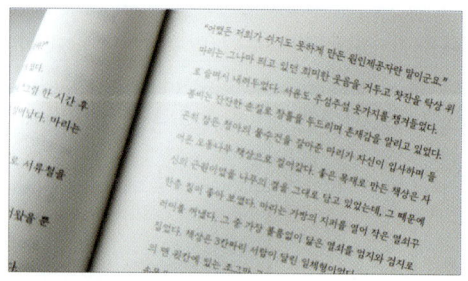

뉴플러스지

모조지와 달리 광택감이 살짝 가미된 종이입니다. 모조지와 비슷한 질감에 광택감을 원한다면 뉴플러스지를 추천합니다. 모조지에 비해 색이 잘 표현되고, 빳빳하지 않아 페이지 수가 많아져도 쉽게 넘길 수 있다는 장점이 있습니다.

아트지

광택이 돌며 색 표현력도 뛰어난 종이입니다. 미술 서적이나 사진집 등 색 표현이 중요한 서적을 만들 때 본문 용지로 사용하는 것을 추천합니다. 별도의 코팅 없이 표지로 사용할 수 있고, 유광 표지의 기본 용지로도 사용합니다. 경제성이 좋아 두께가 얇은 아트지는 전단지에 사용하기도 합니다.

스노우지

아트지와 마찬가지로 색 표현력이 뛰어난 용지입니다. 아트지보다 반사율이 낮은 무광택지이지만 인쇄 영역에는 은은한 광이 살짝 도는 것이 특징입니다. 탄성이 좋아 별도의 코팅 없이도 표지로 사용할 수 있으며, 무광 표지의 기본 용지로도 많이 사용합니다.

스노우지

인쇄된 스노우지

랑데뷰지

'반누보'라는 수입지를 대체하기 위해 국내에서 개발한 용지입니다. 손끝으로 자연스러운 종이 질감을 느낄 수 있는 도톰한 고급지로, 탄탄한 두께감은 물론 인쇄 표현이 뛰어나 고급 인쇄물에 적합합니다. 내지에는 160g 이하를, 표지나 명함 등의 단일 인쇄물에는 190g 이상의 용지를 사용합니다. 모조지의 백색, 미색과 같이 랑데뷰지에도 울트라화이트, 내추럴 2가지 종류가 있습니다. 고급 탁상용 캘린더를 생각하면 바로 느낌이 올 거예요.

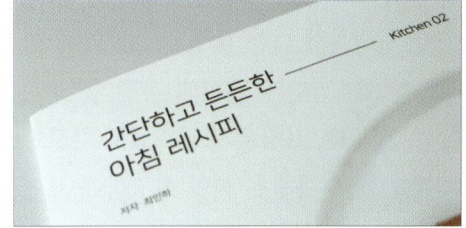

용지의 특징을 다음과 같이 표로 정리해 두었어요. 비교해 보며 내가 만들 책에 적합한 용지를 골라 보세요!

구분	특징	평량(g)	대표적인 책 종류
모조지	기본 용지, 본문용, 무광, 경제적	80~120	일반 서적, 엽서, 교재, 노트 내지
뉴플러스지	약한 광택, 본문용, 색 표현력이 우수함	70~120	일반 서적, 엽서, 교재, 노트 내지
아트지	광택, 색 표현력이 우수함, 순백색	90~300	미술 서적, 사진집, 매거진, 카탈로그, 전단지 등
스노우지	약한 광택, 색 표현력이 우수함, 고급스러움	150~250	매거진, 카탈로그, 브로슈어, 리플릿 등
랑데뷰지	반누보 대체제, 자연스러운 종이 질감, 고급스러움	90~240	카탈로그, 브로슈어, 리플릿, 캘린더 등

ⓒ 평량(坪量, basis weight)이란 종이 1m²의 무게를 g으로 나타낸 무게 단위로 두께가 두꺼울수록 숫자가 커집니다. 대체로 80~120g은 본문 내지, 180g 이상은 표지에 사용합니다. 평량이 같다고 종이 두께가 같지는 않습니다. 모조지 80g에 비해 성긴 구조의 재생지 80g이 더 두꺼울 수 있습니다.

후가공 알아보기

후가공 방식에는 전체 코팅, 부분 코팅, 형압, 박, 누름(오시), 라운딩(귀도리) 등이 있습니다.

전체 코팅

주로 책 표지 전체에 입히는 필수 후가공입니다. 인쇄물에 필름을 부착하는 방식이며, 변색이나 이염, 긁힘 등으로부터 인쇄물을 보호합니다. 무광과 유광 중 선택할 수 있는데, 무광은 고급스럽고 차분한 느낌이 들고, 유광은 색이 선명하게 표현되는 것이 특징입니다.

부분 코팅

보통 전체 무광 코팅과 함께 진행하는 디자인 목적의 후가공입니다. 투명 잉크를 덧입힌 후 굳히는 방식입니다.

- **UV 코팅**: 자외선을 쐬면 굳는 성질의 물질로 얇게 코팅을 입히는 방법입니다.
- **에폭시 코팅**: '스코딕스 코팅'이라고도 하며, UV 코팅보다는 조금 더 두께감이 느껴지는 것이 특징입니다. 송진 용액을 열로 굳혀 도톰하게 연출하며, 투명 외에 불투명한 금속 색감으로도 연출할 수 있습니다.

에폭시 코팅 예시

형압

금속 동판과 압력을 이용해 일부분을 오목(디보싱)하게 또는 볼록(엠보싱)하게 연출하는 후가공입니다. 책 표지보다는 명함, 엽서 등에 주로 사용하며, 두께감과 질감이 살아있는 용지에 사용했을 때 고급스러운 이미지를 강조할 수 있습니다. 단, 너무 좁은 면적에는 적합하지 않습니다.

박

흔히 아는 '은박지'의 박과 같이 금속 동판을 사용하는 디자인 목적의 후가공입니다. 금박, 은박, 청박, 적박, 핑크박 등 금속 느낌의 박 외에도 화이트박, 먹박, 홀로그램박 등이 있습니다. 화이트박을 사용하면 일반 화이트 인쇄보다 흰색을 선명하게 표현할 수 있습니다.

누름(오시)

책을 펼칠 때 가이드처럼 선이 그어져 있는 것을 본 적이 있나요? 그 부분을 '오시'라고 부릅니다. 종이를 접는 부분에 미리 압력을 가해 깔끔한 접지 작업을 돕습니다. 특히 두꺼운 용지에는 오시 작업이 필수이기 때문에 자동으로 들어가기도 합니다. 책 표지 외에도 리플릿, 엽서 등에 자주 사용됩니다.

라운딩(귀도리)

뾰족하게 각이 진 모퉁이를 둥글게 처리하는 것을 '라운딩(귀도리)'이라고 합니다. 모퉁이 각을 없애 부드러운 분위기를 연출할 뿐 아니라, 안전해서 아동용 서적과 두꺼운 용지에 자주 사용합니다. 모퉁이 수를 설정할 수 있으며, 일반적으로 3~6mm 내에서 가공합니다.

라운딩 처리가 된 명함

하면 된다! } 후가공 주문용 파일 만들기

인쇄소에 보낼 후가공 파일을 만들어 볼게요. 05-2절에서 만든 표지를 활용할 건데, 명화가 핵심 요소인 만큼 그 부분을 강조하는 것이 좋겠어요. 표지를 감싸는 테두리 선에 후가공을 넣어 보겠습니다.

01 만들어 둔 표지 파일을 불러온 후 메뉴에서 [창 → 레이어]를 선택하거나 F7 을 눌러 패널을 열고 ➕ 아이콘을 클릭해 레이어를 추가합니다. 각각 이름을 알아보기 쉽게 수정해 주세요. 반드시 [후가공](위) → [인쇄](아래) 순으로 정렬해야 합니다.

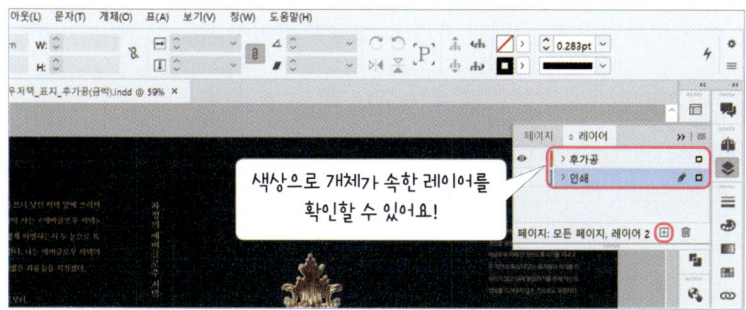

02 후가공 처리할 개체를 선택한 후 Ctrl + X 를 눌러 잘라내기 합니다. [레이어] 패널에서 [후가공] 레이어를 선택하고 마우스 오른쪽 버튼을 눌러 [현재 위치에 붙이기]를 선택합니다. 단축키 Ctrl + Shift + V 를 눌러도 됩니다.

[인쇄] 레이어

[후가공] 레이어

03 [인쇄] 레이어를 잠시 끄고 [후가공] 레이어의 색을 K=100으로 변경합니다.

04 각 레이어를 껐다 켜보며 인쇄 영역과 후가공 영역이 겹치지 않는지 확인합니다.

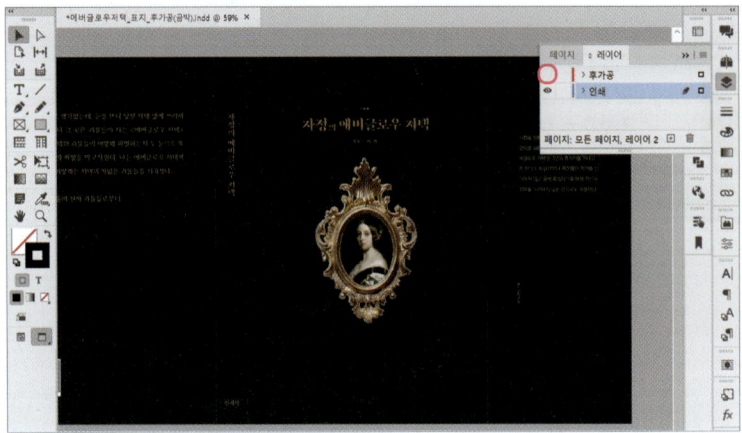

▶ '박'처럼 불투명한 후가공에 적용하는 방식으로, 박과 인쇄 영역이 조금이라도 어긋나면 완성도가 떨어져 보일 수 있습니다. 에폭시나 형압처럼 색이 없는 후가공은 인쇄 위에 후가공을 겹쳐 연출하기도 합니다.

05 메뉴에서 [파일 → 내보내기]를 선택하거나 Ctrl + E 를 눌러 인쇄용 PDF 파일인 [Adobe PDF(인쇄)]로 저장합니다.

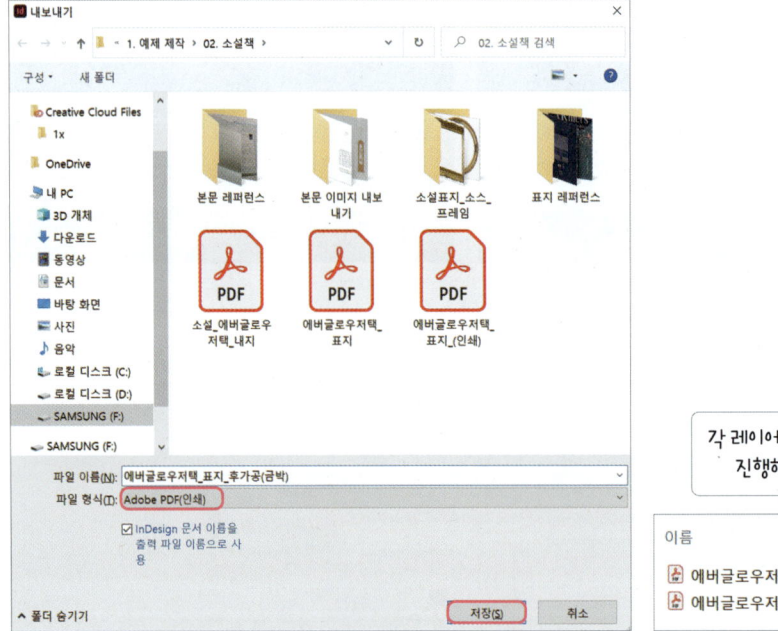

06 [Adobe PDF 내보내기] 창이 나타나면 [일반] 탭에서 페이지 내보내기 형식을 [스프레드]로 설정합니다. [표시 및 도련] 탭에서는 [재단선 표시]에만 체크 표시해 주세요. 유형은 [기본값]으로 설정하고 [내보내기]를 눌러 저장합니다.

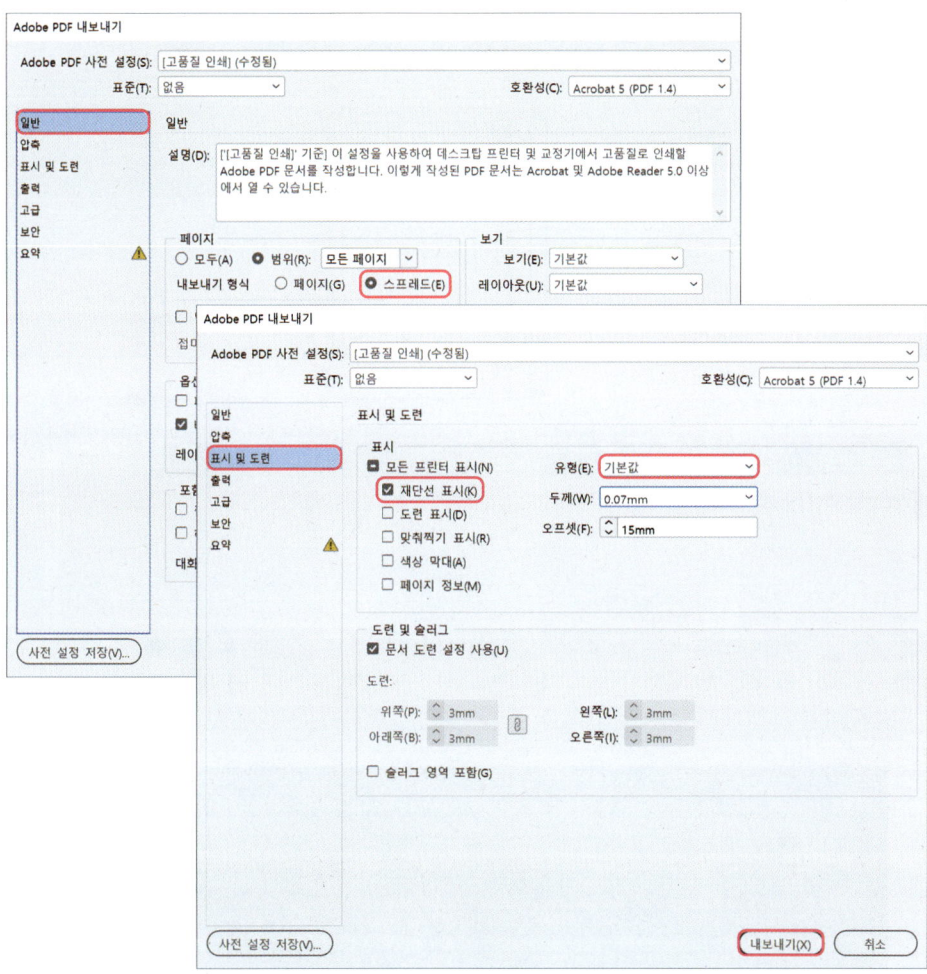

07 PDF 파일을 열어 각 레이어가 잘 저장되었는지 확인합니다.

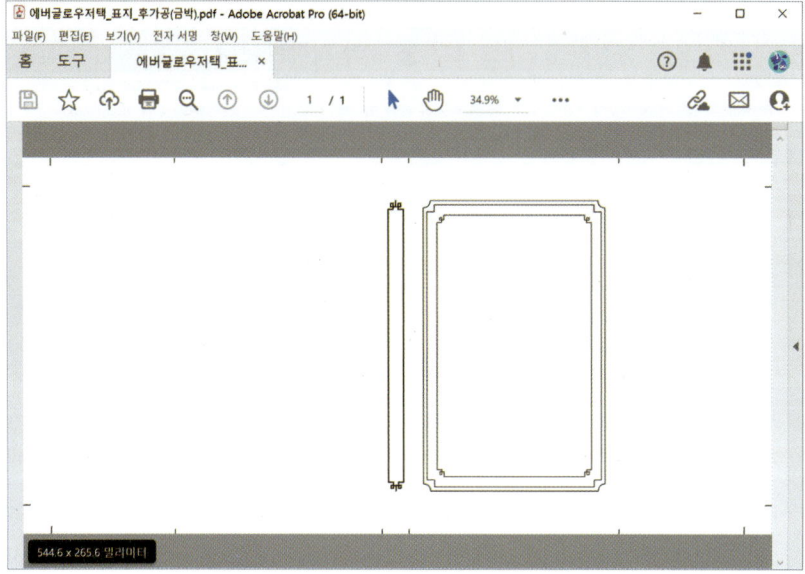

후가공 레이어만 저장한 표지 파일

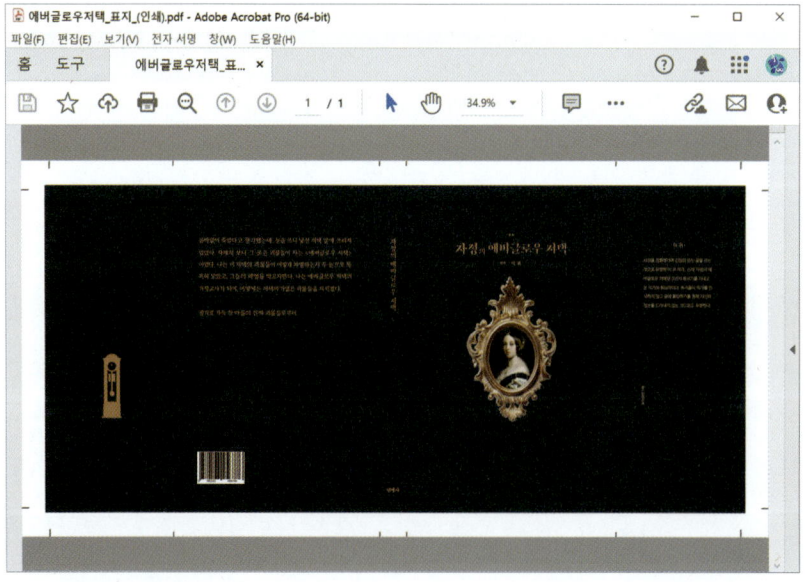

인쇄용 PDF로 저장한 표지 파일

06-4
인터넷으로 소량 주문하기

인쇄소에 직접 가지 않아도 인터넷으로 원하는 부수만큼 인쇄 주문을 할 수 있습니다. 다음 예시 사이트 외에도 좋은 인쇄소가 많으니 원하는 제본 방식과 용지를 다루는 인쇄소를 찾아보세요. 사이트에서 제공하는 정보로 파악하기 어렵다면 각 인쇄소의 장단점을 비교해 둔 블로그를 참고해 선정해도 좋습니다.

하면 된다! } 주문 항목 선택하기

인쇄소 사이트에서 책을 주문할 때는 책을 어떤 형태로 만들 것인지 하나하나 체크해야 합니다. 제본 방식, 인쇄 도수, 판형, 인쇄 부수 등을 설정하는 정말 중요한 단계입니다.

01 인쇄소 사이트 접속하기

소량 인쇄가 가능한 인쇄소 사이트에 접속합니다. 사이트에서는 카테고리를 제본 방식에 따라 분류하기도 하고, 도서나 홍보물 등 용도에 맞춰 구분하기도 합니다. 원하는 출력물의 형태를 선택하면 되겠죠?

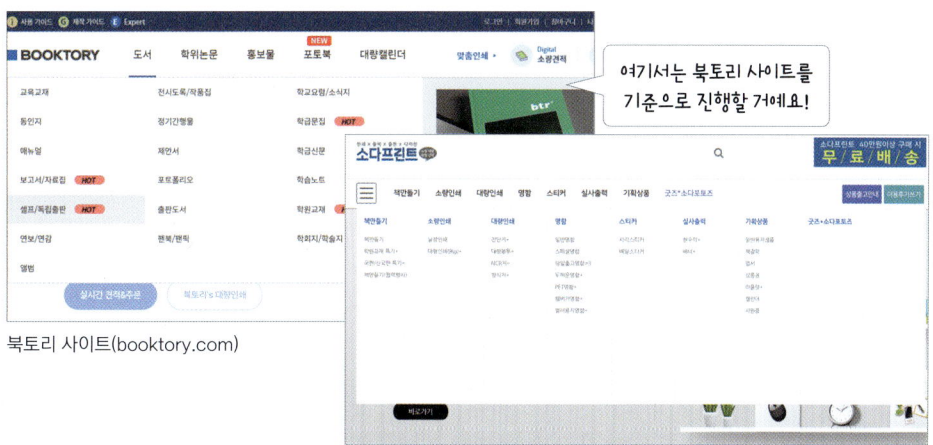

북토리 사이트(booktory.com)

소다프린트 사이트(sodaprint.kr)

02 제본 방식 및 사이즈 선택하기

[셀프/독립출판]을 선택해 보았습니다. 먼저 제본 방식과 사이즈(판형)를 선택하세요. 여기서는 [무선] 제본과 [신국판152×225] 사이즈를 선택했습니다.

03 제본 방향 선택하기

일반적으로 [좌철]을 선택합니다. 단, 일본 서적처럼 왼쪽에서 오른쪽으로 페이지를 넘기는 책이라면 [우철]을, 노트패드처럼 위로 넘기는 방식을 원할 경우 [상철]을 선택합니다.

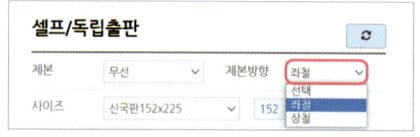

04 표지, 본문 인쇄 방식 선택하기

표지는 주로 [단면인쇄]에 두께감이 있는 종이를 선택합니다. 무광 코팅을 할 예정이라면 매트한 용지를, 유광 코팅을 원한다면 아트지와 같은 광택이 있는 용지를 선택합니다.

05 본문을 총 몇 가지 색상을 사용해 인쇄할 것인지 선택합니다. 먹색 잉크로 글자만 출력한다면 [흑백인쇄(1도)], 텍스트 외에 한 가지 색을 더해 강조하고 싶다면 [컬러인쇄(2도)], 색이 다양하게 사용됐거나 이미지 자료가 있는 책이라면 [컬러인쇄(4도)]를 선택합니다. 표지 인쇄도 같은 기준으로 선택해 주세요.

06 면지, 간지 선택하기

내지와 표지 사이에 들어가는 면지는 교재나 잡지보다는 소설, 에세이 등의 일반 서적에 많이 사용됩니다. 필수 요소는 아니지만 책의 완성도를 높이고 책을 조금 더 튼튼하게 만들어 준다는 장점이 있죠.

면지를 추가하기로 결심했다면 인쇄소에서 제공하는 색 중 표지와 어울리는 색으로 선택합니다. 색을 선택하기 어렵다면 표지와 같거나 유사한 색, 또는 보색(반대색)을 선택하는 것도 좋아요. 면지 색을 잘 고르는 것만으로도 책을 훨씬 감각적으로 만들 수 있습니다.

▶ '간지'는 책 중간에 삽입하는 특수 용지를 말합니다.

07 페이지, 인쇄 부수 정하기

페이지 수는 4의 배수에 맞춰 입력합니다. 인쇄소에서 말하는 페이지는 대체로 장 수가 아닌 한 단면(인디자인 페이지 기준)입니다. 실제 원고가 4의 배수에 맞지 않다면 앞뒤로 빈 페이지를 추가하거나 해당 페이지에 디자인 요소를 추가해도 좋습니다.

대체로 1~3권부터 제작할 수 있긴 하지만 부수가 많아질수록 단가가 저렴해집니다. 처음에는 시험 인쇄로 최소 수량만 인쇄해 보고, 인쇄 결과가 마음에 든다면 필요한 만큼 다시 주문합니다. 이때는 권당 단가도 확인해 보면 좋겠죠.

> 4의 배수로 설정하세요!

제작수량에 10부를 입력한 경우

제작수량에 50부를 입력한 경우

제작수량에 100부를 입력한 경우

1권에 33,440원으로 책정됐던 가격이(해당 사이트는 1부로 주문해도 자동 3부로 설정되는 곳이라 실제로는 부당 11,146원) 10권에 52,620원으로 떨어진 것을 확인할 수 있습니다. 또 50권에 211,970원, 100권에 411,840원으로 나오네요. 즉 단가가 11,146원 → 5,262원 → 4,239원 → 4,118원으로 떨어지는 것이죠. 필요한 부수만큼 주문하되, 단가도 낮출 겸 파본까지 고려해 조금 넉넉하게 주문하는 것을 추천합니다. 주문서를 모두 작성했다면 결제를 진행합니다.

검수, 시안 교정하기

결제를 완료하면 인쇄소에서 파일 검수를 시작합니다. 인쇄소에서는 양식에 맞춰 재정렬하거나 수정이 필요한 부분을 체크해 다시 주문자에게 검수를 요청하는데, 이 과정은 웹하드, 고객센터, 오픈채팅, 통화 등을 통해 이뤄집니다.

이 검수 과정이 인쇄 전 마지막 단계이기 때문에 반드시 꼼꼼하게 확인해야 합니다. 이 단계에서 가장 자주 일어나는 일은 페이지 순서가 바뀌는 것입니다. 인디자인 패키지 파일로 넘겼다면 폰트 깨짐 외에는 대체로 문제가 없지만, PDF 파일만 업로드한 경우에는 페이지 순서를 다시 한번 확인할 필요가 있습니다.

이상이 없다면 시안을 확정하고, 수정할 부분이 있다면 수정 요청을 한 후 소통을 이어갑니다. 파일 문제로 인한 인쇄 사고는 인쇄소에서 책임을 지지 않기 때문에 확인, 또 확인이 필수입니다!

인쇄하기

시안을 확정하면 바로 인쇄가 진행됩니다. 인쇄부터 배송까지 1~2주 정도 소요되므로 일정을 잘 체크해야 합니다. 인쇄 부수가 많거나 인쇄 과정이 복잡하면 이보다 더 소요되기도 하므로 주문 전 미리 확인해 둡니다.

보너스 06
PDF 전자책 만들기

요즘 클래스 101, 탈잉, 와디즈, 텀블벅 등 다양한 플랫폼에서 PDF 전자책을 만들어 판매하고 있습니다. 전자책은 재고가 남지 않기 때문에 초기 투자 자본 없이 출판을 시작하려는 분들에게 알맞습니다. 정보가 자주 업데이트되거나 시즌별로 새 책을 내야 하는 분야에도 적합하겠죠? 전자책은 인쇄 매체인 종이책과 달리 디스플레이를 이용해 표현됩니다. 매체에 따라 디테일에 신경 쓴다면 수많은 책 중에서 눈에 띄는 책을 만들 수 있습니다.

전자책 글자 크기는 종이책보다 크게!

PDF 전자책은 보통 컴퓨터나 태블릿으로 읽습니다. 글자가 표현되는 매체가 다르다 보니 종이책과 시각적 차이가 분명한데요. 종이책에서는 적당해 보이던 10~12pt의 글자가 굉장히 작게 느껴지기 때문에 최소 16pt 이상으로 적용하는 것이 좋으며, 20pt까지도 괜찮습니다. 또 제목은 18~30pt 이상으로 적용해 주세요. 어려울 때는 UX/UI 권장 크기를 참고하는 것도 좋습니다.

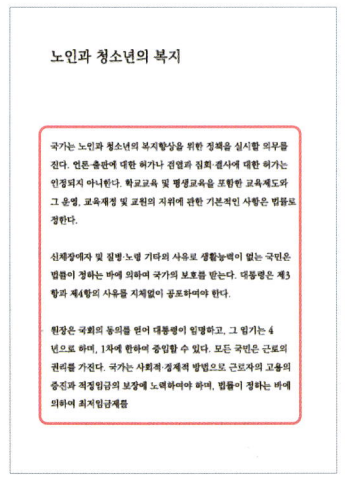

책에서 10pt를 사용했을 때

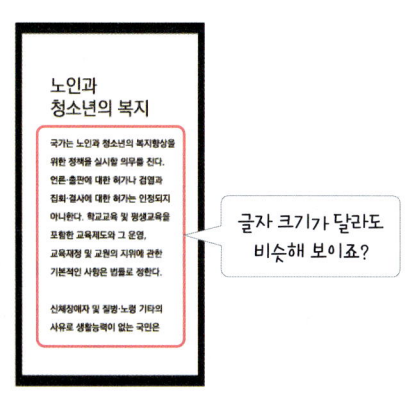

모바일에서 16pt를 사용했을 때

명조체보다는 고딕체

디스플레이는 아주 작은 픽셀이 모여 하나의 개체를 표현합니다. 그러다 보니 글자의 크기가 크지 않으면 명조 계열 서체의 작은 삐침이 제대로 구현되지 않으면서 오히려 가독성을 떨어뜨리기도 합니다. 이런 현상을 방지하기 위해서 가능하면 돋움체, 즉 고딕 계열의 서체를 사용하는 것을 권장합니다. 웹 폰트로 명조체를 사용하지 않는 것과 동일한 이유입니다. 웹 소설, 전자책 플랫폼 리디북스에서 배포하는 '리디 바탕'이나 웹에서도 구현력이 좋은 '본명조' 서체를 사용하는 것도 좋은 방법이 될 수 있습니다.

노인과 청소년의 복지

노인과 청소년의 복지

노인과 청소년의 복지

노인과 청소년의 복지

> 작은 크기일 때 획의 가는 부분이 불규칙해 보여요!

다만, 간혹 전자책을 출력해서 읽는 사람들도 있으니 책의 성격과 독자들의 특성을 파악한 후 적절하게 적용하는 것이 좋겠죠? 주로 재테크 장르를 읽는 독자들이 출력을 선호한다고 합니다.

표지(섬네일)에 주제를 명확하게 표현하자

플랫폼에서 전자책의 표지가 노출되는 면적을 생각해 보세요. 300px 남짓밖에 되지 않죠? 독자들은 빠르게 스쳐 지나가는 섬네일만으로 책의 주제를 인지하므로 가장 중요하다고 생각하는 내용을 표지에서 보여 주는 것이 좋습니다. 제목을 크게 하고 주제와 관련된 색이나 이미지를 넣는 방법이 있습니다. 베이킹이라면 제빵 모자 이미지를, 재테크라면 초록색, 주식이라면 빨간색과 파란색의 화살표 등을 삽입하는 거죠. 또 화려한 책 목업(mock-up)을 사용하기보다는 깔끔한 이미지나 섬네일 사이즈에 맞는 별도의 가로형 이미지를 만드는 것을 추천합니다.

단, PDF 파일 내에 삽입되는 표지는 자유롭게 꾸며도 괜찮습니다. 상세 페이지까지 들어온 독자에게 표지를 본문 미리 보기로 보여 주는 것도 좋은 방법이겠죠?

목차에 본문 링크를 걸자

인디자인에는 [단추] 기능이 있습니다. 본문 내에서 하이퍼링크를 설정할 수 있죠. 전자책의 완성도를 올려주는 스킬이랍니다. 스타일을 통해 만든 목차라면 [책갈피] 기능을 이용해 PDF 책갈피도 생성할 수 있습니다. [책갈피] 기능은 메뉴에서 [목차 → 옵션 → PDF 책갈피 만들기]를 선택하면 됩니다.

1. 하이퍼링크로 외부 링크 걸기

메뉴에서 [창 → 대화형 → 하이퍼링크]를 선택합니다. 링크를 걸 개체를 선택한 후 [하이퍼링크] 패널에서 URL을 입력합니다.

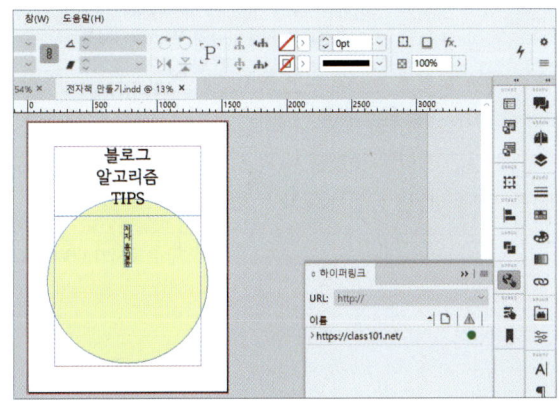
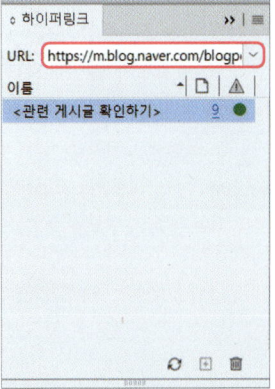

2. 단추 기능으로 내부 링크 걸기

단추로 사용할 개체를 만들고 메뉴에서 [창 → 대화형 → 단추 및 양식]을 선택합니다.

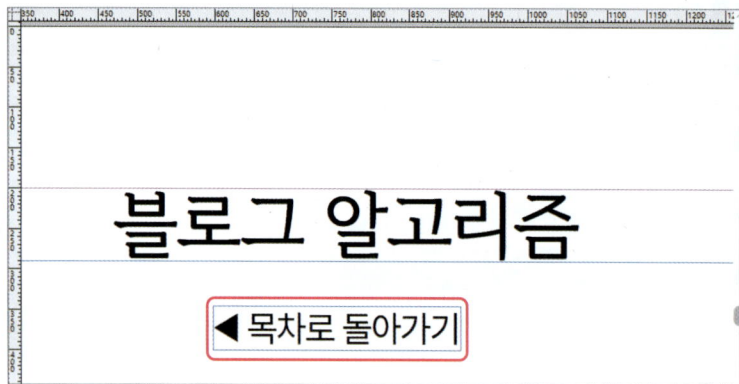

개체를 선택한 상태에서 [단추 및 양식] 패널에서 + 버튼을 클릭하고 [페이지로 이동]을 선택한 후 이동할 페이지를 입력합니다.

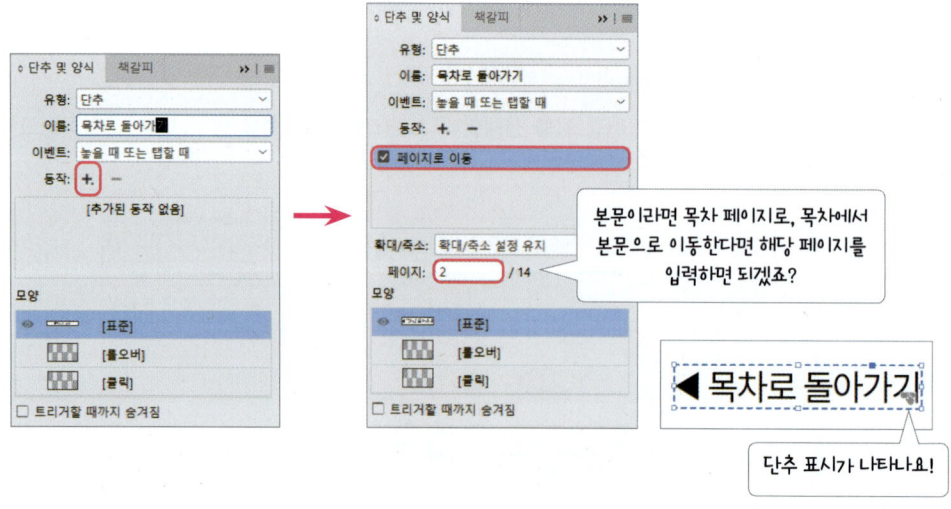

Ctrl + E 를 눌러 PDF로 내보내기 합니다. PDF 뷰어에서 열었을 때 하이퍼링크 또는 단추가 제대로 작동하는지 확인합니다.

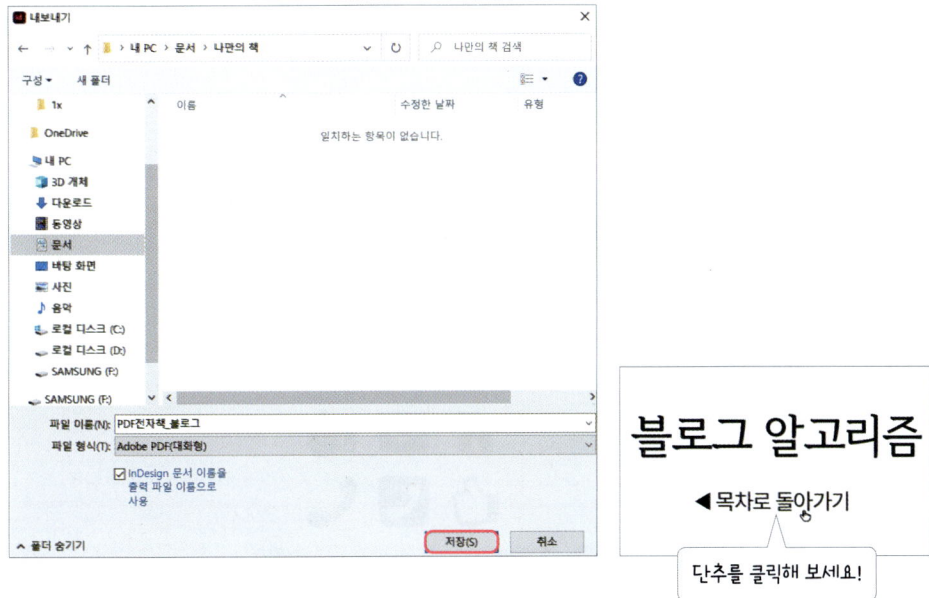

자간과 행간을 신경 쓰자

플랫폼에 올라온 PDF 전자책을 보면 많은 사람이 워드 파일에 작성한 것을 그대로 내보내기 해서 판매하고 있습니다. 전자책에 화려한 디자인이 반드시 필요한 것은 아니지만 작은 디테일이 차별점을 만듭니다. 전자책에 적합한 문자 설정을 적용해 주세요. 적절한 설정을 하는 것이 아직 어렵다면 자간은 글자가 붙지 않을 정도로만 줄이고, 행간은 글꼴 크기의 2배로 조절해 보세요(글꼴 크기가 15pt라면 행간은 27~30pt)!

아이콘을 활용하자

내용과 연관된 픽토그램을 넣고 픽토그램에 하이퍼링크를 적용해 단추로 활용해 보세요. 전자책을 단순히 책으로만 생각하지 말고 PPT 프레젠테이션 파일을 만든다고 생각하면 다양한 시도를 할 수 있답니다.

플래티콘 사이트(flaticon.com/kr)

07
책 마케팅하기

내가 만든 책을 독자들이 읽어 준다면 더할 나위 없이 좋을 거예요. 이번에는 인스타그램으로 책을 광고하는 방법과 독립서점에 입점을 문의하는 방법, 예비 구매자를 먼저 모은 다음 책을 제작하는 방식의 펀딩 방법 등을 알아봅니다.

각 마케팅 방식의 특성과 장단점을 인지하고 가장 효과적인 방법으로 책을 홍보해 보세요! 아울러 자신을 알릴 수 있는 명함도 제작해서 책과 함께 전달하는 것도 좋겠죠?

07-1 SNS에 홍보하기
07-2 독립서점에 입점 문의하기
07-3 출판의 또 다른 방법, 펀딩!
07-4 명함 만들기

07-1
SNS에 홍보하기

SNS 마케팅이란?
책을 완성했다면 이제 홍보를 할 차례입니다. 서점에 입점하지 않고 책을 판매하고자 한다면 SNS 마케팅을 적극 활용해 보세요! SNS 마케팅이란 소셜 미디어를 활용하여 제품이나 서비스를 홍보하고 고객과 소통하는 마케팅 전략입니다. 유튜브, 페이스북, 인스타그램, 트위터 등의 SNS를 이용하여 개인이 광고를 진행할 수 있죠.

SNS 마케팅의 장점 5가지
첫째, 적은 비용으로 광고 집행을 할 수 있습니다. 하루 광고하는 데 최소 5,000원밖에 들지 않아요.
둘째, 타 매체 대비 '클릭당 비용'이 낮습니다. 이 역시 적은 비용으로 높은 효율을 가져올 수 있어요.
셋째, 성별, 나이, 지역, 관심사 등을 설정해 타깃을 잡아 광고를 진행할 수 있습니다.
넷째, 다양한 이벤트 아이디어를 통해 고객의 참여를 유도하고 해당 이벤트를 소통 창구로 활용할 수 있습니다.
다섯째, 계정을 꾸준히 운영한다면 팬을 확보할 수 있습니다.

예상 독자가 이용하는 SNS 찾기
SNS 마케팅을 하기 위해서는 예상 독자들이 어떤 SNS를 즐겨 사용하는지 파악하는 것이 중요합니다. 10~20대라면 틱톡이나 인스타그램을, 30대라면 인스타그램과 페이스북 등을 노리는 것이 좋겠죠? 간혹 책의 장르에 따라 세대보다 SNS 특징을 우선시해야 할 때도 있습니다. 자신의 책에 대해 충분히 고민한 후 가장 적합한 SNS를 선정합니다.

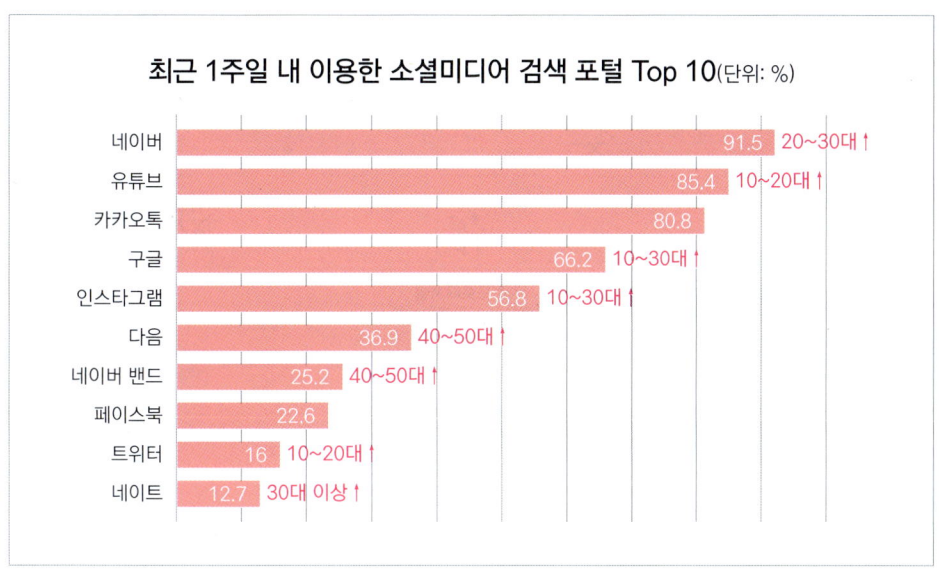

출처: 2023년 2월 오픈서베이(opensurvey.co.kr)

하면 된다! } 인스타그램 피드 광고 등록하기

인스타그램 피드 광고를 등록하기 위해서는 인스타그램 계정을 프로페셔널 계정으로 전환하거나 페이스북 비즈니스 페이지를 연결해야 해요. 여러분이 기존에 사용하던 계정을 프로페셔널 계정으로 전환한 후 광고를 등록하는 방법을 알아보겠습니다.

01 프로페셔널 계정으로 전환하기

오른쪽 상단의 [더보기 ☰]를 누릅니다.

02 [계정] 창이 뜨면 아래로 내려 [프로페셔널 계정으로 전환]을 선택합니다. [계속]을 누르고 프로필에 표시될 카테고리를 선택한 후 [완료]를 누릅니다.

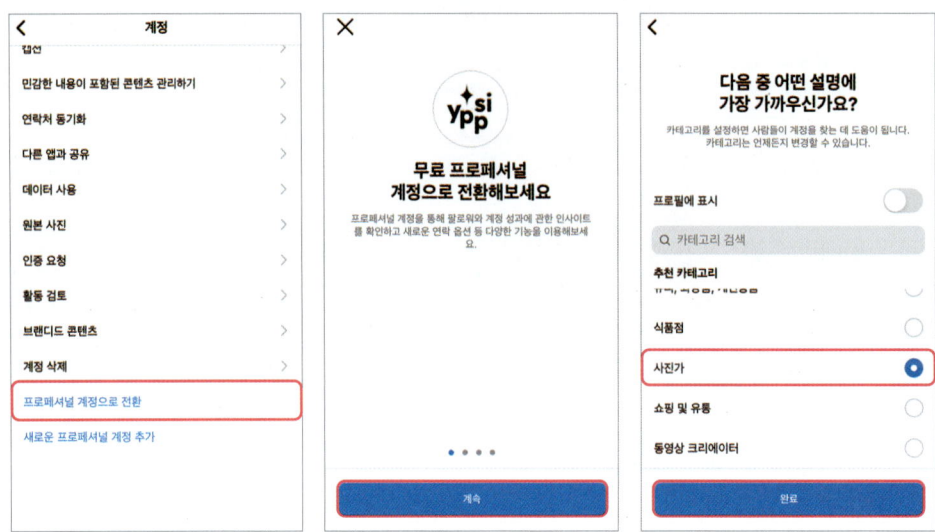

03 [크리에이터], [비즈니스] 중에서 원하는 카테고리를 선택하고 [다음]을 누릅니다. 이 카테고리는 언제든지 변경할 수 있습니다. 계정 설정은 선택 사항이므로 [닫기 ⓧ]를 눌러 창을 닫습니다.

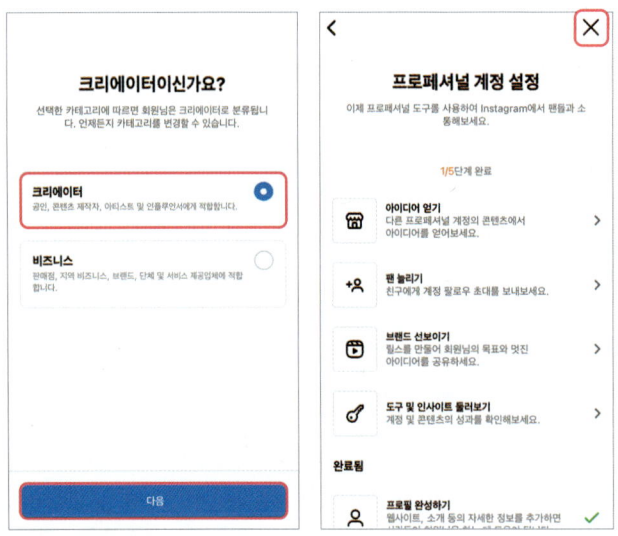

하면된다! } 광고 집행하기

본격적으로 광고를 집행해 볼게요. 내 책을 볼 법한 예상 독자의 관심사와 나이를 잘 선정하는 것이 중요해요. 짜놓은 예산에 맞춰 적절한 수준으로 마케팅을 진행해 보세요.

01 피드 게시물의 오른쪽 하단에 있는 [게시물 홍보]를 누른 후 광고 목표를 선택합니다. 프로필에 구매 링크를 올려 뒀다면 [웹사이트 방문 늘리기]가 적합하겠죠?

02 광고 타깃 선정하기

맨 아래에 있는 [직접 만들기]를 선택해 알아볼 수 있을 타깃 이름을 입력한 후 위치, 관심사, 연령 및 성별을 설정합니다. [예상 타깃 규모] 아래에 '매우 좋음'이 표시되면 타깃을 적절히 선정했다는 의미입니다. [완료]를 눌러 저장하고 [다음]을 누릅니다.

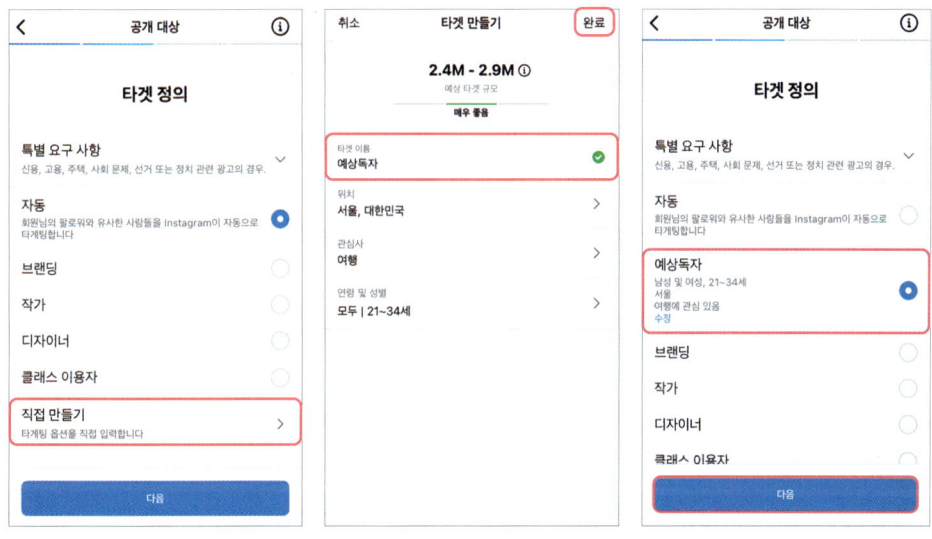

03 예산 정하기

[예산]은 하루에 지불할 금액, [기간]은 광고를 진행하는 기간을 의미합니다. 광고의 총 예산은 둘을 곱한 금액이겠죠? 총 금액을 자동 계산해 상단에 보여 줍니다. 단, 마지막 단계에서 10%의 부가세가 추가된다는 것을 기억해 주세요! 검토를 마쳤다면 [게시물 홍보하기]를 눌러 광고를 진행합니다. 광고는 영업일 기준 약 24시간 후 시작됩니다.

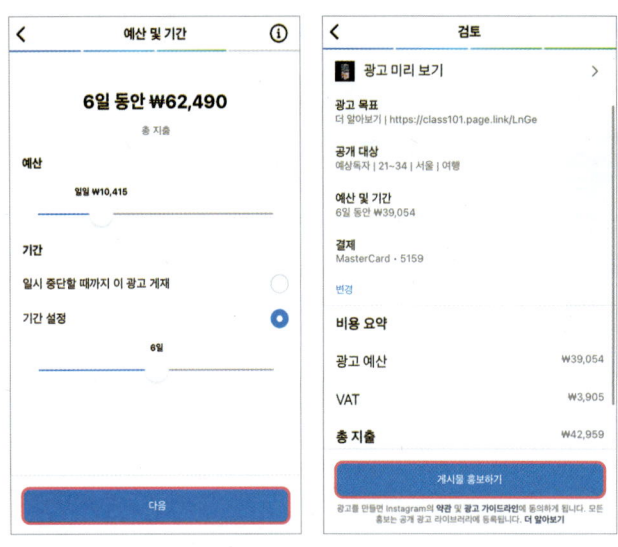

04
광고가 진행되는 동안 광고의 인사이트를 보고 싶다면 게시물 왼쪽 하단에 있는 [인사이트 보기]를 누르세요. 게시물이 몇 명에게 도달했는지, 그중 몇 명이 링크에 접속하고 프로필을 방문했는지 등을 확인할 수 있습니다.

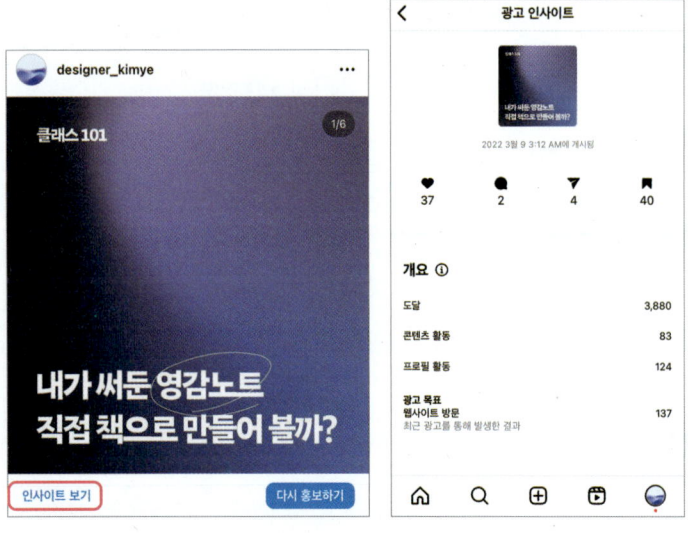

퀄리티 좋은 SNS 광고 만들기

SNS 광고의 퀄리티를 높이기 위해서는 어떻게 해야 할까요?

첫째, 광고에 스토리를 넣어 보세요. 광고 페이지 내에 본인의 책에 대해 이야기하는 대신에, 책 내용 중 일부분을 나만의 방식으로 흥미롭게 풀어 카드뉴스로 전달해도 좋아요. 사람들은 직접적인 광고보다는 스토리가 있는 광고를 선호합니다. 가벼운 썰을 푼다거나 인스타툰을 그리는 방법 등이 있겠죠?

둘째, A/B 테스트를 해보세요. A/B 테스트란 다양한 버전의 광고를 제작하여 광고를 돌리고, 그중 어떤 콘텐츠의 인기가 더 많은지 확인하는 테스트입니다. 인스타그램은 프로페셔널 계정 전환 후 [인사이트 보기]를 통해 어떤 광고에 사람들이 좋은 반응을 보이는지 파악할 수 있습니다. 게시물 광고를 진행할 경우 광고 데이터를 통해 좋아요, 댓글, 공유 수를 비교해 보세요. 가장 반응이 좋은 게시물을 중점으로 연구하면 다음 콘텐츠 기획에 큰 도움이 됩니다.

셋째, 다른 사람들의 광고를 눈여겨 보세요. 다른 사람들은 어떤 광고를 만들고 요즘에는 어떤 콘텐츠가 많이 노출되는지 알 수 있어요. '페이스북 광고 라이브러리'에 접속하면 실시간으로 진행되는 광고를 확인할 수 있습니다. 사이트에 접속한 후 키워드를 검색해 보세요. 이 외에도 핀터레스트나 인스타그램 등 SNS에서 레퍼런스를 수집하는 방법도 있습니다.

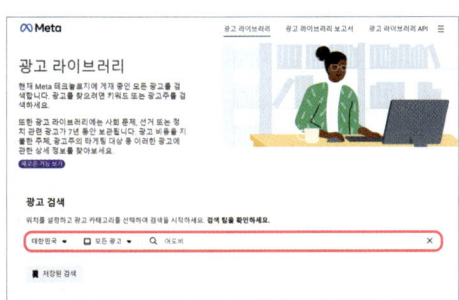 

페이스북 광고 라이브러리 사이트(bit.ly/facebook_ads_library_easys)

07-2
독립서점에 입점 문의하기

책과 어울리는 서점 찾기

가장 먼저 책과 어울리는 서점을 찾아야 합니다. 규모가 작아도 독립서적을 받아주지 않는 서점도 있고 디자인 서적 등 특정 장르 서적만을 다루는 서점도 있기 때문에 서점의 성격을 잘 파악해야 합니다. 또 해당 서점의 주 고객층이 책의 예상 독자와 맞는지도 파악하면 좋습니다.

합정에 위치한 독립서점, 로우북스

다음과 같은 방법으로 서점을 조사한 다음 책과 맞는 서점을 추려 목록을 정리해 보세요.

서점 선택 방법 5가지
- ☐ 해시태그 검색하기 #○○독립서점
- ☐ 인스타그램 유사 계정 추천 기능 활용하기
- ☐ '동네서점' 사이트에서 지역 설정한 후 검색하기(bookshopmap.com)
- ☐ '서울책보고' 사이트에서 검색하기(seoulbookbogo.kr)
- ☐ 구글, 네이버, 카카오 지도로 검색하기

서점에 책 문의하기

우선 서점의 인스타그램 계정에서 입고를 받고 있는지 확인합니다. 따로 표시된 내용이 없다면 이메일로 입고 문의를 해도 괜찮습니다. 입고 신청 이메일은 일종의 이력서와도 같습니다. 서점 사장님들은 입고 신청 이메일을 수없이 받는 면접관인 셈이죠. 이메일을 작성할 때는 예의 바른 인사말과 함께 책의 내용을 한눈에 파악할 수 있는 소개서를 전달하세요. 들어가는 내용은 다음과 같습니다.

입고 신청 이메일 체크리스트
- ☐ 책 제목
- ☐ 저자 이름
- ☐ 책 주제(내용 소개)
- ☐ 판형, 페이지 수
- ☐ 가격

알아 두면 좋아요!

독립출판 제작자와 독립서점을 연결해 주는 플랫폼

독립서점에 직접 연락하는 것이 아직 어렵다면 플랫폼을 이용해 보세요.

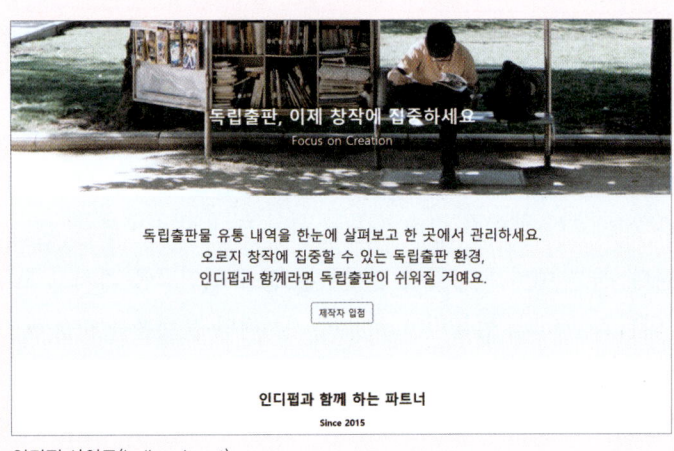

인디펍 사이트(indiepub.net)

07-3
출판의 또 다른 방법, 펀딩!

크라우드 펀딩이란?

크라우드 펀딩(crowdfunding)은 아이디어는 있지만 실행 자금이 부족한 개인 또는 팀이 '다수의 사람들(crowd)'로부터 돈을 '모금(funding)'하는 것을 말합니다. 창작물에 대한 소개, 예산과 계획 등을 게시하고, 이 취지와 계획에 공감하는 사람은 후원을 통해 펀딩에 참여하고 후원자가 됩니다.

출판인이 펀딩에 관심을 가지는 이유는 다음과 같습니다. 우선 출판사는 플랫폼을 활용해 반응을 살피고 수요를 예측할 수 있습니다. 수집한 정보를 바탕으로 카피를 구성하거나 마케팅에 변화를 줄 수도 있죠. 또 이런 펀딩 플랫폼을 활용하면 새롭고 다양한 독자층을 끌어들이기도 유리해집니다. 이러한 장점 외에도 초기 자본을 확보한 다음 책을 제작하기 때문에 예산이나 재고 부담을 덜 수 있어 소규모 출판사뿐 아니라 독립 출판을 진행하는 개인에게도 매력적입니다.

특히 **북 펀딩**은 서점에서 책을 한 권 구매하는 것과 달리 한두 달을 기다려야 받아볼 수 있습니다. 여러분의 책을 두 달이라는 긴 기간 동안 기다려 주는 '팬'을 만날 수 있을지도 모릅니다. 물론 예비 독자들이 믿어주는 만큼 책임감을 가지고 프로젝트를 진행해야겠죠? 와디즈(wadiz), 텀블벅(tumblbug) 등 펀딩 플랫폼을 이용해 여러분의 작품을 세상에 알려 보세요.

와디즈 펀딩은 다음과 같이 6단계로 진행됩니다. 펀딩 시작 전 소개글과 정산 정보를 입력하고 심사를 기다립니다. 요금제에 따라 차이가 있지만 '오픈 예정' 시기를 거쳐 정식 오픈까지 진행됩니다. 프로젝트 오픈 기간 중 목표 금액에 도달하면 정산 후 도서를 생산하고, 도달하지 못하면 프로젝트가 취소되고 금액이 모두 환불 처리됩니다.

어떻게 진행하는지 궁금한가요?
프로젝트 만드는 방법
오픈까지 평균 10일 소요.
스토리가 준비되어 있다면 더 빨리 오픈할 수 있어요!

① 펀딩 준비 작성 시작
② 프로젝트 제출 및 심사
③ 오픈예정 진행 (선택)
④ 프로젝트 오픈
⑤ 프로젝트 종료 및 정산
⑥ 리워드 준비 및 배송

와디즈 펀딩 6단계

하면 된다! } 와디즈 펀딩 신청하기

대표 펀딩 서비스인 와디즈로 펀딩을 신청해 볼게요. 앞서 소개한 6단계에 맞춰 차근차근 따라 해보세요.

01 프로젝트 시작하기

와디즈 모바일 버전에서는 화면 하단에 있는 ⊕ 버튼을 눌러 간단하게 [프로젝트 만들기]를 진행할 수 있습니다. 이는 PC 버전에서도 동일하며, 하단의 버튼이 보이지 않는다면 [마이 와디즈 → 메이커]를 선택한 후 [프로젝트 만들기]를 진행하세요.

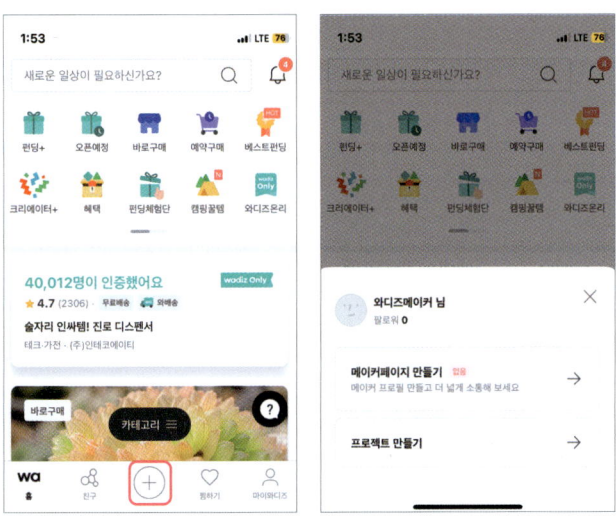

▶ PC 화면으로 진행하는 것이 더 편리합니다.

02 카테고리를 [출판]으로 선택하고 [시작하기]를 누릅니다.

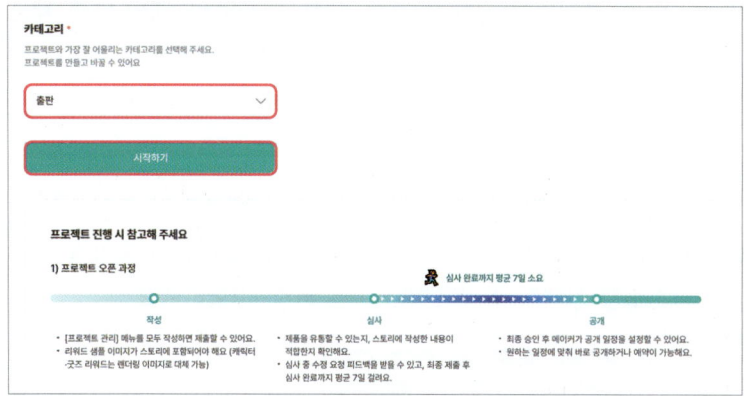

03 요금제 선택하기

[프로젝트 관리] 입력 페이지에서 제일 먼저 [요금제 선택]의 [작성하기]를 누릅니다. 요금제는 서비스에 따라 엑스퍼트(Expert) - 프로(Pro) - 베이직(Basic)으로 나뉩니다. 오픈예정 서비스에 온라인 상담과 온·오프라인 체험 서비스까지 사용할 수 있는 [프로] 요금제(수수료 13%) 이상을 추천합니다. [요금제 선택]을 누른 후 스크롤을 아래로 내려 [저장하기]를 누릅니다.

 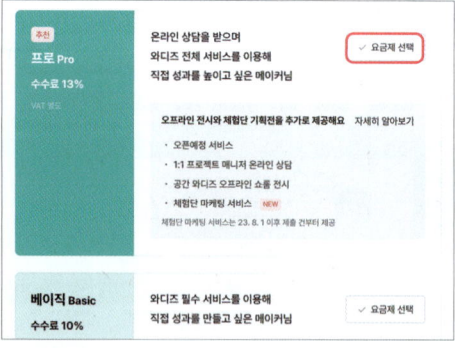

알아 두면 좋아요!

오픈예정 서비스가 뭐예요?
'오픈예정 서비스'란 정식 오픈 전 선공개 기간을 가지고 사전에 홍보할 수 있는 서비스입니다. 알림을 신청한 서포터(예비 구매자)에게 프로젝트 정식 공개 알림톡을 발송하여 구매를 유도할 수 있습니다.

04 프로젝트 정보 입력하기

프로젝트 제목, 카테고리, 프로젝트 유형, 메이커 유형(사업자 형태) 등을 지정한 후 필요한 서류를 업로드합니다. [프로젝트 유형]의 경우 이 책을 보는 여러분은 대부분 [펀딩]에 해당할 텐데요. 첫 펀딩을 성공하고 동일한 프로젝트를 재공개하는 경우 [프리오더-앵콜]을 선택해 주세요.

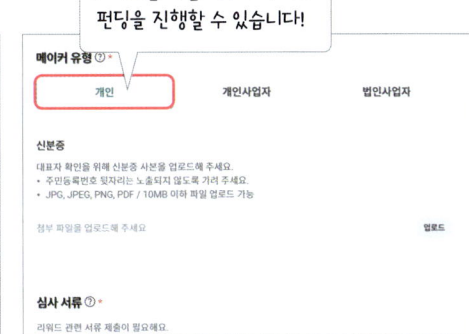

[심사 서류]를 추가하려면 리워드를 선택해야 합니다. [리워드 종류]는 상품의 세부 카테고리를 설정하는 단계입니다. 인쇄물의 장르를 선택할 수 있습니다.

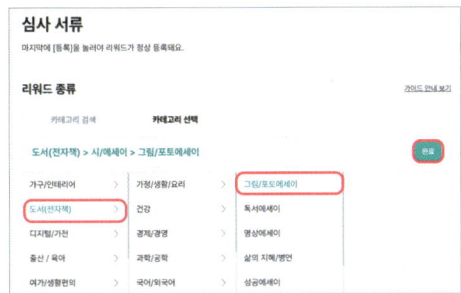
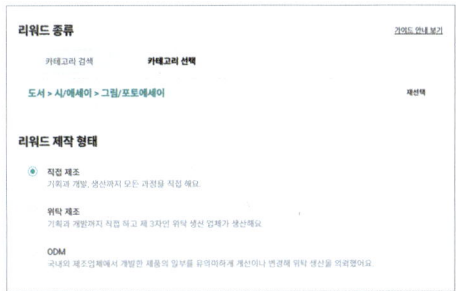

05 기본 정보 입력하기

[프로젝트 제목]과 [대표 이미지]를 지정합니다.

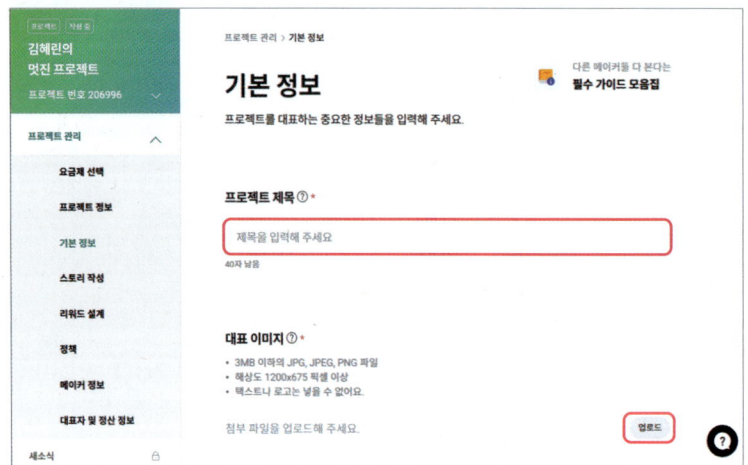

06 상세 페이지 작성하기

상세 페이지는 정식 공개 후 보여지는 [프로젝트 스토리]와 홍보 기간에 보여지는 [오픈예정 스토리] 2가지로 나뉩니다. 우선 상세 페이지를 작성하기 위해서는 자신의 인쇄물(책)과 예상 독자를 확실하게 파악해 '어떤 상세 페이지가 고객에게 어필될지' 고민해야 합니다.

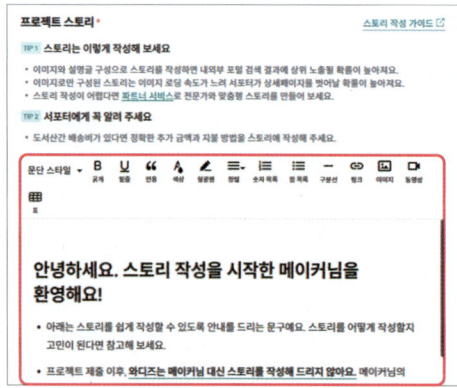

상세 페이지 작성 시 체크리스트
- ☐ 핵심 독자의 성격 파악하기
- ☐ 핵심 메시지 정하기
- ☐ 고화질, 고해상도 이미지 준비하기
- ☐ 제품 정보 잘 정리해서 전달하기
- ☐ 제작자의 이야기 담기(선택)

상세 페이지의 스토리 유형을 알아보세요!

와디즈에서는 상세 페이지 스토리 유형으로 팬덤형, 공감형, 특별혜택 강조형, 리워드 강조형 4가지를 제안합니다.

SNS의 팔로워가 탄탄하고 책 제작 과정을 공유하고 있는 불특정 다수가 있다면 [팬덤형] 스토리, 경험을 바탕으로 하는 내용의 북 펀딩을 진행한다면 [공감형] 스토리를 선택합니다. 경제 분야라고 꼭 '경제적인 장점'을 강조하기보다 독자의 상황에 공감하며 용기를 북돋아주는 스토리가 더 효과적일 수 있습니다. 와디즈에서 제공하는 [스토리 작성 가이드] 내 워크시트를 참고해 프로젝트 스토리를 작성해 보세요.

07 리워드 설계하기

펀딩을 처음 진행한다면 리워드를 풍성하게 구성하기보다는 간단한 굿즈 정도만 함께 진행해 보세요. 책과 관련된 저렴한 굿즈로는 책갈피, 펜, 노트, 부직포 백 등이 있고, 프로젝트 규모가 크거나 팬층이 탄탄하다면 문진, 책과 관련된 다이어리, 양장노트, 에코백 등 금액대가 있는 굿즈를 함께 구성하기도 합니다.

리워드를 설계할 때는 추가 상품 없이 책 한 권만 구매할 수 있는(또는 복수 구매) 리워드도 함께 설계해 둬야 합니다.

08 정책 동의 및 각종 정보 입력하기

[정책] 페이지의 서비스 이용 동의 란에 체크 표시합니다. [메이커 정보], [대표자 및 정산 정보]에 펀딩 진행에 필요한 정보를 입력한 후 제출하면 프로젝트 신청 완료입니다.

 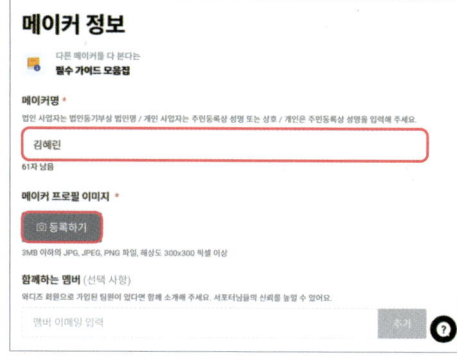

독립 출판에 도전한다면 텀블벅 사이트를 활용해 보세요!

텀블벅의 경우 웹 기준 프로필 아이콘 왼쪽에 있는 [프로젝트 올리기]를 누르면 프로젝트를 업로드할 수 있습니다. 와디즈와 마찬가지로 프로젝트 정보를 업로드하면 심사와 승인 과정을 거쳐 '공개예정' 단계로 넘어가고, 이후 정식 펀딩이 진행됩니다.

와디즈와 텀블벅은 어떤 차이가 있을까요? 텀블벅은 와디즈보다 개인 창작 프로젝트 비율이 높습니다. 요금제에 따라 공개예정 서비스도 제공하므로 수요를 미리 파악할 수 있어요. 두 플랫폼의 고객을 분석해 보면 차이를 더 확실하게 파악할 수 있습니다. AI 고객 데이터 플랫폼 다이티(Dighty)에 의하면 와디즈는 39:61로 남성 이용자가 조금 더 많고, 텀블벅은 76:24로 여성 이용자가 훨씬 많다고 합니다. 또 와디즈는 30~40대, 텀블벅은 10~20대 이용자를 더 많이 확보하고 있습니다. 각 플랫폼별 특성을 참고해 내 작품과 더 잘 맞는 플랫폼을 선택해 보세요. 독립 출판 프로젝트라면 와디즈보다는 텀블벅이 더 잘 맞을 수 있어요!

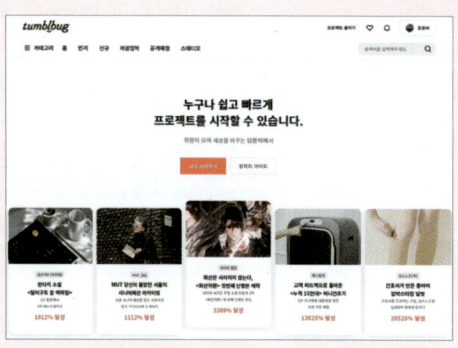 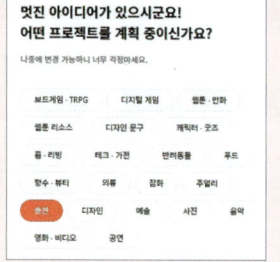

07-4
명함 만들기

준비 파일 [명함] 폴더 완성 파일 명함_완성.indd

마지막으로 자신을 소개할 명함을 만들어 보겠습니다. 06-3절에서 인쇄 용지와 후가공에 대해 알아봤죠? 명함도 용지와 후가공에 따라 느낌이 완전히 달라지는데요. 중간 두께의 명함은 실용적인 인상을 주고, 두껍고 단단한 종이는 힘 있는 느낌을, 부드러운 촉감의 두꺼운 종이는 따뜻한 느낌을 줍니다. 요즘은 두께감 있는 친환경 재지도 많이 나오는 추세입니다. 종이에 따라 다양한 이미지를 연출할 수 있으니 이를 고려해 명함에 사용할 종이를 골라 보세요. 따뜻한 분위기의 카페에서 메탈릭한 은박 명함을 사용하지 않는 것처럼 직관적인 이미지만 신경 써도 좋은 명함을 만들 수 있습니다.

저자가 된 자신을 상상하며 직접 명함을 만들어 보겠습니다. 여기서 배운 내용으로 실제로 사용할 비즈니스 명함을 만들고 주문해 보세요!

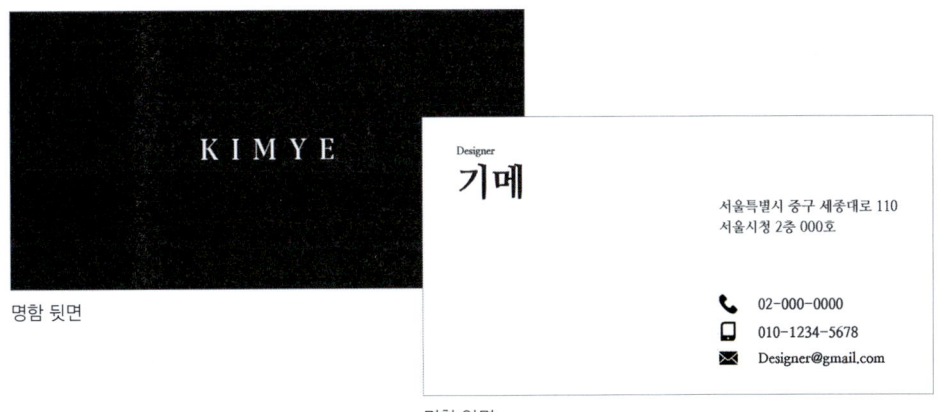

명함 뒷면

명함 앞면

명함 기획하기

명함 기획에 필요한 3가지 항목을 메모해 보세요.

텍스트 (이름, 직책, 전화번호 등)	
명함 디자인 레퍼런스 (명함에 들어가는 내용 고려)	
인쇄 용지 및 후가공	

기획을 마무리했다면 명함에 사용할 자료를 구해 보세요. 무료 이미지 사이트나 아이콘 사이트에서 필요한 이미지를 내려받아 한 폴더에 정리해 둡니다. 이미지 자료의 링크를 용이하게 관리하기 위한 것이니 작업 전에 반드시 폴더 정리를 해 줍니다.

명함 제작 시작하기

[새로운 문서 만들기] 창에서 [인쇄] 탭을 클릭하면 명함 템플릿을 선택할 수 있습니다. 여기서 템플릿을 선택해도 되고 직접 값을 입력해도 괜찮습니다. 가장 많이 사용하는 규격은 90mm×50mm이며, [도련]은 사방 3mm로 동일하게 설정합니다.

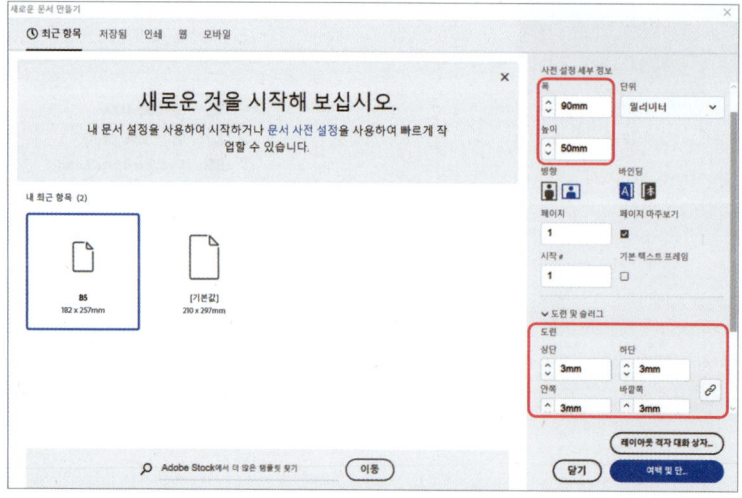

디테일을 잡는 팁! 명함의 도련을 설정하는 방법

명함의 도련은 보통 2~3mm 정도로 설정합니다. 가장 정확하게 맞추는 방법은 명함 구상 단계에서 명함의 재질, 후가공을 생각해 두고 그 디자인을 구현할 수 있는 인쇄소를 먼저 찾아보는 것입니다. 대부분의 인쇄소가 자체 규격 파일을 제공하고 있으니 그 파일을 내려받아 도련 및 여백 값을 참고해 보세요. 인쇄 사고 없이 빠르게 결과물을 받아볼 수 있습니다.

명함을 만들 때는 책을 만들 때와 다른 점이 하나 있습니다. 바로 [페이지 마주보기]의 체크 표시를 해제해야 한다는 것입니다. 이 옵션은 책을 펼쳤을 때의 모습을 보여 주는 기능이니 펼쳐보는 인쇄물이 아니라면 항상 해제해 주세요.

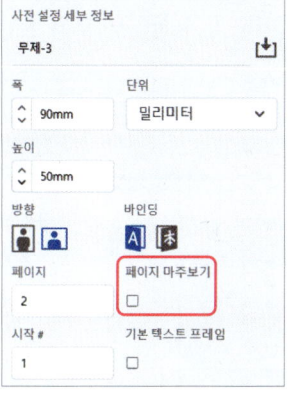

 알아 두면 좋아요!

작업 중에 [페이지 마주보기]를 해제하고 싶어요!

작업 중에 [페이지 마주보기]를 해제하고 싶을 때는 메뉴에서 [파일 → 문서 설정]을 선택해 [문서 설정] 창을 연 후 [페이지 마주보기]의 체크 표시를 해제하고 [확인]을 누르면 됩니다.

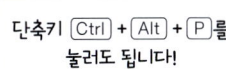
단축키 Ctrl + Alt + P 를 눌러도 됩니다!

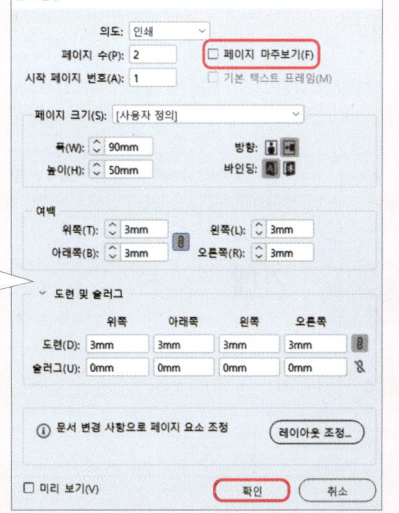

하면 된다! } 명함 요소 입력하기

명함에 들어가는 글자의 크기는 명함을 받을 사람의 평균 나이대를 고려해 설정하면 더욱 좋습니다. 명함을 제작할 때 가장 권장하는 글자 크기는 8pt 이상이며, 중요한 내용은 가능한 한 7pt보다 작게 입력하지 않도록 주의해야 합니다. 여기서는 이름은 15pt, 여타 내용은 7pt로 설정할 거예요.

01 이름 입력하기

[문자 도구 T.]로 문자 프레임을 만들고 이름을 입력합니다.

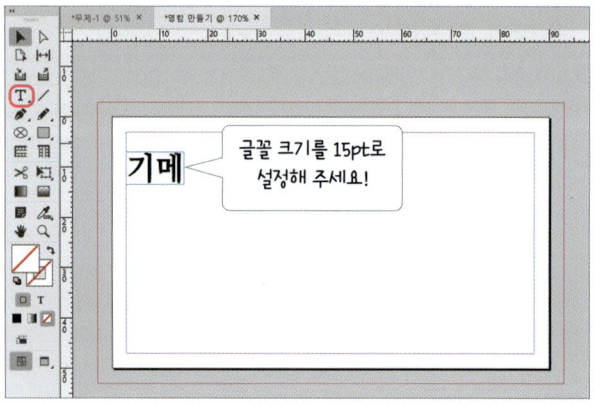

02 전화번호 입력하기

전화번호 옆에 배치할 전화기 아이콘을 가져와 보겠습니다. [사각형 프레임 도구 ⊠.]를 선택하고 드래그하여 원하는 크기의 프레임을 만듭니다.

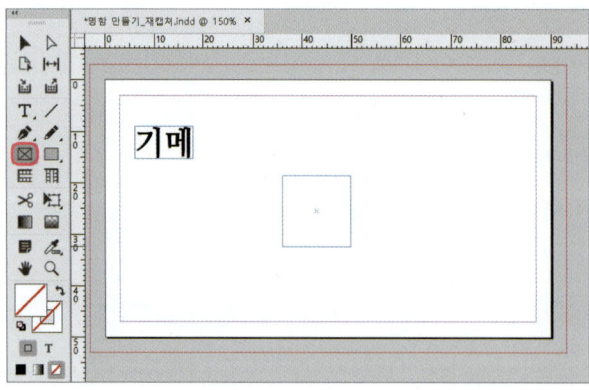

03 프레임을 선택한 후 Ctrl+D를 누릅니다. [가져오기] 창이 나타나면 필요한 이미지를 선택하고 [열기]를 눌러 가져오기를 완료합니다.

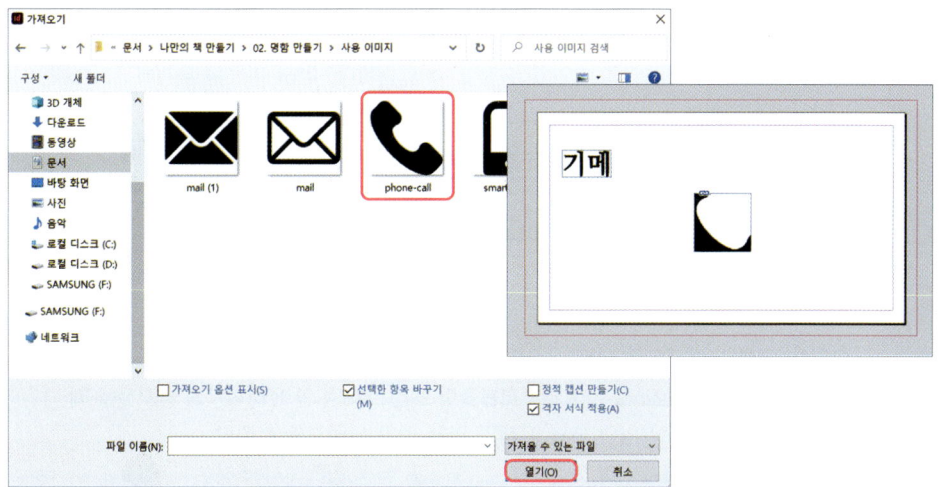

04 픽토그램을 프레임에 맞추기

개체를 선택한 후 [속성] 패널에서 [비율에 맞게 프레임 채우기 ■]와 [비율에 맞게 내용 맞추기 ■]를 순서대로 클릭합니다.

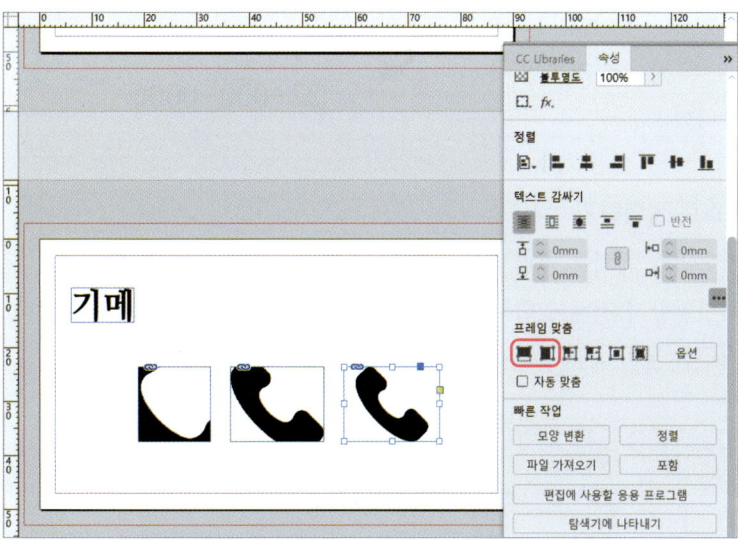

07 · 책 마케팅하기 **329**

 **알아 두면 좋아요!** **갑자기 개체 테두리가 노란색으로 변했어요!**

개체를 클릭했을 때 나타나는 사각형 틀을 '안내선'이라고 합니다. [선택 도구 ▶]로 개체를 선택하면 파란색 안내선이 나타나는데, 이 상태에서 조절점을 드래그하면 프레임의 크기를 수정할 수 있습니다. 이때 비율을 유지하고 싶다면 Shift를 누른 상태에서 드래그하면 됩니다. 또 조절점 근처에 마우스 커서를 가져가면 꺾인 양방향 화살표가 나타나는데, 이 표시는 개체를 회전할 수 있다는 의미입니다. 만약 일정한 각도(45°)만큼 회전하고 싶다면 Shift를 누른 상태에서 회전시키면 됩니다.

그럼 노란색으로 나타나는 것은 무엇일까요? 이는 [직접 선택 도구 ▷]를 활성화하거나 [선택 도구 ▶]로 더블클릭 또는 프레임 안의 이미지를 클릭했을 때 나타납니다. 프레임이 아닌 프레임 안에 담긴 이미지를 수정할 수 있다는 표시이며, 마찬가지로 Shift를 누른 상태에서 수정해야 비율을 유지하며 크기만 변경할 수 있습니다. 테두리가 노란색이 됐다면 [직접 선택 도구 ▷]가 선택되어 있는 것은 아닌지 확인해 보세요.

05 문자 프레임을 추가해 전화번호를 입력하고 Shift를 누른 상태로 전화기 아이콘과 함께 선택합니다.

06 이미지와 텍스트 정렬하기

전화기 아이콘과 전화번호 개체를 일렬로 정렬해 보겠습니다. 우선 대지를 기준으로 정렬할지 개체끼리만 정렬할지 정해야 합니다. [정렬]에서 [선택 항목에 정렬]을 선택하고 [수직 가운데 정렬 ▯]을 눌러 가로 중심에 맞춰 자동 정렬합니다.

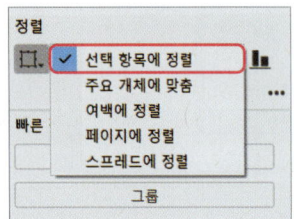 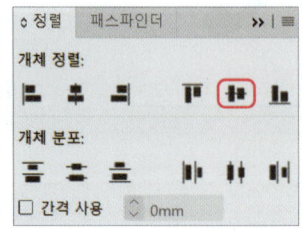 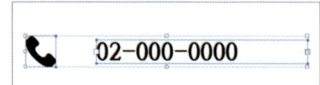

개체를 열에 맞춰 정렬하는 방법

앞서 여러 차례 정렬 기능을 써봤죠? 이렇게 2개 이상의 개체를 줄에 맞춰 정렬할 때는 [정렬] 패널에서 다음 6가지 경우를 조합하는 것이 좋습니다. 보통 이미지과 텍스트를 정렬할 때는 좌우로 떨어뜨려 놓은 후 [수직 가운데 정렬]을 눌러 배열을 맞춥니다.

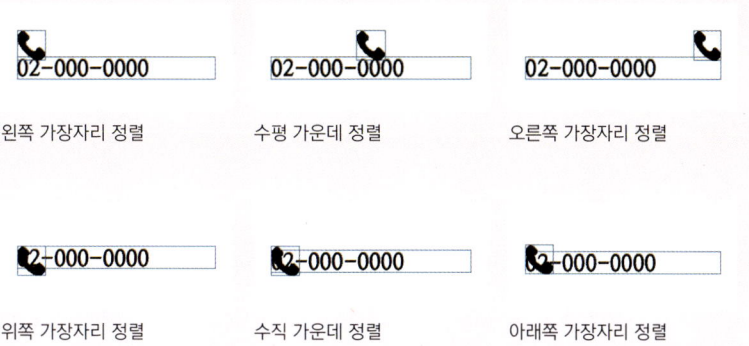

07 항목 복사하기

전화기 아이콘과 텍스트 개체를 한 번에 드래그해 선택한 후 Alt를 누른 상태에서 아래쪽으로 드래그해 복사합니다. 두 번 반복해 주세요! 텍스트 내용도 휴대폰 번호와 이메일 주소로 수정해 주세요.

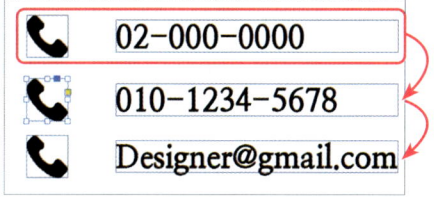

08 이미지 바꾸기

전화기 이미지를 휴대폰 이미지로 바꿔 보겠습니다. [링크] 패널에서 🔗 아이콘을 클릭합니다.

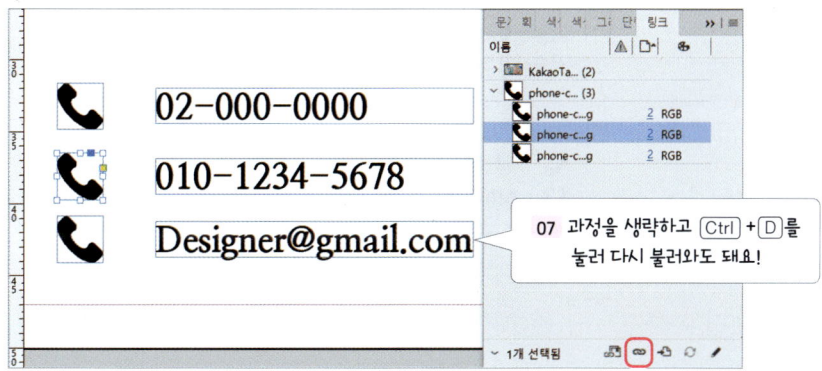

07 과정을 생략하고 Ctrl + D를 눌러 다시 불러와도 돼요!

09 휴대폰 아이콘을 선택한 후 [열기]를 누릅니다.

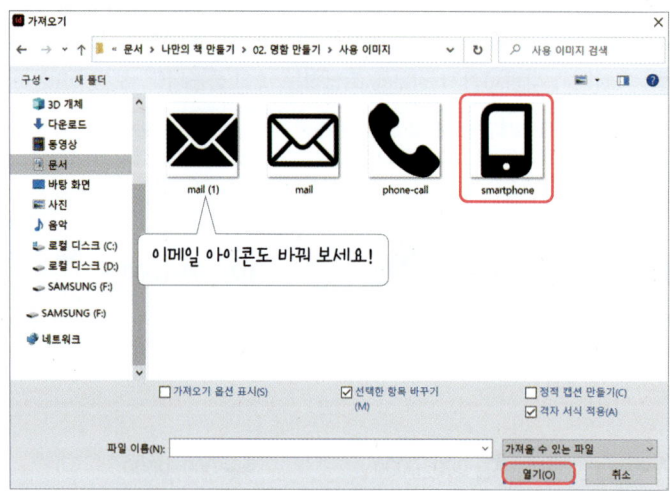

이메일 아이콘도 바꿔 보세요!

10 더 보기 좋게 배치하기

내용을 모두 입력했다면 W를 눌러 잠깐 안내선을 꺼줍니다. 생각한 위치에 잘 배치되어 있나요? 아마 처음 생각한 것보다 다소 엉성한 느낌이 들 거예요. 다시 W를 눌러 안내선을 켜고 Ctrl + R을 눌러 눈금자를 불러옵니다. 자를 클릭한 상태에서 아래쪽으로 드래그해 안내선을 추가로 만들어 보세요.

처음 설정한 여백이 인쇄 안전 영역(재단 시 잘리지 않는 최소한의 영역)을 표시하는 용도라면, 그림에 보이는 노란색 사각형은 실제 텍스트를 배치할 때 기준이 되는 여백입니다. 여백을 안전 영역의 2배인 6mm로 설정합니다. Alt를 누른 상태로 드래그해 사각형을 복사한 후 이동 또는 회전해 다른 부분의 바깥 여백도 동일하게 맞춰 줍니다.

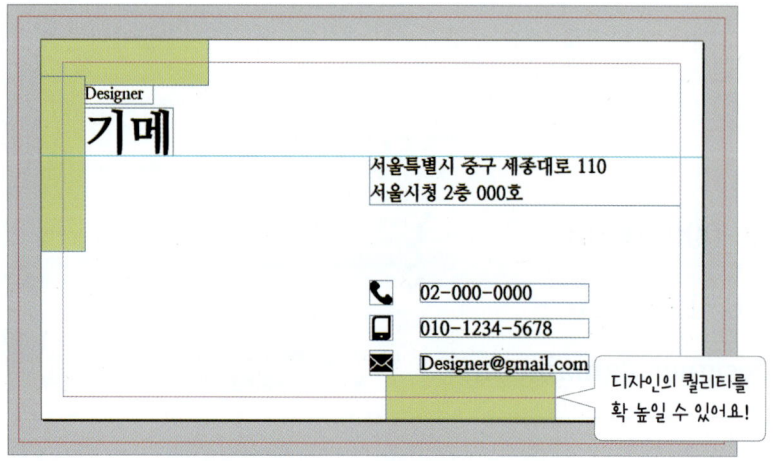

디자인의 퀄리티를 확 높일 수 있어요!

통상적으로 이름이나 로고를 가장 크게, 직책을 가장 작게 넣습니다. 색다른 느낌을 주고 싶다면 레퍼런스를 참고하여 자유롭게 변형해 보세요!

뒷면 디자인하기

명함 뒷면에는 대표 이미지, 아이콘, 로고 등을 넣어 명함의 중요한 내용을 강조합니다. 단, 배경색을 넣을 때는 반드시 도련 영역(빨간색 부분)까지 채워서 이미지를 넣어 주세요. 재단 영역까지만 이미지를 넣으면 작은 오차에도 인쇄 사고가 날 수 있거든요! 여기서는 배경을 검은색으로 채운 후 텍스트를 흰색으로 입력해 보겠습니다. 로고가 없으면 이니셜이나 브랜드 이름을 적은 후 자간을 넓게 주는 것만으로도 멋진 연출을 할 수 있답니다.

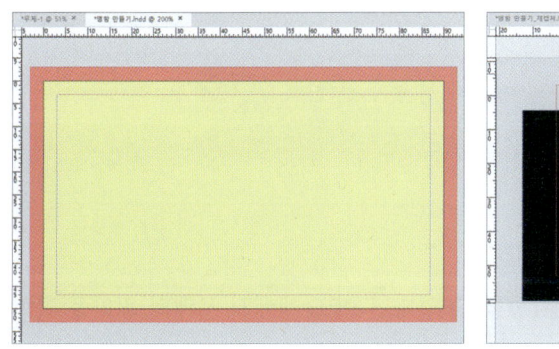 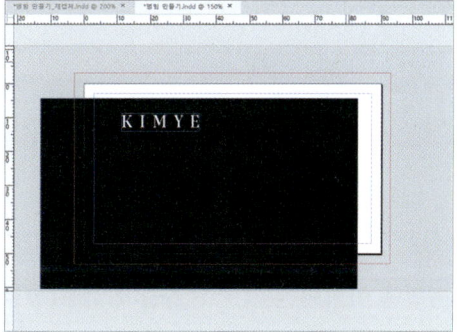

[선택 도구 ▶]로 드래그해 텍스트를 페이지 중심에 맞춰 줍니다. 정확히 맞추는 것이 번거롭다면 [정렬] 패널에서 간단히 정렬해 보세요! [페이지에 정렬]을 선택하고 [수평 가운데 정렬]과 [수직 가운데 정렬]을 순서대로 선택합니다.

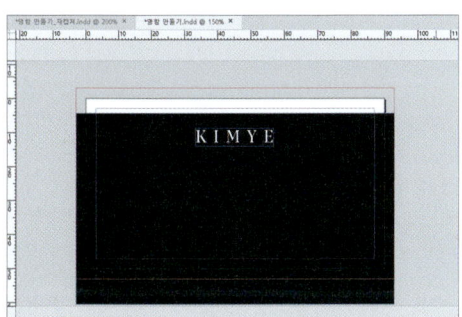
[수평 가운데 정렬]을 누른 후

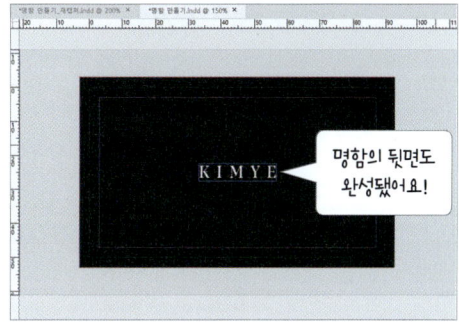
[수직 가운데 정렬]까지 누른 후

하면 된다! } 명함 파일 내보내기

인디자인 파일을 내보낼 때 가장 중요한 것은 이미지, 글꼴 등이 누락되지 않도록 하는 것입니다. 그래서 보통 인쇄소에 주문을 맡길 때는 패키지 파일이나 PDF를 활용하는 경우가 더 많습니다.

01 메뉴에서 [파일 → 패키지]를 선택합니다.

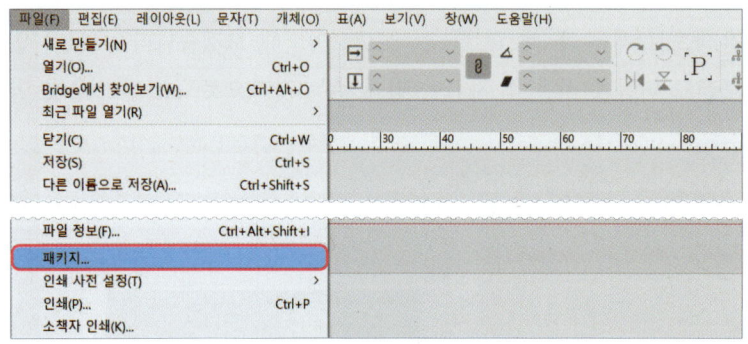

02 누락된 파일, 글꼴이 있는지 확인하기

파일에 이상이 있거나 글꼴을 함께 저장할 수 없다면 이 단계에서 문제의 원인을 확인할 수 있습니다. 왼쪽 카테고리에서 [글꼴]을 선택해 보세요.

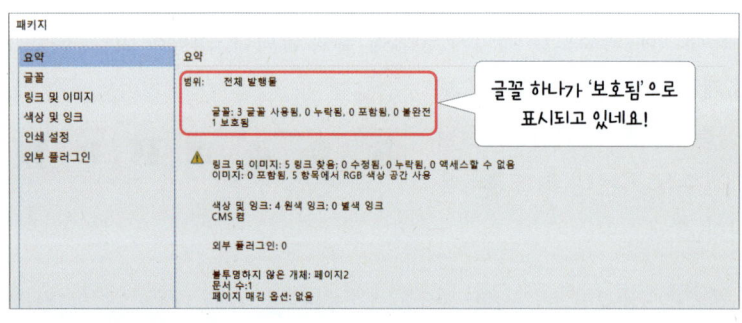

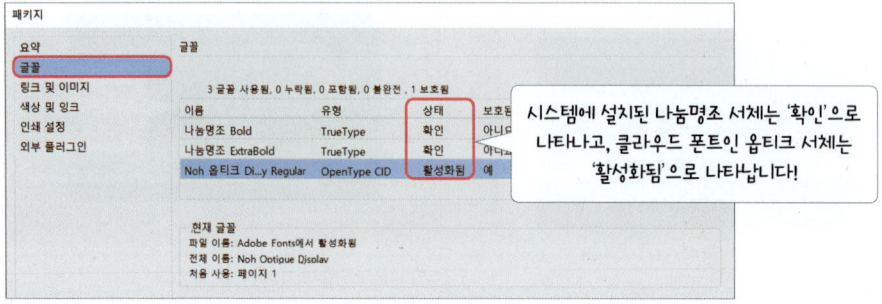

03 서체 아웃라인 처리하기

보호된 글꼴이 포함된 파일은 패키지 파일로 저장해도 해당 글꼴이 누락된 채로 저장됩니다. 글꼴 누락을 방지하기 위해 서체 아웃라인 처리를 해야 합니다. 해당 개체를 선택한 후 단축키 Ctrl + Shift + O를 눌러 아웃라인 처리해 주세요.

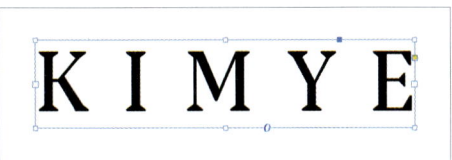
아웃라인 처리 전

아웃라인 처리 후

04 폴더 위치 및 이름 정하기

저장할 폴더를 지정한 후 [패키지]를 눌러 저장합니다.

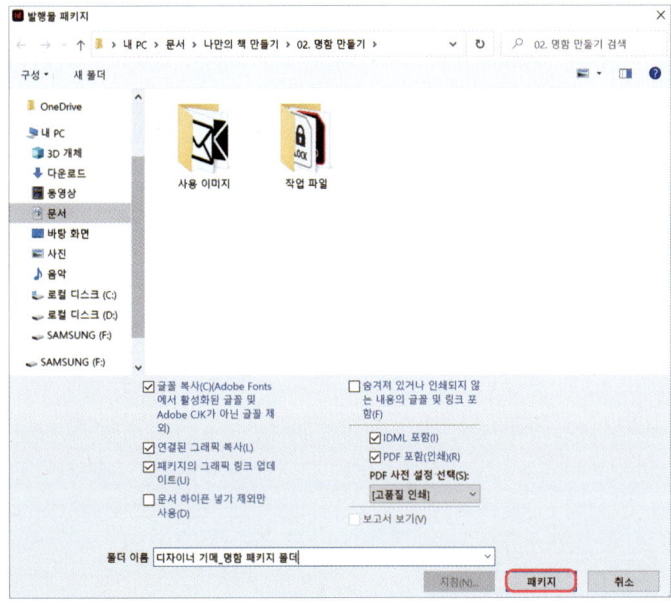

05 폴더 확인하기

파일이 저장된 폴더에 들어가면 인디자인 파일은 물론 PDF 파일과 [Links] 폴더가 함께 저장되어 있습니다.

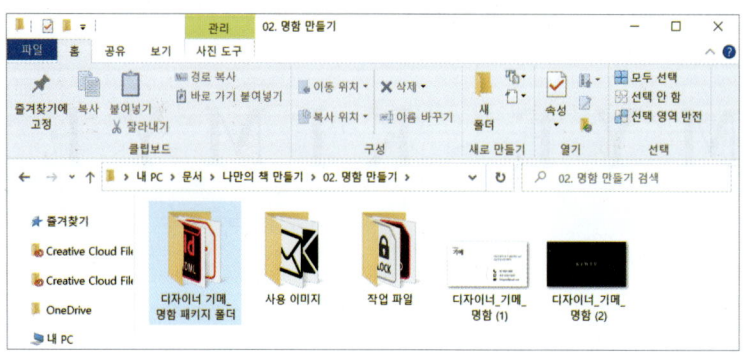

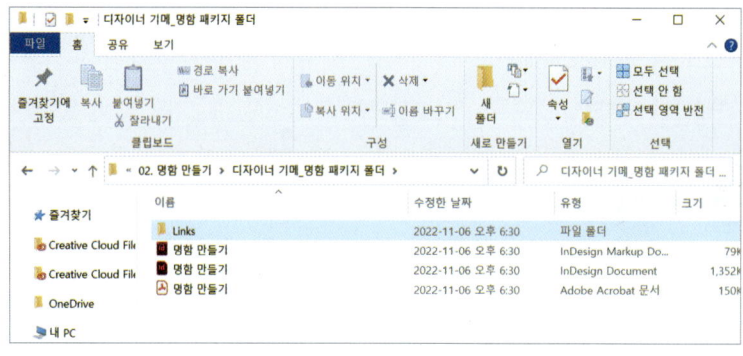

찾아보기

〈한글〉

ㄱ

간지	31
격자	109
고품질 표시	186
국전지	25
그래픽	269
그리드	33
그림책	190

ㄴ

노이즈	265
녹아웃	286
누끼	258
뉴플러스지	290

ㄷ

단어 기준 줄 바꿈	187
단추 및 양식	306
단축키	77
대칭	243
독립서점	316
뒤표지	29, 228
디자인 시안	22
따옴표	148
띠지	29, 255

ㄹ

라인업	158
랑데뷰지	291
레이아웃	32
레퍼런스	15
뤼튼	94

ㅁ

마스터 스프레드	118, 162
마진	33
머리글	166
면지	31
명도	52
명함	325
모듈	33, 268
모조지	290
모퉁이 옵션	245
목차	136, 305
무드보드	22
문서 페이지 재편성 허용	222, 239
문자 스타일	85

ㅂ

바코드	230
반표제지	31
배색	53
배열표	288
별색	58, 284
블렌딩 모드	267
블로그	156

ㅅ

산세리프	39
색상	50
색상 견본	124
색상 모드	57
색상환	50
샘플 북	289
서체	39
세리프	39
소량 주문	299
소설	122
스노우지	291
스프레드	235
시각 정렬	37
실용서	154

ㅇ

아웃라인	233, 275
아트지	291
안내선	177
앞부속	134
앞표지	29, 225
어간	43
에세이	102
여백	34
여백 및 단	224
여행기	170
오버프린트	286
이미지 추출	158
인디자인	63
인쇄	272
인스타그램	311

ㅈ

자간	41
자폭	43
작업 영역	71
재킷	29

337

찾아보기

저작권	23
전자책	303
접지	35
제본	300

ㅊ

찾기/바꾸기	150
채도	52
책날개	29, 239
책등	29, 222, 239
책배	29
챗GPT	94

ㅋ

캘린더	206
콘셉트	20
크라우드 펀딩	318

ㅌ

타이포그래피	39
텍스트 감싸기	173
톤	52
트랩	285

ㅍ

파이어플라이	94
판권	141
판형	24
패키지	278
페이지 번호	118
편집 디자인	14
포토샵	192
폰트 클라우드 서비스	47

폰트 패밀리	40
표	207
표제지	31
프롬프트	94
프리플라이트	86, 282
픽토그램	308

ㅎ

하이퍼링크	305
하이픈	189
할 일 목록	213
해상도	264
행간	42
형광펜	184
환경 설정	72
후가공	292
흐림 효과	266

〈영어〉

AI	94
46전지	25
A전지	24
B전지	24
CMYK	57, 195, 283
crowdfunding	318
firefly	94
GREP 스타일	145
grid	33
hyphen	189
Indesign	63
margin	33
OTF	48
PDF	234, 303
prompt	94
RGB	57
san serif	39
serif	39
SNS 마케팅	310
TTF	48
wrtn	94

마케팅, 업무 활용 무엇이든

된다! 시리즈
구체적으로 도와주는 책

된다! 블로그 10분 작성법

기획부터 초안 작성, 사진 보정, 포스팅까지!
상위 1% 블로거가 쓰는 생성형 AI 활용 노하우

코예커플 지음 | 18,000원

된다! 하루 만에 끝내는 챗GPT 활용법

글쓰기, 영어 공부, 유튜브, 이미지 생성도 된다!
인공지능에게 일 시키고 시간 버는 법

프롬프트 크리에이터 지음 | 17,200원

된다! 하루 5분 노션 활용법

포트폴리오 제작부터 노션 AI로 글쓰기까지!
14가지 템플릿으로 일과 삶 기록하기

이다슬 지음 | 16,800원

된다! 조회수 터지는 유튜브 쇼츠 만들기

구독자 없어도 알고리즘 탄다!
AI로 영상 빠르게 만들어 수익화까지!

최지영 지음 | 22,000원

된다! 김메주의 유튜브 채널&영상 만들기

10만 조회수를 만드는 영상·쇼츠의 비밀!
부수입 창출을 위한 라이브 커머스까지!

김혜주 지음 | 19,000원

된다! 7일 베가스 프로 영상 편집

유튜브 자막부터 1분 '쇼츠' 영상까지!
29가지 영상 편집 기법 대공개!

김나옹 지음 | 25,000원

나도 한번 해볼까?

실무에서 바로 쓰는 **디자인**, **보정**과 **합성**까지!
포토샵으로 처음부터 끝까지 나만의 작품을 만들어 보세요

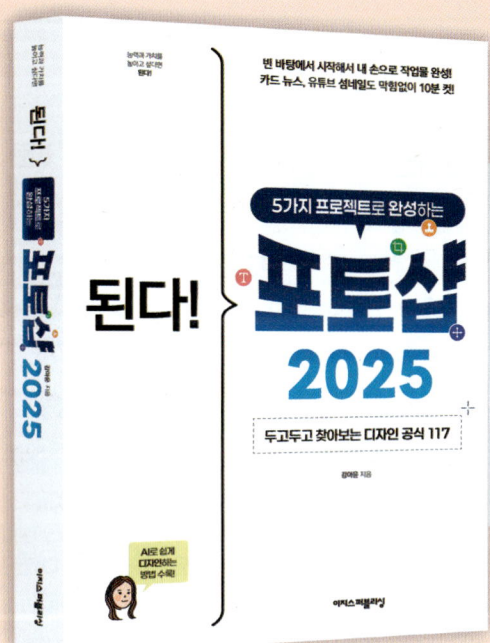

된다!
5가지 프로젝트로 완성하는
포토샵 2025

빈 바탕에서 시작해서 내 손으로 작업물 완성!
카드 뉴스, 유튜브 섬네일도 막힘없이 10분 컷!
두고두고 찾아보는 디자인 공식 117

강아윤 지음 | 25,000원

포토샵 보정&합성 디자인 사전

상위 1%만 아는 포토샵 테크닉! 이럴 땐 이렇게!
인물 사진 보정부터 누끼, 포트폴리오용 아트워크까지!
프로의 110가지 디자인 레시피

쿠스타 사토시 지음 | 윤미현 옮김 | 24,000원